Das Buch

Der Wert einer Marke – und damit die Macht der Konzerne – misst sich längst nicht mehr am gehandelten Produkt, sondern an dessen Image. Bekannte und beliebte Weltmarken geben sich nach außen betont ökologisch und sozial, in Wahrheit tolerieren sie jedoch Folter, Sklaverei, unerlaubte Medikamentenversuche, Tierversuche und Umweltzerstörung.

Gleichzeitig setzen sich immer mehr Menschen kritisch mit ihren Kaufentscheidungen auseinander. Sie wollen keine Produkte mehr kaufen, bei deren Herstellung Kinder ausgebeutet werden oder ganze Völker ihre Lebensgrundlage verlieren. Das führt zu großer Verunsicherung der Konsumenten: Was kann ich überhaupt noch kaufen? Und wer sind die Bösen unter den Markenfirmen? Das neue Schwarzbuch Markenfirmen gibt darauf eine Antwort.

Die Autoren

Klaus Werner-Lobo, 1967 in Salzburg geboren, lebt als Autor, Vortragender und Clown in Wien. Er studierte Umweltbiologie, Romanistik und Germanistik in Wien sowie Schauspiel in Rio de Janeiro, arbeitete als Pressesprecher des Österreichischen Ökologie-Instituts und als freier Journalist für Tages- und Wochenzeitungen wie *taz, Welt am Sonntag, Falter, profil, trend, Der Standard*. Publikationen: *Prost Mahlzeit! – Essen und Trinken mit gutem Gewissen* (Deuticke 2000), *Schwarzbuch Öl – Eine Geschichte von Gier, Krieg, Macht und Geld* (Ullstein 2008, gem. mit Thomas Seifert), *Uns gehört die Welt! Macht und Machenschaften der Multis* (Hanser 2008). Homepage: www.klauswerner.com

Dr. phil. Hans Weiss, 1950 in Hittisau / Österreich geboren. Studium der Psychologie und Soziologie in Innsbruck, Wien, Cambridge und London. Freier Journalist und Buchautor in Wien. Reportagen und Berichte für *Stern, Spiegel*, ORF, ZEIT. Mehrere journalistische Preise, zuletzt Bruno-Kreisky-Anerkennungspreis für das politische Buch (2004). Als Autor oder Koautor mehr als ein Dutzend Buchveröffentlichungen mit einer Gesamtauflage von fünf Millionen Exemplaren: *Bittere Pillen – Nutzen und Risiken von Arzneimitteln* (Erstausgabe 1983; aktuelle Ausgabe 2008–2010); *Kriminelle Geschichten – Ermittlungen über die Justiz* (1985); *Kursbuch Gesundheit* (1990, 2006); *Asoziale Marktwirtschaft* (2004); *Mein Vater, der Krieg und ich* (2005); *Korrupte Medizin – Ärzte als Komplizen der Konzerne* (2008).

Klaus Werner-Lobo / Hans Weiss

Das neue Schwarzbuch Markenfirmen

Die Machenschaften der Weltkonzerne

Komplett aktualisiert und erweitert

Ullstein

Besuchen Sie uns im Internet:
www.ullstein-taschenbuch.de

Erweiterte und aktualisierte Ausgabe im Ullstein Taschenbuch
1. Auflage März 2010
5. Auflage 2012
© Deuticke im Paul Zsolnay Verlag Wien 2001, 2003, 2006, 2010
Umschlaggestaltung: HildenDesign, München
(nach einer Vorlage von Büro Hamburg)
Satz: LVD GmbH, Berlin
Gesetzt aus der Minion
Papier: Munken Print Cream von Arctic Paper GmbH
Druck und Bindearbeiten: CPI – Ebner & Spiegel, Ulm
Printed in Germany
ISBN 978-3-548-37314-0

Inhalt

Firmenporträts

Anhang

Vorwort zur aktualisierten Auflage 2010

Nach wie vor hat uns keiner der im Buch beschriebenen Konzerne mit einer Klage gedroht oder es gar gewagt, uns vor ein Gericht zu zerren. Wir sehen das als Indiz dafür, dass die von uns dargestellten Fakten und Vorwürfe stimmen. Darauf sind wir stolz und freuen uns, dass es bei unseren Lesern nach wie vor ein so massives Interesse an derartigen Informationen gibt.

Nach wie vor erhalten wir aus aller Welt Anfragen von ausländischen Verlagen, die das Buch in die jeweilige Landessprache übersetzen wollen.

Mit mittlerweile weit über 150 000 verkauften Exemplaren im deutschen Sprachraum und einem Mehrfachen davon in bisher zwölf Übersetzungen hat das »Schwarzbuch Markenfirmen« weltweit als Standardwerk Anerkennung gefunden. Das hat leider an der Tatsache nichts geändert, dass multinationale Unternehmen in fortschreitendem Ausmaß von globaler Ausbeutung profitieren und dabei Menschenrechte, Umwelt und die Demokratie gefährden. Noch immer gelingt es ihnen, durch als »Corporate Social Responsibility« (CSR) bezeichnete Feigenblattmaßnahmen die Öffentlichkeit hinters Licht zu führen und damit das zu verhindern, was auf politischer Ebene längst notwendig wäre: Die gesetzliche Regulierung ihrer Aktivitäten durch demokratische, ökologische und soziale Mindeststandards und die gerechte Besteuerung ihrer Profite. Mit den sogenannten LOHAS (die Abkürzung steht für Lifestyle of Health and Sustainability) ist zwar eine Konsumbewegung entstanden, die sich umweltfreundliche, ethische und faire Herstellungsbedingungen auf die Fahnen geschrieben hat, aber nur teilweise bereit ist, auch auf politischer und gesellschaftsgestalterischer Ebene für eine gerechtere Wirtschaftsordnung zu kämpfen. Und immer mehr Menschen fallen auch bei uns durch das soziale Netz und sind daher gar nicht in der Lage, durch »ethischen« Konsum effektive Veränderungen herbeizuführen.

Die Finanz- und Wirtschaftskrise wird womöglich noch wesentlich mehr Opfer kosten, als die politischen Meinungsführer zuzugeben bereit sind, sie kann aber gleichzeitig dazu beitragen, dass immer mehr Menschen die grundsätzlichen Probleme des auf Gier und Ausbeutung basierenden globalisierten Kapitalismus erkennen. Deshalb wollen wir – mit ein paar aktualisierten Daten vor allem bei den Firmenporträts - auch weiterhin mit diesem Buch zu einer der wichtigsten Ressourcen im Kampf für eine bessere Welt beitragen: Aufklärung und Information. Wie steht es auf einem Transparent von Greenpeace? „Wäre die Welt eine Bank, hättet ihr sie längst gerettet." Von den Machthabern und Profiteuren ist eine solche Rettung nicht zu erwarten. Dafür müssen wir uns schon selbst engagieren.

Vorwort

Seit im September 2001 die erste Auflage des »Schwarzbuch Markenfirmen« erschien, haben wir unzählige Zuschriften von Leserinnen und Lesern erhalten, die ihrer Wut gegen die unsäglichen Bedingungen Luft machten, unter denen die bekanntesten und beliebtesten Marken ihre Produkte produzieren lassen. Tausende protestierten (zum Beispiel auf unserer Homepage www.markenfirmen.com) gegen diese Machenschaften – und erhielten doch immer nur ähnlich lautende Antworten: dass die Vorwürfe in der Form nicht (mehr) zuträfen und an Verbesserungen längst gearbeitet werde. Erst bei näherem Hinsehen stellt sich heraus, dass diese »Verbesserungen« oft nur optischer Natur sind und schwer kontrolliert werden können. Denn das Problem sitzt tief: Globale Ausbeutung ist heute die Geschäftsgrundlage vieler Großunternehmen, die vom Elend in ärmeren Ländern profitieren. Da sind Verhaltenskodizes und vereinzelte Hilfsprojekte nur ein Tropfen auf den heißen Stein, wenn dieselben Konzerne die globalen Wirtschaftsbedingungen diktieren und politische Verantwortungsträger zu ihren Marionetten machen.

Die beschriebenen Einzelfälle in diesem Buch, das nun in seiner zweiten überarbeiteten Neuauflage erscheint, sollen daher nur beispielhaft zeigen, dass die Lösung nur in der langfristigen Entmachtung der Konzerne zugunsten sozialer und demokratischer Interessen liegen kann.

»Das Buch wird seine Wirkung kaum verfehlen«, urteilte der »Spiegel«. »Es attackiert die Konzerne an ihrer empfindlichsten Stelle: ihrem Ruf.« Die »Frankfurter Rundschau« meinte: »Was dieses Buch leistet, müsste künftig zumindest für demokratische Gesellschaften zur Routine werden.« Der Vorstandschef eines großen Unternehmens bekannte auf einer Podiumsdiskussion: »Wenn Klaus Werner oder Hans Weiss um einen Firmenkomplex schleichen, fangen drinnen die Krisenstäbe zu tagen an. Und wenn ein Konzern bis dahin noch keinen Krisenstab hatte, dann gründet er nun einen.«

Immerhin: Der Schweizer Wäschehersteller Triumph gab im Januar 2002 nach wütenden Protesten seiner Kundinnen die Zusammenarbeit mit dem burmesischen Militärregime auf. Erdölkonzerne wie BP kündigten an, Finanzflüsse in Krisenländern transparent machen zu wollen (»Publish what you pay«), um der Korruption einen Riegel vorzuschieben. Bekleidungsfirmen haben den Kontakt zu Menschenrechtsorganisationen aufgenommen und bekunden den Willen, an einer Verbesserung der Produktionsverhältnisse zu arbeiten. Allerdings endet der gute Wille meist dort, wo den Konzernen bewusst wird, dass faires Handeln etwas kostet. Doch immer weniger Konsumenten und Konsumentinnen lassen sich mit billigen Imagemaßnahmen und dem meist folgenlosen Bekenntnis »Wir sind sowieso auch gegen Kinderarbeit« abspeisen.

Immer mehr Menschen wollen »etwas tun« gegen die scheinbare Übermacht der Konzerne. Sie wollen in der einen oder anderen Form aktiv werden – durch bewussten Konsum, aber zunehmend auch durch politisches Handeln. Sie schreiben Briefe und E-Mails an Unternehmenschefs, organisieren Informationsveranstaltungen oder nehmen an Demonstrationen gegen diese ausbeuterische Form der Globalisierung teil. Wir haben Experten und Expertinnen über die Wirksamkeit dieser unterschiedlichen Aktionsformen befragt und stellen im folgenden Kapitel konkrete Ideen vor, wie dieses »etwas tun« aussehen könnte. Dabei wollen wir niemanden zum Verzicht oder zur völligen Änderung des Lebensstils nötigen. Denn wir glauben, dass es besser ist, wenn viele einen Schritt tun, als wenn wir eine Handvoll engagierter Menschen überzeugen, die ohnehin nicht überzeugt werden müssen.

Mehr als 100 000 Exemplare des Buches wurden bisher verkauft. Es gibt Übersetzungen ins Spanische, Japanische, Schwedische, Niederländische, Türkische, Rumänische, Chinesische und Ungarische; in Kürze folgen Übersetzungen ins Koreanische und Russische. Für uns war das bereits in der Neuauflage 2003 der Auftrag, noch mehr auf die Zusammenhänge zwischen globalisierter Wirtschaftspolitik und der nachweisbaren Ausbeutung durch multinationale Unternehmen einzugehen. Nachdem viele Firmen behaupten, sie seien ja nicht schuld daran, wenn korrupte Diktatoren Menschenrechte verletzen oder in ärmeren Ländern niedrige soziale und ökologische Standards vorherrschen, haben wir ein eigenes Kapitel der Verfilzung von Politik und Wirtschaft gewidmet. Denn zahlreiche korrupte Diktaturen verdanken ihre Existenz in erheblichem Ausmaß den Geschäftsinteressen westlicher Konzerne. Und auch hinter den Lobbyorganisationen und internationalen Institutionen wie der Welthandelsorganisation (WTO), die alles daransetzen, Gesetze zum Schutz von Umwelt und Gesellschaft zu verhindern, stehen die Namen bekannter Markenfirmen.

Über unsere Homepage www.markenfirmen.com und auf zahlreichen Vorträgen und Diskussionsveranstaltungen erhalten wir Woche für Woche Dutzende Anfragen. Die häufigsten wollen wir hier einmal beantworten:

Was ist mit Firmen, die nicht im »Schwarzbuch Markenfirmen« stehen?

Wenn wir alle Firmen beschreiben würden, die Dreck am Stecken haben, wäre dieses Buch nie erschienen. Es sind zu viele. Wir haben daher beispielhaft für die wichtigsten Konsumbranchen jene Unternehmen ausgewählt, die über hohe Marktanteile verfügen und bekannte Markennamen tragen. Wenn hier Nike oder Adidas genannt werden, heißt das nicht automatisch, dass Asics, Brooks, Fila, New Balance oder Puma besser wären – sie haben schlichtweg das »Glück«, nicht so weit verbreitet zu sein. Was wir über Erdöl-, Lebensmittel-, Elektronik- oder Pharmakonzerne und Banken schreiben, steht beispielhaft für die gesamte Branche. Eine Ausnahme bilden natürlich jene Unternehmen, die entweder nur regional tätig sind und daher westliche Sozial- und Umweltstandards schon von Gesetzes wegen einhalten müssen, oder solche, die sich dezidiert dem ökologischen oder fairen Handel verschrieben haben und diese Prinzipien über den eigenen Profit stellen.

Warum gibt es kein »Weißbuch Markenfirmen«?

Ein solches Buch wird es – von uns – nie geben. Weil es einfach unmöglich ist, weltweit agierende Konzerne mit Tausenden Zulieferbetrieben so umfassend zu kontrollieren, dass man sie »freisprechen« könnte. Außerdem hält jedes multinationale Unternehmen, das seine Profite auf Basis der Einkommensunterschiede zwischen Nord und Süd erwirtschaftet, den Status quo aufrecht, solange es nicht freiwillig existenzsichernde Löhne zahlt und in höhere soziale und ökologische Standards investiert. Bis auf Produkte, die mit dem »TransFair«-Gütesiegel gekennzeich-

net sind, ist das fast nirgends der Fall. Natürlich gibt es Hunderttausende Betriebe, die ökologisch und sozial nachhaltig wirtschaften – doch diese Unternehmen erschließen meist nur regionale Märkte. Ein Weißbuch über unseren Lieblingsschuster oder
die Fahrradhändlerin ums Eck würde Leserinnen und Leser in
Frankfurt, Budapest oder Buenos Aires relativ wenig interessieren.

Wo kann ich mit gutem Gewissen einkaufen?

Es geht gar nicht ums Gewissen. Wir sind in der westlichen Welt
von so viel Luxus umgeben, dass wir den Luxus eines guten Gewissens nicht auch noch in Anspruch nehmen müssen. Es geht
darum, die Verhältnisse zu ändern. Wir können – und müssen –
unsere Macht als Konsumentinnen und Konsumenten, aber vor
allem auch als Bürgerinnen und Bürger nützen, um Einfluss zu
nehmen. Wie das geht, lässt sich nicht über einen Kamm scheren.
Es hängt von unseren persönlichen Lebensumständen ab, von
unseren ökonomischen Verhältnissen, unserem individuellen
und beruflichen Einflussbereich, vor allem aber hängt es von unserer Bereitschaft ab, die angeblichen Wahrheiten der Werbeindustrie und eines profitgesteuerten Gesellschaftssystems kritisch
zu hinterfragen.

Wie habt ihr das alles recherchiert?

Vor allem mit Hilfe des Internets. Menschenrechtsgruppen, Gewerkschaften, kirchliche Organisationen und kritische Journalisten und Journalistinnen in aller Welt beobachten die Machenschaften skrupelloser Firmen und decken Missstände auf. Wir
haben die massivsten Vorwürfe gesammelt, nachrecherchiert und
aktualisiert. Die Ergebnisse haben wir nach Konsumfeldern ge-
ordnet, an denen wir das System der Missachtung elementarer
Rechte im internationalen Handel zeigen: Klaus Werner widmet
sich im ersten Kapitel den globalen Zusammenhängen der Ausbeutung durch Konzerne und der Frage, wie wir als Konsumen-

tinnen und Konsumenten aktiv werden können. Anhand der Bereiche Elektronik, Erdöl, Lebensmittel, Bekleidung sowie Banken und Großindustrie zeigt er, welch vielfältige Formen dieses menschenfeindliche Profitdenken annimmt. Am Schluss deckt Werner in einem neuen Kapitel die korrupten Verflechtungen zwischen den Eliten aus Wirtschaft und Politik und das demokratiefeindliche Wirken von Welthandelsorganisation und Konzernlobbys auf. Hans Weiss nimmt als langjähriger Medikamentenexperte die Missstände in der Pharmaindustrie aufs Korn und weist außerdem nach, dass auch Kinderspielzeug oft unter unmenschlichen Bedingungen hergestellt wird.

In zwei Ländern – in Ungarn und im Kongo – haben wir vor Ort grobe Menschenrechtsverletzungen aufgedeckt, indem wir uns selbst als skrupellose Geschäftemacher ausgegeben haben: Klaus Werner verwandelte sich in einen »virtuellen« Rohstoffhändler, um herauszufinden, welche Rolle der deutsche Bayer-Konzern bei der Finanzierung eines Krieges spielte, der im Herzen Afrikas rund 5 Millionen Menschenleben gekostet hat. Hans Weiss wurde über Nacht zum Pharmamanager und erhielt von Klinikchefs in Budapest die Bestätigung, dass diese gegen hohe Honorare im Auftrag großer Pharmafirmen bereit waren, verbotene Medikamentenversuche an Patienten durchzuführen.

Wurdet ihr von den Konzernen verklagt oder bedroht?
Nein. Von keinem einzigen. Das liegt zum einen daran, dass wir uns bei den Recherchen an belegbare Fakten gehalten haben. Gleichzeitig wissen die großen Konzerne, dass jede Klage oder Bedrohung die geballte Medienaufmerksamkeit auf das betreffende Unternehmen lenken würde. Medien sind an Konflikten interessiert, und genau das wollen die geübten Public-Relations-Abteilungen vermeiden. Und nichts fürchten die Konzerne mehr, als wenn etwa ein kongolesischer Minenarbeiter oder eine indonesische Näherin als Zeugen vor einem deutschen Gericht und in internationalen Medien über ihre Ausbeutung erzählen würden.

Wie haben die Konzerne auf die Vorwürfe reagiert?

Die meisten verweisen auf ihre Verhaltenskodizes, in denen sie sich im Wesentlichen gegen Kinderarbeit und für das Gute in der Welt aussprechen. Oder sie nennen stolz die Summen, die sie für soziale Projekte spenden. Im Vergleich zu dem, was sie durch Ausbeutung erwirtschaften, sind das vernachlässigbare Beträge. Von existenzsichernden Löhnen, Gewerkschaftsfreiheit und unabhängigen Kontrollen wollen sie nichts wissen. Eine kleine Gruppe von Unternehmen hat alle Vorwürfe schlichtweg bestritten. So tischte der Bayer-Konzern Unwahrheiten im Zusammenhang mit seiner Rohstoffausbeutung im kongolesischen Kriegsgebiet auf, die von den Vereinten Nationen wiederholt widerlegt wurden. Shell behauptete, in Angola »nicht aktiv« zu sein – und weist auf der konzerneigenen Homepage auf seine Explorationstätigkeit vor der Küste des Krisenlandes hin. Auch von McDonald's-Managern wurde zunächst bestritten, dass sogenannte Happy Meals-Figuren in ausbeuterischer Kinderarbeit hergestellt wurden, während die Konzernzentrale die Vorwürfe längst zugegeben hatte. Eine Handvoll Konzerne trat mit uns in Kontakt, um sich über Verbesserungsmöglichkeiten beraten zu lassen. Doch das Interesse sank spürbar, als sie erkannten, dass solche Verbesserungen womöglich auf Kosten der Gewinne gehen würden.

Ist die Globalisierung per se schlecht?

Auch wenn Medien das »Schwarzbuch Markenfirmen« eine »neue Bibel der Globalisierungsgegner« genannt haben: Wir sind weder im Besitz religiöser Wahrheit, noch sind wir unbedingt Globalisierungsgegner.

Die neoliberale Globalisierung der Konzerne bedeutet grenzenlose Freiheit für Kapitalflüsse – grob gesagt von der südlichen auf die nördliche Erdhalbkugel – und für die Ausbeutung von Rohstoffen und Menschen. Sie schafft aber gleichzeitig immer unüberwindlichere Grenzen gegen Menschen vor allem aus ärmeren Ländern – denken wir nur an die rigiden Einwanderungs- und Asylgesetze der Industrieländer. Wir wünschen uns stattdessen eine andere Globalisierung: nicht nur globale Sozial-, Umwelt- und Menschenrechtsstandards für multinationale Unternehmen, sondern langfristig eine neue Art globaler Solidarität und den Wegfall von Grenzen, die gegen Menschen und ihre Grundbedürfnisse errichtet werden.

Was kann ich persönlich tun?

Sehr viel. Der Fantasie sind keine Grenzen gesetzt. Bewusst konsumieren, lautstark protestieren – und sich politisch engagieren, am besten gemeinsam mit anderen. Einige Ideen und Beispiele stellen wir ab Seite 50 vor, weitere greifen wir dankend auf. Dieses Buch will nicht dem Verzicht auf Lebensqualität das Wort reden. Im Gegenteil: Es soll Ihre Lust wecken, aufmerksam und aktiv zu leben. Denn die Macht der Konzerne ist nur von den Konsumenten und Konsumentinnen geborgt.

Warum veröffentlicht Ihr das Buch nicht gratis im Internet?

Weil wir dann weder einen Verlag gefunden hätten, der das Buch publiziert, noch uns selbst die aufwändige, jahrelange Recherchearbeit hätten leisten können. Erstens müssen die Produktionskosten bezahlt werden, zweitens sehen wir nicht ein, dass ausgerechnet kritische Recherche unbezahlt bleiben soll, während niemand hinterfragt, wieso gesellschaftsschädliche Arbeit auch noch profitabel ist. Wer für Flugzettel, Aktionen, Projekte etc. kurze Auszüge aus dem Buch verwenden möchte, kann das aber gerne tun, solange der vollständige Buchtitel und im Idealfall auch die Homepage www.markenfirmen.com angegeben wird.

Warum wurde das Buch nicht auf Recyclingpapier gedruckt? Wurden dafür Tropenwälder abgeholzt?

Papier wird nicht aus abgeholzten Urwäldern hergestellt – das würde kein Verlag bezahlen. Wichtig ist die chlorfreie Produktion – und die ist hier mittlerweile lückenlos umgesetzt, egal ob recycled oder nicht. Schöne Recyclingpapiere, die für Prospekte, Bücher u. Ä. geeignet sind, belasten die Umwelt durch erhöhte Bleichmittel, Farbzugaben sowie notwendige Leim- und Füllstoffe mehr als die Produktion von Papier mit Holz aus europäischen Wäldern.

»Unsere Freiheiten wurden uns nicht von irgendeiner Regierung gewährt«, sagt die indische Schriftstellerin und Menschenrechtsaktivistin Arundhati Roy. »Wir haben sie ihnen abgerungen. Und sind sie einmal preisgegeben, wird der Kampf um ihre Rückgewinnung zur Revolution. Dieser Kampf muss in allen Kontinenten und Ländern geführt werden. Kein Ziel ist zu klein, kein Sieg zu unbedeutend.«

Weltweit schuften 12 Millionen Kinder für die Herstellung billiger Exportware. 360 Dollar-Milliardäre sind so reich wie die ärmsten 2,5 Milliarden Menschen zusammen. Eine jährliche Abgabe von einem Prozent ihres Reichtums könnte diese Menschen mit Trinkwasser und Schulen versorgen. Die 500 größten Konzerne setzen ein Viertel des Welt-Bruttosozialprodukts um und kontrollieren 70 Prozent des globalen Handels. Sie beschäftigen aber nur 0,05 Prozent der Weltbevölkerung. Jedes Jahr sterben zehn Millionen Kinder, deren Eltern das Geld für Medikamente fehlt. Tagtäglich verenden 100 000 Menschen an den Folgen von Hunger und Ausbeutung.

Als Folge der ungerechten Verteilung von Ressourcen ist das täglicher Massenmord. Der unkontrollierten Globalisierung des Handels und der Finanzströme wird unweigerlich eine Globalisierung der sozialen Konflikte und des Terrors folgen. Wenn wir unsere Lebensqualität, unsere Freiheit und unsere individuellen Entwicklungschancen erhalten wollen, müssen wir die Voraussetzungen dafür globalisieren: faire Regeln für das Zusammenleben aller Menschen.

Klaus Werner und Hans Weiss
Rio de Janeiro/Wien, Februar 2006

Skrupellos & Co.

Konzerne investieren Unsummen, um das Image ihrer Marken zu pflegen. Gespart wird dafür bei den Produktionsbedingungen. Die Folge sind katastrophale Arbeitsverhältnisse, Armut und die Verletzung von Menschenrechten. Soziales Engagement ist dabei nicht mehr als ein Werbegag.

Die Erdölfirma Shell ist einer der größten Geldgeber für Sozialprojekte im westafrikanischen Nigerdelta. Fast 60 Millionen Euro pro Jahr gibt der Konzern in der verarmten Region im Süden Nigerias für Schulen und Gesundheitseinrichtungen aus.[1] In Europa und Japan zählt sich Shell zu den größten Förderern der Sonnenenergie: Der Ölmulti baut dort Solaranlagen. »Wir sind davon überzeugt, dass nur diejenigen Unternehmen erfolgreich sein können, die drei Ziele verfolgen: Wettbewerbsfähigkeit, soziale Verantwortung und ökologische Orientierung«, heißt es in einer Werbebroschüre.

Dabei war der Konzern lange Zeit das Feindbild von Umwelt- und Menschenrechtsgruppen. Als Shell im Jahr 1995 die Ölplattform »Brent Spar« in der Nordsee versenken wollte, boykottierten Millionen Autofahrer die Tankstellen mit dem gelben Muschel-Logo, bis der Konzern einlenkte. Den zweiten Imageschaden erlitt die Firma im selben Jahr in Zusammenhang mit der Ermordung des Dichters Ken Saro Wiwa. Shell wird als wichtigstem Erdölproduzenten Nigerias die Kooperation mit dem ehemaligen nigerianischen Militärregime zur Last gelegt, das den lästigen Kämpfer gegen die Ölindustrie einfach beseitigte.

Mittlerweile weiß man, dass die allzu offenkundige Missachtung humanitärer und ökologischer Interessen dem Geschäft schadet. »Shell bemüht sich sicherzustellen, dass seine Tätigkeit nicht zu Menschenrechtsverletzungen führt«, sagt sogar Arwind Ganesan von der angesehenen Organisation Human Rights

Watch. Die vom Konzern veröffentlichten Umwelt- und Menschenrechtsberichte seien sogar ein Vorbild für andere Firmen.[2]

Die Menschen in Nigeria sind da allerdings ganz anderer Meinung: Shell sei nach wie vor verantwortlich für die Zerstörung der Lebensgrundlagen Tausender Familien. Noch immer werden Menschen eingeschüchtert, die gegen den Multi protestieren. Und noch immer weigert sich der Konzern, den Opfern der skrupellosen Ausbeutung der Ressourcen des Landes eine angemessene Entschädigung zu zahlen: Die Betroffenen vom Volk der Ogoni schätzen, dass Shell seit Beginn seiner Tätigkeit in Nigeria Erdöl im Wert von rund 35 Milliarden Euro aus dem Boden geholt hat.[3] Allein die damit verbundenen Umweltschäden wurden schon 1992 mit rund vier Milliarden Euro beziffert.

Da stehen die nicht einmal 60 Millionen, die der Konzern nach eigenen Angaben für soziales Engagement aufwendet, plötzlich in einem anderen Licht da – als ein vergleichsweise kleiner, aber umso effizienterer Posten im Werbebudget. Denn Shells karitatives Wirken wird in den internationalen Medien als Paradebeispiel für unternehmerische Verantwortung gerühmt.

Image ist alles

Die Konzerne haben ihre Lektion gelernt. Etwa ab den siebziger Jahren wurden viele bekannte Firmen zur Zielscheibe von Menschenrechts- und Umweltaktivisten. Boykottaufrufe gegen Nestlé, McDonald's, Siemens und Shell sorgten für Aufsehen. Oft erinnert man sich heute gar nicht mehr, was denn damals die Ursache der Kritik war. Aber irgendwie weiß man dennoch: Die haben Dreck am Stecken (siehe Firmenporträts am Ende dieses Buches).

Mittlerweile veröffentlichen fast alle großen Unternehmen regelmäßig dicke Umwelt- und Sozialberichte. Sie beschäftigen Menschenrechtsbeauftragte und haben sogenannte Codes of Conduct etabliert, Verhaltensnormen, mit denen sich die Konzerne mehr oder weniger strenge Regeln zur Beachtung ökologi-

Schlecht fürs Image, schlecht fürs Geschäft: Solche Bilder bescherten dem Ölkonzern 1995 schwere Umsatzeinbußen

scher und sozialer Prinzipien auferlegen. Bei Vorstandstagungen und auf den firmeneigenen Internetseiten halten neue Begriffe Einzug. Neben den »Shareholder Value«, den für Aktionäre relevanten Börsenwert eines Unternehmens, tritt der »Stakeholder Value«: Nur wer sich allen von einem Geschäft betroffenen Gruppen gegenüber richtig verhält, wird auch marktwirtschaftlichen Erfolg verbuchen können, so die Philosophie. Zu diesen unterschiedlichen Gruppen zählen Arbeitnehmer und Kunden ebenso wie die Umwelt und die Länder, in denen ein Unternehmen operiert. Das Gleiche wird durch die Modewörter »Corporate Social Responsibility« (CSR) und »Corporate Citizenship« vermittelt: Das Geschäftsfeld einer Firma beschränkt sich nicht nur auf betriebswirtschaftliche Kriterien, es umfasst auch eine gesellschaftliche Verantwortung, ja Firmen wollen sogar »gute Bürger« eines Landes oder des ganzen Globus sein.

So betätigten sich etwa 120 leitende Siemens-Angestellte im Oktober 2000 freiwillig und unentgeltlich als Bauarbeiter bei der Errichtung eines Sommercamps für deutsche und tschechische Heimkinder. Sie errichteten sechs Holzhütten, eine Sanitär- und eine Abstellhütte, zwei überdachte Freisitze, zwei Klettergerüste und ein Beach-Volleyball-Feld und schleppten dabei 13 Tonnen Holz, 50 Kubikmeter Sand und eine halbe Tonne Beton, weiß die »Wirtschaftswoche« zu berichten: »24 Kinder und Betreuer können dort nun unbeschwert ihre Ferien verbringen.«[4] Damit sei nicht nur sozial Schwachen geholfen: Die Aktion habe auch den Teamgeist gestärkt. Und nicht zuletzt sei's auch gut fürs Image.

Teamgeist beweist Siemens allerdings nicht nur beim Aufbau von Ferienlagern, sondern auch bei zahlreichen Beteiligungen an mehr als fragwürdigen Bauprojekten: So entstehen mit Hilfe des Münchner Konzerns zahlreiche Riesenstaudämme in Ländern der »Dritten Welt«, als deren Folge Millionen von Menschen teilweise mit Gewalt zwangsumgesiedelt werden und ihre Lebensgrundlagen verlieren, ohne angemessen entschädigt zu werden. Und Siemens ist noch immer führend im Bau gefährlicher Atomkraftwerke in aller Welt. Viele dieser Reaktoren sind nachweislich unrentabel und belasten das Budget hochverschuldeter Staaten, während der Konzern satte Profite schreibt.

Soziales Engagement durch Landminen?

Der Wert eines Unternehmens lasse sich steigern, wenn man bereit sei, »auch eine soziale Verantwortung im Unternehmen und in der Gesellschaft zu übernehmen«, verriet auch Mercedes-Boss Jürgen Schrempp der »Wirtschaftswoche«. Ob die Waffenproduktion ebenfalls Teil dieser Verantwortung ist, sagte der Konzernherr allerdings nicht. DaimlerChrysler, oder vielmehr eine Tochterfirma des Autokonzerns, ist an der Entwicklung von Atomwaffen beteiligt. Und nicht nur das: Der Konzern produziert auch Landminen. Vor allem Antipersonenminen sind international wegen ihrer besonders grausamen Folgen geächtet. Häufig sind auch Zivilpersonen von ihrem Einsatz betroffen.

Für die »Panzerabwehrrichtmine« PARM 2 warb die Konzerntochter Deutsche Aerospace in einschlägigen Fachzeitschriften mit Slogans wie »modern und effektiv«. Bundeswehroffiziere lobten die PARM so: »Moderne Minen haben eine vernichtende Wirkung. Sie können den Feind hinter Deckungen und in toten Räumen bekämpfen.«[5] Erst nach massiven Protesten der Initiative »Kritische Aktionäre« verkündete Jürgen Schrempp Ende 1998, die Produktion der PARM-Minen einzustellen.

Noch immer zur Produktpalette gehören nach Angaben der »Kritischen Aktionäre« allerdings die »Mine-Flach-Flach« (MIFF) und die »Mine-Multi-Splitter-Passiv« (MUSPA), die vom Verteidigungsministerium der USA (zum Unterschied von Deutschland) ebenfalls als Antipersonenmine eingestuft wird. Deswegen haben Staaten wie das Nato-Land Italien diese Minenart ausgemustert und die Bestände zerstört.[6]

»Wir können dich vernichten«

Eine Markenfirma mit besonders großem Nachholbedarf in Sachen Imagepflege ist die amerikanische Sportbekleidungsfirma Nike. Seit US-Medien Mitte der neunziger Jahre pakistanische Kinder dabei filmten, wie sie das Nike-Logo, den »Swoosh«, auf Fußbälle nähten, reißt die Welle der Empörung über die Arbeitsbedingungen in den sogenannten Sweatshops, den Hinterhoffabriken in Asien und Lateinamerika, in denen die Produkte des Konzerns zusammengenäht werden, nicht ab. Und immer wieder kommen neue Fälle von Ausbeutung und Misshandlung ans Tageslicht (siehe Kapitel »Sport und Bekleidung«).

In den USA sind diese Berichte zur ernsthaften Bedrohung für das Image des Konzerns geworden. Nikes berühmter Werbespruch »Just Do It!« wurde zu »Just Boycott It« – »Boykottier es einfach« – umgedichtet. Immer mehr Jugendliche kehren ihrer ehemaligen Lieblingsmarke den Rücken. Für den Konzern ist der Vertrauensverlust in dieser Zielgruppe besonders schmerzlich.

Zu einer regelrechten PR-Katastrophe für Nike kam es im Herbst 1997 in New York. Der Sozialarbeiter Mike Gitelson, der Jugendliche in der Bronx betreute, hatte es, so erzählte er der kanadischen Journalistin Naomi Klein, »satt, die Kids in Turnschuhen herumlaufen zu sehen, die sie sich nicht leisten konnten und die sich ihre Eltern auch nicht leisten konnten«.[7] Gitelson sagte ihnen, dass die Arbeiter in Indonesien nur 2 Dollar pro Tag verdienten und dass es Nike nur 5 Dollar koste, die Schuhe herzustellen, für die sie zwischen 100 und 180 Dollar bezahlen. Er erzählte ihnen auch, dass Nike keinen einzigen Schuh in den USA herstellen lässt. Und dass das einer der Gründe sei, warum ihre Eltern so schwer Arbeit fänden. »Tja, Alter, du wirst verschaukelt. Wenn das hier im Viertel einer mit dir macht, dann weißt du, was Sache ist.« Das saß. Die Jugendlichen schickten zunächst Briefe an Nike-Chef Phil Knight und forderten ihn auf, ihnen das Geld zurückzuzahlen. Der Konzern antwortete mit nichtssagenden

Standardbriefen. »Da wurden wir wirklich zornig und machten uns daran, eine Demo zu organisieren«, sagte Gitelson.

In der Folge zogen zweihundert Elf- bis Dreizehnjährige vor die »Nike-Town«, eine Art Erlebnis-Supermarkt des Konzerns in New York. Schreiend und johlend schütteten die Kids den Sicherheitsleuten mehrere Müllsäcke mit stinkenden alten Sportschuhen vor die Füße – unter reger Anteilnahme der Medien. Von den Kameras umschwärmt, wuchsen die vorwiegend schwarzen und lateinamerikanischen Kinder über sich hinaus. Eine der Aktivistinnen – eine dreizehnjährige Afroamerikanerin aus der Bronx – schaute direkt in die Kamera einer großen Fernsehstation und richtete eine Botschaft an den Konzern, die den Werbemanagern den Schweiß auf die Stirn trieb: »Nike, we made you, we will break you!« (»Nike, wir haben dich gemacht, wir werden dich auch vernichten.«)[8]

Zweifelhafte Verbesserungen

Die Konzernherren wussten, was das bedeutet: Wenn ihre am heftigsten umworbenen Kunden mit Hilfe der Medien am mühsam und mit Milliardenaufwand gepflegten Image kratzen, ist Feuer am Dach. Eine Bande Halbwüchsiger aus der Bronx schaffte mit einem Schlag, was Hundertschaften von Menschenrechtsorganisationen, die doch nur eine kleine Schicht von »Engagierten« ansprechen konnten, nicht gelungen war: Nike ging in die Offensive, gestand viele der vorgeworfenen Missstände ein und gelobte Besserung. Die gab es da und dort tatsächlich: Zahlreiche Sweatshops erhielten endlich Sicherheitseinrichtungen wie Feuerlöscher und Notausgänge, die Arbeitsplätze wurden verschönert, und es fanden schärfere Kontrollen gegen Kinderarbeit statt. Doch am Kernproblem hat sich wenig geändert: Weder Nike noch andere Konzerne, die ihre Produkte in ärmeren Ländern herstellen lassen, sind bereit, angemessene Löhne zu bezahlen. Im Gegenteil: Seit die unternehmerisch unabhängigen Zulieferbetriebe die von Nike & Co. geforderten Standards einhalten müssen, bleibt noch weniger Geld für Löhne (siehe Kapitel »Sport & Bekleidung«).

In Europa halten sich die Proteste gegen das ausbeuterische Verhalten großer Markenfirmen noch in Grenzen. Die Konzerne sind gewappnet: Nike-Town Berlin stellt seine Mitarbeiter regelmäßig frei für gemeinnützige Aktivitäten in den sozialen Brennpunkten der Bezirke Kreuzberg, Friedrichshain, Lichtenberg und Neukölln. Gemeinsam mit Streetworkern und Sozialarbeitern werden dort Fußball-, Volleyball- und Basketballspiele mit zugewanderten und deutschen Kindern und Jugendlichen organisiert.[9]

Betreut wird diese Initiative von einer professionellen PR-Agentur, der agens27 – Gesellschaft für Kunst, Medien und Kommunikation. Angeblich will man das soziale Engagement dennoch nicht an die große Glocke hängen. Agenturchef Elmar Kirsch begründet das mit der Mentalität gewisser Gruppen, ohnehin immer ein Haar in der Suppe finden zu wollen: »Sozialverbände unterstellen schnell, dass engagierte Firmen nur ihre Produkte verkaufen wollen.«[10] Aber woher denn!

Auch das schwedische Möbelhaus Ikea fühlt sich bemüßigt, in seinem Katalog darauf hinzuweisen, dass »Kinderarbeit ein nicht zu akzeptierender Teil der heutigen Realität und leider auch in einigen unserer Herstellerländer verbreitet« sei.[11] Immerhin wurde auch Ikea für die Ausbeutung von Kindern in seinen Zulieferbetrieben kritisiert.[12]

Mittlerweile arbeite man mit dem UNO-Kinderhilfswerk UNICEF zusammen, um Kinderarbeit zu verhindern. Auf Nachfrage erklärt dazu Dietrich Garlichs, der Geschäftsführer von UNICEF Deutschland: »Ja, Ikea finanziert Projekte von UNICEF. Das heißt aber nicht automatisch, dass bei der Herstellung von Ikea-Produkten keine Kinder mehr arbeiten.«[13] Das lasse sich nämlich nur schwer kontrollieren. Urban Johnson, der UNICEF-Regionaldirektor für Ost- und Südafrika, ist deshalb auch »nicht sehr begeistert«, dass sich der Konzern mit dem Namen des UNO-Kinderhilfswerks schmückt: »Selbst wenn Ikea nicht mehr in Kinderarbeit herstellen sollte – na und? Ich bedanke mich ja auch nicht bei einem Dieb dafür, dass er nicht mehr stiehlt.«[14]

Kinderarbeit

Die schlimmsten Formen der Kinderarbeit sind die sexuelle Ausbeutung und die Sklaverei. Zu Ersterer gehört die Prostitution und die Produktion von Kinderpornographie. Letztere umfasst auch die Schuldknechtschaft, bei der Kinder angebliche oder tatsächliche Schulden ihrer Eltern abarbeiten müssen.

Die Mehrheit der Kinder arbeitet ohne formelle Anstellung: zum Teil in der eigenen Familie, etwa auf dem Feld oder im eigenen Betrieb, aber auch in fremden Haushalten oder auf der Straße, zum Beispiel als Schuhputzer. Der geringere Teil ist in Industrie und Landwirtschaft beschäftigt. Es wird geschätzt, dass insgesamt rund 12 Millionen Kinder unter vierzehn für den Weltmarkt produzieren.

Die ILO definiert Kinderarbeit prinzipiell als Erwerbstätigkeit bis zum Alter von achtzehn Jahren. Doch nur für Kinder bis dreizehn soll, so die Forderung, ein generelles Arbeitsverbot gelten. Im Alter zwischen dreizehn und fünfzehn bzw. bis zur Beendigung der Schulpflicht dürfen Kinder nur in Form leichter Arbeiten beschäftigt werden, die die Ausbildung nicht beeinträchtigen. Bis zum vollendeten 18. Lebensjahr gelten dann strenge Vorschriften hinsichtlich Arbeitszeit und Arbeitsbedingungen – etwa das Verbot von Nachtarbeit.

Infos: http://www.ilo.org

Weltweit arbeiten rund 12 Millionen Kinder für die Exportwirtschaft.

Proteste gegen die Macht der Konzerne

Sozial- und Umweltgruppen weisen zwar schon lange auf die skrupellosen Praktiken einzelner Konzerne wie Nestlé, Shell und Siemens hin. Doch die Proteste gingen lange Zeit von einer relativ überschaubaren Szene engagierter Menschen aus, die auf nationaler Ebene auch durchaus Erfolge verbuchen konnten. In Europa müssen Unternehmen heute vor allem dank des Arbeitskampfes der Gewerkschaften und dank der Proteste der Umweltbewegungen wesentlich strengere ökologische und soziale Auflagen erfüllen als in Ländern des Südens, aber auch zum Beispiel in den USA. In den letzten beiden Jahrzehnten hat das jedoch dazu geführt, dass viele Firmen ihre Produktionsstandorte einfach in Gebiete mit niedrigeren Standards verlegt haben. Damit haben wir unsere Umweltprobleme in ärmere Länder exportiert und sehen uns gleichzeitig mit Massenkündigungen und der Forderung nach Rücknahme sozialer Rechte konfrontiert. Unter dem Deckmantel der »Standortsicherung« sind nun die Regierungen der Industrieländer gleich welcher politischer Herkunft nur allzu gerne bereit, soziale, demokratische und ökologische Standards zu senken.

Der Glaube, dass die grenzüberschreitende freie Marktwirtschaft das menschliche Zusammenleben besser regelt als demokratisch legitimierte politische Gestaltung und Gesetzgebung, hat sich damit quer durch die ideologischen Lager der herrschenden Parteien durchgesetzt. Man nennt dieses Phänomen Neoliberalismus: der fundamentalistische Versuch, durch den Abbau von Regeln und die grenzenlose Privatisierung nach dem Motto »mehr privat, weniger Staat« eine auf ökonomische Effizienz getrimmte Weltordnung herzustellen.

Doch was in der Theorie für manche bestechend klingen mag, hat in den letzten Jahren und Jahrzehnten zu einer dramatischen Zunahme der Armut geführt. So hat sich die Kluft zwischen dem reichsten und dem ärmsten Fünftel der Menschheit in den letzten dreißig Jahren mehr als verdoppelt. Während 1960 das Pro-

Kopf-Vermögen der reichsten 20 Prozent der Menschen 30-mal so hoch war wie die Wirtschaftskraft der ärmsten 20 Prozent, betrug der Unterschied 1999 bereits das 78-fache.[16] Die 360 Dollar-Milliardäre der Welt sind so reich wie die ärmsten 2,5 Milliarden Menschen zusammen – das ist fast die Hälfte der Menschheit. Allein Microsoft-Chef Bill Gates verfügt mit 63 Milliarden US-Dollar über so viel Kapital wie die ärmsten 31 Länder.[17] An der Spitze dieses Trends stehen die multinationalen Konzerne, deren Wirtschaftsmacht in vielen Fällen bereits die von Staaten übertrifft. So lag etwa das Bruttoinlandsprodukt Österreichs 1999 noch vor dem Umsatz des weltgrößten Konzerns. 2001 wurde die Alpenrepublik bereits von Wal-Mart und ExxonMobil überrundet (siehe Tabelle am Kapitelende).

Während multinationale Unternehmen heute auch bei uns so gut wie keine Steuern mehr zahlen und dennoch ununterbrochen Mitarbeiter und Mitarbeiterinnen »freisetzen«, gerieren sich die neoliberalen Nationalregierungen und die EU-Kommission immer mehr als deren Interessenvertretungen. Öffentliche Güter und Dienstleistungen werden dem marktwirtschaftlichen Wettbewerb preisgegeben, menschliche Grundbedürfnisse werden zur Handelsware. Die Freiheit des Neoliberalismus gilt ausschließlich dem freien Kapitalverkehr, während die Freiheit der Menschen – vor allem aus ärmeren Ländern – an den Grenzen des Reichtums endet.

Globale Bewegung gegen die neoliberale Globalisierung

Mit dem Wegfall der Grenzen im internationalen Wirtschaftsverkehr machte sich gleichzeitig eine Gegenbewegung zur wachsenden Macht der Konzerne bemerkbar. Der Startschuss für die mittlerweile weltweit agierende globalisierungskritische Bewegung fiel 1996 in einer abgelegenen Weltgegend: im Lagandonendschungel im mexikanischen Bundesstaat Chiapas. Dorthin hatte die mexikanische Landlosen- und Indigenenbewegung EZLN (Ejercito Zapatista de la Liberación Nacional) zum »Intergalaktischen Treffen gegen den Neoliberalismus« geladen, zu dem über 4000 Menschen aus mehr als 45 Ländern kamen. Anlass war das Inkrafttreten des Nordamerikanischen Freihandelsabkommens Nafta im Januar 1994, ein Vertrag, der den Handel mit den USA und Kanada liberalisiert. Die Folgen des Nafta für die mexikanische Bevölkerung waren verheerend: Zwar hat sich das Handelsvolumen zwischen den beteiligten Ländern seither fast verdreifacht, profitiert aber haben im Niedriglohnland Mexiko lediglich ein paar hundert große Exportunternehmen, die meisten in der Hand ausländischer Eigentümer, während die Bevölkerung immer mehr verarmt.[18]

Als Folge der »intergalaktischen Treffen« entwickelte sich das internationale Netzwerk »People's Global Action against free trade« (PGA) aus einer Anzahl großer Basisorganisationen im Süden und ein paar Gruppen und Individuen in Europa. Die Waffe dieser Bewegungen, die weder über Kapital noch über hierarchische Organisationsstrukturen verfügen, ist so gewaltlos wie effizient: Sie heißt Information und Vernetzung. Vor allem das Internet erleichtert den schnellen Austausch und die Planung von Kampagnen.

So landete die global vernetzte Zivilgesellschaft 1998 einen ersten großen Erfolg. Gegen die scheinbare Übermacht der Konzerne wurde das Multilaterale Investitionsabkommen (MAI) zu Fall gebracht. Das MAI wurde 1995 von der Organisation für wirtschaftliche Zusammenarbeit und Entwicklung (OECD), einem Zusammenschluss der reichsten Industrieländer, verhandelt. Das Ziel war, internationale Investoren wirksam vor staatlichen Auflagen zu bewahren und damit nationalstaatliche Regelungen zu umgehen. Umwelt- und Entwicklungsorganisationen, Verbraucherverbände und Gewerkschaften schlugen Alarm. Sie warnten vor katastrophalen sozialen, ökologischen, aber auch ökonomischen Konsequenzen einer unkontrollierten Öffnung der Märkte für ausländische Investoren. Sie kritisierten, dass durch das MAI vor allem transnationale Konzerne umfassende

Rechte gegenüber den Staaten erhalten würden, ohne dass sie gleichzeitig für die ökologischen und sozialen Konsequenzen ihrer Aktivitäten zur Verantwortung gezogen werden können. Noch dazu wurden die MAI-Verhandlungen unter Ausschluss der Öffentlichkeit vorangetrieben. Schließlich gelang es den Nichtregierungsorganisationen (Non Governmental Organizations, NGOs), gemeinsam mit Entwicklungsländern das geplante Abkommen ans Licht der Öffentlichkeit zu bringen und einen Diskussionsprozess einzuleiten. Als Folge davon scheiterte das MAI, weil Frankreich als wichtiges OECD-Land aus den Verhandlungen ausstieg.

Doch gleichzeitig war mit der Gründung der Welthandelsorganisation (WTO) 1995 ein weiteres Instrumentarium geschaffen worden, um Konzerninteressen vorbei an demokratischen Institutionen global durchzusetzen und unter anderem das MAI in anderer Form wiederzubeleben (mehr zur WTO siehe Seite 246). Im Dezember 1999 verhinderten Zehntausende Demonstranten und Demonstrantinnen die Ministerratstagung der WTO in Seattle (USA), obwohl die Polizei versuchte, die Proteste durch brutales Durchgreifen abzuwürgen. Erstmals verschaffte die junge Bewegung damit einem massiven und wütenden Aufstand gegen die Zerstörung von Demokratie und sozialem Zusammenhalt durch die Konzernlobbys internationales Gehör.

Eine andere Welt ist möglich

Im September 2000 fand der »Battle of Seattle« seine Nachahmung in der Alten Welt: Bei einer Konferenz der Weltbank und des Internationalen Währungsfonds (IWF) in der tschechischen Hauptstadt Prag protestierten Zehntausende vorwiegend jugendliche Menschen aus ganz Europa gegen die Politik der beiden Weltwirtschaftsinstitutionen, die in den Jahrzehnten davor zahlreiche Länder des Südens in den Bankrott getrieben hatten. Ende Januar 2001 demonstrierten in der Schweizer Stadt Davos erneut Tausende beim Weltwirtschaftsforum (WEF), einem Lobbyis-

»Eine andere Welt ist möglich!« Eine Demonstration beim Weltsozialforum in Brasilien

tentreffen der mächtigsten Firmenbosse und Regierenden des
Planeten. Gleichzeitig veranstaltete eine bunte Mischung aus
NGOs, gewerkschaftlichen Gruppen, landlosen Bauern und Bäue-
rinnen, linken Initiativen und Intellektuellen im brasilianischen
Porto Alegre unter großer medialer Aufmerksamkeit das erste
Weltsozialforum (WSF). Seitdem haben sich auf der ganzen Welt
kontinentale und regionale Sozialforen etabliert, die unter dem
Motto »Eine andere Welt ist möglich« durchsetzungsfähige Kon-
zepte und globale Netzwerke für eine gerechte Gestaltung der
Globalisierung schaffen. Aus welchen Ländern, Milieus und politischen Lagern auch immer diese unterschiedlichen Gruppierungen kommen, der gemeinsame Feind ist klar: die globalen
Konzerne und ihre institutionellen Verbündeten – die WTO, der
IWF und die Weltbank. Ihnen wird vorgeworfen, ihre Macht und
die immer geringer werdende politische Kontrolle schamlos aus-
zunützen – auf Kosten der sozial Schwächsten in der ganzen Welt.

Die WTO

Die Welthandelsorganisation (World Trade Organization, WTO) mit Sitz in Genf wurde 1995 als Folge des Allgemeinen Zoll- und Handelsabkommens (GATT) gegründet. Ihr Ziel ist der möglichst freie internationale Warenverkehr und der Abbau von Handelsbarrieren. Dafür haben sich die 146 Mitgliedsländer Regeln auferlegt, die die WTO zwar nicht selbst durchsetzen kann; sie kann aber Handelssanktionen ihrer Mitglieder genehmigen. Da aber ärmere Länder über kein wirkliches Drohpotential verfügen, sind sie letztendlich auf das Wohlwollen der reichen Länder angewiesen. Nicht dabei zu sein, geht natürlich auch nicht, denn das käme einem freiwilligen Ausschluss vom Weltmarkt gleich. Zentrale Pfeiler der WTO sind neben dem GATT das Dienstleistungsabkommen GATS und das Handelsabkommen zum Schutz geistigen Eigentums TRIPS (mehr dazu siehe Seite 248 ff.).
Homepage: http://www.wto.org

Der IWF

Der Internationale Währungsfonds (International Monetary Fund, IMF) arbeitet seit seiner Gründung 1946 eng mit der Weltbank zusammen. Er konstituiert sich aus 183 Mitgliedsstaaten und soll die internationale Währungsstabilität und einen geordneten Ablauf internationaler Devisengeschäfte gewährleisten. Weitere Ziele sind die Förderung des Wirtschaftswachstums und die Verhinderung von Arbeitslosigkeit. Zur Sicherstellung der Währungsstabilität stattet der IWF gefährdete Länder vorübergehend mit Finanzmitteln aus, bindet aber diese Mittelvergabe an strenge Kriterien wie etwa die Senkung der öffentlichen Haushaltsausgaben. Das hat in vielen Fällen zu einer weitgehenden Zerstörung sozialer Infrastrukturen, etwa im Bildungs- und Gesundheitswesen, geführt.
Homepage: http://www.imf.org

Die Weltbank

Die Weltbank wurde 1944 zur Finanzierung des europäischen Wiederaufbaus nach dem Zweiten Weltkrieg gegründet und hat sich mittlerweile der Armutsbekämpfung vor allem in Asien, Afrika und Lateinamerika verschrieben. Ihre Eigentümer sind die 182 Mitgliedsstaaten. Das Stimmrecht ist allerdings nach der Höhe der Anteile gewichtet und damit mehrheitlich in der Hand reicher Länder – allen voran der USA, Deutschlands, Frankreichs, Großbritanniens und Japans. Die Weltbank ist der größte Geldgeber der Entwicklungsländer. Im Finanzjahr 2000 wurden Kredite in der Höhe von fast 16,3 Milliarden Euro an über hundert Länder vergeben. Kritiker beanstanden, dass die Kreditvergabe oft an Bedingungen geknüpft wurde, die das Sozialsystem der Empfängerländer de facto ausbluten. Außerdem wurde bisher wenig Wert auf die soziale und ökologische Verträglichkeit der finanzierten Projekte gelegt. So werden mit dieser »Entwicklungshilfe« noch immer Großprojekte gefördert, die den Lebensraum der ansässigen Bevölkerung zerstören, während Investoren satte Gewinne abschöpfen.

Homepage: http://www.worldbank.org

Gewaltbereite Globalisierungsgegner?

Den medialen Durchbruch in Europa schafften die globalisierungskritischen Bewegungen allerdings nicht mit der konstruktiven Vernetzung auf diversen Sozialforen, sondern mit wütenden Massenprotesten gegen den Gipfel der acht reichsten Länder der Welt (G8-Gipfel) in Genua im Juli 2001. Mehr als 200 000 Menschen demonstrierten dort friedlich gegen die Verfilzung von Politik und Kapital. Dennoch ging die italienische Polizei mit brutaler Gewalt gegen die Demonstrierenden vor und schleuste selbst Provokateure ein, um die Globalisierungskritiker und -kritikerinnen als gewaltbereit dastehen zu lassen. »Bei den Krawallen um den G8-Gipfel in Genua im Juli 2001 sind ›Beweise‹ für die Gewaltbereitschaft der Demonstranten vorsätzlich von der Polizei selbst gefälscht worden«, berichtete selbst die konservative »Welt« eineinhalb Jahre später: »Was bisher nur als Verdacht in den italienischen Medien diskutiert wurde, hat die Polizei in Genua jetzt offiziell bestätigt.«[19] Nach dem Gipfel blieben 200 Verletzte und ein Toter in der ligurischen Hafenstadt zurück. Der 25-jährige Demonstrant Carlo Giuliani war von einem Polizisten erschossen worden.

Natürlich gibt es auch unter den Demonstrierenden immer wieder Menschen, die ihre Wut auf das herrschende System durch gewalttätige Aktionen artikulieren. Bislang ist dies eine kleine Minderheit. Doch abseits einer moralischen Beurteilung und der auch innerhalb der sozialen Bewegungen geführten Diskussion, ob diese Menschen den Anliegen der Globalisierungskritik in der öffentlichen Wahrnehmung schaden, ist auch die Frage zu stellen, ob ein Wirtschaftssystem, das Gewalt und Terror durch Konzerne legitimiert, nicht automatisch Gegengewalt erzeugt. Dazu kommt noch die Tatsache, dass die Massenmedien erst ab dem Zeitpunkt bereit waren, über Themen wie weltweite Ungerechtigkeit zu diskutieren, als ihnen mit den Exzessen auf derartigen Protestveranstaltungen reißerische Bilder geliefert wurden. So titelte etwa der »Spiegel« nach Genua mit der längst überfälligen Frage: »Wem gehört die Welt?«[20] Das globalisierungskritische Netzwerk Attac verzeichnete daraufhin ein rasantes Ansteigen der Mitgliederzahlen, und in einer Umfrage erklärten sich 70 Prozent der Deutschen prinzipiell mit den Anliegen der Globalisierungskritik einverstanden.

Ausschließlich friedlich agierende Organisationen wie Attac verdanken also paradoxerweise einen Teil ihrer Popularität der medialen Inszenierung von Gewalt. Und sie wehren sich auch gegen den ihnen von den Medien zugedachten Begriff der »Globalisierungsgegner«, da sie sich vielmehr als Globalisierungsgestalter verstehen. Die wahren Globalisierungsgegner, könnte man auch sagen, sitzen in den Konzernzentralen, in der WTO und den internationalen Finanzinstitutionen: Dort wird nämlich intensiv daran gearbeitet, eine Globalisierung sozialer, ökologischer und menschenrechtlicher Standards zu verhindern.

Der 11.9. und die Folgen

Am 11. September 2001 schien die Welt aus den Fugen zu geraten. Der mörderische Anschlag auf das World Trade Center in New York rückte die Gefahr eines globalen Terrorismus ins Zentrum der medialen Wahrnehmung. Die Ursachen und Motive sind bis heute ungeklärt, was wiederum Verschwörungstheoretiker der unterschiedlichsten Herkunft auf den Plan rief. Der vielbeschworene »Kampf der Kulturen« war weniger einer zwischen unterschiedlichen regionalen und religiösen Zivilisationen als

vielmehr eine willkommene Spielwiese für ideologische Graben-
kämpfe. Plumper Antiamerikanismus und nicht minder plumper Antiislamismus wetteiferten im Kampf um die Vorherrschaft
am Meinungsmarkt. Die globalisierungskritische Bewegung
verhielt sich zunächst auffällig zurückhaltend. Viele fürchteten,
mit ihrer Kritik an der Übermacht der Konzerne in die Nähe des
Terrorismus gerückt zu werden. Die geplante Jahrestagung von
Weltbank und Währungsfonds in Washington wurde ebenso
abgesagt wie die Proteste dagegen. Erst nachdem US-Präsident
George W. Bush seinen »Krieg gegen den Terror« ausgerufen
hatte und die »Achse des Bösen« ausfindig gemacht zu haben
glaubte, wich die Zurückhaltung der massiven Kritik an der im-
perialistischen Politik Washingtons. Das Thema Krieg und das
Schreckgespenst einer unipolaren Weltordnung, die die wirtschaftliche und politische Vormachtstellung der USA sichern
sollte, wurden zum zentralen Thema der sozialen Bewegungen.
Beim Europäischen Sozialforum im November 2002 demonstrierten mehr als eine Million Menschen in Florenz gegen Krieg
und Sozialabbau. Zum dritten Weltsozialforum im Januar 2003
reisten bereits 100 000 Menschen ins brasilianische Porto Alegre.
Und am 15. März 2003 gingen weltweit über 12 Millionen auf die
Straße, um gegen den drohenden Irak-Krieg zu protestieren.

Bei allem Respekt für solche Massenbewegungen gibt es allerdings auch kritische Stimmen, die vermerken, dass es nur allzu
leicht ist, einen einzelnen Gegner – in diesem Fall die US-Regierung – als Ursache allen Übels auszumachen. Wenn auf Demonstrationen US- oder Israelfahnen verbrannt werden, zeigt
das, dass auch die Friedens- und Sozialbewegungen vor einem
simplen Freund-Feind-Schema nicht gefeit sind. Die Tatsache,
dass die Regierung Bush so gut wie alle internationalen Abkommen vom Klimaschutz über die Biowaffenkonvention bis zum
Internationalen Strafgerichtshof hintertreibt, Völker- und Menschenrechte bricht und demokratische Standards verletzt, recht-
fertigt in keiner Weise billige Amerikafeindlichkeit – so wie die

Kritik an der menschenverachtenden Politik von Ministerpräsident Sharon nicht die Morde an israelischen Männern, Frauen und Kindern rechtfertigen darf. Solche Vereinfachungen führen dazu, dass Neonazigruppen bereits versuchen, unter dem Stichwort »Querfront« strategische Allianzen mit globalisierungskritischen Bewegung zu schließen. Ein absurdes Unterfangen, wenn man davon ausgeht, dass die Hauptmotivation dieser Bewegungen eine gerechtere Welt mit gleichen Entwicklungsmöglichkeiten für alle Menschen ist.

Außerdem missachtet jede einseitige US-Kritik die Tatsachen. Die europäischen Regierungen sind in ihrer Tendenz nicht viel weniger neoliberal als die der USA. Auch ihnen stehen die Interessen ihrer skrupellosen Konzerne von Bayer (Deutschland) bis Total (Frankreich) näher als menschenrechtliche Bedenken (siehe auch das Kapitel über Korruption). Kein europäisches Land hat sich bisher kritisch seiner eigenen Kolonialvergangenheit gestellt oder gar Wiedergutmachung geleistet. Doch wenn es darum geht, Medienereignisse für Moralisches zu instrumentalisieren, sind sie alle schnell bei der Hand.

Diese Art Moral stinkt. Als nach dem Mord an über 3000 Menschen am 11. 9. überall auf der Welt zu Schweigeminuten aufgerufen wurde, forderte ein Kolumnist der liberalen Tageszeitung »Der Standard« dazu auf, eine entsprechende Anzahl Schweigestunden für zweieinhalb Millionen unschuldig Ermordete im Sudan abzuhalten, von denen er erstmals aus dem »Schwarzbuch Markenfirmen« erfahren hatte.[21] Von den 12 Millionen, die gegen den Irakkrieg auf die Straße gingen, verloren nur wenige ein Wort über die grausamen Massaker Saddam Husseins. Der größte Krieg der Welt seit 1945 in der Demokratischen Republik Kongo mit über 3,3 Millionen Toten in vier Jahren hat noch nie eine Friedensdemonstration auf den Plan gerufen – obwohl es in den meisten afrikanischen Kriegen noch viel eher um die Rohstoffinteressen westlicher Konzerne geht als beim angeblichen »Krieg um Öl« im Irak.

Vielfalt und Demokratie statt Herrschaft des Kapitals

Die Forderungen der vielfältigen sozialen Bewegungen sind höchst unterschiedlich. Sie reichen von Vorschlägen zur demokratischen Kontrolle internationaler Organisationen wie der WTO bis hin zu deren Zerschlagung. Es gibt hochrangige Wissenschaftler und Wissenschaftlerinnen, die auf »Deglobalisierung« setzen, also eine Rückkehr zu regionalen Märkten, während andere mit Ideen für eine Art Weltregierung in Form demokratisch kontrollierter Institutionen (»global governance«) schwanger gehen, die die globalen Anliegen wie Steuergerechtigkeit, Ressourcenverteilung und Gerichtsbarkeit in Menschenrechtsfragen in den Griff bekommen sollen. Einige Gruppierungen glauben, dass man den Kapitalismus sozial und ökologisch zähmen kann, und verweisen auf das Modell der »ökosozialen Marktwirtschaft«, das europäische Nationalstaaten bis Ende des letzten Jahrhunderts als Erfolgsgeheimnis präsentierten und das nun sukzessive zerstört wird. Allerdings beruhte auch dieses Modell auf der Ausbeutung ärmerer Länder und natürlicher Ressourcen. Deswegen weisen radikalere Gruppen darauf hin, dass das profit- und konkurrenzorientierte herrschende System von Marktwirtschaft und Kapitalismus per se auf Ausbeutung, Krieg, Diskriminierung und Umweltzerstörung zusteuert. Ihnen wird meist das historische Scheitern des autoritären Kommunismus vorgehalten.

Doch es geht nicht um den Ersatz eines Herrschaftssystems durch ein anderes. Es geht im politischen Sinn um die Schaffung echter demokratischer Beteiligung für alle Menschen auf allen Ebenen im Sinne partizipativer Demokratiemodelle und um den unbedingten Vorrang gesellschaftlicher Anliegen vor Profitinteressen. Und im wirtschaftlichen Sinn geht es darum sicherzustellen, dass menschliche Grundbedürfnisse – wie das Recht auf Nahrung, Wasser, Wohnen, Gesundheit, Bildung und viele andere – und vor allem Menschen selbst nicht als Ware gehandelt werden können und deshalb nicht »marktfähig« sind. Es gibt keine einfache Lösung für diese Fragen und schon gar kein perfektes System. Ein lebensfähiger Weg kann nur in der Achtung vor der Vielfalt der Menschen und Meinungen und auch im Austragen von Konflikten entstehen. Worüber wir uns aber einig werden müssen, ist der unbedingte Vorrang des Lebens vor Profitinteressen. Nicht nur mit den in diesem Buch beschriebenen Konzernen und ihren Interessenvertretern besteht darüber, so viel können wir vorausschicken, keine Einigkeit.

Shoppingtour im globalen Supermarkt

»Es ist, als wären beim Schachspiel neue Regeln erfunden worden«, schreibt der Münchner Soziologe Ulrich Beck in einem Essay über die neue Macht der Multis: »Der Bauer – die Wirtschaft – wird unter den Bedingungen der informationstechnologischen Beweglichkeit plötzlich zum Springer und kann nun sogar den König – den Staat – angreifen und schachmatt setzen.«[22]

Das Internet hat die Welt zum »globalen Dorf« gemacht, in dem sich Menschen verschiedener Kontinente zum virtuellen Kaffeetratsch zusammenfinden. Die makroökonomische Entsprechung ist der »globale Supermarkt«: Im Kühlregal lagern billige Rohstoffe aus dem Kongo, in der Wühlkiste gibt's thailändische Arbeitskräfte im Sonderangebot, in der Feinkostabteilung liegen Forscher und Designer aus aller Welt neben originellen Werbefachleuten. Und an der Kasse warten mit leuchtenden Augen die Kunden.

Kein Sportschuh, fast kein Fernseher und nur noch wenige Autos werden heute dort hergestellt, wo die Firmen, die diese Dinge verkaufen, ihren Sitz haben. Rohstoffe kommen schon seit den Kolonialzeiten aus Afrika, Lateinamerika und Asien zu uns. Und während man hierzulande noch diskutiert, indische Computerexperten gnädigerweise nach Europa einreisen zu lassen, lagern viele Firmen auch ihre Forschungs- und Technologieabteilungen längst in Billiglohnländer aus. Die größten Absatzmärkte sind – einstweilen – noch in den westlichen Industrieländern zu finden.

Diese globale »Aufgabenteilung«, die auch eine Teilung zwischen Arm und Reich ist, ist keine unumstößlich festgeschriebene Weltordnung – auch wenn sich viele damit abgefunden zu haben scheinen. Die ehemalige britische Premierministerin Margret Thatcher prägte den Begriff des TINA-Syndroms: »There is no alternative« – es gebe keine Alternative zum Elend, behauptete eine, die durch ihre politische Tätigkeit solches Elend schuf. Neoliberale Wirtschaftsvertreter argumentieren, dass gerade das weltweite Ungleichgewicht Investitionen durch Konzerne in die ärmeren Länder notwendig mache, um dort Wohlstand zu erzeugen.

Eine bestechende Argumentation, wenn man davon ausgeht, dass nicht alle Einwohner ärmerer Länder von der Subsistenzwirtschaft, also von der Hand in den Mund leben wollen. »Es gibt nur eines, das schlimmer ist, als von den Multis überrollt zu werden: nicht von den Multis überrollt zu werden«, schreibt Ulrich Beck. Das romantische Bild des Urwaldbewohners, der sich von seiner Biobanane ernährt und fröhlich sein Brauchtum pflegt, ist in den meisten Fällen nicht mehr als eine Projektion westlicher Wohlstandsbürger, die sich als Ökotouristen in den Restplatzparadiesen ein paar Illusionen sichern wollen. In gewisser Weise ist das nichts anderes als eine subtile Form von Kolonialismus. Denn auch Azteken, Massai und Tibeter müssen das Recht haben, auf Internet, moderne Medizin und Konsumgüter zurückgreifen zu können, wenn sie das wünschen. Ob das gleichbedeutend mit Microsoft, Aspirin und Coca-Cola sein muss, hängt allerdings davon ab, wie sehr sie die Chance erhalten, über ihre Bedürfnisse selbst zu entscheiden. Tatsache ist, dass viele Länder derzeit ohne internationalen Wirtschaftsverkehr weder über ökonomische Rücklagen verfügen noch über teure Technologien und meist auch nicht über das Know-how, um selbst Strukturen aufzubauen, die ihren Einwohnern einen angemessenen Lebensstandard bieten.

Doch wenn wir uns vergegenwärtigen, dass die meisten Länder

nicht deshalb arm sind, weil sie zu wenig produzieren, sondern deshalb, weil die Profite aus ihrer Produktion ins Ausland und in die Exportwirtschaft abwandern, dann liegt die angebliche Abhängigkeit von den Multis allein in dieser Tatsache und darin, dass die ärmeren Länder all ihre volkswirtschaftlichen Einnahmen in den Schuldendienst stecken müssen, der ihnen durch Kolonialisierung, neoliberale Ausbeutung und korrupte Regierungen beschert wurde. Während die jährliche Entwicklungshilfe weltweit rund 53 Milliarden US-Dollar beträgt, werden die Kapitalflüsse von Süden nach Norden auf ein Vielfaches geschätzt. Die sogenannten Entwicklungsländer leisten daher de facto Entwicklungshilfe für den Norden, also die westlichen Industrieländer. Das zu stoppen wäre wesentlich effektiver und nachhaltiger, als auf die segensreiche Wirkung multinationaler Investoren zu hoffen.

Wohlstand für alle

Doch würde ein weltweites Wirtschaftsgleichgewicht nicht bedeuten, dass wir unseren Wohlstand verlieren, der ja schließlich auf billigen Arbeitskräften und Rohstoffen aus dem Süden resultiert? Nein. Was wir brauchen, ist die Erkenntnis, dass sich der menschliche Wohlstand nicht allein über die Kaufkraft definiert. Der in Cambridge lehrende indische Nobelpreisträger Amartya Sen schreibt in seinem Buch »Ökonomie für den Menschen«: »Eine auf das Einkommen bezogene Sichtweise ist unbedingt ergänzungsbedürftig, damit wir zu einem umfassenden Verständnis des Entwicklungsprozesses kommen.«[23]

Damit fordert der angesehene Wirtschaftswissenschaftler eine Ausweitung des Wohlstandsbegriffs auf Faktoren wie soziale Sicherheit, individuelle Freiheit und das Recht auf Bildung und Gesundheitsversorgung. Im Prinzip heißt das nichts anderes, als dass die elementaren Menschenrechte nicht nur zur Grundlage, sondern zum Ziel ökonomischen Handelns gemacht werden müssen.

Dass das für alle möglich ist, zeigen wissenschaftliche Erkenntnisse: In ökologischer Hinsicht würde die Erde rund 12 Milliarden Menschen vertragen, so dass sich alle einen angemessenen Lebensstandard leisten können. Derzeit halten wir bei etwas über 6 Milliarden. Und wir sollten uns auch die Frage stellen, ob nicht unsere Lebensqualität erheblich steigen würde, wenn wir etwas weniger von all dem Schrott konsumieren müssen, den uns die Werbeindustrie als unverzichtbar einredet. Nicht zuletzt die Anschläge von New York, aber auch der massive Migrationsdruck und die Tatsache, dass immer mehr Menschen auf der Welt nichts mehr zu verlieren haben, sollten uns bewusstmachen, dass die Lebensqualität der Einwohner und Einwohnerinnen der reichen Länder bereits jetzt darunter leidet, dass wir unseren Reichtum durch Abschottung und polizeiliche Sicherheitsmaßnahmen schützen, die unsere persönlichen Freiheiten massiv einschränken. Ob wir wohl irgendwann merken, dass die Mauern, die wir um Europa und unsere Besitztümer errichten, unsere eigenen Gefängnismauern sind?

Wenn wir die Entwicklungen auf dem Weltmarkt betrachten, kommen wir zu einem nicht sehr ermunternden Ergebnis. Im Gegenteil: Die Verheißungen jener Propheten, die den Welthandel in seiner derzeitigen Dimension als Grundlage für Entwicklung sehen, entpuppen sich größtenteils als Vorwand für eine Zementierung des sozialen Ungleichgewichts.

Ausbeutung von Arbeitern und Arbeiterinnen

Die in den folgenden Kapiteln angeführten Beispiele der großen Mode-Labels, der Spielzeug- und der Lebensmittelindustrie illustrieren sehr gut, was von den »Investitionen« internationaler Unternehmen in die »Dritte Welt« zu halten ist. Adidas, Aldi und andere beziehen ihre Produkte zu einem großen Teil aus Billiglohnländern. Positiv gesehen könnte das heißen, dass diese Konzerne dort Millionen von Arbeitsplätzen sichern und damit die Grundlage für Entwicklung und Wohlstand schaffen. Die Realität sieht jedoch anders aus: Die Bezahlung der Fabrik- und Plantagenarbeiterinnen und -arbeiter orientiert sich meist an den Mindestlöhnen der einzelnen Länder oder liegt sogar darunter. Die Mindestlöhne bemessen sich aber nicht – wie in den meisten westlichen Ländern – daran, was ein Mensch zum Leben, zur Ernährung seiner Familie, für die Schulbildung seiner Kinder und die Rentenvorsorge braucht. Sie richten sich in zahlreichen Ländern in erster Linie danach, was diesen Ländern von Weltbank und Währungsfonds an öffentlichen Ausgaben zugestanden wurde.

Woher haben die Weltbank und der IWF die Macht, über souveräne Staaten zu entscheiden?

Die Entwicklungsländer sind hoch verschuldet. Das hat verschiedene Ursachen. Viele der Länder waren bis weit ins 20. Jahrhundert hinein europäische Kolonien und wurden von ihren Kolonialherren ausgeblutet. Staatliche Infrastrukturen waren kaum vorhanden, vielen Einheimischen war keine Schulbildung vergönnt. Nach dem Ende der Kolonialzeit rund um 1960 erhielten die neuen Regierungen für ihren Wiederaufbau hohe Kredite der Weltbank. In den siebziger Jahren gewährten internationale Bankinstitute weitere Kredite mit zunächst sehr niedrigen Zinsen, da sie aufgrund der gestiegenen Ölpreise Unmengen von Petrodollars zur Verfügung hatten. Ein Großteil davon wurde für Projekte aufgewendet, die von westlichen Beratern konzipiert worden waren und für die Länder selbst kaum Nutzen hatten. Und viel Geld wanderte in die Taschen korrupter Regierungen – mit wohlwollender Unterstützung durch Banken und Konzerne bis hin zu den Regierungschefs westlicher Demokratien. In den achtziger Jahren wurden die Schulden umgeschaufelt: Um die Raten zurückzahlen zu können, gab es neue Kredite der Weltbank. Diese wurden aber mit Bedingungen verknüpft, die von den politischen Anschauungen Ronald Reagans und Margaret Thatchers geprägt waren: Die Folge waren rigorose Sparprogramme, denen vor allem Sozial- und Bildungseinrichtungen zum Opfer fielen.

Noch heute wenden die meisten Entwicklungsländer einen großen Teil ihres Budgets dafür auf, ihre Kreditraten an internationale Finanzinstitutionen und westliche Banken zurückzuzahlen.
Darüber wachen Weltbank und IWF; sie entscheiden über neue
Finanzspritzen. Und wer zahlt, schafft an.

Natürlich gibt es auch kritische Stimmen wie etwa die des ehemaligen Weltbank-Chefökonomen Joseph Stieglitz, die es nicht
für sehr nachhaltig halten, ärmeren Ländern jede Entwicklungs-
möglichkeit zu nehmen, indem man ihnen auch noch das letzte
Hemd auszieht und damit zum Beispiel die Finanzierung von
Schulen und Gesundheitseinrichtungen unmöglich macht. Doch
bis es wirklich zu einer Neuorientierung der internationalen
Schuldenpolitik kommt, werden noch viele Bilder halbverhun-
gerter Kinder um die Welt und noch viele »Globalisierungsgegner« auf die Straße gehen müssen.

Ausbeutung der Ressourcen

Westliche Firmen beuten nicht nur Millionen von Arbeitskräften
aus, sie haben auch die totale Kontrolle über die natürlichen
Reichtümer zahlreicher Länder. Verkehrte Welt: Angola, Brasilien, Indonesien, Kongo, Nigeria und mit ihnen der überwiegende Teil der Entwicklungsländer verfügen über ein nahezu un-
erschöpfliches Reservoir an natürlichen Schätzen wie Erdöl,
Gold, Diamanten, Kupfer, Edelhölzer, Kaffee, Kakao und Bananen. Als »Eigentümer« dieser Ressourcen sind sie objektiv gesehen um vieles reicher als die meisten Industrieländer. Und dennoch hungern dort große Teile der Bevölkerung und haben weder
Zugang zu Medikamenten noch zu Schulen.

Jeden Tag – jeden Tag! – sterben 100 000 Menschen an den Folgen des Hungers, und nicht etwa, weil sie in Dürreregionen leben,
sondern weil ihnen die Reichtümer ihrer Länder wie in den dun-
kelsten Zeiten der Kolonialisierung weggenommen werden.

Den meisten Entwicklungsländern fehlt es an Technologien und
Möglichkeiten zur Gewinnung und Vermarktung ihrer Ressour-

cen. Deswegen kann es da und dort vorläufig notwendig und sinnvoll sein, wenn internationale Konzerne in diesen Ländern Investitionen tätigen. Doch wenn man genauer hinsieht, kann man in den wenigsten Fällen von Investitionen sprechen. Unter dem Druck der internationalen Finanzinstitute dürfen die hochverschuldeten Staaten nur lächerliche Steuerbeträge auf die schwindelerregenden Exportgewinne einheben. Außerdem liefern sich viele Regierungen untereinander einen zerstörerischen Konkurrenzkampf um ausländische Investoren. Häufig geht es dabei auch um Schmiergelder, die die lokalen Eliten im Tausch gegen günstige Produktionsbedingungen von internationalen Konzernen einstreichen.[24] Mangels transparenter Kontrollen verschwindet oft mehr Geld in korrupten Kanälen, als in Form von Steuern im Land bleibt.

Der internationale Rohstoffhandel ist aber nicht nur unfair, was den tatsächlichen Wert der gewonnenen Güter auf dem Weltmarkt betrifft. Die Gewinnung von Ressourcen und Energie in ärmeren Ländern erfolgt oft unter Bedingungen, die in Westeuropa undenkbar wären. So werden beim Bau von Großkraftwerken Millionen von Menschen vertrieben, ohne eine angemessene Entschädigung zu erhalten. Im Goldbergbau werden Gifte eingesetzt, die zur Zerstörung ganzer Lebensräume führen. Ähnliches passiert bei der Erdölproduktion aufgrund des Einsatzes völlig veralteter Technologien.

Noch schlimmer: In Konfliktgebieten und Diktaturen wie Angola, Myanmar (dem ehemaligen Burma), dem Kongo und dem Sudan finanzieren bekannte internationale Markenfirmen mit ihrem Rohstoffbezug Waffenhandel, Bürgerkriege, Rebellionen und brutale Militärregime. Das betrifft etwa große Teile der Erdöl- und Diamantenindustrie, aber auch Konzerne wie den Pharma- und Chemiemulti Bayer, der mit seinen Rohstoffimporten aus dem Kongo jahrelang den größten Krieg der Welt seit 1945 mitfinanziert hat (siehe Kapitel »Elektronikindustrie«).

Rohstoff Mensch

Auch Nahrungsmittelfirmen akzeptieren bisweilen stillschwei-
gend, dass auf den Plantagen ihrer Lieferanten Männer, Frauen
und Kinder ausgebeutet, durch Pflanzenchemikalien vergiftet
oder sogar versklavt werden. Sie sprechen zwar großspurig Verbote gegen die Kinderarbeit aus und führen sogar stichprobenar-
tige Kontrollen durch. Schuld an der katastrophalen Situation ist
aber letztendlich der wahnwitzige Preisdruck, dem die Zulieferer
von ihren Konzernen unterworfen werden.

An der Elfenbeinküste, wo der Großteil unseres Rohkakaos
herkommt, setzt die Mehrheit der Plantagenbesitzer Sklaven ein,
sagt der britische Soziologieprofessor Kevin Bales.[25] Das ent-
springe der Logik einer simplen Kosten-Nutzen-Rechnung: »Die
neue Sklaverei löst sich wie die Weltwirtschaft von Besitzständen
und konzentriert sich stattdessen auf die Nutzung und Kontrolle
von Ressourcen.« Sobald der menschliche Rohstoff verbraucht
ist, wird er weggeworfen und durch einen neuen ersetzt: Ein acht-
jähriges Kind kostet an der Elfenbeinküste nicht einmal 30 Euro.
Kaputt ist es oft schon ein paar Jahre später.

Für Bales, der ein Buch über die modernen Formen des Skla-
venhandels geschrieben hat,[26] hat deshalb »jeder dritte Biss« in
Schokolade den Beigeschmack von Sklaverei. Ähnlich drastisch
formuliert es der Direktor der Organisation »Save the Children«
in Mali, von wo ein Großteil der Kindersklaven an die Elfenbeinküste »exportiert« wird: »Wer Kakao trinkt, trinkt ihr Blut.«[27]

Sklaverei und Zwangsarbeit

Sklaverei gibt es seit der Frühzeit der Menschheitsgeschichte. Aber erst im alten Griechenland wurden Sklaven zu einer Handelsware. Ihren Höhepunkt erlebte die Sklaverei vom 16. bis zum 18. Jahrhundert mit der Verschiffung afrikanischer Sklaven nach
Nord- und Südamerika. Geendet hat die Sklaverei, trotz internationaler Menschen-
rechtskonventionen, nie.

Noch heute wird die Gesamtzahl der Sklaven und Zwangsarbeiter auf weltweit mindestens 27 Millionen Menschen geschätzt. Manche Schätzungen sprechen sogar von

100 Millionen. Neben der klassischen Form, bei der Menschen durch Geburt, Raub oder Kauf als Eigentum betrachtet werden, ist die mit Abstand häufigste Form die Schuldknechtschaft. Dabei muss ein Mensch ohne oder mit nur geringer Entlohnung eine tatsächliche oder behauptete »Schuld« abarbeiten. In manchen Fällen zwingt diese angebliche Schuld sogar nachfolgende Generationen in die Knechtschaft. Am raschesten wächst die sogenannte Contract Slavery, die sich auf betrügerische Arbeitsverträge gründet. Einen Sonderfall stellt die staatlich erlaubte Sklaverei dar, wie sie in Myanmar anzutreffen ist. Tausende versklavter Männer, Frauen und Kinder wurden dort etwa beim Bau einer Erdgasleitung eingesetzt. Geschäftspartner: die westlichen Erdölkonzerne Unocal und Total.

In Westafrika wurden in den letzten Jahren rund 200 000 Kinder als Sklaven verkauft – sie werden in Haushalten, Werkstätten und auf Plantagen missbraucht. Doch auch bei uns blüht das Geschäft mit der Ware Mensch: Allein in Westeuropa werden 500 000 Frauen als Opfer des Menschenhandels zur Prostitution gezwungen, erklärt Mike Dottridge von der Organisation Anti-Slavery International.[28]

Infos: http://www.antislavery.org

Auch die Pharmaindustrie beutet den »Rohstoff Mensch« aus. Der britische Bestsellerautor John Le Carré beschreibt in seinem Roman »Der ewige Gärtner«,[29] wie internationale Arzneimittelkonzerne afrikanische Patienten als Versuchskaninchen für gefährliche Medikamententests missbrauchen. Dass diese perfide Vorgehensweise keine Fiktion und sogar in Europa traurige Realität ist, konnten wir durch Undercover-Recherchen in Ungarn belegen (siehe Kapitel »Medikamente«). Damit westliche Pharmaunternehmen möglichst schnell zu günstigen Testergebnissen für ihre neuen Medikamente kommen, zahlen sie in Ländern mit weniger strengen Auflagen und Kontrollen viel Geld an Ärzte. Die Gesundheit der Patienten ist dabei meist zweitrangig, denn es geht um Profite in Milliardenhöhe.

Kampf gegen die Ausbeutung

Ist das die Arbeitsplatzsicherung in ärmeren Ländern, von der die Konzerne so gerne sprechen? Müssen Kindersklaven und Hungerlöhner, Bürgerkriegssoldaten und Versuchskaninchen ihren Arbeitgebern und Investoren wirklich dankbar sein für diese Art Entwicklungshilfe? Ist es ein Wunder, dass sich immer mehr Menschen gegen eine Globalisierung auflehnen, die das Wort »Investition« zunehmend als eine andere Bezeichnung für »Ausbeutung« versteht?

Es wird Zeit, die Unternehmen in die Pflicht zu nehmen. Imagepflege ist nicht genug. »Eigentum verpflichtet. Sein Gebrauch soll zugleich dem Wohl der Allgemeinheit dienen«, heißt es im deutschen Grundgesetz.[30] Schöne Worte. Echte, ernsthafte, nachhaltige und transparente Veränderungen sind gefragt. Investitionen in ärmere Länder sind manchmal lebensnotwendig, aber sie müssen von unabhängigen zivilgesellschaftlichen Organisationen kontrolliert werden, damit nicht der Profit aus der Armut das Elend fortschreibt. Hier kommt den Gewerkschaften eine zentrale Rolle zu: Der einzige Weg, das Standortdumping und die damit einhergehende weltweite Absenkung sozialer Standards zu stoppen, ist internationale Solidarität. Nationalistisch und protektionistisch gedachte Gewerkschaftspolitik funktioniert unter den globalen Rahmenbedingungen nicht mehr. Als Teil der sozialen Bewegungen kommt Gewerkschaftsvertretern und -vertreterinnen seit Jahren auch eine zentrale Rolle bei der Aufdeckung der skandalösen Missstände in den Sweatshops und auf den Rohstoffplantagen zu. Sie brauchen die tatkräftige Unterstützung ihrer Organisationen, um wirklich etwas erreichen zu können.

Die Konzerne müssen gezwungen werden, Verantwortung zu übernehmen. Multinationale Unternehmen verfügen über immer mehr Macht. Ihre Wirtschaftskraft ist in vielen Fällen höher als das Gesamtbudget der Länder, in denen sie tätig sind. Ihr Entscheidungsspielraum ist oft größer als der jener Länder, in denen

sie agieren. »Die nationalen Regierungen sind bei diesen Entscheidungen allenfalls Berater«, schreibt der Soziologe Ulrich
Beck. »Versucht eine nationalstaatliche Institution den Hand-
lungsspielraum eines Unternehmens einzuschränken, sucht es
sich einen anderen Standort. Die Frage ist demnach nicht mehr,
ob etwas geschehen darf, sondern nur noch, wo es geschieht.«

Die Leichtigkeit, mit der zahlreiche Firmen ihre Produktions-
orte wechseln können, schafft aber ein weiteres Problem. Denn
bei einem solchen Wechsel werden oft immens viele Arbeitslose
zurückgelassen. Das ist auch der Grund, warum wir uns in vielen Fällen gegen Boykotte aussprechen (nämlich überall dort, wo
die Betroffenen keinen Boykott wollen). Es geht eben nicht darum, dass Konzerne sich vor ihrer Verantwortung drücken, indem
sie einen Betrieb, in dem Missstände entdeckt wurden, einfach
schließen. Es geht darum, dass sie ihre Macht nützen müssen, um
jenen, denen sie ihre Profite verdanken, einen angemessenen Lebensstandard zu sichern.

Warum eigentlich Marken?

Auch Produkte ohne Markenimage (»No-Name-Produkte«)
werden unter skandalösen Bedingungen hergestellt. Zahlreiche
weniger bekannte Firmen und ganze Industriezweige, die nicht
direkt mit Kunden zu tun haben, profitieren ebenfalls von Armut,
Korruption und Menschenrechtsverletzungen. Warum konzentriert sich die Kritik ausgerechnet auf berühmte Markennamen?

Das hat zum einen ganz pragmatische Gründe: Marken gründen ihre Macht auf ein mit Werbemilliarden gepflegtes Image.
Genau dort sind sie angreifbar. Wenn sich Marken als besonders
modern, sozial, gesund, sportlich fair, kinderlieb, multikulturell
oder frauen-, familien- und umweltfreundlich darstellen, ist es
nur gerecht, wenn man sie an ihren eigenen Werten misst. So gab
sich etwa der italienische Modemulti Benetton mit seinen provo-
kativen Plakatserien mit Bildern von Aidskranken, Kriegsopfern
und Neugeborenen sozial engagiert. 1998 sickerte durch, dass der

Konzern Kleidungsstücke in der Türkei von zwölfjährigen Kindern herstellen ließ.[31]

Marken bieten aber nicht nur ein effektives Angriffsziel für kritische Konsumenten und Konsumentinnen. Sie sind die »Trendsetter« der Weltwirtschaft. Oft näht ein und dieselbe indonesische Arbeiterin nacheinander die Logos von Nike, Reebok, Adidas, Puma und eben einer unbekannten Firma auf die jeweiligen Sportschuhe. Qualität und Herstellungsbedingungen der verschiedenen Marken unterscheiden sich nicht. Es liegt aber in der Macht der großen Labels mit ihren Tausenden Produktionsstandorten, über die Bedingungen zu entscheiden, unter denen das geschieht. Denn die Weltmarktführer – und das sind im Normalfall die bekannten Marken – diktieren die Weltmarktpreise.

Dabei ist der Anteil der Produktionskosten am Endverkaufspreis gerade bei Markenfirmen meist verschwindend gering. Den weitaus überwiegenden Teil bezahlen wir dafür, dass wir umworben werden. Mitte der neunziger Jahre steckten allein amerikanische Unternehmen mehr als 1000 Milliarden Euro ins Marketing ihrer Produkte.[32]

Marken-Werte gegen die Sinnkrise

Warum sind sie damit so erfolgreich? Warum ersparen sich – oder uns – die Firmen dieses Geld nicht und verkaufen ihre Produkte, ohne die Welt mit ihrer aufdringlichen Markenwerbung zu belästigen? Weil die Werbebotschaften der Konzerne mit Hilfe moderner Kommunikationstechniken die Rolle traditioneller Sinnstifter wie Schulen, Kirchen, sozialer Gemeinschaften und kultureller Institutionen übernommen haben, behauptet der amerikanische Ökonom und Buchautor Jeremy Rifkin: »Der Kauf einer Marke versetzt den Käufer, die Käuferin in eine imaginäre Welt; sie haben den Eindruck, sie teilten die von den Designern gelieferten Werte und Bedeutungen tatsächlich mit anderen.«[33]

So handelt eben Nike nicht nur mit Turnschuhen, sondern auch mit einem Gefühl kollektiver »Wellness«. IBM verkauft nicht Computer, sondern »Solutions« – Problemlösungen. »Wir verkaufen kein Produkt«, sagt auch Renzo Rosso, der Eigentümer von Diesel Jeans, »wir verkaufen einen Lebensstil. Ich glaube, wir haben eine Bewegung geschaffen. Das Diesel-Konzept ist alles. Es ist die Art zu leben, die Art, Kleidung zu tragen, die Art, etwas zu tun.«[34]

Mit dem Produkt tritt auch die Tatsache, dass Schuhe, Computerbauteile und Hosen zu Hungerlöhnen hergestellt werden, in den Hintergrund. Für die Journalistin Naomi Klein werden jedoch gerade daran die »Brüche und Risse hinter der Hochglanzfassade« der Marken sichtbar, wie sie in ihrem Buch »No Logo!« schreibt.[35]

Zurückeroberung der Macht

Immer mehr Menschen machen sich daran, diese Hochglanzfassade zu demontieren. Das Internet, das den Weltmarkt beschleunigt hat, ist gleichzeitig die stärkste Waffe der Konzernkritik. Per E-Mail und auf Tausenden Homepages werden Treffen organisiert, Strategien besprochen und skrupellose Firmen an den Pranger gestellt. Organisationen wie die »Adbusters« kämpfen gegen den Konsumwahnsinn, indem sie bekannte Werbekampagnen ironisieren. Andere wiederum decken mit professioneller Recherche konkrete Missstände auf. Sie wollen mehr Partizipation, mehr Arbeitsrechte, internationale Umwelt- und Sozialstandards, mehr Kontrollmöglichkeiten und einen in jeder Hinsicht fairen Handel.

In einem internen Diskussionspapier beklagt etwa der Bundesverband der Deutschen Industrie bereits den wachsenden Einfluss von Nichtregierungsorganisationen auf die öffentliche Meinung: »Ihre internationale Vernetzung schafft den NGO einen Wissens- und Handlungsvorsprung. Organisationen wie Amnesty International oder der WWF gelten in der breiten Öffentlichkeit als glaubwürdig und haben einen hohen Vertrauensvorschuss.«[36]

Die Konzerne sind alarmiert: Ihr Machtvorsprung, den sie seit dem Fall des Eisernen Vorhangs gegenüber politischen Institutionen errungen haben, ist nur ein Etappensieg. Die sozialen Bewegungen, die Menschen, die sagen »Es reicht!« – also wir –, werden zunehmend lauter und wütender. Wir fordern nicht mehr und nicht weniger als den gerechten Anteil aller Menschen an den Reichtümern dieser Erde. Diese Forderung wird sich auf lange Sicht mit Milliardeninvestitionen in die Werbeindustrie nicht mehr beruhigen lassen.

So wie die Macht politischer Vertreter und Vertreterinnen eine vom Volk verliehene Macht ist, so ist die Macht der Konzerne nur von den Konsumenten und Konsumentinnen geborgt. Mit jedem Bild von versklavten Kindern, mit jeder Reportage über geschundene Arbeiterinnen, mit jedem Bericht über missbrauchte Patienten oder zerstörte Naturschönheiten bröckelt ein Stück von ihr ab. Wie sagte das 13-jährige Mädchen aus der Bronx, das Nike seine alten Sportschuhe vor die Tür knallte? »Wir haben dich gemacht. Wir können dich auch vernichten.«

Es geht auch anders

Die Macht der Konzerne ist nur von den Konsumentinnen und Konsumenten geborgt. Nützen wir sie!

Am einfachsten wäre es vielleicht, dieses Buch zu nehmen und beim Einkauf einfach auf die im Index aufgelisteten Produkte zu verzichten. Als Leser oder Leserin hätten Sie dann unter Umständen ein besseres Gewissen. Das wäre aber auch schon alles. Denn jenen, die von den hier aufgelisteten Konzernen – und Hunderten anderen! – ausgebeutet werden, hilft das überhaupt nichts. Ob Sie Ihre Sneakers bei Nike oder Fila oder einer unbekannten Marke kaufen, ist völlig egal. Den fair gehandelten Sportschuh gibt es – noch – nicht. Ob in einem Handy von Nokia oder Motorola Rohstoffe stecken, mit denen Kriege in Afrika finanziert werden, wissen wir tatsächlich nicht. Benzin- oder Dieseltreibstoffe, die nicht auf Kosten von Umwelt und Menschen gewonnen wurden, wird es nie geben. Und bei einem lebensnotwendigen Medikament werden wir kaum zum Arzt sagen: »Tut mir leid, aber Bayer boykottiere ich.«

Gezielt organisierte Boykottaktionen wie etwa die Stopp-Esso-Kampagne oder der von der burmesischen Opposition geforderte Boykott aller Firmen, die mit dem Militärregime kooperieren, machen durchaus Sinn, da allein die Androhung eines Boykotts das Problem wenigstens ins öffentliche Bewusstsein bringt. Undurchdachte Boykotte führen allerdings manchmal sogar zu Verschlechterungen für die Betroffenen, etwa wenn jene Menschen, die ohnehin in der Produktion ausgebeutet werden, auch noch ihre Arbeitsplätze verlieren. Denn solange sich die Konzerne darauf verlassen können, dass Konsumenten und Konsumentinnen nicht genau hinschauen und bestenfalls auf Reizworte wie »Kinderarbeit« in den Medien kurzfristig reagieren, fällt es ihnen leicht, einen Betrieb, in dem Fälle von Kinderarbeit entdeckt wurden, einfach zu schließen und woanders genauso weiterzumachen. Und so genau können wir gar nicht hinschauen, dass wir in der globalisierten Wirtschaft über alle Glieder der Produktionskette aller Waren Bescheid wissen, die wir täglich konsumieren.

Müssen wir also weiterhin mit schlechtem Gewissen einkaufen?

Es geht gar nicht ums Gewissen. Wir sind in der westlichen Welt von so viel Luxus umgeben, dass wir den Luxus eines guten Gewissens nicht auch noch in Anspruch nehmen müssen.

Es geht darum, die Verhältnisse zu ändern. Wir können – und müssen – unsere Macht als Konsumenten und Konsumentinnen, aber vor allem auch als Bürger und Bürgerinnen nützen, um Einfluss zu nehmen. Wie das geht, das lässt sich nicht über einen Kamm scheren. Es hängt von unseren persönlichen Lebensumständen ab, von unseren ökonomischen Verhältnissen, unserem individuellen und beruflichen Einflussbereich, vor allem aber hängt es von unserer Bereitschaft ab, die angeblichen Wahrheiten der Werbeindustrie und eines profitgesteuerten Gesellschaftssystems kritisch zu hinterfragen.

Konkreter: Wer auf dem Biobauernhof lebt und sich in selbstgestrickte Pullis aus selbstgezüchteter Schafwolle kleidet, muss ohnehin nicht mehr überzeugt werden. Für die meisten von uns ist das aber kein realistisches Lebensmodell und wird es vermutlich auch nicht werden. Es liegt uns daher fern, unseren Leserinnen und Lesern vorschreiben zu wollen, was sie kaufen sollen und was nicht. Es gibt Menschen – vermutlich sehr viele –, die nicht auf modische Markenware verzichten wollen. Und andere, die bereit sind, ihr Konsumverhalten sehr radikal in Richtung nachhaltiger Lebensstil zu verändern. Wir wollen beide Gruppen ansprechen, weil wir der Meinung sind, dass es mehr Sinn macht, viele Menschen dazu zu bewegen, einen Schritt zu tun, als mit der Forderung nach einer völligen Veränderung des Lebensstils einen Großteil der Leute abzuschrecken. Wer also bereit ist, ein bisschen weniger Auto zu fahren oder der Vorstandsetage seiner Lieblingsmarke eine kritische E-Mail zu schicken – gut! Wer es sich leisten kann und möchte, auf den motorisierten Individualverkehr weitgehend zu verzichten und nur noch regional erzeugte, ökologisch hergestellte und fair gehandelte Produkte zu kaufen – umso besser! Insgesamt reden wir nicht dem Verzicht das Wort, sondern im Gegenteil der Steigerung der persönlichen Lebensqualität durch eine geringere Abhängigkeit vom Konsumterror.

Wenn wir nur noch das kaufen würden, was wir brauchen, wäre schon viel getan – auch für uns selbst.

Im Folgenden wollen wir einige Beispiele dafür anführen, was wir als Konsumenten und Konsumentinnen – und als aktive Mitglieder unserer Gesellschaft – tun können.

Mehr Lebensqualität durch bewussten Konsum

Macht es wirklich glücklich, wenn wir unsere freie Zeit in Einkaufszentren und im Verkehrsstau auf dem Weg dorthin verbringen? Brauchen wir wirklich jedes Jahr ein neues Handy oder das aktuellste Sportschuhmodell? Das ist vielleicht die Kernfrage, die wir uns stellen können. Wenn wir die Liste der in diesem Buch angeführten Unternehmen betrachten, wird uns schnell klar, dass es in vielen Fällen schwerfällt, auf Waren zu verzichten, die in ausbeuterischer Kinderarbeit hergestellt wurden oder deren Produktion zu Lasten der Umwelt geht. Dennoch gibt es einige Grundregeln, die wir beim Einkauf beachten können und die sich von Branche zu Branche unterscheiden:

Lebensmittel: Ökologisch und fair einkaufen

Für Lebensmittel gilt prinzipiell: je näher Ort der Ernte und Verarbeitung, je umweltfreundlicher der Anbau und je weniger Verpackung, desto besser. Am besten sind regional und ökologisch hergestellte Produkte. Nahrungsmittel, die als »biologisch« oder »ökologisch« gekennzeichnet sind, unterliegen in Europa einer strengen Kontrolle der EU. Auch wo »gentechnikfrei« draufsteht, sind im Wesentlichen keine genveränderten Organismen mehr zu finden. Für Produkte, die bei uns nicht wachsen – wie etwa Kaffee, Kakao, Tee, Bananen etc. –, sollten wir ausschließlich auf den sogenannten Fairen Handel zurückgreifen. Nur das »TransFair«-Gütesiegel (siehe Seite 184) garantiert, dass faire und stabile Preise gezahlt und soziale und ökologische Mindeststandards eingehalten wurden.

Natürlich sind diese Waren manchmal etwas teurer. Während bei konventionellen Produkten die wahren Kosten – Produktion, Transport, Umwelt- und Gesundheitsschäden etc. – auf die Gesellschaft abgewälzt werden, zahlen wir hier, was es eben kostet. Und schon allein aus gesundheitlichen und Geschmacksgründen würde es sich auszahlen, beispielsweise auf Biolebensmittel zurückzugreifen. Allerdings gibt es immer mehr Menschen, deren knappes Haushaltsbudget einen völligen Umstieg auf höhere Qualität nicht zulässt. Und es wäre arrogant, genau diesen Menschen ein schlechtes Gewissen machen zu wollen. Deshalb bleibt es die persönliche Entscheidung jedes und jeder Einzelnen, bewusst und dennoch mit Rücksichtnahme auf die eigenen wirtschaftlichen Verhältnisse einzukaufen. Die Tatsache, dass schädliche Produkte oft billiger sind, ist ein politischer Missstand, und er muss auf politischer Ebene gelöst werden.

Mode & Co.: Mehr Transparenz fordern

Ähnliches gilt für Bekleidung, Sportartikel, Spielwaren und vieles andere. Auch hier stehen der persönliche Geschmack und die persönlichen finanziellen Verhältnisse meist im Vordergrund der Kaufentscheidung. Ob sich die immer nach dem Diktat der Modeindustrie richten müssen, steht auf einem anderen Blatt. Wem es gefällt, findet in Secondhandläden und auf Flohmärkten oft gute Alternativen. Die stammen zwar ursprünglich auch oft aus ausbeuterischen Produktionsverhältnissen, aber zumindest werden die Ausbeuter nicht noch einmal finanziert. Fair gehandelte Waren sind leider noch immer schwer zu finden – am ehesten ist noch regionalen oder europäischen Erzeugern der Vorzug zu geben. Wo »Made in Indonesia, Thailand, China etc.« draufsteht, sind meist auch schlechte Löhne, Verfolgung von Gewerkschaften, ausbeuterische Kinderarbeit etc. drin. Je mehr Auskunft ein Händler über die Herstellungsbedingungen seiner Produkte gibt, desto besser.

Nicht zu unterschätzen ist allerdings auch der Einfluss kritischer Konsumentinnen und Konsumenten auf die Unternehmenspolitik. Nach zahlreichen Gesprächen mit Unternehmensvertretern waren wir selbst erstaunt, wie sehr selbst einzelne Protest-E-Mails oder Briefe von Kunden und Kundinnen wahrgenommen werden. Jedes Mal, wenn eine Firma eine Fülle solcher Zuschriften erhält, tagen dort ganze Krisenstäbe, und nicht selten wird der Beschluss gefasst, zumindest einmal versuchsweise mit Menschenrechtsorganisationen in Kontakt zu treten und sich über mögliche Verbesserungen der Produktionsbedingungen beraten zu lassen.

Wer allerdings schon einmal solche Protestbriefe verfasst hat, kennt auch die verwirrenden Antworten, die man von den meisten Marketingabteilungen erhält. Meist wird auf den firmeneigenen Verhaltenskodex (»Code of Conduct«) verwiesen, der zum Beispiel Kinder- und Zwangsarbeit in den Zulieferbetrieben ausdrücklich verbietet. Das Problem ist, dass niemand die Durchsetzung dieser Verhaltenskodizes kontrollieren kann. Denn im Normalfall sind es firmeneigene oder wirtschaftlich von den Konzernen abhängige Institutionen, die solche Kontrollen durchführen. Das ist, wie wenn meine eigene Steuerberaterin meine Steuerprüfung durchführen würde – vermutlich lukrativ für mich, weniger fürs Finanzamt. Deshalb fehlen bei fast allen Verhaltenskodizes drei Knackpunkte: die Garantie auf existenzsichernde Mindestlöhne (»living wages«), garantierte Versammlungs- und Gewerkschaftsfreiheit und regelmäßige Kontrollen durch unabhängige Institutionen. Es macht daher Sinn, in Protestbriefen gleich auf diese Punkte hinzuweisen. Wenn Sie beispielsweise Sportschuhe »Made in Indonesia« gekauft haben, könnten Sie folgende Fragen stellen: In welchem Unternehmen wurden diese Schuhe produziert? Wie hoch ist dort der garantierte Mindestlohn? Welche unabhängige Institution kontrolliert die Arbeitsbedingungen? Können Sie mir eine Ansprechperson der lokalen Gewerkschaftsvereinigung nennen, bei der ich Ihre Angaben kontrollieren kann?

Wenn die Konzerne hier falsche Antworten geben, müssen sie zumindest damit rechnen, von kritischen Medien dafür an den Pranger gestellt zu werden. Wenn es aber üblich wird, dass Kunden und Kundinnen nicht nur Qualität und niedrige Preise, sondern auch faire Herstellungsbedingungen fordern, dann wird der Markt auf diese Nachfrage früher oder später reagieren. Es gibt bereits einige Beispiele – etwa die Firmen Migros, Switcher und Veillon in der Schweiz, die aufgrund des Konsumentendrucks mit der Kampagne für Saubere Kleidung zusammenarbeiten. Oder der Fruchtsafthersteller Pfanner, der sowohl fair gehandelten als auch konventionellen Orangensaft anbietet, sodass wir zumindest die Wahl haben. Oder die Wäschefirma Triumph, die aufgrund der Kundenproteste ihre Zusammenarbeit mit dem burmesischen Militärregime aufgekündigt hat.

Der beste Ölkonzern ist das Fahrrad

Wir werden oft gefragt, welche Tankstellenfirma denn nun »besser« sei als die anderen. Die Antwort muss leider lauten: keine. BP und Shell unterzeichnen zwar neuerdings Transparenzabkommen über ihre Ölförderung in Angola und Nigeria, und die OMV spricht mit Menschenrechtsgruppen über ihr Engagement im Sudan. Dennoch geht auch die Erdölgewinnung dieser Konzerne noch immer zu Lasten fundamentaler Menschenrechte in den betroffenen Ländern. Ganz zu schweigen von den katastrophalen Umweltauswirkungen durch Verkehr und die Verfeuerung fossiler Brennstoffe. Mit Biosprit oder Strom betriebene Autos sind noch sehr selten — außerdem müssen auch für sie Straßen gebaut und Unfälle in Kauf genommen werden. Deshalb wäre die beste Alternative, aufs Fahrrad und auf öffentliche Verkehrsmittel umzusteigen und weniger zu fliegen. Auch das ist aber eine Frage der persönlichen Lebensverhältnisse. Umso wichtiger wäre es, Druck auf unsere Regierungen auszuüben, damit es beispielsweise endlich einmal zu einer Ökologisierung des Steuersystems durch Ökosteuern und Straßenbenutzungsgebühren und zur längst überfälligen Besteuerung von Flugbenzin kommt.

Im Bereich der Wärme- und Stromgewinnung hingegen ist es mittlerweile möglich, sich seinen Energielieferanten selbst auszusuchen. Zahlreiche Ökostromanbieter bieten maßgeschneiderte Pakete, um zu einer Reduzierung der Energiegewinnung aus Atomkraft und fossilen Brennstoffen beizutragen. Informationen dazu erteilen Greenpeace und andere Umweltorganisationen.

Wohin mit all dem Geld?

Was passiert eigentlich mit unserem Ersparten, das auf Konten, Sparbüchern oder in diversen Fonds liegt? Prinzipiell müssen wir davon ausgehen, dass damit — unter anderem — auch Atomkraftwerke, Waffenhandel, zerstörerische Großprojekte und anderes finanziert werden und die Banken mit unserem Kapital ärmere Länder unter Druck setzen (siehe vorletztes Kapitel). Wohin also mit der Kohle?

Wer zu viel Geld hat, könnte es einfach mit anderen teilen. Gut, das war jetzt vielleicht nicht das, was Sie hören wollten, aber man sollte hin und wieder solche Ideen zum Besten geben, damit sie nicht vergessen werden. Für alle, denen es in erster Linie darum geht, mit ihrem Ersparten keine Menschenrechtsverletzungen und Umweltzerstörung zu finanzieren und ihr Kapital dennoch zu behalten oder gar zu vermehren, wird's schon schwieriger. Denn die Fülle an angeblichen Umwelt- und Ethikfonds ist kaum noch überschaubar. In bekannten Ökofonds wie »FTSE4Good« und anderen finden sich zum Beispiel auch die Aktien zahlreicher in diesem Buch kritisierter Unternehmen. Halbwegs brauchbare Informationen über ethische Geldanlageformen bieten die Internetseite www.oeko-invest.de und das jährlich erscheinende Jahrbuch für ethisch-ökologische Geldanlagen »Grünes Geld« von Max Deml. Und Banken wie die GLS Gemeinschaftsbank (www.oekobank.de) finanzieren mit Ihrem Geld vor allem zukunftsweisende Projekte.

Allerdings agieren auch »gute« börsennotierte Firmen nach dem Prinzip des Shareholder-Value und sind daher gezwungen, den sogenannten Stakeholdern, also den Arbeitenden oder zum Beispiel der Umwelt, etwas wegzunehmen, um es den Aktionären zu geben. Eine andere Möglichkeit wäre es, sein Erspartes zum Beispiel in Staatsanleihen zu stecken. Man muss den Finanzminister nicht mögen, um es für sinnvoll zu erachten, dass die öffentliche Hand Mittel hat, mit denen sie gesellschaftlich wichtige Aufgaben finanzieren kann. Ob sie das tut, liegt in demokratischen Ländern zumindest in gewissem Ausmaß in unserem Einflussbereich – die Banken hingegen entziehen sich fast jeder öffentlichen Kontrolle.

Gemeinsam handeln

Durch bewussten Konsum (oder durch Nichtkonsum) kann viel erreicht werden. Gleichzeitig müssen wir anerkennen, dass auch die Handlungsmöglichkeiten einzelner Konzerne begrenzt sind. Der wesentliche Zweck dieser Unternehmen besteht darin, Profite zu erzeugen und den Aktionären bzw. Eigentümern möglichst hohe Renditen zu liefern. Wirklich faire Produktionsbedingungen mindern allerdings die Profite, weil das kapitalistische Wirtschaftssystem auf der Ausbeutung von Ressourcen und billiger Arbeitskraft beruht. Deshalb setzen multinationale Unternehmen eher auf Imagemaßnahmen wie die sogenannte Corporate Social Responsibility, da jede tatsächliche Verbesserung die Profite mindern würde.

Wenn es uns tatsächlich um eine gerechtere Weltwirtschaft geht, müssen wir daher politisch aktiv werden. Angesichts des sozialen Elends in der sogenannten Dritten Welt – und zunehmend auch bei uns – wird es Zeit, den Profiteuren und Mächtigen zu sagen: Es reicht. Bewusstes Einkaufen ist dafür zu wenig. Wir müssen uns zusammentun und gemeinsam Konzerne und politische Entscheidungsträger unter Druck setzen. Das können wir, indem wir uns bestehenden Organisationen wie Attac oder Umwelt- und Menschenrechtsorganisationen, Gewerkschaften und anderen anschließen oder diese unterstützen. Oder indem wir selbst konkrete Aktionen planen, mit denen wir die Probleme der globalen Ausbeutung durch Konzerne einer breiteren Öffentlichkeit bewusstmachen.

So führt etwa die Kampagne für Saubere Kleidung regelmäßig kreative Informationsaktionen in Fußgängerzonen, aber auch an Schulen etc. durch, um auf die Herstellungsbedingungen in der Textil- und Sportartikelindustrie aufmerksam zu machen. Vor einem Sportartikelgeschäft ist so etwas geschäftsschädigendes Verhalten. Doch das Ziel ist, die Konzerne zum Dialog zu zwingen, wie der Grazer Universitätsdozent Bernhard Mark-Ungericht schreibt: »Der Gestaltungswille zivilgesellschaftlicher Akteure bedingt, dass sie nicht ausschließlich auf politische Kritik ausgerichtet sind, sondern Proteste vornehmlich als Instrument betrachten, politische und ökonomische Entscheidungsträger zu einem Problemlösungsdialog zu verpflichten.«[37] Und tatsächlich sehen sich viele Konzerne heute genötigt, gemeinsam mit ihren schärfsten Kritikern und Kritikerinnen konkrete Projekte zu einer Verbesserung der Produktionsbedingungen durchzuführen.

»Qualifiziert böse sein«

Dass jeder und jede auch ohne große Organisation aktiv werden kann, zeigt die Jugendband »Die bösen Mädchen« aus Berlin. Die jungen Frauen und Mädchen unterschiedlichster Herkunft greifen in ihren Songs Themen wie Rassismus, Globalisierung, Misshandlungen und Sexismus auf. Mit dabei sind auch die »Händi-Käps«, eine Gruppe selbstbewusster Jugendlicher mit Behinderungen.

Auf Grundlage des »Schwarzbuchs Markenfirmen« bieten »die bösen Mädchen« Workshops in Schulen, Berufsschulen und Jugendeinrichtungen in ganz Deutschland an. Unter dem Motto »Qualifiziert böse sein« werden hier gemeinsam mit Jugendlichen Strategien gegen ausbeuterische Markenfirmen, Rassismus und Diskriminierung erarbeitet.[38]

In Hannover und anderen Städten veranstalten Jugendliche – ebenfalls mit Informationen aus dem »Schwarzbuch Markenfirmen« – regelmäßig Stadtführungen zum Thema »Globalisierung im Alltag«. Durch die »Besichtigung« von H&M, McDonald's & Co. sollen zum Beispiel Schulklassen über ökologische und soziale Missstände der großen Markenfirmen, aber auch über Alternativen wie den Fairen Handel aufgeklärt werden.[39]

Die Liste guter Ideen ließe sich endlos fortsetzen. Und fast überall sind es vor allem die angeblich so unpolitischen und markentreuen jüngeren Menschen, denen es längst stinkt, dass sie von der heilen Welt der Werbeindustrie betrogen werden, und die bereit sind, gegen Ausbeutung und Konsumterror aktiv zu werden.

Schokoguerilla im Kampf gegen Kindersklaverei

Einen Schritt weiter ging eine Gruppe katholischer Jugendlicher im Westen Deutschlands. Aus dem »Schwarzbuch Markenfirmen« hatten sie erfahren, dass an der Ernte von Kakaobohnen für die Schokolade von Kraft, Nestlé und anderen maßgeblich Kindersklaven in Westafrika beteiligt sind (siehe das Kapitel über Lebensmittel). Dreißig 15- bis 18-Jährige verteilten sich daraufhin in Fünfergruppen in die Supermärkte der Stadt, um jedes Kakao- und Schokoladeprodukt mit einem Aufkleber zu kennzeichnen, auf dem Folgendes zu lesen war: »Verbraucherinformation der Schokoguerilla: Der Kakao für dieses Produkt wurde von Kindersklaven geerntet.« In einem Supermarkt wurden die Kinder sogar vom Kaufhausdetektiv erwischt – doch sie waren gut vorbereitet und hielten dem Sicherheitsmann einen Kurzvortrag über die Produktionsbedingungen an der Elfenbeinküste. Bis dieser nichts anderes mehr zu sagen wusste als: »Eigentlich habt ihr recht.« Am nächsten Tag klebte die »Verbraucherinformation« noch immer auf allen Milka- und KitKat-Riegeln.

Natürlich ist es nicht legal, Produkte zu bekleben und damit das schöne Image glücklich weidender lila Kühe zu zerstören. Und natürlich könnte man fragen, ob es legitim ist, dass Kinder dieses schöne Image auf derart nachdrückliche Weise zerstören. Aber ist es legitim, dass für die Profite von Konzernen wie Kraft und Nestlé Zehntausende Menschen ausgebeutet werden und an Hunger und Peitschenhieben verrecken, nur weil diese Ausbeutung mangels global gültiger Gesetze legal ist?

Wie legitim sind illegale Aktionen?

Der Managementforscher Bernhard Mark-Ungericht meint dazu, dass »begrenzte Regelverletzungen, Gesetzesbruch also«, wie sie etwa auch zum Konzept mancher Greenpeace-Aktionen gehören, »beim Durchschnittsbürger keineswegs emotionale Abwehr« erzeugen.[40] Im Gegenteil können solche Aktionen dazu führen, dass ein Problem erst einmal in der Öffentlichkeit und in den Medien als solches erkannt wird, was vielfach die einzige Möglichkeit ist, politischen Druck zu erzeugen. So hat etwa auch die Zerstörung der Baustelle für eine McDonald's-Filiale in der südfranzösischen Kleinstadt Millau durch den französischen Bauernführer José Bové zu einer breiten und kontroversen Diskussion über die Methoden des Agrobusiness geführt, die längst notwendig war. Und wenn die Welthandelsorganisation entscheidet, dass in der EU gentechnisch veränderte Lebensmittel angepflanzt werden dürfen, obwohl dies von einer deutlichen Mehrheit der europäischen Bevölkerung abgelehnt wird, werden Tausende Aktivisten und Aktivistinnen die Gentechfelder stürmen und Setzlinge ausreißen. Das ist illegal, wird aber vielfach als legitim angesehen, weil die WTO-Gesetze die legale Durchsetzung demokratischer Mehrheitsinteressen verhindern.

Sehr konsequent agierten auch die Belegschaften von mehr als hundert Fabriken in Argentinien. Nachdem im Zuge der neoliberalen Globalisierungen immer mehr Unternehmen die Betriebe schließen und abwandern wollten, besetzten die Arbeiter und Arbeiterinnen einfach ihre Betriebsstätten und – machten weiter. Sie machten das, was sie seit Jahrzehnten gelernt hatten: Produkte herstellen und verkaufen. Und plötzlich – ohne Gewinne an die Aktionäre abliefern und teure Managergehälter zahlen zu müssen – rentierten sich die Betriebe. Auch solche Fabrikbesetzungen sind natürlich nicht legal und würden bei uns – so wie in Argentinien zu Beginn – zuerst einmal polizeilich verfolgt werden. Doch vermutlich könnte man auch bei uns angesichts massenhafter Betriebsabwanderungen und Massenentlassungen ein enormes Verständnis in der Bevölkerung erzeugen, wenn es endlich gelänge, diese Menschen und nicht die Aktionäre multinationaler Konzerne in den Mittelpunkt gesellschaftlichen Wohlstandes zu stellen. Vielleicht erkennen ja die Gewerkschaften hier wieder ihre Kernaufgabe, anstatt dem Absenken sozialer Standards ins Bodenlose unter dem Vorwand der Standortsicherung nachzutrauern.

Pragmatismus statt Moral

Bernhard Mark-Ungericht führt auch den Begriff der »Konfliktkosten« ein: Nachdem jeder Konzern allfällige Verbesserungen nur in dem Ausmaß durchführt, als es den eigenen Profiten nicht schadet, muss eine zivilgesellschaftliche Strategie darauf abzielen, dass dem Unternehmen so hohe Kosten – etwa durch Imageverlust – erwachsen, dass es betriebswirtschaftlich billiger kommt, zum Beispiel in höhere Löhne oder Umweltschutzmaßnahmen zu investieren. Es ist letztendlich völlig egal, ob ein Vorstandsvorsitzender oder eine Geschäftsführerin ein »guter Mensch« ist. Vermutlich hat niemand in den Chefetagen eine Freude damit, Kinder auszubeuten oder die Umwelt zu zerstören. Aber wenn diese Leute keine guten Geschäftsergebnisse liefern, kriegen sie ein Problem. Und der betriebswirtschaftliche Erfolg hängt eben maßgeblich von einem guten Image in der Öffentlichkeit ab. Jede Maßnahme, die dieses gute Image gefährdet, lässt sich in konkrete betriebswirtschaftliche Zahlen umrechnen. Und damit werden in den Konzernen jene Menschen unterstützt, die ihren Chefs vorrechnen, dass eine tatsächliche Verbesserung der Produktionsbedingungen vielleicht billiger käme. Unterstützen wir diese Menschen, indem wir die Öffentlichkeit auf Missstände hinweisen!

Öffentlichkeit schaffen

Es darf bei allen Aktionsformen nicht um Zerstörungswut oder das Ausleben von Aggressionen gehen. Es geht darum, kreative und in der Öffentlichkeit nachvollziehbare Ausdrucksformen zu finden, um auf krasse Missstände hinzuweisen, die sonst gerne verschwiegen werden. Die Schuld an diesem Verschweigen den Massenmedien zu geben ist nur begrenzt sinnvoll. Die meisten Medien sind selbst wirtschaftlich von den Konzernen abhängig, da sie von den Einnahmen aus der Werbewirtschaft leben oder in zunehmendem Ausmaß selbst zu einem der monopolartig strukturierten Medienkonzerne gehören. Im persönlichen Gespräch, bei Vorträgen, in den Einkaufsstraßen, bei Demonstrationen und Veranstaltungen schaffen wir dagegen die Möglichkeit, das Thema globaler Ausbeutung durch Konzerne ungefiltert zur Diskussion zu stellen und uns mit unterschiedlichsten Argumenten auseinanderzusetzen. Niemand von uns hat letztendlich die Wahrheit gepachtet oder gar fertige Lösungsvorschläge parat, aber wir können nicht mehr so tun, als ob uns das alles nichts anginge.

Die Tatsache, dass immer mehr Menschen auf Demonstrationen und Sozialforen, in Hilfsorganisationen und auf politischer Ebene, auf Internet-Homepages und öffentlichen Plätzen die krassen Ungerechtigkeiten und das unerträgliche Elend anklagen, die durch die kapitalistische Globalisierung der Konzerne geschaffen werden, macht Mut. Denn aus der Wut dieser Menschen, die gemeinsam, global vernetzt und mit großer Lust an der Sache arbeiten, entsteht eine machtvolle Bewegung gegen die einseitige Macht des Profits. Eine andere Welt wird möglich, wenn wir sie möglich machen.

Links

Eine umfangreiche Linkliste gibt's unter www.markenfirmen.com

www.adbusters.org Persiflagen auf die Werbung großer Marken

www.amnesty.org Amnesty International

www.attac.de/konsumnetz Aktuelle Konzerninfos mit Newsletter

www.attac.org Globalisierungskritisches Netzwerk Attac

www.cleanclothes.org Gegen Ausbeutung in der Textilindustrie

www.corporateeurope.org Corporate Europe Observatory

www.corporatewatch.org.uk Kritische britische Konzerninfos

www.corporations.org Recherchekurs über Konzerne

www.corpwatch.org Die Mutter der Konzernbeobachtung

www.endgame.org Konzernprofile, Recherchehilfen und Datenbanken

www.essential.org Essenzielle Informationen für potenzielle Aktivisten

www.ethicalconsumer.org Konzerninfos mit Online-Datenbank

www.fairtrade.at Fairer Handel in Österreich

www.forumsocialmundial.org.br, www.wsfindia.org Weltsozialforen

www.fse-esf.org Europäisches Sozialforum

www.gatswatch.org Infos über das Dienstleistungsabkommen GATS

www.greenpeace.org Greenpeace

www.hrw.org Human Rights Watch

www.icftu.org Internationaler Bund freier Gewerkschaften

www.indymedia.de Dezentrales Nachrichtennetzwerk

www.kritischeaktionaere.de Kritische Aktionäre deutscher Konzerne

www.maketradefair.com Verlangen Sie von den Multis Fairen Handel

www.maxhavelaar.ch Produkte aus dem Fairen Handel in der Schweiz

www.multinationalmonitor.org Internet-Magazin über Multis

www.nlcnet.org Infos über globale Arbeitsbedingungen und Kampagnen

www.oneworld.net Plattform entwicklungspolitischer Organisationen

www.sweatshopwatch.org US-Kampagne gegen Sweatshops

www.tradeobservatory.org Infos über die Welthandelsorganisation WTO

www.transfair.org Verein zur Förderung des Fairen Handels

www.transnationale.org Datenbank mit 10 000 Konzernen und Marken

Land/Konzern	BIP/Umsatz 2008 (in Mrd. US-$)	Land/Konzern	BIP/Umsatz 2008 (in Mrd. US-$)
USA	14204	Wal-Mart	406
Japan	4909	Iran	385
China	3860	BP	367
Deutschland	3653	Griechenland	357
Frankreich	2853	Dänemark	343
Vereinigtes König-		Argentinien	328
reich	2646	Venezuela	314
Italien	2293	Irland	282
Brasilien	1612	Südafrika	277
Russland	1607	Finnland	271
Spanien	1604	Chevron	263
Kanada	1400	Thailand	260
Indien	1217	Portugal	243
Mexiko	1086	Kolumbien	242
Australien	1015	Total	234
Korea	929	ConocoPhillips	231
Niederlande	860	ING Group	226
Türkei	794	Tschechische	
Polen	527	Republik	216
Indonesien	514	Hongkong	215
Belgien	498	Nigeria	212
Schweiz	488	Sinopec	208
Schweden	480	Toyota	204
Saudi-Arabien	468	Rumänien	200
Royal Dutch Shell	458	Israel	199
Norwegen	450	Japan Post	199
Exxon Mobil	443	Malaysia	195
Österreich	416	General Electric	183

Land/Konzern	BIP/Umsatz 2008 (in Mrd. US-$)	Land/Konzern	BIP/Umsatz 2008 (in Mrd. US-$)
Singapur	182	Neuseeland	131
CNPC	181	Carrefour	129
Ukraine	180	Peru	127
Algerien	174	E.ON	127
Chile	169	PDVSA	126
Pakistan	168	ArcelorMittal	125
Pakistan	168	Siemens	124
Volkswagen	167	AT&T	124
Philippinen	167	Pemex	119
State Grid	164	Hewlett-Packard	118
Vereinigte Arab. Emirate	163	Valero Energy	118
		Petrobras	118
Ägypten	163	Banco Santander	117
Dexia Group	161	Statoil	116
ENI	159	Bank of America	113
Ungarn	155	Citigroup	112
General Motors	149	Kuwait	112
Ford	146	Samsung	110
Allianz	142	Berkshire Hathaway	108
HSBC Holdings	142	McKesson	107
Gazprom	141	Crédit Agricole	104
Daimler	140	Societé Générale	104
BNP Paribas	136	Nippon Tel	104
Kasachstan	132		

Die 100 größten Wirtschaftsmächte der Welt
Die Profite der zweihundert größten Weltkonzerne stiegen von 1983 bis 1999 um 362,4 Prozent. Im selben Zeitraum wuchs die Zahl der Beschäftigten jedoch nur um 14,4 Prozent.

Marke	Wert 2009 (in Mrd. US-$)	Marke	Wert 2009 (in Mrd. US-$)
1 Coca-Cola	68,7	31 UPS	11,6
2 IBM	60,2	32 HSBC	10,5
3 Microsoft	56,6	33 Canon	10,4
4 General Electric I	47,8	34 Kellogg's	10,4
5 Nokia	34,9	35 Dell	10,3
6 McDonald's	32,3	36 Citi	10,2
7 Google	32,0	37 JPMorgan	9,5
8 Toyota	31,3	38 Goldman Sachs	9,2
9 Intel	30,6	39 Nintendo	9,2
10 Disney	28,4	40 Thomson Reuters	8,4
11 Hewlett-Packard	24,1	41 Gucci	8,2
12 Mercedes	23,9	42 Philips	8,1
13 Gillette	22,8	43 Amazon.com	7,8
14 Cisco Systems	22,0	44 L'Oréal	7,7
15 BMW	21,7	45 Accenture	7,7
16 Louis Vuitton	21,1	46 Ebay	7,4
17 Marlboro	19,0	47 Siemens	7,3
18 Honda	17,8	48 Heinz	7,2
19 Samsung	17,5	49 Ford	7,0
20 Apple	15,4	50 ZARA	6,8
21 H&M	15,4	51 Wrigley	6,7
22 American Express	15,0	52 Colgate	6,6
23 Pepsi Cola	13,7	53 AXA	6,5
24 Oracle	13,7	54 MTV	6,5
25 Nescafé	13,3	55 Volkswagen	6,5
26 Nike	13,2	56 Xerox	6,4
27 SAP	12,1	57 Morgan Stanley	6,4
28 Ikea	12,0	58 Nestlé	6,3
29 Sony	12,0	59 Chanel	6,0
30 Budweiser	11,9	60 Danone	6,0

Quelle: Interbrand

Tantalusqualen für Handys

*Um westliche Elektronikfirmen und den Bayer-Konzern
mit einem wertvollen Metall beliefern zu können,
schuften in kongolesischen Minen Männer, Frauen und Kinder.
Tausende sterben für das Coltanerz, das dazu beiträgt, den
»Ersten Weltkrieg Afrikas« zu finanzieren.*

Reportage von Klaus Werner[1]

Faida Mugangu[2] starrt regungslos auf die graue Zimmerwand.
Doktor Ngabo spricht die ausgemergelte Frau an, berührt vorsichtig ihre Hand. Keine Reaktion. Fest, fast ein bisschen zu fest
umklammert die etwa Dreißigjährige das Baby, das neben ihr in
Decken gewickelt auf dem Bett liegt. Laut Krankenbericht hat
Faida Mugangu Gastritis, erzählt Deogratias Ngabo, Arzt im
Krankenhaus »Mütterliche Barmherzigkeit« in der kongolesischen Stadt Goma.

Nachdem wir das Zimmer verlassen haben, sagt Doktor Ngabo
auch, was ihr wirklich fehlt: Vor ein paar Wochen hat sie fast ihre
ganze Familie verloren. Um vier Uhr morgens musste sie mit ansehen, wie Soldaten ihren Mann erschossen und drei ihrer Kinder mit der Machete hinrichteten. Sie selbst konnte mit dem
jüngsten Sohn im Schutz der Dunkelheit in die Bananenstauden
flüchten. Die Leiche ihres Mannes und die zerstückelten Körperteile ihrer zwei Töchter und des älteren Sohnes hat Faida Mugangu am nächsten Tag in der weichen Lavaerde verscharrt.
Dann konnte sie eine, zwei, drei Wochen, keiner weiß wie lange,
nichts essen. Irgendwann stand sie dann, das Baby im Tragetuch
um den Rücken gewickelt, vor dem eisernen Tor des Diözesankrankenhauses, körperlich und seelisch am Ende. Seitdem hat sie
kein Wort mehr gesprochen. »Niemand weiß, wer die Täter
sind«, sagt Doktor Ngabo, dem sie ihre Geschichte damals anvertraute.

Die Täter, das können hier in der Region Kivu im Osten der

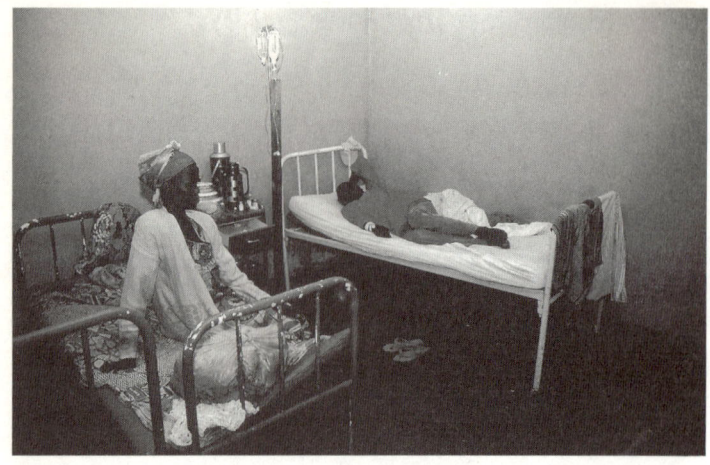

Krankenhaus in Goma: Patienten werden mit einfachsten Mitteln behandelt …

Demokratischen Republik Kongo eigentlich alle sein. Keiner kann
mehr genau sagen, wer hier für wen kämpft. Milizen, Banditen,
rivalisierende Volksgruppen, aber auch die Armeen der großen
Kriegsparteien selbst foltern, morden, vergewaltigen und plündern im Schutz der Wälder und im Schatten der großen Fronten.

Seit August 1998 tobt hier der »Erste Weltkrieg Afrikas«, ein in
Europa fast unbekannter Krieg, der kaum jemanden hinter dem
Ofen hervorlockt. Afrika ist weit weg, und die Afrikaner sind bekannt dafür, dass sie früh sterben. 2,5 Millionen Menschenleben
hat dieser Krieg bis April 2001 allein im Rebellengebiet im östlichen Teil des Landes gefordert.[3] Ein geschätztes Drittel davon waren Kinder. In der Region Kalemie sterben laut »Ärzte ohne
Grenzen« drei von vier Kindern, bevor sie ihr zweites Lebensjahr
erreichen. Dazu kommen noch einmal weit über zwei Millionen
Vertriebene und 16 Millionen Opfer von Hunger und Krankheit.
Claude Jibidar, Leiter der Hilfsorganisation »World Food Program« in der ostkongolesischen Stadt Bukavu, erzählt, dass es
mittlerweile mehr unterernährte Erwachsene als unterernährte

– weil das Geld für die medizinische Versorgung fehlt.

Kinder gibt. »Warum? Schlicht und einfach weil die Kinder tot sind.«[4] Der Sicherheitsrat der Vereinten Nationen spricht von »einer der schlimmsten humanitären Krisen des Planeten«.[5]

Unvorstellbare Grausamkeiten

Massentötungen, außergerichtliche Hinrichtungen und illegale Verhaftungen seien im Kongo die Regel, liest man in einem aktuellen Bericht von UNO-Generalsekretär Kofi Annan.[6] Als Beispiel wird ein Massaker an mehr als zweihundert Menschen beschrieben: »Die Mehrheit der Opfer waren Zivilisten, unter ihnen Frauen und Kinder. Einige wurden mit Macheten getötet, manche geköpft. Leichen wurden in offene Latrinen geworfen.«

Frauen sind am schlimmsten betroffen: »An ihnen werden alle erdenklichen Grausamkeiten des Krieges begangen. Sie werden von Soldaten gejagt, erniedrigt und vergewaltigt, manchmal vor den Augen ihrer Ehemänner oder Kinder.« Dabei laufen sie »extrem hohes Risiko, sich mit HIV/Aids zu infizieren«.[7]

Sieben afrikanische Nationen hatten ihre Truppen im Kongo

positioniert. Die Regierungsarmee wurde von den Nachbarstaaten Simbabwe, Angola und Namibia unterstützt. Der Norden und Osten des Landes hingegen sind von zwei großen Rebellenbewegungen und bis vor kurzem von Zehntausenden Soldaten der östlichen Nachbarländer Ruanda und Uganda besetzt.

Es gibt aber noch eine weitere Kriegspartei: Westliche Industriekonzerne beuten seit langem die Rohstoffe des zentralafrikanischen Riesenlandes aus und scheuen nicht davor zurück, Rebellen und Armeen zu finanzieren. Manchmal arbeiten sie sogar Hand in Hand mit ihnen zusammen. Denn es geht um viel Geld.

Der Kongo ist, so absurd das klingen mag, eines der reichsten Länder der Erde. Gold, Silber, Diamanten, Erdöl, Kupfer, Kobalt, Zinn und andere begehrte Bodenschätze sind hier zu finden. Die Hauptfront des Krieges verläuft – nicht zufällig – entlang der großen Minen.

Krieg um Bodenschätze

»Der Konflikt im Kongo dreht sich hauptsächlich um die Kontrolle und den Handel mit mineralischen Ressourcen.« Das ist die Kernaussage eines Untersuchungsberichts über die »illegale Ausbeutung der natürlichen Ressourcen der Demokratischen Republik Kongo«, den die UNO am 16. April 2001 in New York veröffentlichte.[8] Der Bericht spricht von der systematischen Ausplünderung von Bodenschätzen vor allem im Rebellengebiet im Osten des Kongo. Ruanda und Uganda hätten dort »kriminellen Kartellen eine einzigartige Gelegenheit verschafft, in dieser hochsensiblen Region Geschäfte zu machen«. Diese Verbrecherkartelle hätten weltweit Verbindungen und würden ein ernsthaftes Sicherheitsproblem für die Region darstellen.

Dass für Bodenschätze Kriege geführt werden, ist nichts Neues. In Afrika geht es dabei oft um Diamanten. Sie wurden unter dem Begriff »Blut-« oder »Konfliktdiamanten« bekannt, mit deren Verkauf etwa die Rebellenführer von Angola und Sierra Leone ihre sogenannten Revolutionen finanzierten. Diese bedienten

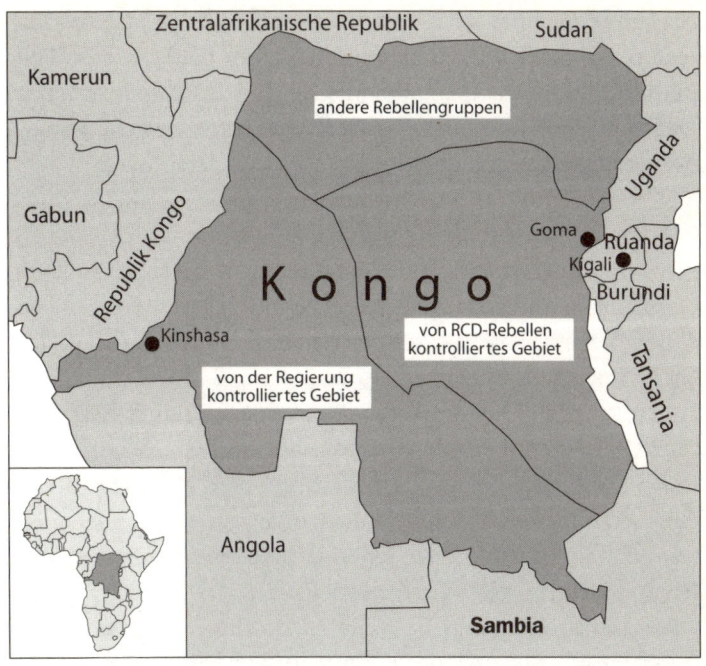

Ein Großteil der Demokratischen Republik Kongo wird von Rebellen kontrolliert.

sich dabei eines internationalen Mafianetzwerks aus Waffen-, Drogen- und Rohstoffhändlern. Im Juni 1998 verhängte der UNO-Sicherheitsrat erstmals ein Handelsverbot gegen »Blutdiamanten« aus Angola, wo Jonas Savimbi und seine Unita-Rebellen einen grausamen Bürgerkrieg führten. Im Sommer 2000 folgte ein Embargo gegen Sierra Leone, wo sich Foday Sankoh von der Revolutionären Vereinigten Front (RUF) nicht nur wegen des Einsatzes von Kindersoldaten einen schlechten Ruf erworben hat, sondern vor allem wegen seines »Markenzeichens«, Gegnern kurzerhand den Arm abzuhacken. Seine Einkünfte aus dem Diamantenhandel wurden auf 120 Millionen US-Dollar jährlich geschätzt. Trotz UN-Embargos landen »Blutdiamanten«

auf Umwegen noch immer in den internationalen Handelshäusern von Antwerpen, Genf, New York und Tel Aviv. Der Weltmarktführer im Diamantenhandel, der südafrikanische Konzern De Beers, der früher auch in Angola einkaufte, versichert heute, nur »weiße« Ware anzubieten. Kontrollieren lässt sich das kaum.

Wertvolles Tantal als Kriegsgrund

Auch im Kongo geht es um Diamanten. Und natürlich auch um Gold, Kupfer und Kobalt. Doch seit diese Metalle durch die sinkenden Weltmarktpreise etwas in den Hintergrund getreten sind, steht ein bislang relativ unbekanntes Material im Zentrum der Auseinandersetzungen: Das Metall Tantal, das einen extrem hohen Siedepunkt und eine hohe Dichte besitzt, gehört zu den weltweit begehrtesten Rohstoffen. Es wird vor allem in Elektrolytkondensatoren eingesetzt, wie sie in Mobiltelefonen oder etwa Pentiumrechnern zu finden sind. Ein kleinerer Teil wird für die Herstellung von Waffen und medizinischen Geräten verwendet.

Der Handyboom und die Weiterentwicklungen auf dem Computermarkt, aber auch der Einsatz etwa in Sonys »Playstation« oder Nintendos »Gameboy« haben die Weltmarktpreise in schwindelnde Höhen katapultiert: An der Londoner Metallbörse stieg der Wert zwischen Februar 2000 und Januar 2001 von 180 auf 950 Euro pro Kilo Tantal. Das ist mehr als das Fünffache.

Tantal

Tantal ist ein seltenes metallisches Element mit dem chemischen Symbol Ta. In der Natur findet man Tantal zumeist als Tantaloxid (Tantalit, Ta_2O_5) zusammen mit Niob (Columbit, Nb_2O_5). Die größten Reserven liegen in Australien, Brasilien, Kanada und Afrika, dort vor allem in der Demokratischen Republik Kongo (dem ehemaligen Zaïre). In anderen Gegenden wie Malaysia und Nigeria kommt Tantal auch als Abfallprodukt in Zinnschlacken vor.

Im Kongo nennt man die Verbindung Colombo-Tantalit, kurz Coltan. Coltan wird von Hand oder mit einfachen Werkzeugen aus alluvialen und eluvialen (Fluss- und Verwitterungs-)Ablagerungen abgebaut. Es sieht aus wie schmutzig grauer Sand oder Schotter.

Tantal ist sehr hart, hat eine hohe Dichte und ist extrem hitze-, rost- und säurebeständig. Daher eignet es sich wie kein anderes Metall für Superlegierungen, die in chirurgischen Geräten, Hochtechnologiewaffen, Atomreaktoren, Kameralinsen und Nachtsichtgeräten eingesetzt werden.

Der überwiegende Teil der Weltproduktion wird aber für elektronische Kondensatoren (winzige Geräte zur Speicherung elektrischer Ladungen) verwendet und findet seinen Einsatz in Mobiltelefonen, Computern, Spielkonsolen, aber auch Rauchmeldern und Kraftfahrzeugen.

Infos: http://www.tanb.org

Tantal wurde im Jahr 1802 von einem schwedischen Chemiker namens Eckberg entdeckt. Der verzweifelte fast daran, dass sich die Erforschung des säurebeständigen Metalls so schwierig gestaltete. Deshalb benannte er seine Entdeckung nach dem griechischen Gott Tantalus, der in der Unterwelt zu ewigen Leiden verdammt ist. Ein treffender Name.

Bis zu 80 Prozent der Weltproduktion stammen aus dem Kongo, wo das Tantal aus einem Erz namens Coltan gewonnen wird. Im Osten des Landes, also im Zentrum des Krisengebiets, ist es der begehrteste und damit der am meisten umkämpfte Rohstoff. Militärs und Rebellen aller Fraktionen streiten um die Vorherrschaft an den Minen. Dort wird Coltan von der Zivilbevölkerung – zum Teil von Kindern – mit bloßen Händen und einfachsten Werkzeugen geschürft, von hier gelangt es über dubiose Kanäle auf den Weltmarkt, in russischen Antonov-Fliegern, die auf dem Rückweg Waffen für die Rebellen liefern. »Hier liegt der Teufelskreis des Krieges«, analysiert der UNO-Bericht die illegale Rohstoffplünderung. »Coltan ermöglicht es der ruandischen Armee, ihre Anwesenheit im Kongo fortzusetzen. Die Armee beschützt Firmen und Individuen, die das Erz fördern. Diese haben ihre Profite mit der Armee geteilt, die wiederum das nötige Umfeld schafft, um die Ausbeutung fortzusetzen.«

Wer aber sind die Firmen, die von dieser Ausbeutung profitieren?

Coltanmine im Kongo: Gefährlicher Abbau mit einfachsten Mitteln.

Aspirin-Hersteller Bayer in der Hauptrolle

Niemand hatte nachgefragt, als der Vorstandschef des Bayer-Konzerns Manfred Schneider im Dezember 2000 den Stein der Weisen gefunden zu haben schien: Mit dem Tantal, das für Mobiltelefone gebraucht wird, erreiche er Wachstumsraten, die der neuen Ökonomie nicht nachstünden. »Wir erzielen damit stetig gute Gewinne, was man sicher nicht von allen Unternehmen der New Economy behaupten kann«, erzählte er dem »Spiegel«.[9] Schneider weiß, wovon er spricht, ist sein Konzern doch Weltmarktführer in Sachen Tantal: Das Bayer-Tochterunternehmen H. C. Starck mit Sitz in Goslar und Dependancen in den USA, Thailand und Japan verarbeitet laut Brancheninsidern weltweit mehr als die Hälfte des edlen Metalls und liefert es weiter an die Elektronikindustrie.

»In jedem elektronischen Gerät befinden sich Tantal-Kondensatoren«, schwärmt Manfred Bütefisch, Sprecher von H. C. Starck. »Für den ersten Pentium brauchte man nur fünfzig dieser Bauteile, mittlerweile sind es schon zwei- oder dreihundert.«[10] Zu-

Aus kongolesischem Coltanerz wird Tantal für Handys gewonnen.

sammen mit den rasanten Steigerungsraten auf dem Handy-
markt habe das dazu geführt, dass der Rohstoffpreis von Tantal
enorm gestiegen sei.

Konzern verschweigt Herkunft

Wo das Tantal herkommt, möchte der Konzernsprecher allerdings nicht sagen. »Das sind Erze, die in verschiedenen Kontinenten gefördert werden.« In welchen? »Tut mir leid, aber da werden
Sie von mir keine Auskunft bekommen.« Warum nicht? »Das
sind interne Daten.«

Im November 2000 stellte die Berliner »tageszeitung« (taz)
erstmals einen Zusammenhang zwischen Konzern und Kongo
her – ohne explizit zu behaupten, H. C. Starck beziehe seine Rohstoffe aus dem Kriegsgebiet. Der Autor stellte lediglich fest, dass
Tantal im kongolesischen Rebellengebiet abgebaut werde und
dass die Bayer-Tochter Weltmarktführer in dessen Verarbeitung
sei.[11] Konzernsprecher Bütefisch: »Beides stimmt – für sich genommen.« Einige Wochen später deckte die »taz« auf, dass mit

dem Coltanexport über ein mafioses Handelskonstrukt die geg-
nerischen Kriegsparteien finanziert werden.[12]

Daraufhin wollte ich von Manfred Bütefisch wissen, ob sein
Konzern an der Finanzierung des Krieges im Kongo beteiligt sei.[13]
Seine Antwort: »Mit solchen Vorwürfen muss sich jeder herum-
schlagen, der in Entwicklungsländern Rohstoffvorkommen hat.
Das sind wir gewohnt, und deshalb sagen wir auch nichts dazu.«
Warum er nicht einfach klarstelle, der Konzern beziehe es nicht
aus dem Kongo? »Wenn ich mich auf diese Diskussion einlasse,
stelle ich mich ja selbst auf die Bühne. Und das wollen wir nicht,
das haben wir nicht nötig.« Das heißt, er schließe nicht aus, dass
das Metall aus dem Kongo komme? »Ich werde weder das eine
noch das andere sagen.«[14]

Kein Tantal aus dem Kongo?

Ich suchte nach einem Beweis. Am meisten irritierte mich, dass alle
Rohstoffexperten behaupteten, aus der Region zwischen Kongo
und Ruanda werde so gut wie kein Tantal exportiert. »Es mag
schon sein, dass dort ein paar Kilo – oder meinetwegen hundert
Kilogramm – Tantalerz produziert werden, aber das war's dann
auch schon«, teilte mir Manfred Dahlheimer von der Deutschen
Bundesanstalt für Geowissenschaften und Rohstoffe mit.[15] Auch
der vermutlich weltweit bedeutendste Tantalexperte, Larry Cun-
ningham von der US-Forschungsbehörde Geological Survey, be-
dauerte: »Aus dem Kongo gibt es keine Daten.« Nachsatz: »Aber
möglich ist alles.«[16]

Ein kongolesischer Journalist hatte mir jedoch erzählt, dass
Monat für Monat 200 Tonnen Erz aus dem Kongo exportiert
würden. Das wäre fast ein Fünftel der Weltproduktion.[17] Judy
Wickens vom »Tantalum-Niobium International Study Center«,
der Interessenvertretung der Industrie, hatte zwar gerüchteweise
auch von dieser Zahl gehört, wollte aber keine genaueren Angaben machen: »Wir müssen die Handelsdaten unserer Mitglieder
(dazu gehört auch H. C. Starck, Anm.) vertraulich behandeln.

Und andere haben wir nicht.«[18] Außerdem warnte sie mich, dass es ohnehin schwierig sei, die Handelsströme nachzuvollziehen. Die gingen nämlich üblicherweise über Zwischenhändler. Und was an offiziellem Papierkram bei den Zollbehörden existiere, »da glauben Sie doch nicht wirklich, dass das alles ehrlich und korrekt abläuft, oder?«

Verdeckte Ermittlungen

Der Handel mit dem Kongo dürfte also florieren – unter strengster Geheimhaltung. Um Genaueres zu erfahren, beschloss ich, selbst ins Geschäft einzusteigen – und Zwischenhändler zu werden. Natürlich wollte ich nicht wirklich mit Tantal handeln, sondern nur verdeckt recherchieren. Im Internet war ich auf einige Hinweise gestoßen: Es gibt dort virtuelle Handelsbörsen, in denen Einzelpersonen und Firmen internationale Geschäfte anbahnen.[19] Das geht von Kaffee über Goldfische bis hin zu Bodenschätzen.

Auch Tantal wird – dringendst! – nachgefragt. Viele der Rohstoffhändler haben ihren Sitz in Deutschland. Im Handelsregister scheinen nur wenige von ihnen auf. Manche tragen Bezeichnungen, die nicht auf den Handel mit wertvollen Bodenschätzen schließen lassen. So wie die Firma »Equatorial Safaris« aus Tansania, die offiziell Campingtouren in die Serengeti veranstaltet,[20] laut Internet-Tauschbörse aber gerade »140 Tonnen Tantalerz auf Lager« hat. Oder die »BTHS Handels- und Seafood GmbH« aus Hamburg, die »15–20 Tonnen Tantalerz aus dem Kongo und aus Ruanda« kauft und »wegen der instabilen politischen Situation in dieser Region immer nach zusätzlichem Material« Ausschau hält.[21] Ein Herr oder eine Dame namens Surojeet Banerjee mit der Adresse surojeet_b@hotmail.com sucht »Tantalerz für Deutschland. Langzeitkontakt möglich.«[22]

Das klang verlockend. Doch um ins Geschäft zu kommen, brauchte ich eine neue Identität. Kein Problem: Identitäten gibt es im Internet auch ohne Personalausweis, denn in der virtuellen

Cape Business News

www.cbn.co.za
www.busnews.com

Trade enquiries:

Index Page

Trade Bulletin Board / Trade Enquiries

Tantalite
We are importers of Tantalite ore Ta 205 mainly from Kongo and Rwanda. Right now we are purchasing approx. 15-20mt of Tantalite with a purity of min 25% packed in 50kgs plastic double bags.
Due to the unstable political situation in this area we are always looking for additional quantities.
Therefore I would like to know if you might be able to supply us with Tantalite ore.
Pls give us your price based on C+F Brussels, min quantity per shipment 2mt.

»Instabile politische Situation« in Kongo und Ruanda – deutsche Rohstoffhändler suchen im Internet nach Tantalerz.

Welt gilt die E-Mail-Adresse zugleich als Name und Wohnsitz. So kann man zum Beispiel problemlos als george.bush@gmx.net oder als johannes.paul.II@hotmail.com Briefe und Dokumente versenden und empfangen – vorausgesetzt, niemand hatte vorher die Idee.[23]

Nach fünf Minuten war ich ein neuer Mensch.

Name: Robert Mbaye Leman. Wohnort: Arusha, Tansania. Beruf: Rohstoffhändler. Kennzeichen: gute Verbindungen zur kongolesischen Rebellenszene. Auftrag: 40 Tonnen feinstes kongolesisches Coltan nach Deutschland zu verkaufen.

Am Abend des 31. Januar 2001 sandte ich meine Offerte in die weite Welt – an ein Dutzend Zwischenhändler. 10 000 US-Dollar wollte ich für die Tonne Rohmaterial. Damit lag ich weit unter dem Weltmarktpreis – eigentlich viel zu weit. Doch der konkurrenzlose Preis sollte auch Aufmerksamkeit erregen.

Schon sechzehn Minuten nach dem Drücken des »Send«-Buttons kam die erste Antwort: Ein Rashid Remtula wollte wissen, wie hoch der Anteil an Tantal, Niob, Uran und Thorium im angebotenen Erz sei. Gute Frage. Ich hatte, ehrlich gesagt, keine Ahnung, was ich antworten sollte, und beschloss, ab sofort zweigleisig zu fahren. Das heißt: Ich inserierte selbst dringenden Tantalbedarf – als Crashkurs in Mineralogie. Wenn ich nicht auffliegen wollte, musste ich mich schnell mit den marktüblichen Fachtermini vertraut machen. Innerhalb weniger Stunden erhielt ich ein Angebot einer Firma Vitalpharm, aus dem die wichtigsten Zahlen hervorgingen. Nun war ich gerüstet.

Einige Stunden nach meiner ersten E-Mail erreichte mich die Anfrage, auf die ich gehofft hatte: von Surojeet Banerjee, der »Tantalerz für Deutschland« im »Langzeitkontakt« gesucht hatte. Auch er oder sie verlangte detaillierte Angaben über die Qualität des Materials. Außerdem bedingte sich Banerjee eine Kommission von zwei Prozent auf den Deal aus. Dann könne das Material nach Amsterdam verschifft werden.

Im Verlauf von zwei Tagen meldeten sich bei mir – also bei Robert Mbaye Leman – weitere sechs Händler, die alle an einem Kauf des Coltanerzes interessiert waren. Darunter der tansanische Safariveranstalter, die österreichische Firma Treibacher, die selbst Tantal verarbeitet, und der Hamburger Fischhändler von der BTHS Handels- und Seafood GmbH. Der gestand zwei Monate später in einem Interview mit der »taz«, dass er über Uganda kongolesisches Tantal kauft und auch in Deutschland absetzt: »Die Preise sind wahnsinnig.«[24]

Bayer will Coltan aus dem Kongo kaufen

Ermuntert durch das rege Interesse, sandte ich am 1. Februar 2001 mein unmoralisches Angebot an die Einkaufsabteilungen von H. C. Starck in Deutschland, Japan, den USA und Thailand. Auf Englisch fragte ich an, ob der Bayer-Konzern Coltan aus dem kongolesischen Rebellengebiet beziehen möchte: »Ich kann Ihnen eine größere Menge (etwa 40 Tonnen) Tantalerz anbieten, die ich zurzeit in Bukavu (Demokratische Republik Kongo) auf

Von: jurgen.bonjer.jb@bayer-ag.de [mailto:jurgen.bonjer.jb@bayer-ag.de]
Gesendet: Freitag, 2. Februar 2001 03:52
An: - *lerobe@▮▮▮▮▮▮
Betreff: Re: Tantalite ore

Dear Mr. Leman,

we are generally interested to buy all kind of Ta-raw materials. Please let us
have the analysis, one representative sample from the 40 t lot and your price
idea. After having these information, you will receive our quick response!

Best regards
Dr. Bonjer

Von: Robert Leman [mailto:lerobe@▮▮▮▮▮▮
Gesendet: Donnerstag, 1. Februar 2001 16:26
An: jurgen.bonjer.jb@bayer-ag.de
Betreff: Tantalite ore

Dear Mr. Bonjer,

i can offer you a larger amount of tantalite ore (approximately 40 tonnes)
which i currently have on stock in Bukavu (Democratic Republik of Congo). I
can sell it at an extremely good price, if the business is done quite soon.

With best regards

Robert Mbaye Leman
Barter Trade
Arusha - Tanzania

Keine Skrupel: Bayer zeigt Interesse an Rohstoffen aus dem kongolesischen Rebellengebiet.

Lager habe. Ich kann es zu einem extrem günstigen Preis verkaufen, wenn das Geschäft so schnell wie möglich abgewickelt wird.
Mit freundlichen Grüßen, Robert Mbaye Leman, Arusha, Tansania.«

Noch in derselben Nacht erhielt ich eine Antwort. Jürgen Bonjer, Einkäufer des Bayer-Konzerns in Thailand, schrieb: »Lieber
Herr Leman, wir sind generell interessiert, alle Arten von Ta-Roh-
material zu kaufen. Bitte lassen Sie uns die Analysen, eine reprä-

sentative Probe der 40 Tonnen und Ihre Preisvorstellung zukommen. Sobald wir diese Informationen haben, werden Sie unsere baldige Antwort erhalten. Mit freundlichen Grüßen, Dr. Bonjer.«

Sofort sandte ich die gewünschten Angaben zurück. Den extrem niedrigen Preis begründete ich mit der »eigentümlichen politischen Situation in der Region«. Daraufhin erhielt ich keine Antwort mehr. War der Preis zu niedrig? Hatte Dr. Bonjer Lunte gerochen? Oder schreckte er gar vor dem schmutzigen Geschäft zurück?

Bayer kauft auch über Zwischenhändler

Um herauszufinden, ob die Zwischenhändler ihr Coltan an den Bayer-Konzern verkauften, bat ich sie, mir die Namen ihrer Kunden zu nennen, um die finanzielle Zuverlässigkeit meiner Abnehmer abschätzen zu können. Ein Dr. Bronsart von »Bvs Ltd. Germany« antwortete mit viel Sprachwitz, der sich nur im englischen Original wiedergeben lässt: »We have no problem proving seriousity and financial capabilities of the contracting BUYER which is a subsidiary of one of the largest chemistry concerns in the world.« Zu Deutsch: Kein Problem – der unter Vertrag stehende KÄUFER (BUYER, phonetisch: BAYER) sei die Tochterfirma eines der größten Chemiekonzerne der Welt. In einer weiteren Mail wurde Bronsart deutlicher: »Der Käufer ist H.C. Starck aus Deutschland mit seiner Einkaufsabteilung für Rohstoffe am Hauptsitz Goslar.« Außerdem wies er mich darauf hin, dass dem Konzern mein extrem billiges Angebot verdächtig vorkäme: »Irgendwas muss da faul sein.«

Ich beschloss, in die Offensive zu gehen. Unter dem Siegel der Verschwiegenheit erzählte ich Bronsart, dass mein Geschäftspartner im Kongo die Firma Somigl sei, die seit November 2000 das Monopol auf den Coltanexport habe. »Die Somigl überlässt jeden Monat eine bestimmte Menge Erz Händlern wie mir, die ihr wiederum helfen, gewisse andere internationale Geschäfte zu tätigen. Wie Sie wissen, ist die Region politisch instabil, und da

Dear Mr. Leman,

both your e-mails of Feb. 5 have thankfully been received. The issue is
now under urgent consideration and work at BUYER. Be at this point
assured that confidentiality is one of our principles. You hear from us
in short order.

With best regards,

Dr. B.
Feb. 5, 2001 - 11.15 MEZ

Dear Mr. Leman,

tks. for your reply of Feb. 2nd.

The co. and BUYER would be H. C. Starck of Germany with whose raw
materials
    purchasing department at its headquarters in Goslar/Germany I am directly
    linked

Dr. B. an »Coltanhändler« Robert Leman: Kunde ist BAYER-Tochter H. C. Starck.

braucht man immer Import-Export-Deals, die nicht auf offiziellem Weg passieren können. Bitte nehmen Sie zur Kenntnis, dass
das hier Afrika ist und dass das Business hier ein bisschen anders
läuft als in Europa.«

Erzfeinde als Geschäftspartner

Die erwähnte Firma Somigl (Minengesellschaft der Großen Seen)
gibt es wirklich. Sie wurde von der größten Rebellengruppe, der
von Ruanda unterstützten »Kongolesischen Sammlung für Demokratie« (RCD), ins Leben gerufen, um den Coltanhandel zu
monopolisieren und sich damit Steuereinnahmen in der Höhe
von einer Million US-Dollar pro Monat zu sichern. Als Geschäftsführerin setzte die RCD eine in der ganzen Region berüchtigte Frau ein: Madame Aziza Gulamali-Kulsum, die schon seit
Jahren einen Großteil des Handels mit dem begehrten Erz domi-

niert. Dieser Dame wird nachgesagt, dass sie eine zentrale Rolle im Waffenhandel mit verschiedenen Kriegsparteien spiele. So war sie jahrelang die Hauptgeldgeberin der Hutu-Rebellen in Burundi, die inzwischen vom benachbarten Kongo aus operieren. Einem kongolesischen Forschungsinstitut zufolge ist Madame Gulamali »eines der zentralen Glieder eines Netzes aus Waffenhändlern in der Region, wo sie ein gigantisches Schmuggelnetzwerk (Zigaretten, Gold, Elfenbein, Waffen und so weiter)«[25] aufgebaut hat. Sie soll nicht nur mit den Rebellen, sondern auch mit deren Gegnern beste Beziehungen unterhalten. Damit stehen die militärischen Gegner an den verschiedenen Fronten dieses grausamen Krieges über ein mafiaartiges Konstrukt miteinander in Geschäftsbeziehung.

Laut UNO-Bericht dominiert Madame Gulamali nicht nur den Coltanhandel, sondern ist auch für die Fälschung von Banknoten und Zolldeklarationen bekannt, »vor allem für die Produkte, die sie exportiert«. Als sie kürzlich mit falschen Zolldeklarationen konfrontiert wurde, in denen Coltan als Zinnerz angegeben war, antwortete sie: »In diesem Geschäft tut das fast jeder.«[26]

Gewisse Geschäfte

Dr. Bronsart von der »Bvs Ltd. Germany« ließ sich von meinem Hinweis auf »gewisse andere Geschäfte mit der Firma Somigl« nicht abschrecken. Vielmehr bedankte er sich und versicherte mir, dass »Geheimhaltung eines unserer Prinzipien ist«. Er habe die Angelegenheit mit dem Kunden Bayer besprochen, welcher nach wie vor äußerst interessiert an dem Geschäft sei. Lediglich das »Preiswunder« bereite dem Konzern noch immer Kopfzerbrechen. »Während der Chef der Rohstoffabteilung sehr interessiert am Kauf des Materials ist, das Sie anbieten, vor allem in Hinsicht auf reguläre Lieferungen in der Zukunft, und während er glücklich über die Lieferbedingungen ist, die Sie vorschlagen, möchte er bestimmte Angelegenheiten noch klären«, berichtete Bronsart in einer E-Mail vom 6. Februar 2001, beruhigte mich aber: »Sie können auf H. C. Starck als starken und zuverlässigen Partner zählen.«

Um die Preisfrage noch einmal zu klären – ich hatte ja wirklich zu wenig verlangt und ärgerte mich, dass das Geschäft deswegen vielleicht nicht zustande kommen sollte –, versuchte ich meinem Kunden weiszumachen, dass ich die angebotene Menge nur unter der Hand so billig verkaufen könne und außerdem dringend Devisen für »gewisse andere internationale Geschäfte« benötigen würde. Eine schwache Argumentation. Aber mir fiel nichts Besseres ein. Dennoch schrieb Bronsart zurück: »Vielen Dank. Das war sehr hilfreich.« Nun wurde ich dreist und verlangte eine offizielle Absichtserklärung von Bayer mit Logo und Unterschrift. Doch damit war ich offenbar zu weit gegangen. Dr. Bronsart schrieb mir am 7. Februar ohne Angabe weiterer Gründe, dass Bayer nicht mehr an dem Deal interessiert sei: »Das Hindernis war der Preis, den Sie genannt haben.«

Gut genug für die Rebellen

In der Zwischenzeit hatte sich auch mein »Langzeitkontakt« wieder gemeldet. Surojeet Banerjee bat mich, ich möge mich direkt mit dem Kunden in Verbindung setzen. Dieser war allerdings wieder nur ein Zwischenhändler: das »Born International Sourcing Service« mit Sitz in Deutschland. Als Geschäftsführer fungiert der Rohstoffhändler Ralf Born. Auch ihm teilte ich mit, dass ich das Coltan nur aufgrund eines Spezialdeals mit der Firma Somigl so billig anbieten könne. Und dass ich dafür eine Sondergenehmigung der Rebellen benötigen würde, zu denen ich besonders gute Kontakte hätte. Dazu bräuchte ich aber Name und Adresse des potentiellen Endkunden.

»Unsere Vertragsfabriken repräsentieren zwei der größten Verarbeiter«, antwortete Born vage. Dafür zeigte er sich als Insider. Ohne dass ich den Namen der Somigl-Geschäftsführerin Aziza Gulamali-Kulsum erwähnt hätte, schrieb er: »Wir können eine Bankgarantie einer deutschen Bank abgeben, die Ihnen gut genug sein sollte. Immerhin ist sie das auch für Aziza Kulsum. Bitte nehmen Sie zur Kenntnis, dass wir eingehend mit der vergangenen und derzeitigen bizarren Situation im Kongo vertraut sind, wo Kriegsfeinde gleichzeitig Geschäftspartner sind.« Exakter hätte man es nicht ausdrücken können. Hatte Born bereits mit Madame Gulamali gedealt?

Ich verlangte noch einmal die Namen seiner Kunden. Born schickte mir stattdessen einen Vertragsentwurf und bot mir ein günstiges Gegengeschäft mit Bergbaugeräten an – samt einer detaillierten Preisliste von Geräten, die ich doch auch der Somigl anbieten möge.[27] Nach insgesamt zwei Dutzend Mails voller Andeutungen ging ich in die Offensive und wollte wissen, ob Born bereit wäre, direkt an H. C. Starck zu liefern. Das sei nämlich der Wunschpartner der Machthaber im Rebellengebiet. Er zeigte sich verwundert und machte mich darauf aufmerksam, dass »die Einkaufspolitik von Firmen wie Starck ein Problem darstellen könnte, da das Bild der Somigl in der deutschen Presse ein bisschen unerfreulich« sei. Doch wenn ich mich ein wenig bemühen würde, zwischen den Zeilen zu lesen, dann würde ich sehen, dass er bereits einen Standort des Konzerns in Asien als Abnehmer genannt habe: »Lieber Herr Leman, das ist Starck dort.« Am 8. Februar teilte mir Ralf Born schließlich mit, dass der Kunde in einem Telefonat sein Interesse kundgetan habe, das Material zu kaufen. »Wie immer«, fügte er hinzu.

Der »tageszeitung« gegenüber gab sich Ralf Born zwei Monate später als Unschuldslamm: Er kaufe kein Coltan im Kongo, wurde der Rohstoffhändler zitiert. »Da habe ich Bauchschmerzen. Es ist halt eine Rebellenregierung. Es ist grauenhaft, das Land wird ausgeblutet.«[28] Von meiner »Langzeitbeziehung« mit Born wusste die »taz« zu diesem Zeitpunkt nichts.

Am 9. Februar brach ich alle Kundenkontakte ab: »Wegen heraufziehender Probleme muss ich dringend nach Arusha. Robert Mbaye Leman.« Ich flog indes nicht nach Arusha, sondern nach Kigali, der Hauptstadt von Ruanda. Dort zwängte ich mich ge-

Rebellenchef im Anzug: Adolphe Onosumba mit Leibwächter.

meinsam mit zwölf Einheimischen und einigen Bündeln Bananen in einen Kleinbus und fuhr durch die ruandische Hügelland-
schaft bis über die kongolesische Grenze. Dort, gleich nach der
Grenze, liegt Goma, die Hauptstadt der Rebellen.

Coltan, Kalaschnikows und Kindersoldaten

Doktor Ngabo eilt von Raum zu Raum und öffnet alle Schrank-
und Zimmertüren, als wolle er den Mangel im Innenhof zum Ap-
pell versammeln: im Medikamentenschrank ein paar halbleere
Packungen. Im Operationssaal eine Art Klappsessel mit ein paar
Lampen darüber, sonst nichts. Zwei Toiletten, zwei Duschen in
einem Holzverschlag. Keine Desinfektionsapparate, nicht einmal
eine Waschmaschine gibt es im Krankenhaus Charité Maternelle
in Goma, in dem Doktor Ngabo gemeinsam mit zwei weiteren
Ärzten hundert Patienten versorgt. In einem dunklen Zimmer
sitzt Faida Mugangu, die vor ein paar Wochen ihre Familie verloren hat, und starrt auf die Wand.

   Auch Adolphe Onosumba Yemba ist Arzt. Er führte einst eine

Vor allem Kindersoldaten kämpfen im Krieg um die Rohstoffe des Kongos.

gutgehende Praxis in Johannesburg. Doch seit November 2000 hat Onosumba einen anderen Beruf: Er ist der Anführer der RCD-Rebellen im Osten des Kongo, deren Einflussgebiet sich über eine Region von der Größe Mitteleuropas erstreckt. Dabei hat der 34-Jährige so gar nichts von einem Buschkämpfer an sich, wie ich bei meinem Besuch in seiner schwerbewachten, weitläufigen Residenz am Stadtrand von Goma feststelle. »Ich glaube nicht, dass Sie hier außer uns noch andere Rebellen mit Krawatte und Laptop finden werden«, lächelt der höfliche junge Mann und zieht die Gardinen zu, als wir sein Büro betreten. Aus Sicherheitsgründen. Schließlich gäben wir bei offenen Vorhängen ein gutes Ziel für Scharfschützen ab.[29]

Keine fünfhundert Meter weiter leben die meisten Menschen in Wellblechhütten und unter Plastikplanen. An den Häusern im Stadtzentrum bröckelt der Putz, die meisten Geschäfte stehen leer, ihre Türen sind verbarrikadiert und die Fenster zerbrochen. In den staubigen Straßen patrouillieren von den Rebellen rekrutierte Kindersoldaten. Im Radio werden die »Watoto« (»Kinder«)

aufgerufen, für die RCD zu kämpfen. Doch die meisten kommen nicht freiwillig, sagt die Hilfsorganisation »Refugees International«, die im April 2001 mit einem von ihnen sprach: »Mark ist fünfzehn, und er wurde vor zwei Monaten zusammen mit fünf seiner Klassenkameraden auf dem Heimweg von der Schule von vier Soldaten der RCD entführt. Er und seine Freunde wurden zum Flughafen gebracht, in ein Flugzeug gesteckt und in ein militärisches Trainingslager geflogen.« Dort starben drei von ihnen. Mark wusste nicht, wie sie starben. Vielleicht, weil sie gezwungen worden waren, draußen im Regen zu schlafen. Oder wegen der Misshandlungen und Prügel. Oder am Hunger. »Wir wurden gezwungen zu arbeiten wie Sklaven«, erzählt Mark, dem es gelungen ist, aus dem Militärlager zu fliehen.[30]

Viele dieser Kinder werden mit Drogen für den Krieg gefügig gemacht. Am Abend nach meiner Ankunft in Goma kommen drei uniformierte Halbwüchsige auf mich zu. Einer, vielleicht vierzehn Jahre alt, richtet den Lauf seiner Kalaschnikow gegen meine Brust und bittet mich höflich um ein paar Dollar und Zigaretten. Seine Augen glänzen gelblich, die Pupillen sind geweitet. Ich frage mich, wie lange er den Finger am Abzug ruhig halten kann. Als ich am nächsten Abend wieder vorbeikomme, grüßt er mich freudig, als wären wir alte Bekannte.

»Unsere Kinder sterben für eure Profite.«

Wen immer man in den Straßen der Stadt fragt, jeder gibt den Rebellen und ihren ruandischen Unterstützern die Hauptschuld an der verzweifelten Lage. Doch nicht nur die seien verantwortlich für das Unglück, sagt ein arbeitsloser Lehrer, der am Hauptplatz von Goma traditionelle Masken an die wenigen Ausländer verkauft, die hier vor allem in Hilfsorganisationen und bei der UNO tätig sind: »Es sind die Europäer und die Amerikaner, die das Coltan kaufen und die Waffen bringen. Sie beuten die Reichtümer unseres Landes aus und lassen unsere Kinder in den Minen für ihre Profite sterben.« Er deutet zum Horizont. Dort ragen die

Masisiberge in den Himmel, wo die größten Vorkommen liegen: »Dort schicken sie unsere Kinder in den Tod.«

Der Junge neben ihm hat selbst einmal sein Glück in den Minen versucht: »Du sitzt im Dreck und hast dauernd Angst, dass das Erdreich über dir zusammenbricht. Ständig wird irgendwo geschossen. Du wirst von Soldaten oder von Buschmilizen bewacht, je nachdem. Die einen vertreiben die anderen, aber für uns war das egal. Sie nehmen dir das Zeug ab. Wenn du Glück hast, kriegst du dafür ein paar hundert kongolesische Francs. In Goma kriegt man das Zehnfache, aber wenn sie dich hier mit Coltan erwischen, dann ...« Er setzt mir Zeigefinger und Mittelfinger an die Stirn: »Peng!«

Drei Wochen nach diesem Gespräch, am 11. März 2001, starben fünfzig Kilometer nordwestlich von Goma fast hundert Menschen in einer Coltanmine, als der Eingang eines Tunnels einstürzte.

Töten, um zu überleben

Fast alle meine Gesprächspartner bestehen darauf, dass ich ihre Namen nicht nenne. Zu viele sind schon verhaftet worden oder gar für immer verschwunden, nachdem sie mit Ausländern gesprochen hatten. Die Angst vor den Rebellen ist groß.

Eine Frau erzählt mir, dass in den Minen vor allem ruandische Hutus arbeiten. Laut dem UNO-Bericht über die illegale Plünderung der Rohstoffe des Kongo sind die meisten von ihnen Gefangene aus Ruanda. Als mutmaßliche Täter des Völkermordes von 1994 schürfen sie zu Tausenden das Coltan, das sie an die ruandische Armee abliefern. »Außerdem arbeiten dort kongolesische Zivilisten, die man unter großen Versprechungen in die Abbaugebiete gelockt hat«, sagt die Leiterin einer Fraueninitiative. »Wie Sklaven werden sie von den Rebellensoldaten bewacht, die ihnen das Erz für einen lächerlichen Preis abknöpfen. Wenn einer nicht pariert, wird er erschossen.«

Rebellenchef Onosumba weiß, dass es in seiner Armee zu Über-

Jugendliche vor einem Coltanlager in Goma

griffen kommt. Aber das sei eine Ausnahme, die unnachgiebig be-kämpft werde. »Leider haben viele, die zum Heer gehen, keine Mo-ralvorstellungen«, bedauert er. »Sie betrachten die Armee als einen Ort, wo sie ihr schlechtes Verhalten ausleben können. Deshalb überreden wir heute bei der Rekrutierung die Eltern, uns ihre am besten erzogenen Kinder zu geben.« Das sei der einzige Weg, wie man Menschenrechtsverletzungen bekämpfen könne.[31]

Dabei geht es meist weniger um Moral als vielmehr ums nackte Überleben: »Dieser Mischmasch aus Kriegen führt zu einer sehr großen Zahl hungriger Menschen, die für Essen und Munition kämpfen und plündern«, berichtet die UNO. Dadurch herrsche ein »erschreckendes Ausmaß der Gewalt« inklusive »der systema-tischen Vergewaltigung von Mädchen im Schulalter, dem Bürger durch ruandische Truppen ausgesetzt sind«.[32]

»Auch unser Militär muss essen«

Geht es nach den Rebellenchefs, soll ausgerechnet der Coltanhan-del helfen, die Situation zu verbessern: »Mit dem Coltanexport finanzieren wir unseren Sozialplan«, behauptet Onosumba. Die Steuereinnahmen aus dem Export der Bodenschätze sollen erstmals stabile Löhne garantieren. »Die Firma Somigl ist eine unserer wichtigsten Einnahmequellen«, präzisiert sein Pressesprecher, ein gutsituierter Mann mit dunkler Sonnenbrille, goldener Rolex und Anzug von Armani. »Das Coltanmonopol der Somigl bringt uns eine Million US-Dollar im Monat. 300 000 davon zahlen wir den Zivilbeamten, der Rest geht in Sozialprojekte. Aber auch unser Militär muss etwas essen.«[33]

»Niemand hier hat jemals auch nur einen kongolesischen Franc davon gesehen«, beklagt sich der Leiter einer sozialen Einrichtung. »Alle Krankenhäuser, Schulen und Hilfsprojekte werden hier von der Bevölkerung, von den Kirchen und Hilfsorganisationen bezahlt. Oder gar nicht. Mit dem Coltan bereichern sich nur die Eliten. Da geht alles in die Kanäle einer Mafiawirtschaft.«

Außerdem konnte Madame Gulamali die in sie gesetzten Erwartungen nicht erfüllen. Zuletzt lieferte die Somigl nur noch einen Bruchteil der erhofften Million Dollar an die Rebellen ab. Eine Woche nach meinem Besuch in Goma, am 28. Februar 2001, hoben die Rebellen das Coltanmonopol daher wieder auf.

Seitdem ist der Export wieder in privater Hand. In Goma erfuhr ich, wer der wichtigste private Händler des begehrten Materials sei: der Deutsche Karl-Heinz Albers, ein Geologe aus der Nähe von Nürnberg. Albers leitet die kongolesische Firma Somikivu, die zu 70 Prozent der Nürnberger »Gesellschaft für Elektrometallurgie« gehört.[34] Die Somikivu besitzt die Rechte an der Lueshe-Mine im Norden von Goma, deren Betrieb 1993 eingestellt und im Sommer 2000 von Albers wiederaufgenommen wurde.[35] Gewonnen wird dort Niob, ein dem Tantal verwandtes Metall. Die Somikivu zahlt nach Angaben der RCD jeden Monat 300 000 US-Dollar an die Rebellen, die ihrerseits die Mine beschützen.

Karl-Heinz Albers, Hauptlieferant von H.C. Starck

Sofort nach meiner Rückkehr nach Deutschland rief ich Karl-Heinz Albers in Nürnberg an. Nach allem, was ich gehört hatte, erwartete ich, dass er ähnlich zugeknöpft reagieren würde wie der Konzernsprecher von H. C. Starck. Doch der Geologe gab mir in mehrstündigen Gesprächen bereitwillig Auskunft über seine umfangreiche Geschäftstätigkeit im weltweiten Rohstoffhandel, vor allem aber über sein Engagement im Kongo.[36]

Karl-Heinz Albers ist der mit Abstand wichtigste private Coltanexporteur, wie er mir selber stolz erzählte. Vier der größten regionalen Handelslager würden ihr Material ausschließlich an ihn liefern. Abgewickelt wird der Coltanhandel über Albers' Firma Masingiro,[37] die im UNO-Bericht über die illegale Ausbeutung der Rohstoffe im Kongo als Beispiel für den »Profitrausch einiger ausländischer Firmen, die bereit waren, trotz Gesetzwidrigkeiten und Unregelmäßigkeiten Geschäfte zu machen«, genannt wird.

»Insgesamt werden aus der Region etwa 200 Tonnen Erz im Monat exportiert«,[38] erzählte mir Albers am Telefon. Das war dieselbe Zahl, die mir bereits am Beginn meiner Recherchen genannt wurde.[39] Bei einem – laut UNO-Bericht – durchschnittlichen Preis von 200 Dollar pro Kilo Rohmaterial im Jahr 2000[40] käme man damit auf mehr als 520 Millionen Euro im Jahr.

Und wie viel ging auf das Konto des Deutschen? »Wir liefern 100 bis 150 Tonnen Konzentrat pro Monat.« Also die Hälfte bis drei Viertel der Gesamtexporte!

Und an wen?

»Den Großteil davon liefern wir an H. C. Starck.«

An dieser Stelle schluckte ich erst einmal. Natürlich wusste ich bereits aus meinen verdeckten Ermittlungen im Internet, dass der Konzern keine Skrupel hat, mit seinen Tantaleinkäufen den Krieg im Kongo mitzufinanzieren. Etwas später, im April 2001, beschuldigte auch der UNO-Bericht über die illegale Plünderung der Rohstoffe des Kongo H. C. Starck, zu den Kunden der ehemaligen Waffen- und jetzigen Coltanhändlerin Aziza Gulamali zu zählen. Aber was der renommierte deutsche Geologe mir da ohne jede Regung erzählte, bedeutet nichts anderes, als dass die Bayer-Tochter der führende Aufkäufer des umstrittensten Rohstoffs der Krisenregion ist.[41]

Wie lange ginge das schon so?

»Die haben immer schon kleinere Mengen gekauft«, vermutete Albers, »aber im großen Stil seit sechs bis sieben Jahren, seit wir da aktiv sind und die Versorgung sicherstellen können.«[42]

»Was sind Menschenrechtsverletzungen?«

All das erzählte mir der Deutsche in der ungeduldigen, leicht überheblichen Art, die manchen Fachexperten und vielen weitgereisten Menschen eigen ist. Albers ist beides, und das ließ er mich auch spüren, als ich ihn fragte, wie das denn sei, im Krieg und so.

»Ich bin ja oft im Kongo«, sagte er. Und er stelle generell die Frage, ob dort Krieg herrsche.

Aha. Ich versuchte, mein »Aha« so glaubwürdig wie möglich in den Hörer zu hauchen. Albers wusste ja nicht, dass ich selbst erst eine Woche zuvor im Kongo gewesen war.

Und wie sei sein Verhältnis zu dieser Rebellenregierung, von der man in der Zeitung liest?

»Ob das nun eine Rebellenregierung ist oder nicht, weiß ich nicht«, meinte Albers über seine wichtigsten lokalen Geschäftspartner: »Das geht mich nichts an.«

Stattdessen sprach er über die »Wildwestmethoden«, mit denen andere, kleinere Firmen im Coltanbusiness arbeiteten.

Käme es da nicht auch zu Menschenrechtsverletzungen?

»Menschenrechtsverletzungen?« Diese Frage erstaunte ihn offenbar völlig. »Ja, was sind denn bei Ihnen Menschenrechtsverletzungen? Das müssen wir mal definieren!«

Na ja, Zwangsarbeit, Ausbeutung, Kinderarbeit …

»Also passen Sie mal auf, Kinderarbeit: Das ist in Afrika eine gaaanz andere Geschichte. Kinderarbeit. In. Afrika. Grundsätz-

lich.« Das buchstabierte er fast. Weil Kinder würden ja auch auf
den Feldern arbeiten.

Aha. Und im Coltanabbau, arbeiten da Kinder?

»Also jedenfalls nicht, dass ich welche gesehen hätte. Ausschlie-
ßen möchte ich das nicht. Obwohl … Kinder sind zu schwach für
die Arbeit. Das bringt nix.« Das habe ich nicht bezweifelt. Und
wohl auch jene Menschen in Goma nicht, die mir von Jungen und
Mädchen im Alter von acht, neun Jahren berichtet haben, die in
den Abbaugebieten schuften.

Immerhin sichere der Bergbau dort Arbeitsplätze, sagt Albers:
»Zehntausende von Menschen arbeiten dort im Coltanabbau.
Den Leuten geht's gut! Glauben Sie mir!«, bittet er mich. »Ich
meine, die arbeiten alle auf eigene Rechnung.«

Und wie viel verdienen sie da?

Beim Thema Geld sieht sich der deutsche Industrielle genötigt,
weiter auszuholen.

»Bei den Afrikanern ist das nicht wie bei uns. Der Afrikaner
kann kein Geld behalten, der gibt das sofort aus. Keine Ahnung,
wohin. Wenn Sie einem Afrikaner hunderttausend Dollar in die
Hand geben, verschleudert er das in ein paar Tagen. Dann ist er
wieder arm wie eine Kirchenmaus. Aber ich habe den Eindruck,
dann fühlt er sich ohnehin wohler. Wenn die ihr Bierchen und
ein bisschen Musik zum Tanzen haben, dann sind die bestens zufrieden.«

In seinem Kern erklärt dieses Weltbild ein System, das an vielen
Stellen dieses Buches vorkommt. Ein System, das den Menschen
als Standortfaktor und ethische Standards als Anmaßung sieht.
Das seine Opfer zu zweitrangigen Wesen erklärt, deren Bedürfnisse an völlig anderen Kriterien zu messen seien als die unsrigen:
Der Afrikaner lässt sich gerne ausbeuten, der Afrikaner ist mit ein
bisschen Hüftwackeln bestens zufrieden, und vermutlich stirbt
der Afrikaner auch gerne. Diese Denkschule gelangt in Goma zu
höchster Intensität, wo ein Karl-Heinz Albers einer Faida Mugangu gegenübersteht, der Frau, die ihre Familie an den Krieg ver-

loren hat. Einen Krieg, dessen schiere Existenz Albers in Frage stellt, obwohl er selbst ein Springer auf dem Schachbrett dieses Konfliktes ist. Die Schachspieler aber sitzen in Goslar, Deutschland, und an allen anderen Orten der Welt, in denen es leichter fällt, Faida Mugangus Blick auf die graue Spitalswand auszuweichen.

Elektronikkonzerne haben Coltanboom verursacht

H. C. Starck ist nicht der Einzige, der in diesem grausigen Spiel auf der Gewinnerseite steht. Und nicht der Bayer-Konzern hat den Tantalboom verursacht, der vor allem gegen Ende des Jahres 2000 die Märkte durcheinandergewirbelt hat. Gleichlautend mit anderen Bergbauexperten erzählte mir Karl-Heinz Albers, dass die Handy- und Computerkonzerne zunehmend versuchen würden, ihre Tantalrohstoffe direkt zu kaufen, womit sie die Markthysterie erst ausgelöst hätten: »Dadurch ist der Eindruck entstanden, dass der Bedarf immens gestiegen ist und dass die Versorgung durch die klassischen Produzenten nicht mehr sichergestellt werden kann.«

Die Fachblätter der Bergbauindustrie, die von einer »schwindelerregenden Tantalnachfrage aufgrund des Handybooms« sprechen, spiegeln diesen Eindruck wider. Knapp 70 Prozent der Tantalproduktion gingen in den Elektroniksektor, sagt Lee Sallade, Marketingchef von H. C. Starck in den USA.[43] Allein die Zahl der Mobiltelefone soll nach unabhängigen Prognosen von weltweit 400 Millionen im Jahr 2000 auf eine Milliarde im Jahr 2004 steigen.

Telefonhersteller suchen Partner im Kongo

Im Januar 2001 suchte der Hersteller von Satellitentelefonen Erkis USA einen Partner zur Ausbeutung eines Tantallagers im östlichen Kongo. Wegen der politischen und wirtschaftlichen Instabilität sei das aber gar nicht so leicht, berichtete ein Fachmagazin der Metallindustrie.[44] »Durch den Bedarf an neuen Materialquellen wird sich das Risiko bald auszahlen«, hofft ein Sprecher des Industriekonzerns Metallurg International dennoch. Der hohe Tantalpreis bringe viele in Versuchung, auch die Ausbeutung instabiler Regionen ins Auge zu fassen, hieß es da. Und auch die Rohstoffproduzenten wollen näher an die Endverbraucher heran, statt den Weg über Verarbeiter wie H. C. Starck zu nehmen. Denn »jeder Produktionsschritt in Richtung Konsumenten bringt größere Gewinnspannen«, so ein Sprecher des Telefonherstellers Erkis.

Auch Albers bestätigte, dass die Elektronikkonzerne versuchen, Tantal direkt aufzukaufen, um ihre Rohstoffversorgung zu sichern. Welche das seien? »Da können Sie die ganze Palette durchgehen. Von Mitsui über Sony über was weiß ich, wie sie alle heißen.« Nokia, Siemens, Ericsson, Motorola? »Von Nokia selbst hab ich nie gehört.« Aber von Mitsui und Sony habe er gehört? »Ja, unter anderem. Samsung hat sich interessiert und … ach Gott, es sind furchtbar viele Namen kursiert, und ob die nun wirklich alle da gekauft haben, weiß man nicht, ist auch wurscht.«

Mir war es nicht wurscht, und ich fragte direkt bei den Konzernen an. Die Sprecherin von Nokia als Handy-Marktführer sagte nur, dass sie nichts sage. Die Nummer zwei auf dem Mobiltelefonmarkt ist Siemens. Von der Siemens-Tochter Epcos weiß man, dass die Firma einer der wichtigsten Abnehmer von H. C. Starcks Tantalpulver ist. Die meisten anderen Elektronikkonzerne gaben sich zugeknöpft.

Ein Fall für unseren Mann in Tansania: Robert Mbaye Leman, der virtuelle Coltanhändler, formulierte noch einmal günstige Angebote und sandte sie per E-Mail an ein knappes Dutzend Elektronikhersteller. Tantalerz aus der Region Kivu in der Demokratischen Republik Kongo sei günstig abzugeben, 40 Tonnen, Langzeitkontakt erwünscht, bitte um rasche Antwort.

Marktführer Samsung beißt an

Diesmal musste ich mehrere Tage warten, bis am 5. März 2001 die erste Antwort eintraf: Ein höflicher Herr aus Korea drückte seine Hoffnung aus, dass Mr. Leman und seine Familie sich bei bester Gesundheit befänden und die Geschäfte vorangingen. Dann

From: <u>CLAUDE BITTERMAN</u> <mailto:██████@SamsungCorp.com>
To: Robert Leman <mailto:lerobe@██
Sent: Thursday, March 08, 2001 7:45 PM
Subject: Re: Tanalum

Thanks for your reply.

I seem to get the message you are telling me, however I would like you to please give me the way you foresee this transaction to be structured without any risk, as you mention in e-mail.

As far as being discreet you don't have to worry as this material will not re-appear on the market. It will actually get processed for Samsung's own demand in the electronics industry.

Please feel free to request any additional information you require from Samsung and I look forward to your prompt reply.

PS. Can you please clarify how you get to the assay? By whom was it sampled? Did you not mention that this material consists of various little parcels of Ta2O5?

Kind regards,
Claude

----- Original Message -----
From: Robert Leman <mailto:lerobe@██████
To: <u>CLAUDE BITTERMAN</u> <mailto:██████@SamsungCorp.com>
Sent: Thursday, March 08, 2001 1:48 PM
Subject: Re: Tanalum

Dear Claude,

I received your email and I see that maybe you are not understanding me. I will give you some very confidential informations by email which I cannot give you by phone since you never know then who else is listening. Exports of Tantalum ore from the Kivo region in eastern Congo are controlled by the local authority which is the RCD rebel movement. The reason we can offer you large amounts on a regular base to a price very much below world market prices is because we count on very special relations to certain authority individuals which allow us to get the material out of the Congo towards Rwanda without any paperwork and financial complications.

The reason I am so much insisting in telling you this is that with our last customer we had to break down relationships because in his eyes we should have handled it in another, maybe more europeanlike way. Nevertheless we can give all quality guarantees and financial transactions will be handled in a way without any risks.

I don't know if copper business which you did probably in the region controlled by the government in Kinshasa was the same way round, but here in fact this is the way we do it, even more since the tantalum monopoly held by a company named SOMIGL has broke down two weeks ago.

So again i have to ask you to tell me if you can give us any guarantees that you will be able to handle our business in a discrete way. Due to discretion also please let me know your experiences by email. On saturday I will go to Kigali and then I probably will be able to phone you and discuss the further details.

With best regards

Robert

Trotz Hinweis auf Exportkontrolle durch Rebellen: »Keine Sorge, das Material ist für Samsung.«

berichtete er, dass er meine Anfrage an das zuständige Büro in England weitergeleitet habe. Aus der Adresse ging die Samsung Corporation als Absender hervor.

Samsung ist einer der bekanntesten Hersteller von Mobiltelefonen, Computerzubehör, Unterhaltungselektronik sowie Haushalts- und Bürogeräten. In mehreren Bereichen, etwa bei Monitoren und Faxgeräten, befindet sich der Mischkonzern unter den Weltmarktführern. Allein der Umsatz von Samsung Deutschland beträgt rund 475 Millionen Euro.

Aus England meldete sich der Samsung-Handelsmanager für Metalle, Claude Bittermann, um die Transaktion des angebotenen Materials nach Europa zu fixieren. Ich spielte wieder mein Spiel: Da der Coltanexport unter Kontrolle der RCD-Rebellen keine herkömmlichen Geschäftsbeziehungen zulasse, wollte ich wissen, ob Samsung bereits Erfahrung mit dem Handel in der Region habe. Bittermann erzählte, dass er bereits Kupfer aus dem Kongo bezogen habe und mit der regionalen Infrastruktur und ihren Hürden vertraut sei. Auch der Hinweis, dass das Geschäft mit den Rebellen nach besonderer Diskretion verlange, da ich das Erz »ohne Papierkram und finanzielle Komplikationen aus dem Kongo schaffen« würde, rief keine Irritationen hervor: »Keine Sorge, das Material wird auf dem Markt nicht wieder auftauchen. Es wird direkt für den Eigenbedarf von Samsung in der Elektronikindustrie verarbeitet.«

Mehr wollte ich dazu nicht wissen.

Konzerne im Coltanrausch

Der UNO-Bericht lässt keine Zweifel offen: »Die Verbindung zwischen der Fortsetzung des Konfliktes und der Ausbeutung der natürlichen Ressourcen wäre nicht möglich gewesen, wenn nicht einige, die selbst nicht zu den Konfliktparteien zählen, eine Schlüsselrolle gespielt hätten, willentlich oder nicht.« Private Unternehmen und Individuen hätten dabei eine entscheidende Rolle übernommen. Und sie sind dafür verantwortlich zu machen: »Die importierenden Firmen und ihre Handlanger sind sich der wahren Herkunft des Coltans jedenfalls bewusst.«

Selten sieht man so deutlich wie hier, wie die schlichte Verweigerung wirtschaftlicher Verantwortung einen humanitären Flächenbrand auslösen kann. Natürlich tragen die internationalen Konzerne nicht die Alleinschuld an diesem Krieg. Es sind lokale Militärs und Staatenlenker, die diesen Konflikt entzündet haben. Doch die westlichen Konzerne gießen Öl ins Feuer und wärmen sich daran die Hände. »Niemand hätte etwas dagegen, dass internationale Firmen ihr Kapital in eine politische Lösung im Kongo investieren«, sagt ein Universitätslehrer aus Goma. »Es hätte auch niemand etwas dagegen, dass sie von diesen Investitionen auf lange Sicht profitieren. Doch da wird nichts investiert. Da wird kassiert und weggeschaut.«

Nachtrag zur zweiten Auflage

Der Krieg im Kongo dauert immer noch an. Mittlerweile sind es mehr als 3,3 Millionen Menschenleben, die ihm zum Opfer gefallen sind.[45] Der größte Krieg der Welt seit 1945 lässt uns noch immer kalt – keine Friedensdemonstrationen werden veranstaltet, die Vereinten Nationen und die Weltmächte sehen mehr oder weniger tatenlos zu. Wenn sich in der Region Ituri im Nordosten des Kongo Milizen der Völker der Hema und Lendu gegenseitig abschlachten, sprechen die Medien von »Stammeskämpfen«, anstatt die dahinterliegenden wirtschaftlichen Interessen zu analysieren. Hier dürfte es weniger um Coltan gehen als um Erdöl. Die kanadische Firma Heritage Oil, deren Gründer Tony Buckingham Verbindungen zu Söldneroperationen in Angola und Sierra Leone nachgesagt werden, hat hier und im benachbarten Uganda Lizenzen erworben und damit das Interesse korrupter ugandischer Geschäftsleute und kongolesischer Warlords geweckt.[46] Auf dem Rücken der notleidenden Bevölkerung heizen sie nach dem Prinzip »Teile und herrsche« rassistische Sentiments an, die in ethnischen Konflikten münden.

Der internationale Coltanmarkt hat sich indes vorläufig etwas beruhigt. Dies bewirkt jedoch keine Verbesserung der Lebenssituation der Menschen in den Abbaugebieten. Deshalb unterstützt das in Goma ansässige Pole-Institut in einer Studie auch nicht die Embargo-Forderung der UNO, sondern spricht sich für einen kontrollierten Abbau aus, dessen Einnahmen der Bevölkerung zugute kommen sollen.[47] Dafür wäre allerdings die völlige Offenlegung aller Rohstoff- und Finanzflüsse im Handel mit der Demokratischen Republik Kongo und den involvierten Nachbarländern notwendig. Die Mobiltelefonhersteller Nokia und Motorola wählten den leichteren Weg und verkündeten ein Embargo auf kongolesisches Coltan – was niemand kontrollieren kann.

Der Bayer-Konzern beharrt indessen auf der Methode des Vertuschens und Verschweigens. Beim Erscheinen der ersten Auflage dieses Buches Ende August 2001 wies der Konzern »die im sogenannten ›Schwarzbuch Markenfirmen‹ erhobenen Anschuldigungen mit aller Entschiedenheit zurück«.[48] Es sei »absurd, den Konzern mit Verstößen gegen Menschenrechte in Verbindung zu bringen«. Konkret behauptete Bayer, »keine illegal abgebauten Tantalrohstoffe aus dem Bürgerkriegsgebiet im Osten des Kongos« zu beziehen, sondern Tantal »aus Zentralafrika ausschließlich aus legalen Abbaugebieten« zu gewinnen. Die gibt es dort gar nicht, da sich die gesamte Region im Kriegszustand befindet und von Rebellen besetzt ist. Deshalb sprechen auch alle UNO-Berichte von »illegaler Ausbeutung der Ressourcen«. Nachsatz von Bayer: »Mit dem Erwerb dieses Materials wird die dortige Bevölkerung unterstützt. Das Geschäft trägt dazu bei, dass Maßnahmen zur Entwicklung einer verbesserten Infrastruktur seit vielen Jahren vorgenommen werden konnten.« Zynischer geht's nicht. Versteht der Bayer-Konzern unter »verbesserter Infrastruktur«, dass es zwar kaum mehr Schulen, Krankenhäuser oder funktionierende Straßen gibt, aber dafür jedes zweite Kind mit einer Kalaschnikow in der Hand herumläuft?

Bayer: Unwahrheiten und Dementis

Eineinhalb Monate später wurde Bayer konkreter: »Wir beziehen unser Material direkt aus der Stadt Goma von einem uns bekannten Händler. Nach allen Informationen, die uns vorliegen, ist es absolut sauber«, gab sich H. C. Starck-Sprecher Manfred Bütefisch gegenüber der »Goslarschen Zeitung« »fest davon überzeugt«, dass mit dem Geld für Coltan-Lieferungen keine Rebellen unterstützt werden.[49] Damit gab Bütefisch zumindest erstmals zu, Rohstoffe aus der Rebellen-Hauptstadt Goma zu beziehen. Doch wie will

Bayer damit nicht die Rebellen unterstützt haben, die die Grenzen und den gesamten Handel kontrollieren und darauf saftige »Steuern« erheben? Hat der Konzern die Coltan-Ladungen außer Landes schmuggeln lassen? Diese Fragen bleiben unbeantwortet.

Im Übrigen bestätigte auch die der Konzernkritik unverdächtige »Financial Times Deutschland« unsere Recherchen und verdächtigte Bayer, »indirekt kriegsführende Rebellen zu unterstützen«.[50] »Zu diesem Zeitpunkt war H. C. Starck die Problematik nicht bekannt«, behauptete das Unternehmen gegenüber der Zeitung. »Wir sind erst durch den Bericht der Vereinten Nationen Mitte April (2001, Anm.) auf die besondere Situation in dieser Region aufmerksam geworden.« Auch das ist gelogen: Bereits ab November 2000 berichtete die Berliner »tageszeitung« (taz) regelmäßig über den Zusammenhang zwischen Coltanhandel und Krieg.[51] Konzernsprecher Bütefisch kannte die Artikel, sowohl die Coordination gegen Bayer-Gefahren als auch Klaus Werner hatten ihn damit konfrontiert.

Im Mai 2002 behauptete der Konzern dann, seit August 2001 kein Material aus Zentralafrika mehr zu kaufen.[52] Peinlicherweise erschien im Oktober 2002 ein neuer Bericht der Vereinten Nationen, in dem Folgendes zu lesen war: »In einer Pressemeldung vom 24. Mai 2002 wiederholte H. C. Starck, dass das Unternehmen seit August 2001 kein Material aus Zentralafrika mehr gekauft habe. Die Untersuchungskommission besitzt Dokumente, die das Gegenteil beweisen. In derselben Pressemeldung behauptet H. C. Starck, dass sein Coltan nicht von Rebellengruppen stamme. Allerdings existiert in der östlichen Demokratischen Republik Kongo kein Coltan, von dem nicht entweder die Rebellengruppe oder ausländische Armeen profitieren.«[53] Dem Bericht zufolge bezog der Konzern von der in Bukavu ansässigen Firma »Eagle Wing« weiterhin Coltan und hielt somit die Kriegswirtschaft am Leben.

Bayer dementierte weiter. Lügt die UNO in ihren von UN-Generalsekretär Kofi Annan unterzeichneten Dokumenten?

Bei einer Podiumsdiskussion am Berliner Kirchentag im Mai

2003 meinte Bayer-Umweltsprecher Thomas Porz lediglich: »Wir werden jedes entsprechende Angebot aus dem südlichen Afrika, das für H. C. Starck von Interesse ist, dem UN-Panel melden. Mehr können wir nicht tun.« Abgesehen davon, dass es um Zentralafrika geht: Überprüfen kann das kein Mensch. Notwendig wäre eine gesetzliche Verpflichtung für alle Konzerne, Rohstoffimporte aus Krisengebieten und deren Finanzierung bis ins letzte Detail zu veröffentlichen (»Publish what you pay«). Doch auch der deutschen Bundesregierung scheinen die Interessen korrupter Konzerne näher zu stehen als gesellschaftliche Bedürfnisse nach Frieden und Wohlstand.

Dafür machte Bayer Stimmung gegen das »Schwarzbuch Markenfirmen«. Als etwa die deutsche Wochenzeitung »Die Kirche« im März 2003 über einen Vortrag von Klaus Werner berichtete,[54] erhielt der Chefredakteur prompt Post aus der Konzernzentrale: »Die von Herrn Werner verbreiteten Aussagen sind infam und stehen in deutlichem Widerspruch zu dem weltweiten gesellschaftlichen Engagement des Bayer-Konzerns, mit dem wir in zahlreichen Schwellen- und Entwicklungsländern zur Lösung so unterschiedlicher gesellschaftlicher Probleme wie Kinderarbeit, Menschenrechtsverletzungen, Krankheit, Diskriminierung oder Umweltzerstörung beitragen.«[55]

»Wie Sie vermutlich wissen, müsste eine Änderung in dem Buch juristisch leicht zu erwirken sein, wenn die im Buch erhobenen Vorwürfe falsch sein sollten«, antwortete die Redaktion dem Konzern nicht ohne Ironie. Denn eine Klage gegen das »Schwarzbuch Markenfirmen« hat es nie gegeben – vermutlich wissen die Bayer-Manager sehr gut, dass die »ungeheuerlichen Anschuldigungen« (Zitat Bayer) schlicht und einfach ein Sittenbild des Unternehmens darstellen.

Mittlerweile hat Bayers Coltanlieferant Karl-Heinz Albers Konkurs angemeldet, und auch H. C. Starck kaufe kein kongolesisches Tantal mehr, berichtet Kongoexperte Dominic Johnson in der »taz« vom Februar 2006.[56]

Menschliche Versuchskaninchen

Beim Testen neuer Medikamente sind manche Pharmafirmen nicht zimperlich: Ergebnisse werden verfälscht, Nebenwirkungen verschwiegen. Patienten mit lebensbedrohlichen Erkrankungen erhalten keine wirksamen Medikamente. Ärzte werden zu Komplizen.
Eine Reportage von Hans Weiss

Über Nacht wechselte ich meinen Beruf. Vom Buchautor wurde ich zum Pharma-Consultant – eine erfundene Berufsbezeichnung, die es mir erlauben würde, mit Klinikchefs über die Finanzierung fragwürdiger Medikamentenversuche zu verhandeln.

Für diese Tätigkeit musste ich keinen einzigen Euro investieren. Ich benötigte nur ein wenig Hintergrundwissen über Medikamentenversuche, Einfühlungsvermögen und einen Computer mit Internetanschluss.

Als Pharma-Consultant wollte ich testen, ob Ärzte sich an die ethischen Regeln halten, die der Weltärztebund in der Deklaration von Helsinki im Oktober 2000 festgelegt hat.[1]

Diese Deklaration verbietet es, schwere Erkrankungen nur mit einem Placebo, einem Scheinmedikament, zu behandeln, wenn es bereits eine erprobte Behandlung gibt. Das gilt ausdrücklich auch für Patienten, die an Medikamentenversuchen teilnehmen.

Erlaubt sind nur Versuche, bei denen eine Gruppe von Patienten das Testmedikament erhält und die andere Gruppe ein Standardmedikament.

Ich hatte Hinweise, dass Mediziner im Auftrag bekannter Pharmakonzerne diese Regeln verletzen und dass US-Konzerne ihre Medikamentenversuche zunehmend in Entwicklungsländer und nach Osteuropa verlagerten. Dafür gab es mehrere Gründe, vor allem die laxere oder überhaupt fehlende Kontrolle durch gesundheitsbehörden und willigere Patienten. Außerdem war das »Kopfgeld«, das Mediziner pro Versuchspatient erhalten, viel geringer als in den USA oder in Westeuropa, und die Versuche konnten rascher durchgeführt werden. Die Firmen sparten damit also dreifach und konnten auf diese Art und Weise ihre üppigen Gewinne weiter steigern. All dem wollte ich nachgehen.

Mein Plan war es, Ärzte zu fragen, ob sie bereit seien, einen Medikamentenversuch durchzuführen, bei dem schwerkranke Patienten nur ein unwirksames Medikament – also ein Placebo – erhalten. Das hieße, dass Ärzte ihre Patienten bewusst unnötig leiden lassen. Als Köder wollte ich das übliche Honorar anbieten.

Als Pharma-Consultant

Bevor ich Anfang 2001 mit meinem Test beginnen konnte – ob Ärzte ohne weiteres bereit sind, im Auftrag von Pharmafirmen unethische Medikamentenversuche durchzuführen –, musste ich eine Reihe von entscheidenden Fragen klären:

Welche schwere Krankheit sollte behandelt werden? Welches Medikament getestet werden? Wie viel Geld sollte ich den Ärzten anbieten? Und welche Ärzte sollte ich fragen? Sollte ich persönlich auftreten, als Mitarbeiter eines real existierenden Pharmakonzerns? Oder sollte ich meine Versuchung per E-Mail abschicken?

Welche Krankheit?

Ich entschied mich für eine schwere oder mittelschwere Depression. Wenn diese Krankheit unbehandelt bleibt, besteht stark erhöhte Selbstmordgefahr. Es gilt deshalb als Standardtherapie, mit einem Antidepressivum zu behandeln.

Welches Medikament?

Wenn ich mich nicht verdächtig machen wollte, musste ich genau festlegen, welche Wirkungen und Nebenwirkungen das Testmedikament haben sollte.

Ein Psychiater in München half mir beim »Erfinden« eines

neuen Arzneimittels. Ich legte mich auf ein Antidepressivum vom Typ der Serotonin-Wiederaufnahmehemmer (SSRI) fest. Solche Mittel verstärken die Wirkung bestimmter Botenstoffe an den Nervenzellen des Gehirns und führen zu einer Aufhellung der Stimmung, zum Abbau von Spannung und Angst und zu einer Steigerung des Antriebs.

Bekannte Antidepressiva vom Typ der SSRI sind zum Beispiel Cipramil, Fluctin oder Seroxat. Solche Mittel wurden in den letzten Jahren mit großem Erfolg weltweit vermarktet.

Welche Ärzte?

Mir fiel ein Satz ein, der mir bei der Firma Bayer vor zwanzig Jahren während meiner Ausbildung zum Ärzteberater eingebläut worden war: »Geldsachen sind Vertrauenssachen, besonders dann, wenn es um Bestechung geht. Sie müssen einen Arzt gut kennen, bevor Sie ihm Geld anbieten.«

Es ging in diesem Fall zwar nicht um Bestechung, aber es ging um viel Geld, und zwar um eine Summe zwischen 50 000 und 250 000 Euro. Ich hatte natürlich nicht vor, für meinen Test so viel Geld auszugeben – ich wollte nur herausfinden, ob Ärzte auf mein Angebot eingehen würden.

Ich würde versuchen, per E-Mail mit Ärzten ins Geschäft zu kommen – mit der hochtrabenden Berufsbezeichnung Pharma-Consultant –, und hoffte, dass es nicht notwendig war, persönlich aufzutreten.

Nach Ungarn

Während der Vorbereitungen auf meine Recherche kam mir ein Zufall zu Hilfe. In einem Artikel der amerikanischen Tageszeitung »New York Times« stach mir der Satz eines ungarischen Psychiaters ins Auge: »Die Pharmafirmen machen uns finanzielle Angebote, die uns den Kopf verdrehen.«[2]

Damit war meine Entscheidung gefallen: Ich wollte den Direktor eines Budapester Krankenhauses auf die Probe stellen. War er einverstanden damit, einen unethischen Medikamentenversuch an depressiven Patienten durchzuführen?

Mithilfe der Internet-Suchmaschine Google[3] fand ich Name und E-Mail-Adresse von Dr. Ákos Kassai-Farkas heraus, dem Klinikchef des Nyiro-Gyula Krankenhauses in Budapest.

Ein erster Versuch

Die erste E-Mail war die schwierigste. Ich mühte mich ab, den richtigen Ton zu finden. Dr. Ákos Kassai-Farkas durfte keinen Verdacht schöpfen.

Mein Angebot formulierte ich auf Englisch. Um Vertrauen zu erwecken, verwies ich auf einen der weltweit größten Pharmakonzerne: Ein Kollege von Novartis habe mir empfohlen, mich an ihn zu wenden.

Ich sei – im Auftrag eines großen Konzerns – auf der Suche nach Möglichkeiten für einen Medikamentenversuch mit einem sehr erfolgversprechenden neuen Antidepressivum. Für September 2001 sei eine internationale Studie an mehreren Orten geplant: in Deutschland, in England und in den Vereinigten Staaten. Die Firma wolle zunächst die Zulassung bei der US-Gesundheitsbehörde und kurz darauf auch bei der zentralen europäischen Behörde in London erreichen. Um die Sache zu beschleunigen, seien zusätzliche vierzig bis achtzig Versuchspatienten vorgesehen. Ob er an seiner Klinik eine so große Zahl zur Verfügung stellen könne?

Die notwendigen Voruntersuchungen seien schon fast abgeschlossen. Das Medikament solle mit dem bekannten Antidepressivum Sertralin (enthalten z. B. im Boehringer-Ingelheim-Medikament Gladem oder im Pfizer-Medikament Zoloft) und mit einem Placebo verglichen werden. Das bedeutete: Wenn an dem Versuch sechzig Patienten teilnahmen, erhielten nach dem Zufallsprinzip zwanzig das neue Antidepressivum, zwanzig das bewährte Antidepressivum Sertralin und zwanzig das Placebo-Präparat. Nach einigen Monaten Behandlung könnte man auf diese Weise die Wirksamkeit des neuen Antidepressivums ermitteln.

Ich gab mich unerfahren, was die gesetzlichen Vorschriften zur Durchführung von Versuchen in Ungarn betrifft, und brachte einige weitere Fragen unter, die mich interessierten. Zum Beispiel:

- Müssen wir vor Beginn der Studie bei einer staatlichen Behörde oder bei der Krankenhausverwaltung um Erlaubnis ansuchen?
- Gibt es ein Ethik-Komitee, das unseren Versuchsplan überprüft und genehmigt?
- Falls es nicht möglich sein sollte, an seinem Krankenhaus genügend Patienten aufzutreiben – könnte er mir dann weitere ungarische Krankenhäuser nennen?

Für die Mitwirkung an der Studie bot ich 3500 US-Dollar pro Patient und zusätzliche finanzielle Belohnungen an, je nachdem, wie schnell die Studie durchgeführt werde. Das lag beträchtlich über dem, was osteuropäischen Ärzten normalerweise angeboten wird, war jedoch vergleichbar mit den Honoraren, die amerikanische Ärzte erhalten.

Ein weiterer Anreiz: Die finanziellen Transaktionen würden wir ganz nach seinen Wünschen gestalten. Ich hatte ein Schweizer oder Liechtensteiner Konto im Hinterkopf.

Vertraulich

Wenn man eine E-Mail abschickt, erwartet man eine schnelle Antwort. Ein Tag verstrich, ein zweiter, ein dritter. Ich wurde unruhig. Hatte ich einen Fehler gemacht?

Am vierten Tag kam die Antwort von Dr. Kassai-Farkas, auf Englisch:[4] »Ich freue mich, dass Sie uns kontaktiert haben. Natürlich würden wir gerne an der Studie teilnehmen, um dieses vielversprechende Antidepressivum zu testen. Wir sind in Kontakt mit anderen Krankenhäusern, die Versuchserfahrungen haben. Selbstverständlich behandeln wir alle Details vertraulich.« Am Ende des Briefes fügte er die Bemerkung an, dass er lieber auf Deutsch schreiben würde, das falle ihm leichter – mein Name lasse darauf schließen, dass ich Deutscher oder Österreicher sei.

Fragen

Ich gab zunächst ein erfundenes privates Detail von mir preis, um die Vertraulichkeit zu erhöhen: Ich sei das Produkt eines privaten »Joint Venture« zwischen einer Amerikanerin und einem Österreicher.

Dann kam ich schnell zum Wesentlichen und stellte eine Reihe von Fragen:

– Wie viele Patienten mit einer mittelschweren bis schweren Depression an der klinischen Studie teilnehmen könnten?
– Welche Regeln einzuhalten seien?
– Ob wir ein schriftliches Einverständnis der Patienten benötigten?
– Ob das Testen mit einem Placebo ein Problem sei?

Um von Dr. Kassai-Farkas nicht in einen Dialog über medizinische Details des Versuchs verwickelt zu werden, erklärte ich, dass für Fachfragen der wissenschaftliche Leiter der Firma zuständig sei.

Ich gab Dr. Kassai-Farkas noch einige Hintergrundinformationen zum angeblichen Auftraggeber der Studie: Es handle sich um einen großen deutschen Pharmakonzern, der vor kurzem die Forschungsabteilung einer renommierten deutschen Universität aufgekauft habe, um sich die Rechte an einem neuen Wirkstoff zu sichern, der von Experten als bahnbrechend eingestuft werde. Geld spiele keine Rolle.

Genaue Firmeninformationen erhalte er im Falle einer konkreten Vereinbarung.

Kein Problem

»Sehr geehrter Herr Dr. Weiss, 144 Betten sind in meiner Abteilung und 49 Betten im ›Day Hospital‹. Pro Jahr behandeln wir 500–700 Patienten mit Depression.«

Es folgte eine Reihe weiterer Details und dann der Hinweis: »Natürlich brauchen wir ein schriftliches Einverständnis der Patienten, die daran teilnehmen. Mit Placebotests habe ich eigentlich kein Problem, aber das Ethik-Komitee macht es manchmal schwer.«

Dr. Kassai-Farkas wies darauf hin, dass seine Abteilung eine eigene Website habe,[5] dort könne ich auch Informationen über frühere Studien nachlesen, unter »Érdeklődők figyelmébe« und »A szponzorok és CRO-k figyelmébe«. Übersetzt heißt das: »Für Interessierte« beziehungsweise »Für Sponsoren«.

Érdeklődők figyelmébe

Beim Anklicken dieser beiden ungarischen Wörter landete ich einen Volltreffer: in englischer Sprache eine Liste mit achtzehn Medikamentenstudien, die an der Abteilung durchgeführt wurden oder werden. Unter anderem:

– drei Studien des Schweizer Konzerns Novartis, darunter eine Placebostudie an Schizophrenen mit einem neuen Wirkstoff namens Iloperidone. Nach den Regeln der Helsinki-Deklaration des Weltärztebundes wären solche und die im folgenden aufgezählten Placeboversuche verboten;

– zwei Placebostudien bei akut manischen Patienten, die vom englischen Pharmakonzern Glaxo-Wellcome finanziert wurden;

– eine Placebostudie des deutsch-französischen Konzerns Hoechst Marion Roussell (inzwischen unter dem Namen Aventis bekannt) an Schizophrenen mit der Testsubstanz M100907;

– zwei vom dänischen Pharmakonzern Lundbeck finanzierte Studien, darunter eine Placebostudie mit der Testsubstanz

---

Hans Weiss

Von:	"Kafakos" <████@███████
An:	"Hans Weiss" <████████@█████>
Gesendet:	Donnerstag, 1. März 2001 19:49
Betreff:	Re: clinical study

Sehr geehrter Herr Dr. Weiss,

144 Betten sind in meiner Abteilung und 49 Betten in "Day Hospital" . Ich habe "outpatient services" .

255 000 Einwohner gehören zu meinem Umkreis. Pro Jahr behandeln wir 500-700 Patienten mit Depressio. Die verschiedene Kriterien entschieden sich wieviele Patienten sind fa"hig für diese Studie.

Wir brauchen von dem Institute für Medikamente, Ethik Kommitee, Wissentschaftliches Komitte und unseres Krankenhaus offiziellen Regeln.

Natürlich brauchen wir ein schriftliches Einversta"ndnis der Patienten, die daran teilnehmen. Gegen Placebo testing habe ich eigentlich kein Problem, aber das Ethik Komitee macht es manchmal schwer.

Die Finanzielle Abwicklung ha"ngt von CRF.

Meine Abteilung hat ein eigenes "Website", dort können Sie na"here Informationen über uns finden.

Wenn Sie dort sind, bitte wa"hlen Sie "Érdeklodok figyelmébe" und " A szponzorok és CRO-k figyelmébe", weil dort können Sie über unsere frühere Studie etwas lesen.

Mit freundlichen Grüssen

Akos Kassai-Farkas MD Dipl.Phil.
email: ████████@███████████
short email: ████████@███████
fax: ████████████
mobil: ████████████

E-Mail von Dr. Ákos Kassai-Farkas an Hans Weiss (1. März 2001)

Lu-26–054 an Patienten mit mittelschwerer bis schwerer Depression;

– und zwei Studien über das neue Schizophrenie-Medikament Aripiprazol, die von den amerikanischen Pharmakonzernen Bristol-Myers Squibb und Otsuka America Pharmaceutical finanziert wurden.

Ich war mit meinem Angebot in guter Gesellschaft und fing an, im Internet herumzusurfen, um weitere Informationen über die angegebenen Medikamente zu finden.

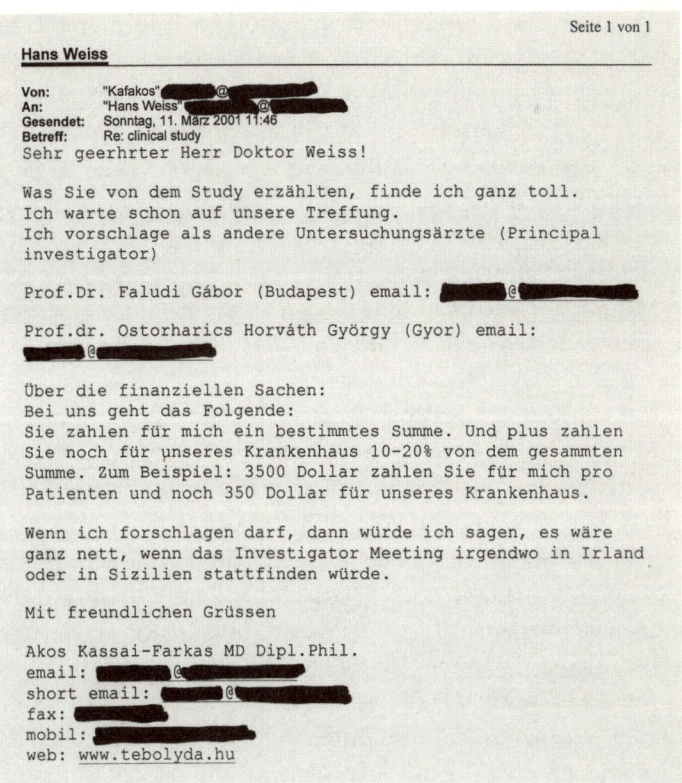

Hans Weiss

Von: "Kafakos" ████████@████████
An: "Hans Weiss" ████████ @████████
Gesendet: Sonntag, 11. März 2001 11:46
Betreff: Re: clinical study

Sehr geerhrter Herr Doktor Weiss!

Was Sie von dem Study erzählten, finde ich ganz toll.
Ich warte schon auf unsere Treffung.
Ich vorschlage als andere Untersuchungsärzte (Principal
investigator)

Prof.Dr. Faludi Gábor (Budapest) email: ██████ @█████████

Prof.dr. Ostorharics Horváth György (Gyor) email:
██████ @█████████

Über die finanziellen Sachen:
Bei uns geht das Folgende:
Sie zahlen für mich ein bestimmtes Summe. Und plus zahlen
Sie noch für unseres Krankenhaus 10-20% von dem gesammten
Summe. Zum Beispiel: 3500 Dollar zahlen Sie für mich pro
Patienten und noch 350 Dollar für unseres Krankenhaus.

Wenn ich forschlagen darf, dann würde ich sagen, es wäre
ganz nett, wenn das Investigator Meeting irgendwo in Irland
oder in Sizilien stattfinden würde.

Mit freundlichen Grüssen

Akos Kassai-Farkas MD Dipl.Phil.
email: ██████ @█████████
short email: ██████ @█████████
fax: ██████████
mobil: ██████████
web: www.tebolyda.hu

E-Mail von Dr. Ákos Kassai-Farkas an Hans Weiss (11. März 2001)

Milliarden von Dollar

In Deutschland und Österreich wird über Geld meist nur hinter vorgehaltener Hand geredet. Das gilt auch für den Bereich der Medikamentenforschung.[6] Amerikanische Ärzte aber sind stolz auf das, was sie tun, und darauf, wie viel Geld sie damit verdienen. Im Internet erfährt man, welche US-Ärzte und -Kliniken Versuche mit einem bestimmten Medikament durchgeführt haben – und wie viel ihnen die entsprechende Firma dafür bezahlt hat.

Versuche zum Beispiel mit Aripiprazol. Am Budapester Krankenhaus wurde es von Dr. Kassai-Farkas gleich zweimal getestet.
Für diesen neuen Wirkstoff zur Behandlung von Schizophrenie
hat der US-Konzern Bristol-Myers Squibb im November 2002
bei der amerikanischen Gesundheitsbehörde FDA die Zulassung
erhalten. Die Firma organisierte in den vergangenen Jahren Dutzende von Medikamentenversuchen in der ganzen Welt, unter
anderem in Ungarn und den USA.

Mithilfe der Suchmaschine Google stößt man im Internet auf
unzählige Hinweise zu Aripiprazol-Versuchen in Kliniken.[7] Allein in den USA sind es mindestens 35.[8]

Der US-Konzern Bristol-Myers Squibb hatte große Pläne mit
diesem Wirkstoff. Er sollte ein »Blockbuster« werden. Das ist die
amerikanische Bezeichnung für ein erfolgreiches Produkt, das
alle Konkurrenz aus dem Weg räumt. In den ersten neun Monaten des Jahres 2005 erzielte der Konzern damit bereits einen Umsatz von 688 Millionen US $. Gegenüber dem Vorjahr war das
eine Steigerung um mehr als 70 Prozent.(http://media.corporate-
ir.net/media_files/irol/10/106664/product_sales.pdf)

Am 28. November 2000, während einer Konferenz vor Hunderten von Investmentspezialisten in New York, berichteten die
Firmenchefs über die Erfolgsgeschichte und die Zukunftsstra-
tegien des Konzerns, der weltweit zu den größten im Pharmabereich zählt.[9]

Ohne größere Schrammen hatte die Firma in den neunziger
Jahren das juristische und finanzielle Desaster in Zusammenhang
mit Silikonimplantaten zur Brustvergrößerung überstanden.
Vorstandsvorsitzender Charles A. Heimbold erklärte während
der Konferenz: »Ich bin stolz darauf, dass wir im Zeitraum von
Januar 1994 bis Dezember 2000 das von mir gesetzte Ziel erreichen werden, Umsatz und Gewinne zu verdoppeln.«

Und der Präsident der Firma, Peter R. Dolan, versicherte den
Anwesenden: »Wir werden das Wachstum unserer Firma noch
einmal enorm beschleunigen und innerhalb der nächsten fünf

Jahre doppelt so groß werden.« Die Begeisterung in seiner Stimme war unüberhörbar: »Wir werden Mega-Blockbuster-Produkte schaffen, die uns Milliarden von Dollar einbringen.«

Bristol-Myers Squibb macht seine Gewinne vor allem beim Vermarkten neuer Medikamente und demonstriert damit, dass dies ein extrem profitables Geschäft ist. Die an die Aktionäre ausgeschütteten Dividenden sind seit achtundzwanzig Jahren immer nur gestiegen, kein einziges Mal gefallen. »Ein Rekord!«, stellt Finanzchef Michael Mee befriedigt fest.[10]

Bewährte Vordrucke

Nach meinem kurzen Internetausflug in die USA versuchte ich vorsichtig, von Dr. Kassai-Farkas Unterlagen über die Versuche zu erhalten, die auf der Homepage seiner Abteilung aufgezählt waren.

»Wenn es Ihnen keine allzu große Mühe macht, wäre ich Ihnen natürlich dankbar, wenn Sie mir eventuell einige Einreichungsunterlagen über eine bereits abgeschlossene Studie zukommen lassen könnten, damit ich das möglichst effizient vorbereiten kann«, bat ich in meiner nächsten E-Mail und fügte hinzu: »Ich nehme an, die schriftliche Einverständniserklärung der Patienten muss mindestens zweisprachig sein. Gibt es hier bereits bewährte Vordrucke von Ihrer Seite?«

Gegenfragen

Dr. Kassai-Farkas ging darauf nicht ein und begann nun selbst, viele Fragen zu stellen. Einige davon brachten mich ganz schön ins Schwitzen:

- Wie viele und welche Medikamentenversuche haben Sie schon organisiert?
- Sind außer den Versuchen in Deutschland, England und den USA noch weitere geplant?
- Wie viele Patienten unseres Krankenhauses sollen teilnehmen?

– Wie viele Patienten nehmen an den anderen Krankenhäusern teil?
– Wann wollen Sie anfangen?
– Wie lange dauern das Screening und die Studie?
– Wollen Sie ein Zentrallabor oder ein lokales Labor?
– Was für Untersuchungen möchten Sie (psychologische Tests)?
– Was für eine konkomitante Medikation ist erlaubt?
– Wo planen Sie das Investigator Meeting?

Leichte Antworten

Die erste Frage war einfach zu beantworten, weil ich vorausschauend in einer der ersten E-Mails schon darauf hingewiesen hatte, dass die medizinischen Details der Studie mit dem wissenschaftlichen Leiter der Firma abgestimmt werden müssten.

Nein, ich hätte selbst noch keine Studie gemacht. Ich besäße kein medizinisches Doktorat, sondern nur ein Doktorat in Medizin-Soziologie (das war ein klein wenig geschwindelt) und einen »Masters of Art« in Betriebswirtschaft von der New York University (das war total geschwindelt). Ich sei nur dafür zuständig, im Voraus Krankenhäuser auszuwählen, an denen Versuche durchgeführt werden können, und einige grundlegende organisatorische und finanzielle Fragen abzuklären. Das klinische Projektmanagement – die Leitung und begleitende Kontrolle der Studie – würde in der Hand von Dr. med. K. Werner liegen, der langjährige internationale Erfahrung auf diesem Gebiet habe. Damit hatte ich meinen Kollegen Klaus Werner kurzerhand zum Arzt und zum Projektleiter ernannt.

Die zweite Frage machte mir ebenfalls keine Schwierigkeiten. Ich antwortete: »Wir planen die Einbeziehung von weiteren Untersuchungsplätzen – einen in Österreich, zwei in Italien und möglicherweise noch zwei in Ungarn – mit insgesamt etwa 150 weiteren Patienten.«

Schwere Antworten

Ab der dritten Frage begann es schwierig zu werden.

Es war mir ein Rätsel, welche Zahl von Patienten ich für sein Krankenhaus angeben sollte, und es war mir ein Rätsel, wie viele Patienten ich für die anderen Krankenhäuser angeben sollte.

Ich zerbrach mir den Kopf darüber, was in diesem Zusammenhang »Screening« bedeutete und wie lange so etwas dauerte.

Ich hatte keine Ahnung, wie lange die Studie dauern sollte.

Ich wusste auch nicht, ob ich ein zentrales oder ein lokales Labor haben wollte.

Bei der Frage zu den psychologischen Tests war ich genauso ratlos wie bei der »konkomitanten Medikation«. Das sollte wohl bedeuten: »begleitende Behandlung«.

Und ich wusste nicht, was ein »Investigator Meeting« war und für wann und wo so etwas üblicherweise geplant wurde.

Es kostete mich zwei Surf-Tage im Internet, um alle diese Fragen auf überzeugende Art und Weise beantworten zu können.

Einmal hin, einmal her

Meine Antwort an Dr. Kassai-Farkas war gespickt mit Fachausdrücken und schnell angelesenem Insiderwissen: ICD-10 Diagnosen F.32.1 oder F.32.2, HAM-D score von 18 oder mehr, Clinical Global Rating, konkomitante psychotrope Medikation usw.

Ich bat Herrn Dr. Kassai-Farkas um einen Vorschlag für den Ort des Investigator Meetings. Ich vermutete, dass es bei diesem Treffen in erster Linie darum ging, vor dem Start des Medikamentenversuchs die beteiligten Ärzte für ein paar Tage an einen Urlaubsort zu entführen. Ein Motivationstrip auf Kosten der Firma mit ein paar schönen Tagen unter Sonne und Palmen, abseits von Patienten und Krankenhausalltag.

Am Schluss schob ich noch einige Fragen nach:

– Wie viele Patienten könnten Ihrer Meinung nach an der Studie teilnehmen?

– Ist es möglich, dass auch Patienten teilnehmen, die zwangsweise in Ihrem Krankenhaus angehalten werden?
– Sollen die Patienten eine finanzielle Vergütung für die Teilnahme an der Studie erhalten?
– Geht das gesamte Studienbudget an eine zentrale Klinik-Ver-
waltungsstelle oder ist eine individuelle Zuteilung vorgesehen?

Außerdem bat ich Dr. Kassai-Farkas erneut, mir noch andere
Krankenhäuser in Ungarn zu nennen, die ich für mögliche Versuche ansprechen könnte.

»Ganz toll«

Dr. Kassai-Farkas schien von der Antwort beeindruckt zu sein:
»Was Sie von der Studie erzählen, finde ich ganz toll. Ich warte
schon auf unser Treffen und schlage als andere Untersuchungsärzte Prof. Dr. Faludi Gábor (Budapest) und Prof. Dr. Ostorharics Horváth György (Győr) vor.

Zum Finanziellen:

Sie zahlen an mich eine bestimmte Summe. Und dazu zahlen
Sie noch für unser Krankenhaus 10–20 Prozent der Gesamtsumme. Zum Beispiel: 3500 Dollar zahlen Sie an mich pro Patient
und noch 350 Dollar für unser Krankenhaus.«

Am Schluss seiner E-Mail brachte Dr. Kassai-Farkas das Investigator Meeting zur Sprache: »Es wäre nett, wenn das Meeting irgendwo in Irland oder auf Sizilien stattfinden würde.«

Die Pharmakonzerne verbuchen solche Ausgaben wahrscheinlich unter dem Budgetposten »Forschung«. Am Ende müssen das
sowieso die Patienten über die Medikamentenpreise bezahlen.

Kein Problem

»Sehr geehrter Herr Doktor Kassai-Farkas, danke für die Antwort. Ich sehe, wir nähern uns einem Vertragsabschluss.

Darf ich Sie noch einmal darum bitten, mir eine relativ genaue
Zahl von Patienten zu nennen, mit denen wir für unseren Test

rechnen können? Sind da auch ambulante Patienten und zwangs-
angehaltene Patienten mit eingeschlossen? Von unserer Seite
wäre das kein Problem – wie sehen Sie das?

Gerne nehme ich Ihre Anregung für das Investigator Meeting
auf – Sizilien oder Irland. Ich werde Ihnen demnächst einen konkreten Vorschlag machen.

Zur finanziellen Seite: Ihr Vorschlag scheint mir kein Problem
zu sein.«

Dr. Kassai-Farkas' Antwort: »Unsere Patienten nehmen immer
freiwillig an einer Studie teil. Egal, ob sie ambulante, ›inpatiente‹
oder Tagesversorgung bekommen.«

Professor Faludi

Ich schrieb E-Mails an die beiden Psychiatrie-Professoren, die
mir von Dr. Kassai-Farkas als weitere Untersuchungsärzte empfohlen worden waren: Professor Gábor Faludi von der Semmelweis-Universität in Budapest und Professor Horváth György Ostorharics von einem Krankenhaus in der westungarischen Stadt
Győr.

Es dauerte eine ganze Woche, bis mir Professor Faludi von der
Semmelweis-Universität, Kutvolgyi Clinical Center, Department
of Psychiatry, antwortete:

»Wir sind bereit, an dieser Studie teilzunehmen. Ich kann Ihnen
mitteilen, dass unser Personal viel Erfahrung mit klinischen Versuchen bei Depressionen, Schizophrenie und Angststörungen hat.
Wir verfügen über ambulante und stationäre Behandlungsmög-
lichkeiten. Es könnten 15–20 Patienten an dem Versuch teilnehmen.«

Von Professor Ostorharics in Győr hingegen erhielt ich nie eine
Antwort.

Pepsi Cola

Bevor ich meine nächsten E-Mails an Dr. Kassai-Farkas und Professor Faludi abschickte, fuhr ich nach Budapest, um Gábor

Gombos zu treffen, den Leiter der psychiatrischen Selbsthilfeorganisation »Voice of Souls«. Gombos hatte zugesagt, mir Kontakt zu einigen Patienten zu verschaffen, die an Medikamentenversuchen teilgenommen hatten.

Ich war seit zehn Jahren nicht mehr in Budapest gewesen und hatte eine deprimierende Erinnerung an diese Stadt: heruntergekommen und bedrückend.

Jetzt, bei der Einfahrt mit dem Auto, hatte ich das Gefühl, eine westeuropäische Metropole vor mir zu haben. Links und rechts der Straße riesige Werbeschilder von bekannten westlichen Marken. VW. Mazda. Ikea. McDonald's. Holiday Inn. Und viele andere.

Das Treffen mit Gábor Gombos wurde zunächst eine Enttäuschung. Niemand öffnete, als ich an der angegebenen Tür läutete. Niemand antwortete, als ich anrief.

Um mir die Zeit zu vertreiben, fuhr ich zum Krankenhaus von Dr. Kassai-Farkas. Es lag außerhalb des Stadtzentrums an einer mehrspurigen Straße. Am Eingang flatterte die ungarische Fahne. Ein freundlicher Polizist regelte die Ein- und Ausfahrt.

Die psychiatrische Abteilung war im neuesten Gebäude des Geländes untergebracht, in einer entlegenen Ecke. Pepsi Cola, Pepsi Cola – einige Fenster im Erdgeschoss waren mit riesigen Werbeaufschriften verklebt, die den Eindruck erweckten, hier handle es sich um einen Standort des Getränkekonzerns. Es war ein Bau aus hellgrauen Steinziegeln mit verspiegelten Fensterscheiben, kalt und abweisend und unheimlich. Ich ging am Portier vorbei, nickte ihm zu und sah mich um. Die Eingangshalle und die vielen Gänge erweckten den Eindruck eines ganz normalen Krankenhausbetriebs. Menschen in ziviler Kleidung kamen und gingen, standen herum.

Ich überlegte mir, zu Dr. Kassai-Farkas zu gehen und ihm zu sagen: »Guten Tag, ich bin kein Pharma-Consultant, ich schreibe ein Buch, bei dem es auch darum geht, ob die ethischen Regeln des Weltärztebundes eingehalten werden.«

Aber es kam nicht so weit. Ich wählte noch einmal die Nummer von Gábor Gombos. Er war inzwischen zu Hause eingetroffen.

Gombos war ein freundlicher, höflicher, zuvorkommender Mann, der Englisch sprach und sehr gut informiert war über die Situation der Psychiatrie in Ungarn. Er habe es leider nicht geschafft, Patienten aufzutreiben, die bereit wären, mit mir über ihre Erfahrungen in Medikamentenversuchen zu reden.

Gombos: »Natürlich holen sich die Ärzte das schriftliche Einverständnis von den Patienten oder den Angehörigen. Aber freiwillig … was ist schon freiwillig? Würden Sie nein sagen, wenn Sie in einer geschlossenen Abteilung sind und der Arzt Ihnen anbietet, in die offene Abteilung verlegt zu werden – unter der Voraussetzung, dass Sie an einem Medikamentenversuch teilnehmen? Genau das passiert nämlich.«

Gombos kämpft für einen besseren Schutz der Patienten vor riskanten Medikamentenversuchen. Er will erreichen, dass das Einverständnis von Patienten zur Teilnahme nur im Beisein von Patientenanwälten eingeholt werden darf.

Glatte Lügen

Meine nächste E-Mail an Professor Faludi benützte ich, um ihm eine Reaktion zu den in amerikanischen Medien erschienenen Berichten über Medikamentenversuche in Osteuropa zu entlocken. Gábor Gombos hatte mir erzählt, dass diese in Ungarn unerwartetes Aufsehen erregt hatten und Professor Faludi sogar öffentlich Stellung dazu genommen hatte.

Zunächst bedankte ich mich für seine Bereitschaft, einen Versuch durchzuführen. Aber wäre es nicht möglich, fragte ich, die Zahl der Patienten von fünfzehn bis zwanzig auf zumindest dreißig zu erhöhen? – Selbstverständlich würde sich dieses Entgegenkommen finanziell auswirken, mit zusätzlichen Honoraren.

Außerdem interessiere mich, ob ich über die angebotenen 3500 Dollar pro Patient hinaus mit Zahlungen zu rechnen hätte. Und:

SEMMELWEIS UNIVERSITY
Kutvolgyi Clinical Centre

Department of Psychiatry
Head: Gabor Faludi, MD., PhD., DSc., Professor of Psychiatry

Budapest, 20 March, 2001

Dr. Hans Weiss
Pharma Consulting
████████████
███Wien

Dear Dr. Weiss,

Thank you very much for your letter about clinical trial with a promising new SSRI compound. We are ready to take part this study from September 2001.
Answering your request, I can tell you that our clinical staff has a relatively big experience with clinical trials phase II and III (IV as well) in depressive disorder, schizophrenia and anxiety disorders. We have outpatient and inpaatient clinic too.
As to your recommended trial we could be enrolled 15-20 depressed patients in 12 month.

Waiting for hearing from you,

With best regards,

Gabor Faludi

Per E-Mail geschickte Briefdatei von Dr. Gábor Faludi an Hans Weiss (20. März 2001)

Wie würde dieses Geld geteilt: Wie viel werde er erhalten, wie viel die Universität?

Dann stellte ich die Frage, die mir am Herzen lag:

Ein Kollege vom schweizerischen Pharmakonzern Novartis habe mir erzählt, es gäbe neuerdings Probleme damit, Medikamentenversuche in Ungarn durchzuführen. Ursache dafür seien gewisse Artikel in amerikanischen Medien. Um ihn aus der Reserve zu locken, schrieb ich: »Ich nehme an, es handelt sich um das übliche Werk von Journalisten, die über alles schreiben, aber von nichts eine Ahnung haben. Gibt es aufgrund dieses Artikels Probleme mit Placeboversuchen? Gibt es Probleme damit, das Einverständnis von Patienten zu erhalten? Entschuldigen Sie, wenn ich Sie so offen darauf anspreche, aber es ist besser, man klärt Probleme, bevor sie auftreten.«

Professor Faludi ließ sich drei Wochen Zeit für seine Antwort. Ich hatte schon befürchtet, meine Fragen hätten ihn abgeschreckt.

»Mit Placebostudien«, schrieb er schließlich, »gab es immer schon gewisse Probleme. Zumindest im Fall von schizophrenen oder manischen Patienten schlage ich vor, dass man die Studie im Krankenhaus beginnt. In allen anderen Fällen sehe ich keine Schwierigkeiten. Was die Artikel über Medikamentenversuche in Ungarn betrifft: Das waren glatte Lügen. Aber keine Sorge – es hat sich deswegen nichts geändert.«

Unerwartete Nebenwirkungen

Mit Dr. Kassai-Farkas hatte ich inzwischen ein Treffen in Budapest vereinbart. Der medizinische Leiter meines Auftraggebers – Dr. Klaus Werner – würde dabei sein und wir könnten dann alle offenen Fragen besprechen.

Aber so weit wollte ich es nicht kommen lassen.

Einige Tage vor dem Termin teilte ich Dr. Kassai-Farkas und Professor Faludi mit, dass aufgrund einer unerwarteten Nebenwirkung der Beginn unseres Medikamentenversuchs verschoben werden müsse. Alle Fakten würden neu geprüft. Unser Zeitplan könne nicht eingehalten werden. Sie würden wieder von mir hören, sobald der Sachverhalt geklärt sei.

Ich hatte alle Informationen erhalten, die ich haben wollte.

Aufregung in Ungarn

Die Erstausgabe des »Schwarzbuch Markenfirmen« verursachte im Herbst 2001 in der ungarischen Öffentlichkeit große Aufregung. Mehrere Fernsehsender und Tageszeitungen berichteten über unsere Reportage und die Reaktionen der beteiligten Klinikchefs.

Professor Faludi sagte, er werde vor Gericht gehen und wegen Verleumdung klagen. Kurze Zeit später ließ er jedoch mitteilen, dass er dies wegen mangelnder Erfolgsaussichten nicht tun werde. Dr. Kassai-Farkas erklärte gegenüber einer ungarischen Tageszeitung, er habe nichts Unehrenhaftes getan. Hingegen sei die Recherchemethode als unethisch zu bewerten. Die Tageszeitung »Nepszava« schrieb am 18. September 2001, dass der Direktor der ungarischen Gesundheitsbehörde OGYI wegen des »Skandals, den eine österreichische Buchpublikation ausgelöst hat«, zurückgetreten sei. Der betroffene Direktor dementierte einen Zusammenhang mit der Veröffentlichung.

Schließlich beauftragte der ungarische Gesundheitsminister eine Kommission mit der Untersuchung der im Buch beschriebenen Vorwürfe. Ergebnis: Es wurden keine ungarischen Gesetze verletzt und deshalb werden auch keine Konsequenzen gezogen.

Der Weltärztebund scheint solche Argumente vorausgeahnt zu haben, denn in der Helsinki-Deklaration heißt es in Punkt 9: »Landesspezifische, ethische, gesetzliche oder verwaltungstechnische Vorschriften dürfen die in der vorliegenden Deklaration genannten Bestimmungen zum Schutz der Menschen in keiner Weise abschwächen oder aufheben.«

Aufregung in Deutschland und Österreich

Im Jahr 2008 führte ich acht prominente deutsche und österreichische Klinikchefs in Versuchung – in München, Mainz, Dresden, Augsburg, Bonn, Düsseldorf und Wien – und wunderte mich, dass auch sie ohne weiteres bereit waren, gegen hohe Honorare unethische Studien an Patienten durchzuführen. Nach dem Erscheinen des Buches »Korrupte Medizin – Ärzte als Komplizen der Konzerne«, in dem ich diese Recherchen veröffentlichte, drohte Psychiatrie-Professor Dr. Hans-Jürgen Möller von der LMU München lautstark mit einer Klage wegen Verleumdung, wagte es aber nicht, tatsächlich zu klagen.

Multis hier, Multis da

Zur selben Zeit, als ich die Recherche über die ungarischen Klinikchefs durchführte, sollte vor den Augen der Weltöffentlichkeit vor dem höchsten Gericht in Pretoria ein Verfahren beginnen, das 39 internationale Pharmafirmen gegen die südafrikanische Regierung angestrengt hatten: Es ging um Aidsmedikamente, um Millionen Aidstote – und um viel Geld.

Ich war nicht überrascht, dass in Südafrika auch jene Pharmakonzerne als Kläger am Werk waren, die bereits auf der Liste der Medikamentenstudien von Dr. Kassai-Farkas aufgeschienen waren: Bristol-Myers Squibb, Glaxo Wellcome, Hoechst Marion Roussel (diese Firma ist inzwischen Teil des Aventis-Konzerns), Janssen-Cilag, Lundbeck, Novartis.

Ganz vorne mit dabei waren auch dreizehn deutsche oder von dort stammende Konzerne und deren Tochterfirmen, darunter Bayer, Boehringer Ingelheim, Merck und Schering.

Aids in Südafrika

Jeden Tag sterben in Afrika Tausende Menschen an Aids.[11] Dort forderte diese Krankheit bisher mehr Todesopfer als der 1. und der 2. Weltkrieg zusammen.[12] Bis zum Jahr 2007 veröffentlichten UNO und WHO Zahlen über das Ausmaß der HIV-Epidemie in Afrika, die bewusst übertrieben waren. Seither wurden die Statistiken nach unten korrigiert, aber die neuen Zahlen sind für Afrika trotzdem noch dramatisch.

Sehr bedrohlich ist die Situation in Südafrika – weltweit das Land mit der höchsten Anzahl an Infizierten: Mehr als 5 Millionen im Jahr 2008 (das ist fast jeder fünfte Erwachsene).[13] Es gibt zu wenige Krankenhäuser, zu wenige Ärzte und fast keine Medikamente.

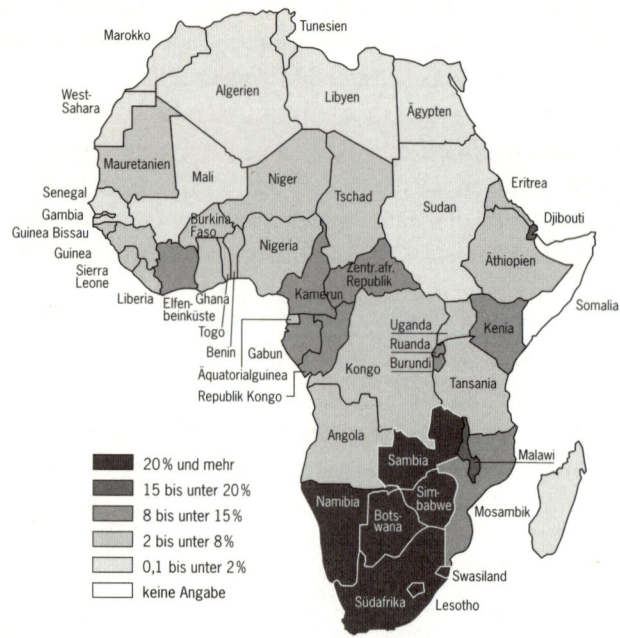

HIV in Afrika

Weltweit waren im Jahr 2008 etwa 33 Millionen Menschen mit dem HI-Virus infiziert, davon 22 Millionen in Afrika. 2007 hatte die UNO noch von 40 Millionen Infizierten gesprochen.

SÜDAFRIKA: 49 Millionen Einwohner (davon 26 Millionen Erwachsene)

Südafrika ist das Land mit der weltweit höchsten Zahl von Infizierten: 5,7 Millionen im Jahr 2008 (18,1 Prozent aller Erwachsenen).

DEUTSCHLAND: 82,0 Millionen Einwohner (davon 39 Millionen Erwachsene)

In Deutschland waren Ende 2008 insgesamt 53 000 Menschen mit HIV infiziert. Das entspricht einer Erwachsenenrate von 0,1 Prozent. Jährlich infizieren sich etwa 2700 Personen. Die überwiegende Zahl der Neuinfektionen (etwa 50 Prozent) erfolgt durch homosexuelle Kontakte bei Männern, etwa 15 Prozent durch heterosexuelle Kontakte und etwa 15 Prozent durch Personen aus Endemiegebieten.

ÖSTERREICH: 8,3 Millionen Einwohner (davon 4,2 Millionen Erwachsene)

In Österreich waren Ende 2008 insgesamt rund 10 000 Menschen infiziert. Das entspricht einer Erwachsenenrate von 0,2 Prozent. Jährlich infizieren sich etwa 450 Personen – etwa 40 Prozent durch heterosexuelle Kontakte, 30 Prozent durch homosexuelle Kontakte und 20 Prozent bei Drogenabhängigen.

Alle Daten der Graphik stammen aus dem Jahr 2008. Erwachsene sind definiert als Frauen und Männer im Alter zwischen 15 und 49.

Quelle: http://apps.who.int/globalatlas/predefinedReports/EFS2008/full/EFS2008_ZA.pdf sowie http://www.unaids.org/en/CountryResponses/Countries/south_africa.asp

Wer ist schuld an dieser menschlichen und medizinischen Tragödie?

Für die südafrikanische Regierung ist die Sache klar: Es sind die Pharmakonzerne, die obszön hohe Preise für ihre Medikamente verlangen und damit verhindern, dass die Armen in Afrika behandelt werden. Auf den ersten Blick hat sie damit recht.

Wie soll jemand, der weniger als 25 Euro im Monat verdient, Medikamente bezahlen, die in Deutschland monatlich 800 Euro und mehr kosten?

Arm gegen Reich

Im Jahr 1997 erließ die Regierung unter dem damaligen Präsidenten Nelson Mandela ein Gesetz, das die Möglichkeit schuf, lebenswichtige Medikamente nachzuahmen und selbst billig herzustellen oder zu importieren. Damit sollten die großzügigen, zwanzig Jahre geltenden Patentrechte der Pharmakonzerne ein wenig beschnitten werden.

Die Firmen versuchten mit allen Mitteln, das Gesetz zu Fall zu bringen. Hochbezahlte Lobbyisten in Washington brachten die Clinton-Administration und in erster Linie Vizepräsident Al Gore dazu, hinter den Kulissen Druck auf Südafrika auszuüben. Die Amerikaner drohten mit scharfen Handelssanktionen.

Aber David blieb standhaft und erhielt Unterstützung von zahlreichen Aids-Gruppen, die das unfaire Vorgehen Goliaths in Gestalt der Multis und der amerikanischen Regierung anprangerten.

Wo immer Al Gore auftrat, um für seine Präsidentschaftskandidatur zu werben, bekam er Ärger mit Leuten, die ihm vorhielten, für den Tod von Aidspatienten in Afrika mitverantwortlich zu sein. Gegen Ende des Jahres 1999 stellte der Vizepräsident seine Unterstützung für die Konzerne entnervt ein. Südafrika konnte einen kleinen Sieg feiern.

Aber nicht lange. Gemeinsam mit dem südafrikanischen Pharmaverband verklagten Anfang 2001 besagte 39 Firmen die Regierung wegen Verletzung des Patentrechts.

Pharmaindustrie gegen Dritte Welt

Was die Pharmakonzerne empörte, waren die weitreichenden Möglichkeiten zur Einschränkung des zwanzig Jahre währenden Patentrechts, die die südafrikanische Regierung schaffen wollte.

Denn es ging in dieser Auseinandersetzung nicht nur um Aids und billige Aidsmedikamente, sondern auch darum, dass ein Entwicklungsland wie Südafrika sich das Recht sichern will, jedes Medikament im Land so billig herzustellen, dass es sich auch arme Patienten leisten können. Kaum ein Südafrikaner kann westliche Preise dafür bezahlen.

Zwar gab es immer schon Ausnahmebestimmungen im internationalen Handelsabkommen zum Schutz geistigen Eigentums (TRIPS), die es erlaubten, Patentrechte zu kürzen und billige Nachahmerpräparate herzustellen.[14] Um diese Ausnahmebedingungen in Kraft zu setzen, hätte Südafrika aber den medizinischen Notstand erklären müssen. Präsident Thabo Mbeki verweigerte diesen Schritt mit dem Argument, die Schwarzen hätten lange genug unter den Notstandsgesetzen der Weißen gelitten.

Das klang nicht sehr überzeugend. Es war verwunderlich, dass die südafrikanische Regierung nicht offen sagte, was sie wirklich vorhatte: nämlich nichts Geringeres als die Durchsetzung eines globalen Menschenrechts auf Medikamente, die sich auch Arme leisten können.

Warum sich die Pharmakonzerne erbittert dagegen wehrten, war klar: Eine Aushöhlung der Patentrechte könnte die phantastischen Gewinne einschränken, die bei der Vermarktung neuer Medikamente erzielt werden.

Goliath hatte Geld, Macht, internationale Handelsverträge und Patentrechte auf seiner Seite, David wurde unterstützt von internationalen Hilfsorganisationen wie »Ärzte ohne Grenzen«, der englischen Gruppe »Oxfam« und einer Vereinigung von Menschenrechtsgruppen und Betroffenen, die sich in der »Treatment Action Campaign« (TAC) zusammengeschlossen hatten.

Weil es in dieser Auseinandersetzung um mehr ging als um verbilligte Aidsmedikamente, sahen andere Entwicklungsländer gebannt zu.

Tatsächlich ist es ja nicht so, dass die armen Länder des Südens nichts zum medizinischen Fortschritt beitragen. Im Gegenteil: Ohne die vielen klinischen Versuche, die dort stattfinden, würde es sehr viel länger dauern, bis die Pharmafirmen die notwendigen Unterlagen für die Zulassung in Europa oder in den USA erhalten.

Eine schnellere Zulassung aber bedeutet für die Pharmakonzerne eine Erhöhung der Gewinne. Deshalb wäre es das Mindeste, wenn alle armen Länder das Recht erhielten, lebenswichtige Medikamente billig herzustellen oder billiger zu importieren.

Dass es für die Pharmaindustrie lebensnotwendig ist, ihre Patente zu schützen, um die Forschung zu finanzieren, wird niemand bestreiten. Denn trotz aller Kritik an den Pharmamultis ist klar: Sie sind der Motor aller Neuentwicklungen im Bereich der Arzneimittel. Mit wenigen Ausnahmen wurden alle Aidstherapien und Aidstests von der verteufelten Pharmaindustrie entwickelt. Ohne den Anreiz, damit auch Gewinne zu machen, würde die Forschung versiegen. Es wäre unklug, die Kuh zu schlachten, die man melken will.

Die Guten und die Bösen

Je näher man sich mit dem Thema Aids in Südafrika beschäftigt, umso mehr gewinnt man den Eindruck, dass die Rollen von Gut und Böse sich da und dort verwischen.

Wird Aids durch ein ansteckendes Virus verursacht, wie heutzutage fast alle Mediziner sagen, oder sind dafür andere Faktoren verantwortlich – etwa Armut, Unterernährung oder ausgerechnet jene Medikamente, die zur Behandlung von Aids verwendet werden? Das behaupten einige kalifornische Forscher, die im of-

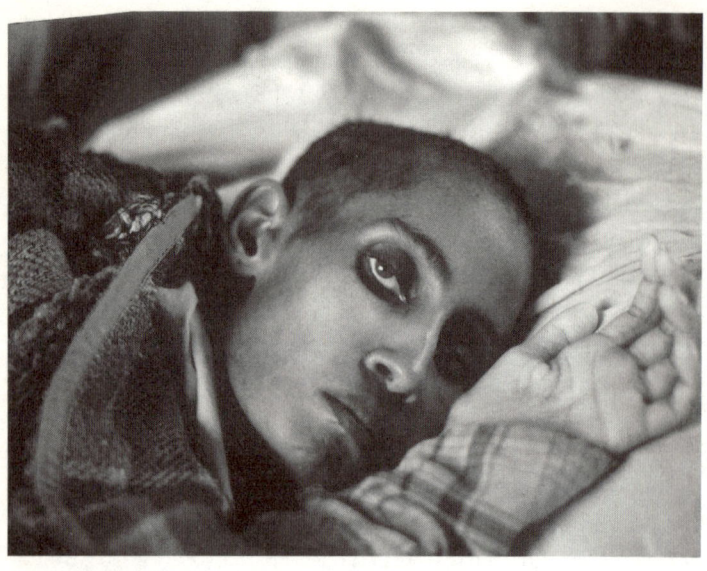

Aids-Kranker in Südafrika

fiziellen Medizinbetrieb niemand ernst nimmt. Aufmerksamkeit verschafft ihnen allerdings die Tatsache, dass sie einen sehr prominenten Anhänger haben: den südafrikanischen Präsidenten Thabo Mbeki.[15]

Der Präsident wäre nicht Präsident, wenn er nicht dafür gesorgt hätte, dass seine Ansicht auch beachtet wird – mit der Folge, dass Zehntausende südafrikanische Babys unnötigerweise mit HIV angesteckt wurden und dem Tod geweiht sind.

1998 entdeckten Mediziner in Thailand, dass eine einwöchige Behandlung mit einem Aidsmedikament das Risiko halbiert, dass HIV von Schwangeren auf das Baby übertragen wird. Diese Therapie wird seither weltweit bei allen schwangeren Frauen angewendet, die mit HIV infiziert sind. In Südafrika war dies bis zum Frühjahr 2001 verboten. Begründung: Die Behandlung sei unwirksam und schade nur.[16] Inzwischen ist diese Therapie zwar er-

laubt, wird aber nur bei einem Bruchteil aller Schwangeren angewendet, die HIV-infiziert sind.

Ein kleiner Sieg

Die gerichtliche Auseinandersetzung zwischen der südafrikanischen Regierung und den Pharmakonzernen wurde abgeblasen.
Die Firmen zogen ihre Klage Mitte April 2001 zurück, denn der
weltweite Imageschaden wurde für sie von Tag zu Tag größer.
Seither verpflichteten sie sich, Südafrika billige Aidsmedikamente
in ausreichender Menge zur Verfügung zu stellen. Als einziges
Zugeständnis erhielten sie eine Zusage Südafrikas, in die Umsetzung des Gesetzes zur Herstellung kostengünstiger Medikamente
eingebunden zu werden.

Das Geld, das die Firmen dabei möglicherweise verlieren, können sie leicht verschmerzen. Denn ihre Gewinne erzielen sie ohne-
dies nur auf den drei entscheidenden Pharmamärkten USA, Westeuropa und Japan. Alle anderen Länder fallen nicht ins Gewicht.

Der Sieg der südafrikanischen Regierung enthält aber einen
Wermutstropfen: Er hat keine globale Geltung und die interna-
tionalen Handelsverträge werden nicht zugunsten von armen
Ländern geändert. Diese werden weiterhin von der Gnade der
Mächtigen abhängig sein.

Die südafrikanische Regierung hat diese Auseinandersetzung
wohl nur deshalb gewonnen, weil es um das Thema Aids ging
und sie die Unterstützung zahlreicher Aids-Gruppen in den Industrieländern erhielt. Krankheiten wie Tuberkulose, Cholera,
Diarrhöe, Schlafkrankheit, Billharziose oder Malaria hingegen,
die in Afrika ebenfalls schreckliche Folgen haben, sind keine Themen, die die Welt bewegen. Außerdem wird da kaum nach neuen
Arzneimitteln geforscht, weil keine großen Gewinne zu erwarten
sind.

Die Auseinandersetzung um billige Medikamente, die sich
auch die Armen leisten können, wird mit Sicherheit weitergehen.
Zu befürchten ist jedoch, dass sich der Kampf hinter verschlos-

sene Türen verlagern wird. Dort können die reichen Industrieländer ihre Interessen sehr viel wirkungsvoller durchsetzen – mit
Drohungen, mit Sanktionen, mit Investitionsvorgaben und all
den anderen Möglichkeiten der Einflussnahme.

Schon sind Kenia, Indien, Thailand und andere Entwicklungsländer ins Visier der Amerikaner geraten.[17]

Zu giftig

»Nun hat die südafrikanische Regierung keine Ausreden mehr,
wenn es darum geht, die Aidsepidemie wirkungsvoll zu bekämpfen«, sagte im Sommer 2001 Zackie Achmat, der Kopf der Akti-
vistengruppe TAC, die die südafrikanische Regierung gegen die
Pharmakonzerne unterstützte.[18]

Denn mit der Bereitstellung billiger oder kostenloser Aidsmedikamente ist es nicht getan. Ohne rasche Umstellung des gesamten Gesundheitswesens nützen die Medikamente wenig. Sie müssen sachgerecht gelagert werden und ihre Einnahme erfordert
regelmäßige Kontrolluntersuchungen, um unerwünschte Nebenwirkungen zu verhindern. Eine falsche oder unterbrochene Einnahme erhöht außerdem das Risiko, dass sich resistente HIV-
Stämme bilden und die Medikamente überhaupt nicht mehr
wirken.

Bis jetzt wurde von der südafrikanischen Regierung vor allem
auch die Vorbeugung sträflich vernachlässigt.[19] HIV-Tests zum
Nachweis der Infektion werden nur in Ausnahmefällen durchgeführt.

Die Chancen auf eine Eindämmung der Aidsepidemie in Südafrika stehen derzeit nicht allzu gut – trotz des Siegs der Regierung über die Pharmaindustrie.

Am 24. April 2001 erklärte Präsident Thabo Mbeki in einem Interview mit der privaten südafrikanischen Fernsehanstalt e-tv, es
sei fraglich, ob Aidstests überhaupt einen Nutzen hätten. Antivi-
renmittel zur Behandlung von Aids lehne er ebenfalls ab – sie
seien zu giftig und ihre Verträglichkeit sei nicht erwiesen.[20]

Einige Aids-Aktivisten haben erklärt, das nächste Ziel der Kampagne könnte die südafrikanische Regierung sein.[21]

Das Beispiel Uganda

Dass es möglich ist, mit Aufklärungs- und Behandlungskampagnen und durch Bereitstellung billiger Aidsmedikamente die Ansteckungsraten massiv zu senken, demonstriert der zentralafrikanische Staat Uganda. 1990 waren bereits 14 Prozent aller Erwachsenen HIV-infiziert. Bis Ende des Jahres 2001 sank diese Rate auf 5 Prozent oder etwa 510 000 Infizierte und blieb seither ungefähr gleich hoch.[22]

Medikamentenversuche
in der medizinischen Fachliteratur

HIV (Aids)[23]

HIV ist vor allem ein Problem in Afrika und Ostasien. Bereits
1994 wurde eindeutig nachgewiesen, dass eine Behandlung mit
Medikamenten die Übertragung des HI-Virus von der Mutter
auf das ungeborene Kind verhindern kann. Trotzdem wurden
seither von Medizinern in Asien und Afrika mindestens fünfzehn
Studien durchgeführt, in denen Tausende von Müttern nur
Placebos anstelle von wirksamen Medikamenten erhielten. Die
Forscher nahmen damit bewusst in Kauf, dass Babys mit HIV angesteckt wurden. Diese Versuche wurden nicht von der Pharmaindustrie finanziert, sondern von öffentlichen Stellen: neun von
Behörden der amerikanischen Regierung, fünf von anderen Regierungen und eine vom Aids-Programm der Vereinten Nationen.

Es gibt zahlreiche weitere Studien über die Behandlung von
Aids, bei denen Pharmafirmen und Mediziner Patienten bewusst
eine wirksame Behandlung vorenthielten.

Tuberkulose[24]

Im ostafrikanischen Staat Uganda wurde Mitte der neunziger
Jahre eine Studie durchgeführt, bei der Mediziner HIV-Kranken
Antibiotika zur Vorbeugung gegen Tuberkulose vorenthielten.
Diese Studie wurde von der US-Regierungsbehörde »Center for
Disease Control« finanziert. In den USA oder in Westeuropa
wäre eine solche Studie nicht erlaubt worden. Es gilt als medizi-
nischer Standard, dass HIV-Patienten, die Tuberkulose-gefähr-
det sind, zur Vorbeugung Antibiotika erhalten.

Die Studie wurde im September 1997 in der weltweit angese-
hensten medizinischen Fachzeitschrift »New England Journal of
Medicine« veröffentlicht und löste eine heftige Ethikdiskussion
unter Medizinern aus.

Malaria[25]

In China infizierten Mediziner Mitte der neunziger Jahre HIV-Patienten absichtlich mit Malaria, um die Auswirkungen auf die HIV-Erkrankung zu studieren. Diese Experimente wurden von der privaten US-Wohltätigkeitsorganisation »Eleanor Dana Charitable Trust« finanziert. In den USA und in Mexiko waren solche Studien von den zuständigen Ethik-Komitees verboten worden.

Experimente mit Kindern

Der amerikanische Arzt Peter R. Breggin deckte 1998 auf, dass die US-Gesundheitsbehörde FDA die Erlaubnis erteilt hatte, mit dem bereits verbotenen Medikament Fenfluramin Experimente an New Yorker Kindern durchzuführen.[26] Im September 1997 hatte dieselbe Behörde die weitere Vermarktung dieses Medikaments in den USA verboten, weil als Nebenwirkung lebensbedrohliche Herzklappenschäden auftreten und Gehirnzellen zerstört werden. Fenfluramin wurde daraufhin weltweit aus dem Handel gezogen – auch in Deutschland, wo es unter dem Namen Ponderax von der Münchner Pharmavertriebsfirma Itherapie als Schlankheitsmittel verkauft wurde.

Es waren nicht irgendwelche Kinder, die Forschern der New Yorker Colleges Columbia und Queens als Versuchskaninchen dienten. Es waren Kinder aus armen schwarzen und lateinamerikanischen Familien, von denen man annehmen konnte, dass keiner der Angehörigen unangenehme Fragen stellen würde. Die Versuche wurden von staatlichen Behörden finanziell unterstützt.

Der weltgrößte Pharmakonzern Pfizer führte 1996 in Nigeria an Meningitis-erkrankten Kindern eine Studie mit einem Antibiotikum durch, bei der Kinder starben. Eine Ärztin der Hilfsorganisation »Ärzte ohne Grenzen« kritisierte diese Versuche mit dem Satz: »Es könnte als Mord gelten.« Wegen der ungeklärten Begleitumstände der Studie wurde Pfizer im Sommer 2001 bei einem Bundesgericht in New York von dreißig nigerianischen Familien verklagt (siehe dazu auch das Firmenporträt Pfizer auf Seite 346 f.).

Bluthochdruck[27]

In den neunziger Jahren wurden mehrere Tausend Patienten in Westeuropa, Osteuropa, Nord- und Südamerika und in China dazu überredet, an Studien über die Wirksamkeit von Bluthochdruckmedikamenten teilzunehmen. Auch deutsche Kliniken waren daran beteiligt. Zum damaligen Zeitpunkt war bereits eindeutig nachgewiesen, dass durch eine Behandlung mit Medikamenten die Zahl von Schlaganfällen und Herzinfarkten sinkt. Trotzdem erhielt die Hälfte aller Patienten jahrelang kein wirksames Medikament, sondern nur ein Placebo. Die beteiligten Pharmafirmen und Ärzte nahmen dadurch bewusst in Kauf, dass zahlreiche Patienten Schlaganfälle oder Herzinfarkte erlitten.

Zwei dieser Studien (Syst-Eur und Syst-China) wurden mit finanzieller Unterstützung der Firma Bayer durchgeführt. Getestet wurde der Kalzium-Antagonist Nitrendepin, der im Bayer-Medikament Bayotensin enthalten ist. Bayer wies diesen Vorwurf im August 2001 mit dem Argument zurück, diese Tests seien von unabhängigen Studienkomitees überwacht und ausgewertet worden.[28]

Eine weitere Studie, mit dem Namen HOPE, wurde vom deutsch-französischen Konzern Hoechst Marion Roussel (inzwischen Teil des Sanofi-Aventis-Konzerns) und vom englisch-schwedischen Konzern AstraZeneca mitfinanziert. Getestet wurde der ACE-Hemmer Ramipiril, der im Hoechst-Marion-Roussel-Medikament Delix und im AstraZeneca-Medikament Vesdil enthalten ist. Eine Reihe von Patienten, die an der HOPE-Studie teilnahmen, erhielten keine sachgerechte Hochdruck-Behandlung.[29] Ihr Risiko, einen Schlaganfall oder eine schwere Herzerkrankung zu erleiden, war dadurch höher als das anderer Patienten.[30]

Schmierige Geschäfte

In keiner Branche werden Menschenrechte so mit Füßen getreten wie im Erdölbusiness. Für ihre Profite aus dem schwarzen Gold finanzieren unsere Treibstofffirmen Kriege, bezahlen Killertruppen und machen ganze Landstriche unbewohnbar.

Die Gegend muss einmal herrlich gewesen sein: weiße Sandstrände und Lagunen am Meer, mit Palmen und Mangrovenbäumen. Im Hinterland ein System verzweigter Flüsse inmitten dichter Wälder. Fischreiche Gewässer, die den Anwohnern Nahrung und Trinkwasser boten und das fruchtbare Ackerland nährten. Freundliche Einwohner, lebendige Städte, unberührte Natur und seltene Tierarten wie Stumpfkrokodil, Zwergflusspferd und Leopard. Ein Urlaubsparadies.

Doch kein Tourist verirrt sich ins Nigerdelta im Süden von Nigeria. Die Österreicherin Susanne Geissler, die die Region im Januar 2001 im Rahmen eines EU-Projekts besucht hat, beschreibt die Situation wie in einem Zombiefilm: »Du kannst kaum atmen. Die Landschaft siehst du nur durch einen grauen Nebel. Die Luft ist von Industrieanlagen und Verkehr verpestet. Und durch den Grauschleier schimmern überall meterhoch brennende Gasfackeln.«[1] Schuld an der gespenstischen Szenerie, die eine blühende Region von der Größe halb Bayerns in eine Industriewüste verwandelt hat, ist vor allem einer, und den kennt hier jeder: Shell.

Shell in Nigeria

Seit 1958, als das Land noch eine Kolonie der englischen Krone war, fördert und produziert der holländisch-britische Ölmulti Royal Dutch Shell im Nigerdelta Erdöl. Die nigerianische Tochtergesellschaft des Konzerns, die Shell Petroleum Development Corporation (SPDC), ist der größte Ölförderer Nigerias. Fast die

Hälfte der nigerianischen Produktion von mehr als zwei Millionen Barrels[2] pro Tag geht auf ihr Konto. Über eine gemeinsame Dachgesellschaft arbeitet Shell eng mit der nationalen nigerianischen Petroleum Corporation (NNPC), der französischen Ölgesellschaft Elf und der italienischen Agip zusammen.[3]

Doch seit dem 10. November 1995 hängt der Haussegen schief. An diesem Tag ließ der ehemalige nigerianische Diktator Sani Abacha den Schriftsteller und Menschenrechtsaktivisten Ken Saro Wiwa ermorden. Der hatte jahrelang gegen Shell protestiert. Die Hinterbliebenen behaupten, dass er deswegen aus dem Weg geräumt werden sollte. Mit dem Mord gerieten sowohl das Regime als auch der Konzern international massiv unter Druck.

Gemeinsame Sache mit der Militärdiktatur

Nigeria wurde von 1966 bis 1999 fast ununterbrochen von Militärdiktaturen regiert, die zum großen Teil eng mit dem europäischen Konzern kooperierten. Das unbestritten brutalste dieser Regime war die Schreckensherrschaft von General Abacha, die am 12. Juni 1993 begann und bis zu seinem Tod im Juni 1998 dauerte. Seine Amtszeit war gekennzeichnet von der Verfolgung Tausender Oppositioneller, von Massenverhaftungen und Exekutionen, Plünderungen und Vergewaltigungen durch hohe Militärführer und vor allem von einem massiven Ansteigen der Korruption und der persönlichen Bereicherung der politischen Spitzen. Drei Milliarden US-Dollar sollen Abacha und seine Familie auf insgesamt neunzehn Konten bei Schweizer und französischen Banken deponiert haben,[4] während ein Großteil der 120 Millionen Nigerianer nicht einmal Zugang zu Nahrung, Gesundheitseinrichtungen und Bildung hat. Im Jahr der Unabhängigkeit Nigerias 1960 lebten dreißig Prozent der Bevölkerung unter der Armutsgrenze. Bis 1999 stieg der Anteil auf siebzig Prozent.

Von der Korruption und der Ausbeutung des Landes profitierten vor allem auch die internationalen Erdölkonzerne, denen nachgesagt wird, den Aufstieg der Militärs erst ermöglicht zu haben. Im Gegenzug konnten sie ungestört die Bodenschätze der Region ausbeuten. Damit wurden nicht nur die Reichtümer außer Landes geschafft und der Bevölkerung Entwicklungsmöglichkeiten entzogen: Die Industrialisierung des Nigerdeltas und die steinzeitlichen Fördermethoden und Anlagen des weltweit führenden Erdölkonzerns haben die Region auf Jahrzehnte hinaus unfruchtbar gemacht, Fischfang und Landwirtschaft zerstört, Trinkwasser und Luft vergiftet und die potentielle touristische Nutzung zu einem absurden Ansinnen degradiert.

Im Oktober 1990 kam es zu einem Massaker, als die Einwohner des Dorfes Umuechem zu Protesten gegen Shell aufriefen. Angesichts drohender Demonstrationen rief der Konzern die berüchtigte Mobile Polizeieinheit zu Hilfe. Achtzig Menschen wurden getötet, 495 Häuser zerstört.[5]

Kampf der Ogoni

1993 gelang es dem »Movement for the Survival of the Ogoni People« (Bewegung für das Überleben der Ogoni, Mosop) unter der Leitung von Ken Saro Wiwa, Zehntausende Menschen gegen den Shell-Konzern zu mobilisieren. Der Widerstand erregte endlich die Aufmerksamkeit der Weltöffentlichkeit, unter deren Druck der mächtigste Erdölproduzent der Welt seine Förderung in Nigeria sogar kurzfristig einstellen musste. Um diese wieder in Gang zu setzen, entschloss sich die Regierung Abachas zu brutalen Repressionsmaßnahmen. Immerhin stammen knapp neunzig Prozent der nigerianischen Exporteinnahmen aus der Erdölindustrie. Hunderte Ogoni wurden verhaftet und willkürlich hingerichtet. Insgesamt 2000 Menschen wurden getötet, geschätzte 80 000 verloren in den Folgejahren ihre Häuser.[6] Zwei Jahre später wurde der 53-jährige Ken Saro Wiwa gemeinsam mit acht seiner Kollegen trotz weltweiter Proteste gehenkt. Das Regime behauptete, die Ogoni seien für Morde an rivalisierenden Stammeschefs verantwortlich, und verurteilte die neun Männer zum Tod durch den Strang.

Das Urteil, dem kein ordentliches Gerichtsverfahren vorange-
gangen war, wurde in Port Harcourt, der Hauptstadt des nigerianischen Bundesstaates River State, vollstreckt. »Meine intellek-
tuelle Kraft und alle verfügbaren Mittel, ja mein Leben habe ich
einer Aufgabe gewidmet, an die ich fest glaube und die ich weder
unter Erpressung noch durch Einschüchterung aufgebe«, erklärte
der international geachtete Träger des alternativen Nobelpreises
vor dem Militärtribunal.[7] Da sich im gesamten Nigerdelta niemand fand, der die Exekution vornehmen wollte, musste der
Henker eigens aus der rund tausend Kilometer entfernten Wüs-
tenstadt Sokolo eingeflogen werden.

»Der Galgen steht immer noch da. Der Strick mit der Schlinge
schaukelt noch immer, wenn sich ein Luftzug in die stickigen Ge-
fängnisbauten von Port Harcourt verirrt«, schreibt ein afrikanischer Journalist.[8] Auch das Unrechtsurteil wurde bis heute nicht
revidiert, ja nicht einmal die sterblichen Überreste von Ken Saro
Wiwa wurden für ein Begräbnis freigegeben, obwohl auch die
Vereinten Nationen die Rechtmäßigkeit des Urteils angezweifelt
haben.[9]

Gerichtsverfahren gegen Shell

In Nigeria war an eine juristisch korrekte Behandlung der Ge-
schehnisse nicht zu denken. In den USA gibt es jedoch ein Gesetz,
das die Anklage von Menschenrechtsverletzungen auch dann erlaubt, wenn diese irgendwo anders auf der Welt verübt wurden.
Im Jahr 1996 wandten sich daher einige in den USA lebende
Familienmitglieder Saro Wiwas, darunter dessen Sohn Ken Wiwa
und der Bruder, Dr. Owens Wiwa, an ein New Yorker Gericht,
um eine Wiedergutmachung durch Shell und seine nigerianische
Tochtergesellschaft zu erreichen.

Ihre Vorwürfe:

Shell habe

– die nigerianische Militärregierung zur Folter und Ermordung Ken Saro Wiwas und anderer Ogoni angestiftet;

- geholfen, den Mordvorwurf gegen diese zu lancieren, und zu diesem Zweck Zeugen bestochen;
- Land zur Ölförderung genommen, ohne dafür adäquate Kompensation zu zahlen;
- dort Luft und Wasser verschmutzt und den Ogoni damit die Lebensgrundlage genommen;
- Polizei und Militär rekrutiert, um lokale Dörfer zu attackieren, dabei seien Menschen getötet und verletzt worden;
- dem Militär Geld, Waffen und logistische Hilfe zur Verfügung gestellt, um die Bevölkerung zu bekämpfen, die gegen die Umweltverschmutzung durch den Konzern protestierte.[10]

Inzwischen hat die Firma eingeräumt, man habe 1993 nigerianische Sicherheitskräfte »gezwungenermaßen« bei mindestens einer Gelegenheit direkt bezahlt.[11] Dennoch wies Shell die Vorwürfe zurück und versuchte jahrelang, die Klage zu verhindern, da die Opfer keine amerikanischen Staatsbürger seien.

Im Jahr 1998 wies deshalb ein US-Bundesrichter die Klage zurück, doch das Berufungsgericht nahm den Fall im September 2000, zwei Monate vor dem fünften Jahrestag der Hinrichtung, wieder auf und verwies ihn an den Obersten Gerichtshof in New York.[12] In einem Brief protestierte der Anwalt des Konzerns, dass »mit dieser Entscheidung praktisch jeder US-börsennotierte multinationale Konzern riskiert, vor den New Yorker Gerichtshof geladen zu werden, um sich dort für Vorwürfe zu verantworten, die keine Verbindung mit den Vereinigten Staaten haben und gegen kein Bundesrecht verstoßen«.[13]

Dennoch verkündete der Oberste Gerichtshof in New York am 26. März 2001 die Aufnahme des Verfahrens der Familie Ken Saro Wiwas gegen Shell. Damit besteht erstmals die reale Möglichkeit, dass ein international agierendes Unternehmen für seine Handlungen in einem repressiven Staat zur Verantwortung gezogen wird. »Außerhalb Nigerias ist unsere Chance auf Gerechtigkeit viel höher«, begrüßte Deeka Menegbon, der Generalsekretär der Ogonibewegung Mosop, die New Yorker Entscheidung.[14]

Für Shell geht es dabei um mehr als um einige Millionen Dollar, die die Familie als Wiedergutmachung für die dem Konzern zur Last gelegte »Begünstigung der Exekution Saro Wiwas« fordert. Shell hat vor allem einen Ruf zu verlieren.

Imageverlust durch Ken Saro Wiwa und Brent Spar

Das Image des Konzerns wurde auch durch die Vorfälle rund um die Ölplattform Brent Spar gestört. Die Bohrinsel, die 190 Kilometer nordöstlich der Shetlandinseln im Meer verankert war, diente von 1976 bis 1991 als Rohöl-Zwischenlager. Um sich das teure und aufwändige Abwracken zu ersparen, wollte Shell den Stahlkoloss mit rund 130 Tonnen Ölschlämmen, Schwermetallen und radioaktiven Abfällen in der Nordsee versenken.

Die Umweltorganisation Greenpeace hatte die drohende Umweltkatastrophe aufgedeckt und an die Öffentlichkeit gebracht. In einer beispiellosen Kampagne schafften es die Regenbogenkämpfer, das Image des drittgrößten Ölkonzerns der Welt so anzuschlagen, dass dieser schließlich freiwillig aufgab. Zuvor hatte Shell durch gefährliche Attacken wie Wasserwerfer-Einsätze gegen Aktivisten die Konfrontation noch angeheizt und erntete dafür massive Medienschelte. Auch den Umweltschützern unterlief eine Panne, für die sie sich später entschuldigen mussten: Aufgrund eines Messfehlers wurden die in der Brent Spar verbliebenen Ölmengen als zu hoch eingeschätzt. Doch der Druck der Öffentlichkeit war zu diesem Zeitpunkt bereits so groß, dass Shell sich im Juni 1995 bereit erklärte, die Brent Spar ordnungsgemäß abzuwracken. 1998 folgte ein generelles Verbot der Versenkung von Ölplattformen im Meer durch die Umweltminister der fünfzehn Anrainerstaaten des Nordostatlantiks.[15]

Shell-Boykotte

74 Prozent der deutschen Bundesbürger waren 1995 laut einer
Umfrage bereit, Shell-Tankstellen aus Protest gegen die geplante
Versenkung zu boykottieren. Die Ächtung durch die Konsumenten ließ die Konzernumsätze kurzfristig um bis zu achtzig Prozent
einbrechen.[16] Noch Monate später mieden zahlreiche Autofahrer
die Zapfsäulen mit dem Muschel-Logo, klagte der damalige Sprecher von Shell Österreich.[17]

Eine englische Wirtschaftsdetektei, die von ehemaligen Mitarbeitern des britischen Geheimdienstes MI6 gegründet wurde und
Verbindungen zu hochrangigen Mitarbeitern von Shell und BP
pflegt, schmuggelte daraufhin sogar einen Spion unter die Umweltschützer. Seine Aufgabe war es, deren Strategien gegen die
Ölmultis schon im Vorfeld aufzuspüren, damit die Konzerne
rechtzeitig darauf würden reagieren können. Als Greenpeace
etwa 1997 plante, gegen Ölbohrungen im Atlantik zu protestieren, deckte BP die Umweltaktivisten mit Klagen ein, noch bevor
die Kampagne richtig angelaufen war.[18]

Vorreiter in Sachen Menschenrechte?

Mittlerweile bemühen sich die Konzerne, sich als Vorreiter in Sachen Umweltschutz und Menschenrechte darzustellen. In groß-
flächigen Anzeigen und mit Bildern blühender Urwälder bewirbt
Shell seine »grüne« Unternehmenspolitik: »Wenn wir Öl- und
Gasreserven in sensiblen Gegenden der Welt erforschen, beraten
wir uns ausgiebig mit den verschiedenen lokalen und globalen Interessengruppen. Unser Ziel ist es, mit dieser Zusammenarbeit
die Artenvielfalt an jedem Standort zu schützen. (…) Wir sehen
das als wichtige Investition in unser Ziel einer nachhaltigen Entwicklung und eines ausgewogenen Verhältnisses zwischen wirt-
schaftlichem Fortschritt, Umweltschutz und sozialer Verantwortung.«[19]

Ein anderes Sujet zeigt ein hübsches afrikanisches Frauenge-
sicht mit dem Text: »Nicht unser Business? Oder das Herz unseres

Business: Menschenrechte. Normalerweise ist das keine geschäftliche Priorität. Aber wir bei Shell fühlen uns verpflichtet, die fundamentalen Menschenrechte zu unterstützen.«

»Wenn Shell sagt, dass es die Menschenrechte respektiert, glaube ich ihnen nicht«, meint dazu Ike Okonta von der nigerianischen Umweltorganisation »Environmental Rights Action«. »Shell arbeitet noch immer mit der nigerianischen Regierung zusammen, um sicherzustellen, dass die lokale Bevölkerung, die ihr Ackerland wieder nutzbar machen will, nicht aufsteht und protestiert.«[20]

Konzern weist Schuld von sich

Auf der Homepage der Shell-Tochter SPDC in Nigeria[21] erfährt man die firmeneigene Version des Konflikts mit den Ogoni. »Die Meldungen über den Tod der berühmten Ogoni, die Hinrichtung von Ken Saro Wiwa und acht anderen lösten bei der SPDC Schock und Traurigkeit aus«, heißt es da, aber: »Wir weisen jeden Vorwurf von Menschenrechtsverletzungen gänzlich von uns.«

Der Konzern gibt sich bereit zum Dialog mit der Bevölkerung. Dies habe jedoch bislang wenig gefruchtet, »wahrscheinlich wegen der Vielfalt der Meinungen innerhalb der Ogoni«.

Überhaupt kann Shell wenig Schuld im eigenen Verhalten erkennen. So schreibt der Konzern über die »angeblichen Umweltschäden« im Nigerdelta, dass diese zum größten Teil auf Sabotagen und Vandalismus zurückzuführen seien: »Das allein hat unserer Ansicht nach mehr Ölaustritte verursacht, als sonst passiert wären. Die Behauptung der Umweltverwüstung scheint daher übertrieben und dient offenbar dazu, die Aufmerksamkeit auf andere Themen im Kampf der Ogoni und im Nigerdelta zu lenken.«

Sabotagevorwürfe

Auch Susanne Geissler vom Österreichischen Ökologie-Institut hat von den Sabotagevorwürfen gehört. »Nur, mit wem immer man dort redet, keiner glaubt diese Vorwürfe. Shell hat mit den

Zerstörungen eine immense Jugendarbeitslosigkeit verursacht. Nun macht man die arbeitslosen Jugendlichen zu Sündenböcken, indem man ihnen die Zerstörung der Pipelines und damit die Schuld an der Umweltzerstörung unterstellt.«[22]

Ein Bewohner der Region Warri berichtet: »Ich lebe neben dieser Pipeline, seit ich denken kann. Sie wurde in den letzten vierzig Jahren nicht getauscht und nicht gewartet. Jetzt ist sie einfach gebrochen. Ich habe es gesehen: Das war kein Akt der Zerstörung durch Jugendliche, die war einfach alt.«[23]

Bereits im Dezember 1998 protestierten Aktivisten vom Volk der Iljaw gegen das Sabotagemärchen: »Wir haben die Gasfackeln, die Ölaustritte und Explosionen satt. Wir haben es aber auch satt, Saboteure und Terroristen genannt zu werden.« Der Deklaration folgte prompt ein Schlag des Militärregimes, bei dem mehr als zweihundert Menschen getötet und weit mehr gefoltert und verhaftet wurden. Sogar zwölfjährige Mädchen wurden von den Militärs gefoltert und vergewaltigt, berichtet die Menschenrechtsorganisation »Human Rights Watch«.[24]

Massive Umweltschäden

In den vergangenen 35 Jahren produzierte die Ölindustrie in Nigeria sieben Millionen Kubikmeter Bohrrückstände, die in der unmittelbaren Nachbarschaft der Produktionsstandorte deponiert wurden. Nach offiziellen Zahlen kommt es jährlich zu etwa dreihundert Ölverschmutzungen, bei denen 2300 Kubikmeter Öl verschüttet werden. Die Weltbank schätzt diese Menge sogar auf das Zehnfache.

»Die Unfälle wurden vor allem durch schlechte Wartung verursacht, denn viele Pipelines sind nach zwanzig Jahren in der feuchten Sumpflandschaft stark verrostet«, weiß eine Studie,[25] die im Auftrag von Greenpeace erstellt wurde.

Die Folge davon sind sogenannte Oil Spills – Ölaustritte, die oft in unmittelbarer Nähe der Dörfer stattfinden.

Die Erde spuckt Öl

Eine Amateurvideo[26] zeigt eines dieser in der Region fast schon zum Alltag gehörenden Ereignisse: Juli 2000 im Dorf Ugbomron im nigerianischen Delta State. Über den Mangrovenbäumen unmittelbar hinter den Häusern steigt eine riesige schwarze Rauchwolke auf und verdunkelt den Himmel. Eine unterirdische Pipeline hat ein Leck bekommen, das Öl ist an die Oberfläche gelangt und hat sich entzündet. Frauen und Kinder packen das Nötigste zusammen und verlassen das Dorf auf der schmalen Straße, die durch den Busch führt. Die Männer versammeln sich in sicherer Entfernung vom Brandherd und können nur noch zusehen, wie das Feuer den gesamten Wald erfasst. Ein Löschfahrzeug mit dem gelben Shell-Logo trifft ein. Stundenlang sprühen die Feuerwehrleute Löschmittel über den Brand. Zurück bleibt ein schmieriger schwarzer Ölteppich, der sich über Landschaft und Bäume legt. Und ein kleiner See aus Wasser, Löschmittel und Öl, aus dessen Mitte es wie aus dem Krater eines Vulkans unablässig herausblubbert. Dennoch bricht Jubel aus, als der erste Sonnenstrahl durch die abziehende Rauchwolke dringt. Doch die Freude weicht bald dem Zorn. Dauernd gehe das so, immer wieder, schimpft einer nach dem anderen in die Kamera: »Shell lässt die Rohrleitungen einfach veralten, das Öl dringt an die Oberfläche und zerstört alles, was wir haben.«

Viele der Pipelines stammen noch aus den späten fünfziger Jahren. »Shell wurde auf Lecks hingewiesen, doch es wird nichts gemacht«, sagt Susanne Geissler. Auch die Produktionsanlagen seien völlig veraltet, so die Ökologin: »In den Raffinerien wird das Gas, das dort als Abfallprodukt entsteht, einfach verbrannt. Früher hat man das bei uns auch gemacht, doch mittlerweile gibt es Technologien, dieses Gas zu nutzen. Die kosten natürlich etwas, aber warum soll ein Weltkonzern in Afrika nur rausholen, was geht, und nichts investieren?«

»Das Abfackeln des Gases findet an etwa sechzig Standorten statt, fast überall in Bodenhöhe, nur geschützt durch einen einfachen Erdwall«, so die Greenpeace-Studie. »Einige Anlagen verbrennen nun seit dreißig Jahren 24 Stunden täglich in unmittelbarer Nachbarschaft der Häuser Erdgas.«

Zwanzig Milliarden Kubikmeter davon werden in Nigeria jedes Jahr abgefackelt. Sie stellen weltweit eine der größten Emissionsquellen für Treibhausgas dar und leisten damit einen wesentlichen Beitrag zur Erderwärmung. »Wegen der extrem unvollständigen Verbrennung dieses Erdgases gelangen jährlich zwölf Millionen Tonnen Methan in die Atmosphäre. Das ist das Elffache der gesamten Methanemission der Niederlande«, so die Greenpeace-Studie.

Die kurze Krankheit und der Tod

Die sauren Niederschläge, die durch die Gasfackeln und Ölbrände entstehen, haben nicht nur das Land unfruchtbar gemacht. Sie könnten auch verantwortlich sein für eine Krankheit, die in der Gegend weit verbreitet ist: die sogenannte Brief Illness, die »kurze Krankheit«. »Fast jeder hat hier jemanden in der Familie, der daran gestorben ist«, erzählt Geissler. »Das fängt mit Kopfschmerzen und Atemnot an, dann kommt hohes Fieber. Innerhalb von drei Tagen sind die meisten tot.« Die Zahl der Opfer geht in die Tausende. Nachgewiesen ist der Zusammenhang mit den Öl- und Gasbränden nicht, da es keine offiziellen Untersuchungen gibt. Umweltmediziner haben einen hohen Bleigehalt in den Haaren der Opfer festgestellt, der mit Sicherheit von der Umweltbelastung herrührt. Auch die Fische – einst wichtiges Nahrungsmittel und Einkommensquelle – seien hoch belastet.

Shell hingegen sieht sich selbst als Segen für die Region. Rund 60 Millionen Euro gibt der Konzern nach eigenen Angaben jährlich für Sozialprojekte aus und ist damit einer der größten Geldgeber der Region. »Womit wir es hier zu tun haben, ist eine von der Armut verfolgte Bevölkerung, die einen Weg gefunden hat, vom Ölgeschäft zu profitieren«, sagt Dierdre Lapin von der Shell-Tochtergesellschaft SPDC.[27]

Lächerliche Summen für Hilfsprojekte

»60 Millionen? Das ist doch lächerlich! Was kostet es denn, wenn Flüsse und Landschaft so verschmutzt sind, dass man damit die Lebensgrundlagen der Bevölkerung auf Jahrzehnte vernichtet hat?«, wendet Geissler ein. »Vielleicht spekuliert man damit, dass die Leute hier ohnehin irgendwann aussterben, und dann kann man in Ruhe Öl fördern.« Insgesamt rund 11 Milliarden Euro forderte die Ogonibewegung Mosop im Jahr 1992 von Shell als Wiedergutmachung allein für die auf ihrem Gebiet seit 1958 entstandenen Schäden – sieben Milliarden davon als Anteil an den Erdölexporten, vier Milliarden für das durch Umweltschäden vernichtete Land.

Die Mosop schätzt, dass Shell seit Beginn der Ölförderung Erdöl im Wert von insgesamt rund 35 Milliarden Euro aus dem Boden geholt hat.[28]

In anderen Gegenden, in denen die jeweilige ethnische Gruppe keine so starke Interessenvertretung hat wie die Ogoni, sei von einem Beitrag zur sozialen Entwicklung nichts zu spüren, so Geissler. Es gebe keine Müll- und Abwasserentsorgung, die Jahresgebühr zum Besuch einer Schule koste den dreifachen Monatslohn, wenn man vom Mindestverdienst ausgeht. »Das ist noch optimistisch, denn die meisten sind arbeitslos.« Und die Erdölindustrie beschäftige in ganz Nigeria gerade einmal 10 000 Menschen, zum Großteil Ausländer.

Vergangenheitsbewältigung

Seit 1999, seit Nigeria von einem gewählten Präsidenten, dem zum Demokraten geläuterten ehemaligen Militärherrscher Olusegun Obasanjo, regiert wird, hat sich dennoch vieles geändert. Der Staat versucht zögerlich, die Folgen der Diktatur aufzuarbeiten. Und das betrifft auch die Machenschaften von Shell.

So verurteilte ein Gerichtshof in Port Harcourt die SPDC im Juni 2000 zu einer Strafzahlung von 4 Milliarden Naira (41 Mio. Euro) für die Folgen eines Erdölaustritts im Jahr 1970. Das Urteil ist nicht rechtskräftig, da Shell in die Berufung ging. »Shells Strategie ist es, den Prozess hinauszuzögern«, sagt der gewählte Führer der Ogonibewegung Mosop, der Rechtsanwalt Ledum Mitee. »Das kann noch zehn oder zwanzig Jahre dauern. Bis das Geld ausgezahlt wird, sind die Betroffenen tot.«[29]

Noch mehr Licht ins Dunkel bringen soll allerdings eine Kommission, die Hintergründe und Motive der zahlreichen Menschenrechtsverletzungen während der verschiedenen Militärdiktaturen seit 1966 untersucht. Die »Human Rights Violations Investigation Commission« wurde unter dem Vorsitz des pensionierten Richters Chukwudifu Oputa am 14. Juni 1999 gegründet und versucht vor allem einmal die Opfer zu Wort kommen zu lassen. Richterliche Gewalt hat die Oputa-Kommission nicht. Sie kann lediglich Empfehlungen geben.

Für Shell ist die Kommission, die im Januar 2001 zum Thema Ölförderung tagte, dennoch bedrohlich, da sie ein Forum für die öffentliche Aufarbeitung der Vorwürfe gegen den Konzern schafft. So musste dieser erstmals zugeben, dass er im Jahr 1983 Handfeuerwaffen für die Polizeitruppen des Regimes gekauft hatte.

Shell gesteht Waffenkäufe

Der Vizedirektor der Shell-Tochter SPDC, Egbert Imomoh, gestand vor dem Tribunal, dass Pistolen und Munition dazu gedient hätten, den Konzern vor den »häufigen Attacken« gegen Anlagen und Personal zu schützen. Die Waffen, die Shell gekauft habe, seien aber seines Wissens nicht benutzt worden, »außer um in die Luft zu schießen«.[30]

Mosop-Präsident Ledum Mitee führte dagegen ein Beispiel an, als zum Schutz der Shell-Anlagen abgestellte Polizisten einen behinderten Jungen erschossen, der sich zufällig in diesem Bereich bewegte. »In Großbritannien oder den Niederlanden, wo Shell auch Anlagen besitzt, würde man eine solche Situation nicht tolerieren«, meinte der Rechtsanwalt über das Verhältnis zwischen Konzern und Militär.[31]

Als Mitee im Frühjahr 2000 Shell International zur Zahlung einer Wiedergutmachung an die Ogoni aufforderte, wurde kurze Zeit später sein Haus niedergebrannt, und zwei Mordanschläge wurden gegen ihn verübt.

Die Gewalt geht weiter

Die Ogoni fordern eine Verringerung der Erdölförderung. Der ehemalige US-Präsident Bill Clinton hingegen setzte Nigeria bei einem Besuch im August 2000 unter Druck, die Ölproduktion noch weiter anzukurbeln.[32]

Im Oktober 2000 wurden zehn nigerianische Aktivisten vom Volk der Iljaw getötet, die gegen die italienische Ölfirma Agip protestiert hatten.[33] Im Januar 2001 wurden bei Kämpfen zwischen lokalen Milizen um die Kontrolle zweier Shell-Pumpstationen mindestens zwanzig Menschen umgebracht. Zur selben Zeit wurden in einem anderen Landesteil nach einer Pipeline-Explosion vier Quadratkilometer Land mit Erdöl überschwemmt.[34]

Vor der Oputa-Kommission für Menschenrechte in Port Harcourt wurde auch eines deutlich: Es wird keine Versöhnung geben. Denn weder die Vertreter des ehemaligen Militärregimes noch die Konzernherren zeigten auch nur das leiseste Anzeichen von Reue.

Den greisen Vater von Ken Saro Wiwa, den die Kommissionsmitglieder in seinem Haus im Ogoniland besuchten, kümmert das nicht mehr: »Was wollen Sie von mir«, sagte Jim Wiwa zu den Richtern. »Mein Sohn ist tot und ich bin traurig.«[35]

Angola und der Krieg ums Öl

Noch ist Nigeria der wichtigste Erdöllieferant in Afrika. Doch schon bald wird es von Angola überholt werden, vor dessen Küste riesige Offshorevorkommen entdeckt wurden, also Öllagerstätten, die tief auf dem Meeresgrund liegen. Schon heute produziert Angola täglich eine Million Barrel Rohöl. In den vergangenen zehn Jahren hat die angolanische Regierung jährlich zwischen zwei und drei Milliarden Dollar aus Erdölexporten eingenommen. Das sind rund neunzig Prozent des gesamten Staatshaushalts.

Mit diesen Einnahmen finanzierte die Regierung des angolanischen Präsidenten José Eduardo dos Santos einen Bürgerkrieg, der mehr als 25 Jahre das Land verwüstete.

Angola erhielt am 11. November 1975 die Unabhängigkeit von Portugal und war bis dahin eine der letzten Kolonien Afrikas. Seit damals regiert in der angolanischen Hauptstadt Luanda die ehemals kommunistische Partei Movimento Popular de Libertação de Angola (MPLA), deren Führer dos Santos 1991 dem Marxismus-Leninismus abschwor und sich zum Kapitalismus bekannte.

Bis zum Ende des Kalten Krieges wurde die MPLA von der Sowjetunion und von Kuba unterstützt. Bekämpft wurde die Regierungspartei von den Rebellen der Unita, deren Führer Jonas Savimbi ab 1985 mit der Unterstützung der Vereinigten Staaten rechnen durfte. Anfangs geschah dies noch heimlich, doch bereits im Jahr darauf erhielt Savimbi als »antikommunistischer Freiheitskämpfer« offiziell 15 Millionen Dollar von Ronald Reagans Regierung.

Elend trotz Reichtums

Die offizielle Geschichtsschreibung des Landes spricht von vier Kriegen: 1974–76, 1985–88, 1992–94 und 1998 bis 2002. Doch genaugenommen wird in Angola seit der Unabhängigkeit fast ununterbrochen gekämpft. Und das mit den hinterhältigsten Mitteln: Landminen machen weite Teile des eineinviertel Millio-

nen Quadratmeter großen Staates im Südwesten Afrikas unbewohnbar. Und überall begegnen einem die Opfer, meist Zivilisten: »Wie ungelenke Krebse krabbeln Menschen mit verkrüppel-
ten oder amputierten Beinen durch die Gegend, gestützt auf in
Lumpen gewickelte Fäuste«, beschreibt der amerikanische Journalist Jon Lee Anderson die Situation.[36] Mehr als 100 000 Menschen leben mit Amputationen, weil sie auf Landminen getreten
sind oder eine davon in ihrer Nähe explodiert ist.

Dabei ist Angola ein reiches Land. Es besitzt neben dem Erdöl
riesige Kupfervorkommen, Diamanten, Gold, Eisen, Baumwolle,
Zucker, Reis, Tabak und Fisch. Einst war es der drittgrößte Kaf-
feeproduzent der Welt. Doch »außer Fabriken für Prothesen«
(Anderson) gibt es heute keine produzierende Industrie mehr.
Mehr als achtzig Prozent der zwölf Millionen Angolaner leben in
Armut. Drei von zehn Kindern sterben vor dem fünften Lebensjahr. Die Zahl der Bürgerkriegstoten geht in die Hunderttausende. 2,5 Millionen Menschen sind Flüchtlinge.

Schuld daran ist der Krieg, in dem es im Wesentlichen um die
persönliche Bereicherung der Eliten des Landes ging.

Erdölförderung dient dem Waffenhandel

Geführt wurde dieser Krieg mit Waffen, die mit westlichen Geldern bezahlt wurden. Der 2002 ermordete Rebellenführer Jonas
Savimbi kontrollierte die großen Diamantenminen des Landes.
Seit die UNO im Juni 1998 ein Importverbot verhängt hat, gelangen die edlen Steine nur noch auf Umwegen in die Juwelierläden
des Westens (siehe auch Seite 68ff.).

Auf Regierungsseite wurde der Krieg mit den Einnahmen aus
der Erdölförderung finanziert. Das von den USA lange Zeit ge-
miedene Regime suchte sein Glück vor allem in Frankreich. Dort
schlug sich Anfang der neunziger Jahre der erzkonservative In-
nenminister Charles Pasqua auf die Seite von Präsident dos Santos. Und mit ihm die französische Erdölgesellschaft Elf (heute Total).

Angolagate

Eine Vermittlerrolle spielte dabei der Sohn des mittlerweile verstorbenen französischen Präsidenten François Mitterrand, Jean-
Christophe. »Angolagate« nennen die Franzosen die Vorfälle, die
nach der Verhaftung von Jean-Christophe Mitterrand im Dezember 2000 ans Tageslicht kamen: Frankreich kämpfte mit Hilfe von
Waffenhändlern um Einfluss in Afrika, die Kriegsgerät im Wert
von mehr als einer halben Milliarde Dollar an den angolanischen
Präsidenten dos Santos geliefert hatten, während die USA noch
Rebellenführer Savimbi unterstützten.

Mitterrand junior erhielt dabei für Vermittlertätigkeiten 1,8 Millionen Dollar – auf ein Schweizer Konto. »Die Vereinten Nationen sind inzwischen aus Angola vertrieben worden, doch wen
schert das schon«, schreibt der Journalist Ulrich Wickert.[37]
»Dank französischer Hilfe hat dos Santos jetzt die besseren Kar-
ten. Die Länder des Westens drängen sich plötzlich dem Chef der
Öl-Diktatur auf. Denn die Ölvorkommen, die US-Firmen vor der
Küste Angolas entdeckt haben, versprechen unglaubliche Profite.
So ist der Kampf zwischen Frankreich und Amerika eigentlich der
zwischen zwei Ölfirmen – der französischen Elf und der amerikanischen Chevron. Es geht um Milliarden.«

Ausgetragen wurde dieser Kampf auf dem Rücken der angolanischen Bevölkerung. Etwa zwanzig Erdölkonzerne tummeln
sich in dem bürgerkriegsgeschüttelten Land. Neben Chevron und
Total sind das unter anderem BP, Texaco, Shell, Agip und Exxon-
Mobil.

Korruption

Sie trugen zur Finanzierung des Krieges bei und finanzieren
heute noch die korrupten Eliten des Landes. Von den mehreren
hundert Millionen Dollar, die internationale Mineralölfirmen für
Förderrechte bezahlen, soll mehr als die Hälfte für Militäroffen-
siven gegen die Unita verwendet worden sein. Ein Teil wurde offiziell für Waffenkäufe verbucht. Der Rest versickert – auch heute

noch – in den dunklen Kanälen der Korruption – für »Provisionen« und illegalen Waffenhandel.

Die englische Umwelt- und Menschenrechtsgruppe »Global Witness« beschuldigt hochgestellte angolanische Militärs, mit den Tantiemen aus dem Erdölgeschäft Waffen von der russischen Unterwelt zu kaufen und diese dann über Tarnfirmen an die Regierung zu verschachern. »Ein erheblicher Teil von Angolas Petrodollars dient zur persönlichen Bereicherung und Bedürfnisbefriedigung der Führungselite.« Die Erdölmultis machten sich damit, so der Vorwurf, zu Komplizen einer humanitären Katastrophe. Sie werden daher aufgefordert, ihre Produktionsdaten und alle Zahlungen an angolanische Behörden transparent zu machen sowie Geschäftsverbindungen zu allen Gruppen, die im Verdacht des Waffenhandels stehen, zu unterlassen.[38]

Weitere kritische Erdölprojekte

Sudan

Seit der Unabhängigkeit 1956 betreibt das Militärregime im Sudan – mit Unterbrechungen – den systematischen Völkermord gegen die schwarzafrikanische Bevölkerung im Süden des Landes. Nahezu 2,5 Millionen Menschen starben durch Massaker, Krieg, Hunger und Massenvertreibungen. Ganze Dörfer wurden ausgelöscht, Angehörige christlicher Gemeinden in ihren Kirchen eingesperrt und verbrannt und unzählige Menschen versklavt oder zu Tode gefoltert.

Im Jahr 1992 erklärte die in der Hauptstadt Khartum regierende fundamentalistisch islamische Militärjunta den Genozid an den Südsudanesen zum »Heiligen Krieg«. Dieser Krieg wird mit Kindersoldaten geführt, die die Regierungsarmee unter anderem in Khartums Straßen rekrutiert und an die Front verschleppt. Zurzeit gibt es einen Waffenstillstand und Friedensverhandlungen.

Im Südsudan bergen Ölquellen bis zu drei Milliarden Barrel Rohöl. Seit August 1999 wird in der Region Öl gefördert. Dort stehen sich Truppen des Militärregimes, Einheiten der »Sudanesischen Volksbefreiungsarmee« (SPLA) und verschiedene kleinere Milizen gegenüber. »Alle führen zugleich einen Krieg gegen die Zivilbevölkerung«, schreibt Sarah Reinke von der Gesellschaft für bedrohte Völker.[39] »Eigentlich könnten die Völker der Dinka und Nuer, auf deren Land das Öl gefunden wurde, reich sein. Stattdessen herrscht Hunger und Tod.«

Die Einnahmen aus dem Ölexport dienen der Stabilisierung des Militärregimes, das damit seinen Krieg finanziert. Hassan Al Turabi, der Führer der regierenden Nationalen Islamischen Front (NIF), erklärte im April 1999 öffentlich, dass die Erdölgewinne für Waffenkäufe eingesetzt werden.[40] Die Regierung gibt etwa die Hälfte ihres Staatshaushalts, eine Million Dollar pro Tag, für den Krieg gegen den Südsudan aus. Die Einnahmen aus den Ölexporten werden auf 400 Millionen Dollar im Jahr geschätzt.

Multinationale Erdölfirmen sind dabei die »Komplizen in der systematischen Entvölkerung großer Teile des Landes sowie in Gräueltaten gegen Zivilisten, von denen Zehntausende getötet oder von den Gebieten rund um die Ölfelder vertrieben wurden«, behauptet die britische Hilfsorganisation »Christian Aid«.[41]

Laut dem Bericht, der am 15. März 2001 der Öffentlichkeit präsentiert wurde, seien die Ölkonzerne in den Krieg, den die Regierung gegen die Südsudanesen führt, grundlegend involviert. Die Firmen würden mit dem Militärregime kollaborieren. Im Gegenzug würden die Militärs die Anlagen der Konzerne beschützen und dabei weitere Menschenrechtsverletzungen begehen.

»Mit der Ölförderung begann der Krieg«, wird ein Führer des Nuervolkes zitiert. »Alle unsere Farmen, alles rund um die Ölfelder wurde zerstört.«

»Alle Dörfer entlang der Straße wurden verbrannt«, sagt ein anderer. »Die Regierung will keine Menschen in der Nähe des Öls.«

Auch ein Report von Amnesty International klagt die Kompli-

zenschaft westlicher Mineralölkonzerne bei den Gräueltaten im
Sudan an: »Ausländische Unternehmen sehen einfach weg, wenn
die Regierungstruppen im Namen der Sicherheitsinteressen in
den Ölfördergebieten Menschenrechte verletzen.«[42]

»Die Zivilbevölkerung, die rund um die Ölfelder lebt, wurde zum
wohl überlegten Ziel humanitärer Missbräuche«, sagt Maina Kiai,
der Afrika-Direktor von Amnesty International. Seine Liste an do-
kumentierten Übergriffen liest sich wie ein Bericht aus der Hölle.

So »säuberten« Regierungstruppen das Gebiet rund um die
Stadt Bentiu mitten in der Ölregion mit Maschinengewehrsalven
aus dem Hubschrauber und gezielten Bombardements aus russischen Antonov-Maschinen. Dazu jagten Bodentruppen die
Menschen aus ihren Häusern. Männer wurden in Massenexekutionen hingerichtet, Frauen und Kinder mit Eisenstiften an die
Bäume genagelt. In anderen Dörfern schlitzten die Soldaten den
Kindern die Gurgel auf und töteten männliche Zivilisten, indem
sie ihnen Nägel in die Stirn schlugen.

Auch die Rebellentruppen, die für einen unabhängigen Südsudan kämpfen, versuchen die Kontrolle über die erdölreichen Gebiete zu erlangen. Ein ehemaliger Rebellenchef gestand, dass seine
Kämpfer in großer Zahl Zivilisten exekutiert, Frauen vergewaltigt und entführt und ganze Dörfer niedergebrannt hätten.

Um Personal und Anlagen der Unternehmen zu schützen, die
die Erdölpipelines verlegen, wurden sogar Kämpfer der radikal-
islamischen Mudschaheddin aus Afghanistan und Malaysia rekrutiert. Auch ihnen wird vorgeworfen, Gräueltaten gegen Zivilisten begangen zu haben. Eine der Firmen, die an den Sudan
mehr als 500 Kilometer solcher Erdölleitungen geliefert hat, ist
die deutsche Mannesmann AG.

Auch die Verbindung zwischen Waffenkäufen und Ölexporten
ist laut Amnesty International offenkundig: So seien sogar an je-
nem Tag, als die ersten Ölfässer den Sudan verlassen haben, eben-
dort polnische Waffenladungen gelandet. Weitere Waffenliefe-
rungen aus China und Bulgarien sind dokumentiert.

Der Amnesty-Bericht beschreibt auch, wer die Firmen sind, die in die Ölgeschäfte im Sudan involviert waren. Darunter befand sich auch die Österreichische Mineralölverwertungsgesellschaft OMV, die sich 2003 aus dem Sudan zurückgezogen hat, ohne allerdings Entschädigungszahlungen für die betroffene Bevölkerung zu leisten.

Russland

Das größte Land der Erde verfügt über riesige Erdöl- und Erdgasreserven. Der Großteil davon befindet sich in Sibirien. Dort laufen Jahr für Jahr 15 Millionen Tonnen Erdöl durch kaputte Pipelines aus, hat die Umweltschutzorganisation Greenpeace berechnet.[43]

Böden und Gewässer sind weitgehend verseucht. Riesige Ölseen zerstören den Lebensraum von Menschen, Tieren und Pflanzen. Professor Veniamin Khudoley, Arzt und Krebsexperte aus Sankt Petersburg, berichtet über die Ölförderregion Komi im Nordosten des europäischen Russland: »Von 1995 bis 1997 waren neunzig Prozent aller Einwohner in Komi krank. Die Dauerbelastung mit Öl im Trinkwasser und in der Nahrung gefährdet die Gesundheit der Bevölkerung. Viele Menschen leiden an Krebs, Lungen- und Bluterkrankungen sowie Schäden am Immun- und Nervensystem.« Greenpeace wurden offizielle russische Berichte zugespielt, denen zufolge allein in der Region Komi insgesamt rund 220 000 Tonnen Erdöl die Fördergebiete verseuchen.

Ein Drittel der Pipelines ist über dreißig Jahre alt und wird nicht gewartet. Für eine Tankfüllung von fünfzig Litern Benzin oder Diesel laufen in Russland zehn Liter Rohöl aus kaputten Ölleitungen aus. Greenpeace macht dafür neben der russischen Regierung auch westliche Erdölkonzerne verantwortlich. Deutschland bezieht rund dreißig Prozent seines Rohöls aus Russland. Ein großer Teil davon fließt durch die mit 4000 Kilometern längste Ölleitung der Welt, die Druschba-Pipeline, zu den ostdeutschen Raffinerien Schwedt und Leuna.

Schwedt gehörte zu dem Zeitpunkt der Greenpeace-Vorwürfe

(2000) den Firmen Ruhroel, DEA, Agip und Total. Die Raffinerie Leuna gehört der französischen Total.

Greenpeace fordert, dass die westlichen Firmen, die Öl und Gas aus Russland beziehen, nicht nur die Gewinne aus der Treibstoffproduktion abschöpfen, sondern sich auch an der Wartung der Druschba-Pipeline beteiligen. Das russische Wort »Druschba« heißt übrigens »Freundschaft«.

Indonesien

Das Wirtschaftsmagazin »Business Week« warf dem Erdölkonzern Mobil Oil 1998 »Komplizenschaft« mit den Streitkräften unter der Herrschaft des ehemaligen indonesischen Diktators General Suharto vor.[44] 1980 starteten indonesische Separatisten Angriffe auf Produktionsanlagen von Mobil. Im selben Jahr wurde das Kriegsrecht verhängt. In der Folge kam es zu Massenexekutionen, viele Menschen verschwanden.

Einige der Massaker wurden in unmittelbarer Nähe der Mobil-Anlagen in der Provinz Aceh begangen. Nach dem Sturz von General Suharto informierte ein indonesisches Menschenrechtskomitee im Jahr 1999 die Öffentlichkeit über die Existenz zahlreicher Massengräber mit den Leichen Hunderter Menschen, von denen viele gefoltert worden waren.

Mobil bestritt jegliche Verbindung mit den Morden. Dafür gestand der Konzern, dass man den Soldaten, die mit dem Schutz der Mobil-Anlagen betraut waren, Lebensmittel, Treibstoff und Ausrüstung geliefert habe. Nach Auskunft indonesischer Menschenrechtsorganisationen sei ein Teil dieser Ausrüstungen zum Ausheben der Massengräber benützt worden.

Myanmar

Die französische Erdölgesellschaft Total und ihr amerikanischer Partner Unocal erschließen seit 1996 in Assoziation mit der staatlichen Myanmar Oil & Gas Enterprise (MOGE) Erdgasvorkommen in Myanmar, dem ehemaligen Burma. Die »Internationale

Liga für Menschenrechte« (FIDH) wirft den beiden Konzernen vor, von Menschenrechtsverletzungen durch die burmesischen Militärs profitiert zu haben, die während der Bauarbeiten einer Pipeline in mehreren Dörfern begangen wurden. Im Fördergebiet seien Zwangsumsiedlungen mit Waffengewalt vorgenommen worden, außerdem wird von Zwangsarbeit und willkürlichen Hinrichtungen berichtet. Beide Firmen bestreiten, dass sie mit den Gräueltaten unmittelbar zu tun hätten. Sowohl Total als auch Unocal sehen ihre Präsenz in Myanmar als Segen für die Bevölkerung.

»Angesichts der wahren Verhältnisse im Land klingt diese Schutzbehauptung wenig überzeugend«, schreibt der französische Journalist Roland-Pierre Paringaux.[45]

Die seit 1988 regierende Militärjunta wurde von den USA, der EU und den Vereinten Nationen wiederholt kritisiert. Folter und Sklaverei sind in dem südostasiatischen Land an der Tagesordnung. Viele internationale Konzerne haben sich deshalb unter Hinweis auf die untragbare Situation aus Myanmar zurückgezogen, darunter bekannte Firmen wie Heineken, Pepsi-Cola, Levi Strauss, Motorola und der Ölkonzern Texaco.

Nach Aussage der Oppositionsführerin und Friedensnobelpreisträgerin Aung San Suu Kyi ist Total mittlerweile zur »besten Stütze« des Militärregimes geworden.

Ecuador

Die ehemalige Westdeutsche Landesbank, heute WestLB, finanziert ein Pipelineprojekt der ecuadorianischen Erdölfirma OCP (Oleoducto de Crudos Pesados), hinter der die multinationalen Konzerne AEC, Repsol-YPF, Pecom, Occidental Petroleum, Agip und Techint stehen. Mit einem 900-Millionen-Dollar-Kredit soll die Ölleitung quer durch den Urwald gelegt werden. Damit wird nach Angaben von Umwelt- und Menschenrechtsorganisationen der Lebensraum der Ureinwohner zerstört. Der Widerstand der Bevölkerung hat brutale Übergriffe zur Folge. Durch Erdrutsche und Vulkanausbrüche kommt es immer wieder zu Ölaustritten. Tausende Barrel Rohöl verseuchten bereits Flüsse, einen See und ein wichtiges Trinkwasserreservoir der Hauptstadt Quito.

Entlang der Pipeline kam es mehrfach zu Protesten. Die Strecke verläuft in unmittelbarer Nähe zum Vulkan »El Reventador« und in nur 300 Meter Entfernung der gleichnamigen Ortschaft in der Provinz Sucumbios. Nachdem im November 2002 dieser Pipeline-Abschnitt schon durch einen relativ kleinen Ausbruch des Vulkans vollkommen zerstört wurde, hatten die Bewohner der Region aus Sorge um ihre Sicherheit OCP aufgefordert, eine Korrektur der Route vorzunehmen. Als OCP die Pipeline dennoch wieder direkt oberhalb ihrer Ortschaft verlegte, protestierten die Einwohner von El Reventador und versuchten auf friedliche Weise die Arbeiten zu behindern. Ihr Protest wurde mit massivem Polizeieinsatz und Tränengasbeschuss niedergeschlagen.[46]

Im Gebiet des ecuadorianischen Volkes der Huaorani liegen mehrere Ölkonzessionen von Unternehmen, die die von der WestLB finanzierte Pipeline bauen und demnächst mit Öl füllen wollen. Giftige Abwässer aus der Ölförderung und häufige Pipelinebrüche haben den Boden und die Gewässer vergiftet.

Im Frühjahr 2003 wurden mindestens sechzehn Indios – überwiegend Frauen und Kinder – bei einem Überfall auf ihre Siedlung im ecuadorianischen Amazonas grausam niedergemetzelt, berichtet die Umweltorganisation »Rettet den Regenwald«.[47] Der Ort des Verbrechens liegt in der Nähe des Dorfes Tiguino in der Provinz Pastaza, das von Huaorani-Indianern bewohnt wird. »Der Mord muss im Zusammenhang mit der Ölförderung im Amazonas gesehen werden, auch mit der von der WestLB finanzierten Ölpipeline in Ecuador«, sagte Werner Paczian von »Rettet den Regenwald«. Bis Ende der sechziger Jahre lebten die Huaorani weitgehend isoliert im Regenwald. »Dann kamen die Ölmultis, ihnen sind Holzfäller, Siedler und Abenteurer gefolgt. Seitdem wurden große Flächen des Regenwalds gerodet.« Die meisten Huaoranis leben inzwischen sozial entwurzelt als Bettler und Bettlerinnen am Rande der Siedlungen der Öl- und Holzfirmen. »Der Ölboom zerstört die Kultur der Ureinwohner. Das ist der Nährboden für Mord und Totschlag.« Die Führer der wichtigsten ecuadorianischen Indianer-Organisationen forderten inzwischen, »Personen, die Waffen und Munition liefern und zu Morden anstiften, strafrechtlich zur Verantwortung zu ziehen«.

Auch anderswo entlang der 500 Kilometer langen Pipelinestrecke wird mit den Anwohnern nicht zimperlich umgegangen. Der ehemalige Weltbankmitarbeiter Robert Goodland hat in einem Gutachten zahlreiche Fälle von Betrug, Einschüchterung und Gewalt durch die Polizei aufgelistet, Teile der Polizei würden von der OCP bezahlt. Für Goodland ist der Bau der Pipeline nicht mit den Umweltstandards der Weltbank in Einklang zu bringen.[48]

Auch die Österreichische Mineralölverwertung OMV hat sich Anfang 2003 in zwei Ölfelder im Quellgebiet des Amazonas im ecuadorianischen Regenwald eingekauft und war damit laut der Umweltschutzorganisation Global 2000 maßgeblich an der Zerstörung des wohl wichtigsten Naturparadieses der Erde beteiligt.[49] Die Explorationsstätten gefährden akut den in unmittelbarer Nähe befindlichen Rio Napo, einen der wichtigsten Zuflüsse des Amazonas. Für die Exploration von Block 21 sei der Bau einer Sekundärpipeline geplant, die zwei einzigartige Primärwaldreservate stark schädigen werde. 2005 zog sich die OMV aus Ecuador zurück. Global 2000 fordert nun – bislang vergeblich – Entschädigungszahlungen an die betroffene Bevölkerung.

Afghanistan und Irak

In Afghanistan finanzierte der US-Ölkonzern Unocal jahrelang das fundamentalistische Regime der Taliban. Zusammen mit dem Energiekonzern Enron lud Unocal 1997 und 1998 Taliban-Vertreter zu Verhandlungen nach Texas ein. Die Konzerne wollten eine Pipeline durch Afghanistan legen, um Gas und Öl aus Turkmenistan und Usbekistan zu transportieren.

Auch der gestürzte irakische Diktator Saddam Hussein wurde jahrelang von der US-Regierung und westlichen Ölkonzernen hofiert. US-Vizepräsident Dick Cheney war bis 1992 Verteidigungsminister unter Bush senior. Die acht Jahre dazwischen fungierte er als Präsident von Halliburton, einem großen Zulieferer der Ölindustrie, der auch Geschäfte mit der Regierung Saddam Husseins machte. Vor dem zweiten Golfkrieg erhielt der Konzern ohne Ausschreibung Millionenaufträge für den Wiederaufbau von Anlagen im Irak, deren Zerstörung Cheney als Politiker mitbeschlossen hatte.

Die nachgewiesenen Ölreserven des Irak belaufen sich auf immerhin 112 Milliarden Barrel. Der US-Konzern ExxonMobil und die britische BP streiten im Zusammenhang mit dem Irakkrieg zwar jeden Zusammenhang zu ihren eigenen Erdölinteressen ab. Allerdings wurde die gesamte Ölförderung im Irak bis zur Verstaatlichung 1962 durch die Iraq Petroleum Company IPC abgewickelt, die im Besitz von BP und Esso war.[50] Nach dem militärischen Sieg der USA und Großbritanniens über Saddam Hussein sind die Ölreserven des Landes wieder fest in der Hand westlicher Konzerne.

Fressen und gefressen werden

Damit wir in Europa billige Nahrungsmittel konsumieren können, nehmen viele Konzerne Kinderarbeit, Sklaverei, Ausbeutung, Tierquälerei und Umweltzerstörung in Kauf. Dabei gibt es eine Alternative: den Fairen Handel.

Rund 25 Euro kostete das Stück. Das ist nicht so viel, also nahm der Kakaofarmer Amadou Bamba gleich zwei davon. Das erste Kaufobjekt trägt den Namen Abou, das zweite nennt sich Adama. Abou und Adama sind heute zehn Jahre alt. Seit sie vor drei Jahren von ihrem nunmehrigen Besitzer käuflich erworben wurden, schuften die beiden Jungen gemeinsam mit zwanzig anderen Kindern im Alter von acht bis vierzehn Jahren auf dessen Plantagen. Sieben Tage in der Woche, von sechs Uhr morgens bis neun Uhr abends, ohne Pause.

Vor drei Jahren wurden die beiden Jungen auf dem Busbahnhof von Sikasso in der Nähe ihres Heimatdorfes im Süden von Mali von einem unbekannten Mann angesprochen. »Er bot uns Arbeit und Geld«, erzählten Abou und Adama dem französischen Journalisten Sönke Giard.[1] Und weil die damals Siebenjährigen arm, hungrig und unerfahren waren, nahmen sie das Angebot an. Der Händler brachte sie ins achthundert Kilometer entfernte Dorf Toulé im Zentrum der westafrikanischen Elfenbeinküste und verkaufte sie dort an Amadou Bamba, der sie auf sein Kakaofeld schickte. Ohne Bezahlung.

Von Hunden bewacht und gehetzt, mit Peitsche und Machete bedroht, rackern die Kinder dort in der glühenden Hitze. Barfuß treiben sie den Handpflug in die Erde, wer sich verletzt, dem wird kurz auf die Wunde gespuckt. Dann geht die Plackerei weiter. »Sie keuchen wie alte, asthmakranke Männer, ihre Augen sind leblos, ihre Köpfe hängen schlaff zwischen den gesenkten Schul-

tern«, erzählt Giard. Als Abou zu fliehen versucht, muss er zur
Strafe den ganzen Tag lang nackt und mit auf den Rücken gebun-
denen Händen in der Sonne sitzen. Nach der Arbeit müssen die
anderen Jungen mit ansehen, wie ihn Bamba mit der »Chicotte«,
der Gerte, auspeitscht.

Kindersklaven auf Kakaoplantagen

Etwa 20 000 Kinder aus Mali wurden bis jetzt auf die großen
Plantagen der Elfenbeinküste verschleppt, hat die Menschenrechtsorganisation »Terre des Hommes« ermittelt.[2] Sie werden
geschlagen, misshandelt und ausgebeutet. »Was dort geschieht,
ist definitiv Sklaverei«, sagt Pierre Poupard, der das UNO-Kinderhilfswerk UNICEF in Mali leitet: »Die meisten wissen nicht
einmal, woher sie stammen, geschweige denn, wo sie sind. Wer
dem Terror zu entfliehen versucht, läuft Gefahr, von seinem Besitzer verprügelt, ja getötet zu werden.«[3]

Von 1441 bis 1880 wurden bis zu 60 Millionen Afrikaner von
den verschiedenen europäischen Kolonialherren als Sklaven nach
Übersee verschifft, viele davon über die Elfenbeinküste. Seit 1960
ist die ehemalige französische Kolonie unabhängig. Doch mit
dem Kinderhandel – insgesamt werden in Westafrika geschätzte
200 000 Kinder als billige Arbeitskräfte gehalten – hat sich eine
neue Form von Sklaverei entwickelt. Schuld daran ist, so skurril
das klingt, der Reichtum des Landes. Denn die Elfenbeinküste ist
der größte Kakaoproduzent der Welt.

Hungrig nach Schokolade

Seit Christoph Kolumbus im Jahr 1502 einen Sack Kakaobohnen
auf dem spanischen Königshof ablud, ist Schokolade die beliebteste
Süßspeise Europas. Fast die Hälfte aller Süßwaren sind Schokopro-
dukte. Neun bis zehn Kilogramm reine Schokolade werden in Mitteleuropa pro Jahr und Kopf verzehrt, das entspricht wöchentlich
fast zwei 100-Gramm-Tafeln pro Person.[4] Da sind Brotaufstriche
und kakaohaltige Getränke noch nicht einmal mitgerechnet.

Das Fertigprodukt wird überwiegend in den Vereinigten Staaten und in Europa hergestellt. Nach Holland und den USA steht Deutschland mit 260 000 Tonnen verarbeitetem Rohkakao weltweit an dritter Stelle. Daraus wurden im Jahr 1998 mehr als 700 000 Tonnen Schokowaren im Wert von fast 3,5 Milliarden Euro produziert.

Achtzig Prozent der deutschen Kakaoimporte stammen aus Westafrika. Die Elfenbeinküste, Ghana, Kamerun und Nigeria liefern mehr als die Hälfte der weltweit verarbeiteten Menge von fast drei Millionen Tonnen Rohkakao.[5]

Bewirtschaftet werden die Agrarflächen mit der Hilfe von Gastarbeitern aus den nördlichen Nachbarländern. Rund zwei Millionen Malier arbeiten an der Elfenbeinküste. In ganz Westafrika leben etwa 1,2 Millionen Kleinbauernfamilien und insgesamt 11 Millionen Plantagenarbeiter von der Kakaoproduktion.

Doch die Gewinnspannen für die Kleinbauern sind extrem niedrig. So verdient ein mittlerer Kakaobetrieb mit der gesamten Jahresernte rund 340 Euro.[6] Die Hauptursache dafür sind die niedrigen Weltmarktpreise: Die schwankten in den letzten zwanzig Jahren zwischen rund 870 und 4000 Euro pro Tonne, Tendenz stark sinkend. Das zwingt die Bauern, so billig wie möglich zu produzieren. Und da kommen die Kindersklaven, die nichts kosten außer einer Schale Maisbrei am Tag, wie gerufen.

Lebensmittelkonzerne drücken die Preise

Die niedrigen Preise gehen auf das Konto einer Handvoll europäischer und nordamerikanischer Lebensmittelkonzerne, die den Kakao vor allem zu Schokolade verarbeiten. »Die weltweite Kakaoproduktion wird von wenigen Unternehmen beherrscht, die in der ganzen Welt ein Netz von landwirtschaftlichen Betrieben, Plantagen, Fabriken und Handelseinrichtungen besitzen«, weiß Gerhard Riess von der österreichischen Gewerkschaft Agrar/Nahrung/Genuss: »Diese Unternehmen können dem gesamten Wirtschaftszweig ihren Willen auferlegen.«[7]

Diese beherrschenden Konzerne sind bekannte Markenfirmen (Aufzählung in der Reihenfolge ihres Süßwarenumsatzes):

- Nestlé (Schweiz) mit den Marken After Eight, Baci, KitKat, Lion, Nesquik, Nuts, Smarties etc.
- Mars (USA) mit Balisto, Banjo, Bounty, M&Ms, Mars, Milky Way, Snickers, Twix etc.
- Kraft (USA) mit Bensdorp, Daim, Finessa, Kaba, Milka, Mirabell Mozartkugeln, Suchard, Toblerone etc.
- Ferrero (Italien) mit Duplo, Ferrero-Roché, Hanuta, »Kinder«-Produkten, Mon Chérie, Nutella etc.[8]

Noch weiter verschlimmert wird die Situation durch eine Regelung der Europäischen Union, die – wieder unter dem Druck der Konzerne – seit März 2000 eine Senkung des Kakaobutteranteils in Schokolade um fünf Prozent des Gesamtgewichts zulässt. Nestlé und Co. wollen Palmöl und andere Fette als Kakaobutterersatz aufbereiten. Das ist billiger als Kakao. Für die Produktionsländer bedeutet die EU-Regelung jedoch einen jährlichen Verlust von 580 Millionen Euro. Damit wurde vor allem vielen Kleinbauern, die fast 85 Prozent des Marktes abdecken, die Existenzgrundlage entzogen.[9]

Mit Söldnern gegen Landarbeiter

Brasilien ist nach der Elfenbeinküste, Ghana und Indonesien der viertgrößte Kakaoproduzent der Welt. Der größte Teil der riesigen Kakaoplantagen in der Region Bahia gehört außerordentlich reichen Großgrundbesitzern, den »Fazendeiros«. Viele von ihnen wohnen nicht in der Region selbst, sondern in Rio de Janeiro, New York oder Paris. Mehr als 150 000 Menschen arbeiten auf den Kakaofeldern. Viele von ihnen werden nur auf Zeit eingestellt, der Durchschnittslohn beträgt etwa 43 Euro im Monat.[10] Und weil man damit keine Familie ernähren kann, müssen alle mithelfen, auch Alte und Kinder, die die Arbeit schon für rund 30 Euro tun. Mitunter auch auf der »Estufa«, dem Trockenofen, wo der sechzig Grad heiße Brei aus Kakaobohnen und Frucht-fleisch klumpenfrei getreten wird.

In den letzten Jahren versuchen Bauern immer wieder, Land zu besetzen und selbst zu bewirtschaften. Sie werden von den Groß-grundbesitzern mit Hilfe der Polizei und eigener Söldnertrup-pen, der »Pistoleiros«, vertrieben. Seit 1986 wurden dabei 120 Menschen ermordet oder verletzt.

Die in riesigen Monokulturen angebauten Kakaopflanzen sind sehr anfällig für Ungeziefer. Dagegen werden in großem Umfang hochgiftige Insektizide eingesetzt, die bei Menschen Krebs, Haut-krankheiten, Unfruchtbarkeit und Störungen im Nerven-, At-mungs- und Immunsystem verursachen können. Die meisten Landarbeiter, die die Sprühmaschinen benutzen, sind Analpha-beten und verstehen die Gebrauchsanweisungen dieser Chemika-lien nicht. Die Herstellerfirmen – unter ihnen BASF, Bayer, Hoechst, Shell und Monsanto – treffen nach Meinung von Kriti-kern keine ausreichende Vorsorge gegen die durch ihre Produkte verursachten schweren Gesundheitsgefährdungen.

Giftige Bananen

Ein ähnliches Problem betrifft ein anderes Lebensmittel: die Ba-nane. Im Januar 2001 berichtete die Berliner »tageszeitung« über den Fall des Bananenarbeiters Lucas Barahona in Nicaragua: »Die Ärzte haben mir gesagt, ich soll nach Hause gehen und auf den Tod warten. Ich, meine Kinder, meine ganze Familie.«[11] Der 44-Jährige hat Knochenkrebs. Seine zehnjährige Tochter ist so klein, als wäre sie vier. Und der vierjährige Sohn sieht aus, als wäre er noch ein Baby. Er kann sich nicht einmal alleine aufrichten. Sie zählen zu den rund 22 000 nicaraguanischen Opfern des in den USA produzierten Mittels Nemagon, das zumindest bis in die späten siebziger Jahre gegen Wurmbefall bei Bananen eingesetzt wurde. Das Mittel wurde ohne ausreichende Schutzvorkehrun-gen angewendet und sogar aus dem Flugzeug versprüht. In der Provinzstadt Olanchito im Norden von Honduras schlug im Februar 1998 der Arzt Omar González Alarm: In seinem Kranken-haus kam fast ein Prozent der Kinder ohne Gehirn zur Welt. Den Schaden führte er auf den Einsatz von Nemagon zurück.

Nemagon ist der Markenname der Chemikalie Dibromchlor-propan (DBCP), die von der Weltgesundheitsorganisation WHO als extrem giftig eingestuft wird. DBCP wurde in den fünfziger Jahren durch die Firmen Dow Chemical und Shell Oil als preis-günstiges Pflanzengift auf den Markt gebracht. Dow und Shell lagen bereits 1958 Ergebnisse eigener Untersuchungen vor, denen zufolge DBCP in Tierversuchen bereits in geringen Dosen Sterili-tät, Hodenschwund, Lungen-, Leber- und Nierenschäden hervor-rief. Diese Erkenntnisse wurden jedoch zunächst von beiden Un-ternehmen geheim gehalten und gegenüber der amerikanischen Zulassungsbehörde als nicht auf den Menschen übertragbar her-untergespielt.[12]

1977 wurde DBCP in den USA verboten. In Lateinamerika soll es von US-amerikanischen Bananenkonzernen trotzdem noch einige Jahre lang eingesetzt worden sein. Noch 1998 wurden in Honduras unterirdische Lager mit DBCP-Fässern des Bananen-konzerns Standard Fruit (Dole) entdeckt.[13]

Rund 25 000 ehemalige Plantagenarbeiter aus Lateinamerika und Asien haben die Bananenmultis Chiquita, Dole und Del Monte sowie Shell und Dow Chemical auf Schadenersatz verklagt. Während etwa Chiquita sich weigerte, den Opfern eine Entschä-digung zu zahlen, strebten die Herstellerfirmen einen Vergleich an, was von den Klägern als Schuldeingeständnis gewertet wird.[14]

Zwei Millionen Tote durch Pflanzenschutzmittel

Nach Schätzungen der Weltgesundheitsorganisation (WHO) ster-ben Jahr für Jahr über zwei Millionen Menschen an Pestiziden. Auf der philippinischen Insel Mindanao werden Bananenplantagen laut der »Coordination gegen Bayer-Gefahren« zwei- bis dreimal im Monat per Flugzeug mit dem Pflanzengift Nemacur des deut-schen Chemie- und Pharmakonzerns Bayer besprüht. Auch dieser Wirkstoff wird von der WHO als »extrem gefährlich« (Gefahrenklasse 1a) eingestuft. Nicht einmal in ihren Hütten entkommen die Bewohner der Umgebung den Giften. Als Folgen der Dauerbelastung werden Fieber, brennende Augen, Übelkeit, Schwindelgefühle, chronischer Durchfall, Hautausschläge, Asthma und sogar Krebs genannt.[15]

»Kinder, die auf der Straße gespielt haben, kehren hustend nach Hause zurück und klagen über schmerzende Augen«, erzählt Alona Tabarlong aus dem Dorf Kamukhaan, wo das Bayer-Gift auf Bananenplantagen von Del Monte und Chiquita eingesetzt wird.[16] Babys kommen dort oft krank oder missgebildet zur Welt. Viele haben von Geburt an schwere Hautleiden. Nicht selten sterben Säuglinge bei der Niederkunft oder kurz danach.

Auch die UNO-Menschenrechtskommission beklagt in einem aktuellen Bericht die schweren Erkrankungen durch die Bayer-Pflanzengifte auf Mindanao. Neben Nemacur wird dort auch ein anderes Bayer-Mittel, Baycor, erwähnt. Der Report spricht von einer »alarmierenden Situation betreffend den Schwarzhandel mit Pestiziden« und »Schäden für Leben und Gesundheit, die durch den unsachgemäßen Gebrauch dieser Produkte in bestimmten Entwicklungsländern entstehen«. In Kambodscha seien beispielsweise mehr als fünfzig verschiedene Arten von gefährlichen Pflanzenschutzmitteln im Umlauf. »Eines dieser Produkte, Folidol, ist ein extrem gefährliches Produkt, das von der Bayer AG hergestellt wurde.«[17]

Sowohl Folidol als auch Nemacur und Baycor werden noch immer auf den verschiedenen Bayer-Homepages angeboten.[18]

Politisches Symbol Banane

Mehr als elf Millionen Tonnen Bananen werden jährlich exportiert – zum Großteil in die USA und nach Europa. Dabei gewährt die EU Staaten der Dritten Welt gewisse Zollvergünstigungen, die jedoch nun – nach einem neunjährigen Streit mit den Vereinigten Staaten und unter dem Druck von Handelssanktionen – aufgegeben werden müssen: US-Konzerne wie Chiquita fühlten sich benachteiligt und wollen wieder mehr Bananen nach Europa liefern.[19] Gewerkschaften fürchten nun einen weiteren »Wettlauf in Richtung Tiefstpreise« und damit eine zusätzliche Verschlechterung der sozialen Situation der Bananenarbeiter.[20]

Schon lange steht die krumme Frucht im Zentrum des politischen Interesses. Den Grundstein für ihre weite Verbreitung in Mitteleuropa legte der deutsche Bundeskanzler Konrad Adenauer bald nach dem Zweiten Weltkrieg, indem er dafür sorgte, dass Bananenimporte vom Zoll befreit wurden. Als Symbol für den wirtschaftlichen Aufschwung galt fürderhin: jedem Bürger seine Banane.

Das setzte sich fort, als 1989 die Berliner Mauer und der Eiserne Vorhang fielen. DDR-Bürger stürmten die Westberliner Supermarktregale und trugen die »Vereinigungsfrucht« in großen Mengen nach Hause. Und österreichische Politiker stellten sich demonstrativ auf den Stadtplatz von Bratislava, um dort eigenhändig Bananen an die slowakische Bevölkerung zu verteilen: Seht her, so süß schmeckt der freie Markt.

Ausbeutung der »Bananenrepubliken«

Doch was für die einen Fortschritt und Wohlstand bedeutet, ist für andere schlichtweg ein Beispiel neokolonialer Ausbeutung. Zu diesem Image haben der gelben Frucht die Strukturen der Weltmärkte verholfen, die den Plantagearbeitern unmenschliche Arbeitsbedingungen und ungerechte Entlohnung bescheren: »Die heutigen Produktionstechniken zwingen die transnationalen Konzerne, ständig neues Anbauland und billigere Arbeitskräfte zu suchen, wobei sie geschädigte Ökosysteme und vernichtetes Leben zurücklassen«, kritisiert die Internationale Union der Lebensmittelgewerkschaften.[21]

Die drei großen Obstkonzerne Chiquita (United Brands), Dole (Standard Fruit) und Del Monte dominieren den Bananenhandel schon seit rund hundert Jahren. Sie erzeugen, kaufen und vertreiben 65–70 Prozent der weltweiten Bananenexporte. Der Aufbau ihrer Vormachtstellung führte schon vor Jahrzehnten zur Degradierung ganzer Länder Lateinamerikas zu sogenannten Bananenrepubliken, in denen die finanzkräftigen Konzerne politisch oft mehr zu reden hatten als die offiziellen Volksvertreter. Sie eigneten sich dort riesige Ländereien an und verschafften sich die Kontrolle über das Transport- und Kommunikationswesen. Im Zusammenhang mit der von den US-Konzernen dominierten Obstindustrie wurden Beamte bestochen und mehrere lateinamerikanische Regierungen gestürzt, die versuchten, der bäuerlichen Bevölkerung mit Hilfe von Landreformen ein Grundeinkommen zu sichern.

Bis zuletzt wurden Streiks von Bananenarbeitern brutal niedergeschlagen. So kam es im Jahr 1999 zu Massenentlassungen von Arbeitnehmern auf drei Plantagen einer Del-Monte-Tochterfirma in Guatemala und anschließend zu einem Angriff von zweihundert Schwerbewaffneten gegen die Gewerkschaftsführung, die einen Massenprotest gegen die Entlassungen organisiert hatte. Als Folge des öffentlichen Drucks musste sich Del Monte von den Gewalttätigkeiten distanzieren.[22] Daher setzen die Gewerkschafter nun verstärkt auf Information der Konsumenten: »Öffentliche Kampagnen zur Durchsetzung von Mindestarbeits- und Umweltnormen für die Bananenindustrie finden heute ein großes Echo und werden immer wirksamer.«

Bittere Orangen

Mit Hilfe einer solchen Kampagne geriet vor einigen Jahren ein anderes Lebensmittel in den Mittelpunkt der öffentlichen Aufmerksamkeit: die Orange. Genauer gesagt: der Orangensaft. Knapp zehn Liter pro Jahr trinken die Deutschen davon. In Österreich liegt der Pro-Kopf-Verbrauch sogar bei rund zwanzig Litern.

Mehr als neunzig Prozent des bei uns konsumierten Getränkevolumens kommen aus Brasilien. Mit jährlich rund 650 000 Tonnen ist die Europäische Union der Hauptabnehmer des brasilianischen Orangensaftkonzentrats, von dem insgesamt rund eine Million Tonnen pro Jahr hergestellt wird. Und das, obwohl die EU Probleme hat, ihre eigenen Überschüsse an Orangen (die zum größten Teil aus Spanien stammen) an den Mann oder die Frau zu bringen. Der Grund dafür: Brasilianischer Orangensaft ist einfach billiger.

Warum das so ist, liegt auf der Hand: Während wir für einen Liter Orangensaft rund einen Euro zahlen, bekommt ein brasilianischer Pflücker im Schnitt lediglich ein Vierhundertstel davon: also 0,26 Cent. Ein kleiner Teil geht für Transport und Lagerung drauf, der Löwenanteil mit enormen Gewinnspannen bleibt den großen Fruchtsaft- und Handelskonzernen.

In Europa stammen von den zehn größten Konzernen allein sieben aus Deutschland. Die bekanntesten Marken werden von der Eckes AG (Granini, Hohes C, Dr. Koch, Fruchttiger und andere), von Procter & Gamble (Punica) und Coca-Cola (Minute Maid und Cappy) hergestellt.

Ein Großteil der Orangen wird in der Region nordwestlich der brasilianischen Industriemetropole São Paulo geerntet. Dort begann der deutsche Auswanderer Carl Fischer Mitte der sechziger Jahre den Anbau zu industrialisieren. Mittlerweile herrschen fünf Familien über mehr als 150 Millionen Orangenbäume und rund 70 000 Pflücker.

Kontrolliert wird die Ernte mit modernster Technologie: Auf den Computerbildschirmen der Presserei »Paraná Citrus« etwa leuchten per Mausklick alle Baumreihen im Umkreis von fünfzig Kilometern auf, die gerade erntereif sind. Von dort werden die Pflücker jeden Tag an ihre Einsatzorte dirigiert.

Der Lohn dieser Arbeiter liegt laut Helmut Adam von Trans-Fair Österreich, einer Organisation, die fair gehandelte Produkte aus den Ländern des Südens verkauft, rund ein Drittel unter dem Existenzminimum.[23] Seit einer Gesetzesänderung im Jahr 1995 sind die Pflücker, die nun den Status »freier Unternehmer« haben, nicht einmal mehr sozialversichert.

Pro Kiste Orangen erhalten die Lohnarbeiter umgerechnet etwa 15 Cent. Bei einer Spitzenleistung von 80 Kisten am Tag beträgt der Tageslohn weniger als 12 Euro. Die Kosten zur Deckung der Grundbedürfnisse sind ähnlich hoch wie in Westeuropa. Die Erntesaison dauert höchstens sechs Monate im Jahr, danach gibt es überhaupt kein Einkommen. Andere Arbeitsmöglichkeiten sind in der Region so gut wie nicht vorhanden.

Niedrige Löhne erzwingen Kinderarbeit

Da kaum ein Erntearbeiter seine Familie ernähren kann, arbeiten auch viele Kinder auf den Plantagen. Zehn- bis Vierzehnjährige tragen dort Säcke mit je 25 Kilogramm Orangen, 14 Stunden am Tag. Nach Schätzungen des gewerkschaftlichen Dachverbandes CUT waren im Jahr 1994 fünfzehn Prozent von São Paulos Orangenpflückern unter vierzehn Jahre alt. Noch 1996 war in der Ernteregion Itápolis jedes dritte Kind aus armen Verhältnissen als Pflücker beschäftigt.[24]

Seit Menschenrechtsverbände und Gewerkschaften diese Situation angeprangert haben, haben die meisten westlichen Fruchtsaftkonzerne die Kinderarbeit bei ihren Lieferanten verboten. Auch der Verband der brasilianischen Exporteure von Zitrusfrüchten Abecitrus hat sich 1999 verpflichtet, das Verbot von Kinderarbeit konsequent einzuhalten und gleichzeitig aus einem speziell geschaffenen Fonds Projekte zugunsten von Kindern aufzubauen.

Daniela Kapellari, Verkaufsleiterin des österreichischen Fruchtsaft-Marktführers Rauch, in einem Interview für das Buch »Prost Mahlzeit! Essen und Trinken mit gutem Gewissen«: »Kinderarbeit war vor fünf, sechs Jahren tatsächlich ein Thema. Doch mittlerweile können wir belegen, dass keine Kinder mehr als Pflücker eingesetzt werden.«[25]

Menschenrechtsgruppen wie die Agentur Südwind halten das allerdings für eine gewagte Behauptung. Auch wenn allerorten bestätigt wird, dass die Kinderarbeit durch den öffentlichen Druck zurückgegangen ist, gibt es immer wieder Studien und Augen-

zeugenberichte, wonach weiterhin unter 14-Jährige auf den
Orangenplantagen schuften.[26]

Das Kernproblem haben die Konzerne mit ihrem Verbot nämlich nicht gelöst: die niedrigen Löhne. Und werden es ohne Konsumentendruck wohl auch nicht lösen.

McDonald's und die Fleischeslust

Ein Konzern, der bereits seit langer Zeit im Mittelpunkt der Kritik von Konsumentenorganisationen steht, ist die Fastfood-Kette
McDonald's. Alle vier Stunden wird irgendwo auf dem Globus
ein neues McDonald's-Lokal eröffnet. Die rund 30 000 Filialen
des Hamburgerimperiums verteilen sich bereits auf 118 Länder.
36 Prozent der Konzerneinkünfte stammen aus Europa.[27]

Die größte Restaurantkette des Erdballs ist gleichzeitig der weltgrößte Einkäufer von Rindfleisch, und in den USA von Fleisch im
Allgemeinen.

Schon in den achtziger Jahren wurde McDonald's dafür kritisiert, dass ein großer Teil des Fleisches, das letztlich in Form von
dünnen Scheiben zwischen zwei Schnitten Weißbrot in US-amerikanischen Mägen landete, aus Südamerika stammte. Dort fielen riesige Flächen Regenwald dem Bedarf an Weideland für die
Rinderherden des amerikanischen Multis zum Opfer.

1997 brachte ein aufsehenerregender Prozess des Multis gegen
zwei seiner Kritiker in London zutage, dass McDonald's noch in
den neunziger Jahren brasilianisches Rindfleisch nach Großbritannien und in die Schweiz einführte. Zeugen bestätigten vor Gericht,
dass nach wie vor Rindfleisch von Viehfarmen in Brasilien und
Costa Rica an den US-Konzern geliefert werde. Diese Farmen befänden sich auf ehemaligen Regenwaldflächen, bei deren Rodung
Teile der indigenen Bevölkerung vertrieben worden seien.[28]

Heute kommt das Fleisch, das in den 5200 Filialen Europas serviert wird, von europäischen Rindern. Mehr als 30 000 Tonnen
Rindfleisch im Jahr werden allein für McDonald's Deutschland
durch den Fleischwolf gedreht. Das entspricht vierzig Prozent der

gesamten bayrischen Rindfleischproduktion. In der EU wird allerdings rund ein Drittel der Futtermittel für die Tierhaltung importiert. Die Hälfte davon stammt aus Ländern der sogenannten Dritten Welt, wo für den Anbau dieses Tierfutters riesige landwirtschaftliche Flächen verbraucht werden. Hier handelt es sich meist um die fruchtbarsten und klimatisch begünstigten Böden, die somit der lokalen Nahrungsmittelproduktion vorenthalten werden.

1,3 Milliarden Rinder werden auf der ganzen Welt für die Fleischgewinnung gemästet. Rund die Hälfte der weltweiten Getreideernte wird als Viehfutter verwendet, das sind jährlich 600 Millionen Tonnen. In Brasilien ist bereits ein Fünftel der Ackerfläche für den Anbau von Futtermitteln für die EU-Länder besetzt.[29] Gleichzeitig wächst dort der Hunger: Die Kühe der Reichen fressen das Brot der Armen.

Rinderfürze heizen das Weltklima an

Darüber hinaus ist der massive Fleischkonsum auch ökologisch bedenklich. So trägt die Rinderzucht einen extrem hohen Anteil an der Erderwärmung. Insgesamt entfallen etwa 85 Prozent der Klimabelastung durch die Landwirtschaft auf die Produktion tierischer Nahrungsmittel. Schuld daran ist, ohne Scherz, das Methangas, das den Mägen der Wiederkäuer ab und an entweicht. »Eine durchschnittliche Kuh hat damit das Treibhauspotential eines durchschnittlichen Personenkraftwagens«, stellte eine Expertenkommission des Deutschen Bundestages deshalb sehr pointiert fest.[30]

Tierquälerei durch die Fastfood-Industrie

Auch Tierschützer beklagen sich über die Methoden der Fastfood-Konzerne. In der industriellen Massentierhaltung leben die Tiere auf engstem Raum und werden wie Maschinen behandelt. Stiere werden ohne Schmerzmittel kastriert. Meist gibt es weder Auslauf noch frische Luft. Die Nahrung besteht zu einem großen Teil aus Kraftfutter, das nicht selten mit Hormonen und Antibiotika versetzt wird, damit die Tiere möglichst schnell groß und stark werden – und früher zur Schlachtbank geführt werden können. Doch viele der überzüchteten Kreaturen verenden schon vorher oder auf dem Transport in die Schlachthöfe.

Die Tierschutzorganisation PETA (People for the Ethical Treatment of Animals) griff deshalb zu drastischen Methoden, um gegen die Zuchtpraktiken in den Zulieferbetrieben der Fastfood-Ketten zu demonstrieren. Aktivisten verteilten vor McDonald's-Restaurants in 23 Ländern ähnliche Päckchen, wie sie der Konzern für Kinder bereithält. Darin befanden sich jedoch Bilder und Spielzeugimitationen grausam geschlachteter Tiere. Die Wirkung ließ nicht lange auf sich warten: Im August 2000 kündigte McDonald's an, künftig auf tierfreundlichere Herstellungsbedingungen zu achten.[31] Im April 2001 gab auch die zweitgrößte Hamburgerkette der USA, Burger King, dem Druck der Straße nach und versprach Verbesserungen.[32] Mit einer Wende zu artgerechter oder ökologischer Tierhaltung haben diese Ankündigungen allerdings noch lange nichts zu tun.

BSE-Krise setzt Hamburgerkonzerne unter Druck

Dabei stehen die Burgerbuden vor allem seit dem Ausbruch der BSE-Krise in Europa und der rasanten Ausbreitung der Maul- und Klauenseuche in den ersten Monaten des Jahres 2001 unter immensem Druck. Die Rinderseuche BSE hat zunächst in Großbritannien und ab Herbst 2000 auch auf dem europäischen Festland zu Massenschlachtungen von Millionen von Rindern und zu einer Krise der gesamten Landwirtschaft geführt. In England sind bis heute bereits rund hundert Menschen an der Creutzfeld-Jakob-Krankheit gestorben, die mit BSE in Verbindung gebracht wird. Das hat kurzfristig nahezu zu einem Zusammenbruch des Rindfleischmarktes geführt. Einer der am meisten betroffenen Konzerne war der Marktführer McDonald's.

Anfang 2001 gab die Konzernleitung bekannt, dass die Verkaufszahlen in Europa im vorangegangenen Quartal um zehn

Opfer der industriellen Tierzucht: Entsorgung eines BSE-Rindes

Prozent gefallen seien. Zumindest teilweise sei dies auf die Angst der Konsumenten vor dem Rinderwahn zurückzuführen.[33] Innerhalb von knapp drei Monaten – von Januar bis Anfang April – rasselte der Wert von McDonald's-Aktien um 22 Prozent hinunter.[34] Am 13. Januar wurde zu allem Übel ein BSE-Verdachtsfall in der italienischen Fleischfabrik »Cremonini« gemeldet, die den Hamburgerkonzern exklusiv beliefert.[35]

»Werden verrückte Kühe den BigMac killen?«, fragte deshalb ein amerikanisches Magazin besorgt.[36] Wenn ja, dann träfe es diesmal nicht den Falschen. Denn erst die Verfütterung von zu Tiermehl verarbeiteten Tierkadavern an Rinder, die sich normalerweise vegetarisch ernähren, hat zur epidemischen Verbreitung der Krankheit in Europa geführt. Dieser pervertierte Auswuchs der industriellen Viehzucht ist nichts anderes als die logische Konsequenz der Philosophie von McDonald's – einer Philosophie der Ertragssteigerung, die keine Grenzen kennt. »Der Rinderwahn wird zur Seuche des globalen Handels«, sagt Harvard-Professor James L.

Watson, ein intimer Kenner des Burgerkonzerns. McDonald's und
BSE seien dabei Teil desselben Systems.[37]

Zu diesem zählt Watson auch die Gentechnik.

Seit 1996 mischen amerikanische Konzerne auch gentechnisch
veränderte Futtermittel in ihre Lieferungen nach Europa. Im Juli
2000 wies die Umweltorganisation Greenpeace nach, dass McDonald's genmanipuliertes Soja an Hühnchen verfüttert, die dann
als »Chicken McNuggets« und »McChicken«-Burger verkauft
werden. Erst nach massiven Konsumentenprotesten erklärte der
Konzern, ab April 2001 keine gentechnisch veränderten Futtermittel mehr einzusetzen.[38]

Wunderwaffe Gentechnik

Eines der immer wieder vorgebrachten Argumente für den Einsatz der Gentechnik in der Landwirtschaft ist die Bekämpfung des
Welthungers. Mehr als 800 Millionen Menschen – das sind fast
15 Prozent der Weltbevölkerung – sind nach Angaben der Welt-
ernährungsorganisation FAO unmittelbar von Hunger betroffen.
Gleichzeitig wächst die Zahl der Erdenbürger: 10 Milliarden sollen es schon im Jahr 2050 sein. Derzeit sind es noch etwas mehr
als sechs Milliarden.

Durch gentechnische Manipulation der Erbinformationen von
Pflanzen wollen Agrarkonzerne nun die Lebensmittelproduktion
so weit steigern, dass, so die einfache Rechnung, niemand mehr
hungern müsse. Die Pflanzen sollen mit Hilfe dieser Manipulationen »lernen«, auch unter schlechten Bedingungen schnell und
in großer Zahl zu wachsen, und dabei noch dazu immun gegen
Schädlinge und Krankheiten werden.

Zu schön, um wahr zu sein. In Wirklichkeit ist der Welthunger
nämlich weniger ein Problem mangelnder Agrarproduktion als
eines der ungerechten Verteilung dieser Güter. Die bisher genannten Beispiele landwirtschaftlicher Ausbeutung illustrieren
diese Tatsache hinlänglich.

»Sklavereiverträge«

Die indische Naturwissenschaftlerin Vandana Shiva ist der Meinung, dass die Gentechnik die Ausbeutung der ärmeren Länder noch verschlimmert. Die Konzerne lassen sich das von ihnen entwickelte Saatgut patentieren. Sie argumentieren, dass sie für den Forschungsaufwand ja auch entlohnt werden wollen. Wenn ein Landwirt zum Beispiel Sojabohnen der Firma Monsanto verwendet, muss er sich verpflichten, die Samen nach jeder Ernteperiode wieder neu zu kaufen, statt seine Pflanzen wie eh und je selbst weiterzuzüchten.

»In einer Art Sklavereivertrag wird den Bauern verboten, das Saatgut weiterzuverwenden – etwas, was immer zu ihren angestammten Rechten gehörte«, sagt die indische Trägerin des Alternativ-Nobelpreises: »Die eigene Züchtung wird als Verbrechen behandelt. Normale bäuerliche Tätigkeiten werden als kriminell eingestuft, für die man verfolgt, bestraft und verhaftet werden kann. Damit droht eine neue Form industrieller Kolonisation, in der nicht nur die Bauern, sondern ganze Länder ihre Rechte verlieren.«[39]

Den Agrartechnik-Multis geht es also in erster Linie darum, die landwirtschaftliche Produktion zu kommerzialisieren. Eine Handvoll Konzerne, fürchten Kritiker wie Vandana Shiva, käme durch die Kontrolle eines großen Teils der weltweiten Nahrungsmittelreserven zu ungeahnter Macht. An ihrer Spitze steht die Schweizer Syngenta. Ihr folgen Monsanto (USA), Sanofi-Aventis (Frankreich), BASF (Deutschland) und Dupont (USA).

Terminator-Technik: Hasta la vista, Bauer

Nun haben einige von ihnen eine neue gentechnologische Methode entwickelt, die die genannten Knebelverträge überflüssig macht: die »Terminator«-Technik. Diese Methode ermöglicht das Ausschalten der Keimfähigkeit aller von einer Pflanze produzierter Samen – und zwingt die Bauern damit zum jährlichen Neukauf. Im Januar 2000 verkündete die amerikanische Delta

Pine and Land Seed Company, der weltweit größte Produzent von Baumwollsamen, deren erstmaligen kommerziellen Einsatz.[40]

Vor allem in ärmeren Ländern kann sich das kein Mensch leisten. In den meisten Regionen werden seit Generationen lokal angepasste Sorten gezüchtet, die auch unter schwierigen klimatischen Verhältnissen gedeihen. Dennoch laufen gerade in diesen Ländern zurzeit besonders viele Patentanmeldungen. Der naheliegende Verdacht: Die Konzerne wollen zuerst versuchen, mit günstigen Angeboten oder gar Saatgutgeschenken den Markt zu erobern, um nach der Umstellung der Landwirtschaft die Bauern von weiteren Gaben abhängig zu machen.

Kleine Geschenke erhalten die Abhängigkeit

Dass dieser Verdacht nicht so abwegig ist, zeigt ein anderes Beispiel aus der Lebensmittelindustrie. In den siebziger Jahren gerieten Nestlé und andere Nahrungsmittelkonzerne unter heftigen Beschuss von Hilfsorganisationen. Sie versuchten in großangelegten Werbekampagnen, junge Mütter zum Umstieg auf künstliche Babynahrung zu bewegen. Die Mittel dazu waren perfid: Unter Hinweis auf angebliche Nachteile des natürlichen Stillens verschenkten die Konzerne Trockenmilchpulver an Geburtsstationen, schwangere Frauen und Mütter.[41]

Vor allem in Entwicklungsländern waren die Folgen oft katastrophal: Die Frauen nahmen die Geschenke der westlichen Wohltäter dankbar an und hörten auf, ihren Babys die Brust zu geben. Obwohl die Ernährung mit Milchpulver vor allem in Gegenden ohne Zugang zu sauberem Wasser für Säuglinge äußerst gefährlich ist, behaupteten die Konzerne, dass das Pulver gesünder sei als Muttermilch. Als die großzügigen Gaben versiegten, waren oft auch die Brüste ausgetrocknet. Die Frauen waren also abhängig von der künstlichen Babynahrung. Doch für die mussten sie nun teuer bezahlen.[42]

Im März 1981 verabschiedete die Weltgesundheitsorganisation

WHO einen »Internationalen Kodex für die Vermarktung von Muttermilchersatznahrung«. Das Dokument beschränkte die Werbung für Babynahrung und untersagte weitestgehend deren kostenlose oder verbilligte Verbreitung. 1982 veröffentlichte Nestlé eigene Marketingrichtlinien, die angeblich an den Internationalen Kodex angelehnt waren, aber vom UNO-Kinderhilfswerk UNICEF und anderen Organisationen als völlig unzureichend kritisiert wurden. Erst unter dem zunehmenden Druck durch die Boykotte, die unter dem Motto »Nestlé tötet Babys« in zahlreichen Ländern durchgeführt wurden, unterzeichnete der Konzern 1984 endlich den WHO-Kodex.

Konzerne verstoßen gegen Kodex

Damit sollte eigentlich alles in Butter sein. Sollte. Denn die Konzerne finden immer wieder Mittel und Wege, die Verbote zu umgehen. Das »International Baby Food Action Network« (IBFAN) dokumentiert auf seiner Homepage zahlreiche aktuelle Verstöße gegen die Werbeverbote der WHO.[43] Neben Nestlé werden dort auch Hipp, Milupa, Danone, Abott, Humana, Heinz, Gerber (Novartis), Mead Johnson (Bristol-Myers Squibb) und andere kritisiert.

Im Dezember 1999 warf ein ehemaliger Mitarbeiter von Nestlé in Pakistan dem Konzern schwere Verstöße gegen den WHO-Kodex sowie die systematische Bestechung von Mitgliedern des pakistanischen Gesundheitswesens vor, obwohl gerade dort Tausende Kinder an den Folgen der Ernährung durch Trockenmilch sterben. »Um die Verkaufszahlen zu steigern, haben wir Kinderärzte geschmiert und Mütter von Säuglingen beschwatzt«, erzählte er dem deutschen Magazin »Stern«.[44] Ein angekündigter Fernsehbericht des ZDF über den Skandal wurde nach Interventionen durch den Schweizer Konzern über Nacht zurückgezogen.[45]

Laut UNICEF erhielten in Pakistan zu diesem Zeitpunkt 84 Prozent aller Babys Muttermilch-Ersatzprodukte – bei 130 Millionen Einwohnern ein lukratives Geschäft. Zwar informiert Nestlé im Internet und auf den Verpackungen, dass Muttermilch »die günstigste und gesündeste Nahrung für Ihr Baby« sei. Doch nur jede vierte pakistanische Frau kann lesen und schreiben.[46]

Die Babynahrungsfirmen liegen wegen ihrer Verstöße gegen den WHO-Kodex im Dauerclinch nicht nur mit dem UNO-Kinderhilfswerk UNICEF und dem IBFAN, sondern auch mit der Internationalen Arbeitsorganisation (ILO), der »World Alliance for Breastfeeding Action« (WABA) und anderen.[47]

Aids als Vermarktungsargument

Nun haben die Firmen einen neuen Anlauf gestartet, um ihre Produkte doch noch an die Frau bringen zu können: Nestlé und Co. argumentieren, dass nur die Gratisabgabe von Säuglingsnahrung die Übertragung des Aids-Virus HIV über die Muttermilch verhindern könne.

Vor allem in Afrika hat die Verbreitung des Virus epidemische Ausmaße erreicht. Durchschnittlich neun Prozent der schwangeren Frauen in den Ländern südlich der Sahara sind nach Angaben der Aids-Agentur der Vereinten Nationen UNAIDS mit dem HI-Virus infiziert. 3,8 Millionen Kinder sind weltweit bereits an Aids gestorben. Schätzungsweise 3,4 Millionen von ihnen wurden durch ihre HIV-positiven Mütter infiziert.

Würde man nun diesen Müttern Babynahrung verabreichen, so könnten viele dieser Kinder überleben, behaupten die Nahrungsmittelkonzerne. Die angesehene amerikanische Wirtschaftszeitung »Wall Street Journal« wirft UNICEF sogar vor, den »unbeabsichtigten Tod von Millionen von Kindern« in Kauf zu nehmen, da sich das UNO-Kinderhilfswerk sträube, den Konzernen die Gratisabgabe zu erlauben.[48]

Dabei ist UNICEF nicht prinzipiell gegen die Abgabe von Ersatzmilchprodukten an HIV-positive Mütter.[49] Tatsache ist aber, dass nur ein relativ geringer Teil – rund 15 Prozent – der Infektionen über die Muttermilch erfolgt. Seit dem Ausbruch der

Aidsseuche vor rund zwanzig Jahren wurden insgesamt zwischen 1,1 und 1,7 Millionen Kinder auf diese Weise infiziert, schätzt UNICEF. Der Großteil der Ansteckungen erfolgt bereits während der Schwangerschaft im Mutterleib. Außerdem ist in Afrika der Zugang zu Aidstests eine Ausnahme. Nur etwa 5 Prozent der Infizierten wissen, dass sie HIV-positiv sind.[50]

1,5 Millionen Kinder sterben durch Babynahrung

Wenn das Milchpulver allerdings ohne Tests – auf gut Glück – verabreicht wird, sind vermutlich weit mehr Todesopfer zu beklagen als durch die vergleichsweise geringe Ansteckungsgefahr beim Stillen: Laut WHO sterben nämlich Jahr für Jahr mehr als 1,5 Millionen Kinder, weil sie nicht gestillt wurden. Die häufigste Ursache dafür sind Infektionen mit Diarrhöe und ähnlichen Krankheiten, da in unterentwickelten Regionen der Zugang zu sauberem Trinkwasser eine Ausnahme darstellt. Das künstliche Milchpulver muss meist in bakteriell infiziertem Wasser aufgelöst werden. Flaschenmilch ist daher die Ansteckungs- und Todesursache Nummer eins.

»Ein Kind, das aus der Flasche ernährt wurde, wird mit sechsmal höherer Wahrscheinlichkeit an Diarrhöe sterben als ein Kind, das gestillt wurde«, sagt Urban Jonsson, UNICEF-Regionaldirektor für Ost- und Südafrika: »Nestlé weiß das und macht trotzdem Propaganda für seine Muttermilchersatzprodukte.«[51]

UNICEF fordert daher, dass die Babynahrung ausschließlich unter kontrollierten Bedingungen abgegeben werden soll: Nur an nachweislich infizierte Mütter und nur unter strengen hygienischen Auflagen. Die Hilfsorganisation setzt sich daher vor allem für ein verstärktes Angebot von Aidstests und Aidsmedikamenten ein.

Außerdem hat UNICEF-Direktorin Carol Bellamy Kontakt mit den Babynahrungskonzernen aufgenommen, um bei nachgewiesenen HIV-Fällen tatsächlich Milchpulver als Ersatz anbieten zu können. Doch die Gespräche scheiterten laut UNICEF an den ständigen Verletzungen des WHO-Codes und daran, dass die Hersteller die Gratisabgaben wieder für Werbezwecke missbrauchen wollten. Damit bestünde aber die Gefahr, dass auch gesunde Mütter auf Milchersatz umsteigen.

Denn wenn diese Produkte erst einmal als Allheilmittel gegen die Aidsinfektion von Kindern ins Bewusstsein der Massen gedrungen sind, lassen sich sogar in ärmeren Ländern satte Profite erwirtschaften. Nestlés internationale Präsenz ist – neben der von Coca-Cola – schon jetzt beklemmend: Wer je in Afrika war, konnte dort beobachten, dass in vielen Ländern die Läden gerammelt voll mit importierten Nestlé-Erzeugnissen sind. Gleichzeitig hat die bäuerliche Bevölkerung mangels Vermarktungsmöglichkeiten oft Mühe, die eigene Ernte zu verkaufen.

Ausbeutung in Europa

Auch in Westeuropa verursacht die globalisierte Nahrungsmittelindustrie massive Arbeits- und Menschenrechtsverletzungen. So werden etwa dem deutschen Lebensmittelkonzern Aldi und zahlreichen weiteren großen Supermarktketten, aber auch McDonald's und anderen prekäre Arbeitsverhältnisse, niedrige Löhne und die Unterdrückung von Gewerkschaftsrechten vorgeworfen. Im Herbst 2000 revoltierten französische Gewerkschaften gegen Aldi, weil der Konzern in Frankreich Angestellte bis zu sechzig Stunden arbeiten ließ, ohne die Überstunden zu bezahlen.[52]

Ausländische Erntehelfer als billige Arbeitsmaschinen

Am meisten betroffen von Ausbeutung und Missbrauch sind in Europa Zuwanderer und Saisonarbeiter. So arbeiten ausländische Erntehelfer in Deutschland, Österreich und der Schweiz für niedrigste Löhne. In Österreich haben die solcherart zu Pflückmaschinen degradierten Menschen nicht einmal Anspruch auf Pensions- und Sozialversicherungsleistungen. Nach Ende der Erntesaison droht ihnen die Abschiebung.

Pogrom gegen Nordafrikaner

Noch schlimmer ist die Situation allerdings in Südspanien. Im Februar 2000 erlangte ein an der andalusischen Mittelmeerküste gelegenes Städtchen in der Provinz Almería traurige Berühmtheit: Mehrere Tage lang hetzten zahlreiche Bewohner von El Ejido marokkanische Erntehelfer mit Baseballschlägern durch die Straßen und zerstörten deren ärmliche Behausungen samt dem wenigen Hab und Gut, das die Nordafrikaner besaßen.

Am 5. Februar hatte ein geistig gestörter Marokkaner eine 26-jährige Spanierin ermordet. Die Tat war der Zündstoff für den kollektiven Wahnsinn. Eine von rassistischen Parolen aufgeheizte Menge zog durch die Gegend und schrie nach tödlicher Rache. Einrichtungen von Marokkanern und Menschenrechtsgruppen wurden zerstört und Menschen mit dunkler Hautfarbe bedroht. Die Polizei beobachtete das Treiben, ohne einzugreifen. Banden von Jugendlichen zogen mit Baseballschlägern und Eisenstangen in die Zuwandererviertel, zerstörten Geschäfte und Moscheen und schlugen auf jeden Nordafrikaner ein, der ihnen in die Hände fiel. Unter dem Jubel der Menge zündete der rassistische Mob die aus Holz, Steinen und Plastikplanen zusammengezimmerten Wohnbaracken der Einwanderer an und verfolgte Frauen, Kinder und Männer bis in die Gewächshäuser, in denen diese zu Tausenden Zuflucht suchten. Ein Kommando von dreihundert Polizisten ging indes gegen eine friedliche Demonstration von einigen hundert Marokkanern vor, die mit erhobenen Händen zu einem Ende der Gewalt aufriefen.

Erst nach drei Tagen griffen die Behörden, aufgerüttelt durch internationale Presseberichte, entschlossen ein. Mehr als sechzig Menschen wurden verletzt. Dass es keine Toten gab, grenzt nach Meinung von Augenzeugen an ein Wunder.[53]

Die Provinz Almería ist auf den intensiven Anbau von Obst und Gemüse spezialisiert. Gewächshäuser bedecken hier eine Fläche von 30 000 Hektar. Mehrere tausend kleine Familienbetriebe beschäftigen – meist illegal – Tausende ausländische Arbeiter, in der

Mehrheit Marokkaner. Offizielle Schätzungen sprechen von 15 000 bis 25 000 »Illegalen«. Ohne Aufenthaltserlaubnis und Arbeitsvertrag sind sie völlig der Willkür ihrer Arbeitgeber ausgesetzt. Die Behörden wissen das, doch sie schauen zu, denn ohne die Fremdarbeiter würde die reiche Ernte wohl verfaulen. Und an der Ernte hängt schließlich der Wohlstand der gesamten Region.

Seit Juan Enciso Bürgermeister von El Ejido ist, steht die Einschüchterung von Zuwanderern auf der Tagesordnung.[54] Schon 1998 wurden ein Landarbeiter von Rechtsextremisten auf grausame Weise hingerichtet und zwei weitere Marokkaner bei lebendigem Leibe verbrannt. Diese und andere Übergriffe wurden nie aufgeklärt. Viele vermuten, dass dahinter eine Miliz der Ernteunternehmer steckt, um die Arbeiter einzuschüchtern. Bürgermeister Enciso entstammt einer Familie, die eine der größten Handelsfirmen für landwirtschaftliche Produkte, die Agroejido, betreibt.

Der Profit geht an mitteleuropäische Konzerne

Achtzig Prozent der gesamten Gemüseexporte Spaniens stammen aus der Provinz Almería. In 32 000 Gewächshäusern erzeugt die Region im Jahr etwa 2,8 Millionen Tonnen Obst und Gemüse, von denen ein Großteil nach Deutschland exportiert wird.

Marokkanische Arbeiter erhalten für Anbau und Ernte dieser Produkte zum Teil nur 20 Euro am Tag, Spanier zumindest das Doppelte.[55] Dafür schuften sie in der andalusischen Hitze unter den niedrigen Plastikplanen, die Gewächshäuser bedecken, in denen oft eine Temperatur von über 50 Grad herrscht. Außerdem sind sie den Dämpfen durch gefährliche Düngemittel und Pflanzenschutzgifte ausgesetzt, ohne die in der Intensivlandwirtschaft gar nichts geht. Eine Studie aus dem Jahr 1996 hat 506 schwere Vergiftungsfälle durch solche Mittel untersucht, die zum Tod von fünf Prozent der Patienten führten.[56]

»Wir arbeiten und leben unter Plastik«

Die Mehrheit der Zuwanderer vegetiert in Notunterkünften dahin, verfallenen Häusern und Lagerräumen. 55 Prozent von ihnen haben kein Trinkwasser, keine sanitären Einrichtungen oder Toiletten.[57] »Wir arbeiten unter Plastik und wir wohnen unter Plastik«, bringt es einer der Immigranten auf den Punkt.[58]

Diese Verhältnisse haben zu den sozialen Spannungen geführt, die im Pogrom vom Februar 2000 ihren vorläufigen Höhepunkt fanden.

Immerhin: Ein Konzern hat nun auf eine Forderung reagiert, die von 4000 Kunden unterzeichnet wurde. Die Schweizer Supermarktkette Migros will die Lebens- und Arbeitsbedingungen der nordafrikanischen Landarbeiter in Almería unter die Lupe nehmen. Sollten sich die Vorwürfe bestätigen, wird Migros seine Ware künftig woanders beziehen, kündigte die Geschäftsleitung im Januar 2001 an.[59] Doch nur den Lieferanten zu wechseln bringt noch keine Änderung. Konsequenter wäre es, die Macht als Großeinkäufer zu nützen, um bessere Bedingungen für die Landarbeiter zu schaffen und zu kontrollieren. Das hieße aber auch: bessere Löhne und damit höhere Preise für die importierten Lebensmittel.

Da sich dazu bisher kein großes Unternehmen aufraffen will, kommt Tobias Müller, der als Mitglied einer Delegation des Europäischen Bürgerforums die Vorfälle in El Ejido untersucht hat, zu einem eindeutigen Schluss: »Eigentlich dürften wir diese Tomaten und Erdbeeren aus Spanien nicht mehr essen. Sie werden unter ethisch nicht zu vertretenden Bedingungen erzeugt.«[60]

Was kann man überhaupt noch essen?

Eigentlich dürfen wir dann gar nichts mehr essen, werden nun manche denken. Stimmt nicht. Denn in keiner Branche ist das Angebot an Alternativen so groß wie im Lebensmittelsektor. Vor allem seit der BSE-Krise scheint hier ein weiterer Umdenkprozess einzusetzen, der sich langsam, aber kontinuierlich bis in die hintersten Regale der Supermärkte auswirkt.

Produkte mit dem TransFair-Logo garantieren ge-
rechte Löhne und kontrollierte Arbeitsbedingungen

Der größte Zukunftsmarkt ist dabei die biologische Landwirtschaft. Mit der EU-Verordnung Nr. 2092/91[61] ist genau geregelt,
was drin sein muss, wenn »Bio« draufsteht. Dazu gehören exakte
Bestimmungen für den biologischen Anbau der Rohstoffe, die
artgerechte Tierhaltung und die ökologische Verarbeitung. Die
Verwendung von Gentechnik und gesundheitsgefährdenden Zu-
sätzen ist verboten.

Bioläden sind nicht für jeden erreichbar und meist relativ teuer.
Aber auch immer mehr Supermärkte bieten Bioprodukte an.[62]
Nachfragen lohnt sich.

»Bio« heißt nicht automatisch, dass ein Produkt auch sozial
verträglich hergestellt wurde. So findet man auch im deutschen
Biolandbau zuweilen polnische Erntehelfer, die ohne Sozialversicherung und für drei Euro in der Stunde arbeiten.[63] In den
meisten Fällen aber schafft die ökologische Landwirtschaft mit
ihren kleineren und langfristig angelegten Strukturen zumindest
höherwertige Arbeitsplätze als die industrielle Massenproduk-
tion. Und viele Betriebe haben sich selbst hohe Sozialstandards

auferlegt und lassen diese auch kontrollieren, weil sie wissen, dass ihre Kunden meist höhere Ansprüche an die Produktionsbedingungen stellen.

Generell sind Produkte regionaler Herkunft Lebensmitteln, die weite Transportstrecken zurückgelegt haben, vorzuziehen. Mitteleuropäisches Obst verursacht zum Beispiel nicht nur – durch die kürzeren Transportwege – weniger Umweltschäden als Früchte aus Südamerika. Es wurde in der Regel auch nicht von Kindern gepflückt, die auf Plantagen fast zu Tode geschunden werden.

Fairer Handel

Viele Lebens- und Genussmittel wie Kaffee, Tee, Kakao und Südfrüchte können aber aufgrund der klimatischen Bedingungen bei uns nicht angebaut werden. Dafür gibt es Handelsorganisationen wie TransFair und Max Havelaar,[64] die nicht nur faire Löhne und Arbeitsbedingungen, sondern oft auch ökologischen Anbau und ökologische Verarbeitung garantieren. Durch ihren Kauf sichert man den Aufbau nachhaltiger landwirtschaftlicher Strukturen und damit das Überleben zahlreicher Kleinbauern.

Diese Produkte sind mit speziellen Logos für fairen Handel gekennzeichnet und außer in den sogenannten Weltläden immer öfter auch in Supermärkten[65] zu finden. Wie überall gilt auch hier: Nachfrage(n) und Konsumentendruck zwingen auch die großen Konzerne zum (fairen) Handeln.

Brot und Spiele

Barbie-Puppen, Pokémon-Monster, Modellautos, Teletubbies, Micky Maus – von früh bis spät sind unsere Kinder von Spielwaren umgeben. Manche davon werden von Menschen hergestellt, die selbst noch Kinder sind. In den Billiglohnländern Asiens. Unter Blut, Schweiß und Tränen.

Es war einmal ein armes Mädchen namens Xiao Shen. Sie lebte in dem kleinen Bauerndorf Zhongyuan in der Mitte von China. Ihr Leben war nicht leicht. Tag für Tag gab es nur Reis zu essen, Fleisch nur an wenigen Feiertagen. Tag für Tag musste Xiao Shen im knietiefen Wasser stehen und ihrem Vater bei der Reisernte helfen. Wenn sie die Augen schloss, träumte sie von einem besseren Leben, vom Kinobesuch in einer fremden Stadt, von schönen Kleidern, sogar von einem Auto – und von einem Prinzen, dem sie eines Tages begegnen würde. Jeden Abend stellte sie eine Kerze ins Fenster, damit er zu ihr finden konnte. Aber der Prinz kam nicht. Nicht nach Zhongyuan.

Deshalb beschloss sie eines Tages wegzugehen. Über zehn Ohren hatte sie von einem besseren Land hinter den Bergen gehört. Sie verabredete sich mit ihren besten Freundinnen, die dasselbe Schicksal hatten und dieselben Träume träumten.

Noch vor Sonnenaufgang schlichen sie von zu Hause weg und ließen sich von einem LKW-Fahrer in die nächste Stadt mitnehmen. Und von dort in die nächste Stadt und von dort weiter und weiter in Richtung Süden, zweitausend Kilometer weit. Weil es eine lange Reise war und weil sie wenig Geld hatten, waren sie auf den guten Willen von Autofahrern angewiesen, die sie mitnahmen. Nachts weinte Xiao Shen, sie machte sich Sorgen um ihre Eltern. In ihrem Zimmer zu Hause hatte sie einen Zettel hinterlassen, auf dem sie Vater und Mutter beschwor, sich keine Sorgen zu machen. Sie würde ihnen Nachrichten und Geld schicken.

Endlich gelangte Xiao Shen mit ihren Freundinnen ans Ziel: in die Stadt Shenzhen – eine Freihandelszone im Süden Chinas an der Grenze zu Hongkong. Hier gab es Arbeit, hier gab es Geld, und hier würden vielleicht ihre Träume in Erfüllung gehen.

Ausgebeutet für Chicco-Spielwaren

Es war Anfang 1993, und es war kein Märchen.[1] Xiao Shen machte Bekanntschaft mit zwei Geschäftsleuten namens Huang Guoguang und Lao Zhaoquan, die für ihre »Zhili Handicrafts Factory« Arbeiterinnen suchten. Dort wurden Spielwaren hergestellt, die vom italienischen Konzern Artsana S. p. A. / Chicco vertrieben wurden.

Xiao Shen wurde eine von insgesamt 472 Angestellten. Sie hatte den Eindruck, dass es ihr hier sogar schlechter gehe als zu Hause in dem kleinen Dorf bei den Wasserbüffeln. Von früh bis spät schuftete sie in der Zhili-Fabrik, aber so wie die anderen bekam sie gerade so viel Lohn, dass sie überleben konnte. Manchmal waren es 26 Euro, manchmal 40 Euro im Monat.

Weil die beiden Geschäftsführer von der Furcht getrieben waren, ihre Angestellten könnten die Waren stehlen, bauten sie die Fabrik zu einer Art Gefängnis um. Alle Fenster wurden vergittert und alle Notausgänge versperrt. Staatliche Fabrikinspektoren wurden bestochen, damit sie beide Augen zudrückten.

Ein Feuer

Tag und Nacht lebte Xiao Shen nun hinter Gittern, denn so wie die anderen Arbeiterinnen schlief sie auch in der Fabrik. Eines der drei Stockwerke diente zum Wohnen, ein weiteres als Warenlager.

Und dann, am Nachmittag des 19. November 1993, brach ein Feuer aus und verbreitete sich rasend schnell im ganzen Gebäude. Überall befanden sich leicht brennbare Chemikalien. Xiao Shen und die anderen versuchten zu fliehen. Aber wohin? Alle Fenster waren vergittert, alle Türen versperrt.

Zweihundert Menschen, überwiegend junge Frauen, manche

nicht älter als sechzehn, wurden vom Feuer erfasst und schrien um ihr Leben. Xiao Shen gelang es, ein vergittertes Fenster im zweiten Stockwerk aufzubrechen. Sie stand vor der Wahl, zu verbrennen oder zu springen. Sie sprang und brach sich beide Knöchel. Einige ihrer Freundinnen aus dem Dorf Zhongyuan entkamen dem Feuer nicht. Insgesamt verbrannten 87 Menschen, 47 überlebten schwer verletzt.

Xiao Shen verbrachte vier Monate im Krankenhaus, bis ihre Füße wieder halbwegs geheilt waren.

Geringe Strafen für die Schuldigen

Einen Monat vor der Katastrophe hatte die örtliche Feuerwehr der Stadt Shenzhen den Besitzer der Fabrik, den Geschäftsmann Lo Chiu-Chuen aus Hongkong, darauf aufmerksam gemacht, dass die Feuersicherungen nicht ausreichten. Nach dem Unglück wurden er sowie seine beiden Geschäftsführer Huang Guoguang und Lao Zhaoquan vor Gericht gestellt. Der Fabrikbesitzer erhielt eine Gefängnisstrafe von zwei Jahren und die Auflage, umgerechnet rund 960 000 Euro Wiedergutmachung an die chinesische Regierung zu zahlen.[2]

Die beiden Geschäftsleute, die ihre Angestellten in der Fabrik hinter Gitter gesetzt hatten, wurden nur einige Monate eingesperrt. Anschließend betrieben sie im Ort Dongguan eine neue Fabrik, nur fünfzig Kilometer nördlich der Unglücksstelle und waren angeblich wieder für den italienischen Spielwarenkonzern Artsana S. p. A. / Chicco tätig.[3]

Eine Liste

Das Feuer in der Zhili-Fabrik führte dazu, dass sich 1994 in Hongkong zahlreiche Gewerkschafts- und Menschenrechtsgruppen zur »Toy Coalition« zusammenschlossen, um gegen die schrecklichen Zustände in chinesischen Fabriken vorzugehen. Eine internationale Kampagne wurde gestartet.

Es dauerte drei Jahre, bis der verantwortliche Geschäftsführer von

Artsana S. p. A. / Chicco, Michele Catelli, bereit war, insgesamt rund
155 000 Euro an die 130 Geschädigten – Schwerverletzte und Angehörige der Toten – zu zahlen. Das waren 1190 Euro pro Person.

Die gesamte Summe wurde 1997 auf einem Konto der Caritas
Hongkong deponiert und sollte ausbezahlt werden, sobald eine
vollständige Liste aller Opfer vorlag. Der Toy Coalition gelang es,
Namen und Adressen von fünfzig Opfern zusammenzustellen.
Doch Artsana S. p. A. / Chicco verweigerte eine Auszahlung mit
dem Hinweis, die chinesischen Behörden müssten eine vollständige, autorisierte Liste vorlegen. Das war unmöglich, denn diese
lehnten eine Zusammenarbeit in dieser Sache strikt ab, weil sie
fürchteten, mit verantwortlich gemacht zu werden für die Katastrophe und damit »das Gesicht zu verlieren«, wie es in China heißt.

Kein Kommentar

Im Oktober 1999 erklärten Anwälte von Artsana S. p. A. / Chicco,
dass das Geld längst an drei chinesische Workshops zur Herstellung künstlicher Gliedmaßen und zum Bau dreier Schulen verteilt worden sei. Das sind Sozialprojekte, die in keiner Verbindung zu der Katastrophe stehen. Weil es sich damit eindeutig um
einen Missbrauch eines Opferfonds handelt, startete die Toy Coalition in Hongkong eine internationale Boykott-Kampagne gegen Chicco-Spielwaren, um den italienischen Konzern an seine
Verantwortung gegenüber den Opfern zu erinnern.

Fabrizio Goldoni, Geschäftsführer des Chicco-Büros in Hongkong, verweigerte gegenüber der Hongkonger Tageszeitung »South
China Morning Post« jeden Kommentar zum missbräuchlich
verwendeten Fonds.[4]

Ende Mai 2001 erreichte uns die Nachricht, dass 120 Opfer bzw.
Angehörige von Toten des Zhili-Factory-Brandes im Juli diesen
Jahres von der italienischen Firma Chicco je 1250 US-Dollar als
Spende erhalten werden.[5]

Dieses Beispiel zeigt die Wirksamkeit von internationalen
Kampagnen.

»Kader Toy Factory« in Bangkok

Die Tragödie in der Zhili Toy Factory ist kein Einzelfall. Ein halbes Jahr zuvor, im Mai 1993, war in der Nähe von Bangkok ein Feuer in der Fabrik »Kader Toy Factory« ausgebrochen. Hier wurden Spielwaren der US-Konzerne Mattel (»Barbie«) und Hasbro (»Monopoly«, »Pokémon«, »Teletubbies«) produziert. Obwohl es in der Fabrik vorher bereits zweimal gebrannt hatte und dabei ein Arbeiter getötet und viele schwer verletzt worden waren, gab es nur unzureichende Sicherheitsvorkehrungen.

Das Feueralarmsystem war beschädigt, es gab keine Sprinkler und keine Notausgänge. Das Gebäude hatte vier Stockwerke, alle voll gepackt mit leicht entzündlichen Materialien. 1110 Menschen versuchten dem Feuer zu entkommen. Genauso wie in der Zhili-Fabrik waren sie wie in einem Käfig gefangen: Viele Fenster waren vergittert, die Türen verriegelt.

Wie viele und wie viel?

Nach dem Brand zählte man 188 Tote und 469 Verletzte.

In einer Untersuchung, die danach durchgeführt wurde, stellte sich heraus, dass sogar 13-jährige Mädchen in der Fabrik gearbeitet hatten. Der gesetzlich vorgeschriebene Mindestlohn betrug in Bangkok damals umgerechnet 5,10 Euro pro Tag, und selbst der wurde in der Kader Toy Factory noch unterschritten: Die Besitzer zahlten nur 2,50 Euro. Manchmal wurden die Angestellten gezwungen, durchgehend neunzehn Stunden zu arbeiten. Für jede Überstunde erhielten sie zusätzlich 90 Cent.

Globale Ökonomie, regionale Moral

Die Toten und für alle Zeit Behinderten der Kader Toy Factory und der Zhili Toy Factory sind Opfer einer globalen Entwicklung. Die Besitzer solcher Firmen leben von den Aufträgen internationaler Konzerne. Deren Interesse ist es, Markenwaren so billig wie möglich herzustellen. Das erhöht die Gewinne, drückt die Löhne und verringert die Sicherheitsmaßnahmen in den Produktionsbetrieben. Den Letzten beißen die Hunde. Das sind die Menschen, die all die glitzernden Waren herstellen, die wir in den Geschäften kaufen.

Die Investitionen der Konzerne fließen dahin, wo am billigsten produziert wird. An der Spielwarenindustrie lässt sich das ganz deutlich ablesen. In den letzten zwanzig Jahren gab es riesige Investitionswanderungen von Kontinent zu Kontinent. Noch vor 35 Jahren waren die USA der größte Produzent von Spielwaren. Dann, in den siebziger Jahren, verlagerten die US-Konzerne ihre Produktion in die sogenannten Tigerstaaten Asiens: nach Hongkong, Taiwan, Südkorea.

Ein Paradies für Konzerne

Als dort nach und nach die Löhne stiegen und sich Gewerkschaften formierten, zog die Investitionskarawane weiter nach Thailand, Indonesien, Malaysia und auf die Philippinen.

Und vor allem nach China. Denn für die multinationalen Konzerne ist China ein Paradies. Es gibt eine stabile politische Ordnung, Gewerkschaften sind verboten, behördliche Auflagen minimal, Behörden bestechlich und die Lebenshaltungskosten gering. Kein Wunder, dass in China weltweit etwa zwei Drittel aller Spielwaren hergestellt werden.

Seit einigen Jahren investieren die Konzerne auch in Vietnam. Dort herrschen ähnliche Verhältnisse wie in China.

Der Spielwarenmarkt ist gigantisch. Je weniger Kinder in den entwickelten Industriestaaten geboren werden, umso mehr Geld wird für ihr Spielzeug ausgegeben. Pro Kopf sind das in Deutschland etwa 178–204 Euro im Jahr.[6]

Walt Disney

Die Walt Disney Company gehört zu den ganz Großen im Geschäft mit Spielwaren und Kinderträumen. Im Sommer 1998 stellte der Konzern einen neuen Film mit dem Titel »Mulan« fertig, der auf das chinesische Publikum abzielte. Der Zeichentrick-

*Manche Spielwaren werden von Arbeitern
hergestellt, die selbst noch Kinder sind –
in den Billigländern Asiens.*

film handelt von einer bekannten chinesischen Sage, in der eine
junge Frau namens Mulan sich als Mann verkleidet, zur Armee
geht und einen großen Sieg für China erkämpft.[7]

»Mulan« sollte dem Disney-Konzern als Vehikel zur Eroberung
des chinesischen Filmmarktes dienen.

Aber zunächst lief es nicht ganz nach Plan. Weil die Walt Disney Company auch den Film »Sieben Tage in Tibet« gesponsert
hatte und die chinesische Regierung diesen als Kritik an ihrer Be-
satzungspolitik in Tibet nicht guthieß, durfte »Mulan« in China
nicht gezeigt werden. Die Walt Disney Company gab jedoch nicht
auf und erreichte durch Verhandlungen, dass »Mulan« ab Februar 1999 doch noch in die chinesischen Kinos kam.

Micky Maus in China

Walt Disney zielt bei seinen Geschäften in China nicht nur auf die
Konsumenten, sondern lässt dort auch seine berühmten Spiel-
zeugfiguren produzieren: Micky Maus und Donald Duck und
Bambi und Cinderella und all die anderen.

Micky Maus hat in China aber ein zweites Gesicht bekommen: »Vorsicht vor Disneys Hinterhoffabriken in Südasien!«, warnt die kritische Konsumentengruppe »Hongkong Christian Industrial Committee« und verbreitet Plakate, auf denen Micky Maus spitze Zähne hat, die kräftig zubeißen können.

Anfang des Jahres 2001 veröffentlichte sie einen Bericht über Missstände in zwölf chinesischen Fabriken, die Produkte der Walt Disney Company herstellen.[8]

Micky Maus ist böse

Die Vorwürfe:[9] Das Personal wurde gezwungen, bis zu achtzehn Stunden täglich zu arbeiten, sieben Tage die Woche, oft monatelang ohne Unterbrechung, unter teilweise gefährlichen Bedingungen. Die meist jungen Frauen, manche von ihnen nicht älter als sechzehn Jahre, arbeiteten für einen Hungerlohn von 38 bis 63 Euro pro Monat. Das liegt unter dem gesetzlich vorgeschriebenen Mindestlohn, wenn man die lange Arbeitsdauer in Betracht zieht. Zum Vergleich: Der damalige geschäftsführende Direktor der Disney Company, Michael Eisner, verdiente 6,25 Millionen Euro – ebenfalls monatlich.[10]

Ein Großteil der Überstunden wurde nicht bezahlt. Mit der Auszahlung des Lohns waren die Firmen oft ein bis zwei Monate im Rückstand.

Die Arbeiterinnen berichteten über schlechtes Kantinenessen und überfüllte Schlafsäle. Bis zu vierundzwanzig Personen mussten sich einen Raum zum Schlafen teilen. Außerdem gab es schikanöse Strafen.

Obwohl dies in China gesetzlich vorgeschrieben ist, wurden die meisten Arbeiterinnen von ihren Arbeitgebern weder kranken- noch sozialversichert.

Kontrollen von offiziellen Inspektoren wurden vorher angekündigt. So hatten die Firmen immer Zeit, alles schön herzurichten. Die Arbeiterinnen wurden gezwungen, falsche Lohnbestätigungen zu unterschreiben. Auch mussten sie üben, auf eventuelle

Fragen die »richtigen« Antworten zu geben. Minderjährige mussten für die Dauer der Kontrolle die Fabrik verlassen.

Kein Märchen

Ein Jahr vorher hatte das Hongkong Christian Industrial Committee einen ähnlichen Bericht über Missstände in vier chinesischen Fabriken veröffentlicht, die ebenfalls für Disney produzierten.[11] Die Reaktion des Konzerns: Er stoppte sofort seine Aufträge bei drei der vier Firmen und behielt damit seine weiße Weste. Weil es nun keine Arbeit mehr gab, wurden die Arbeiterinnen gefeuert.

Um zu verhindern, dass die Walt Disney Company erneut einfach die Herstellerfirmen austauscht und die Opfer der Missstände arbeitslos werden, veröffentlichte die Hilfsorganisation in dem neuen Bericht Anfang 2001 nur geschwärzte Firmennamen.[12]

Der amerikanische Konzern wurde darin aufgefordert, endlich soziale Verhaltensregeln anzuwenden (»Codes of Conduct«), die er sich selbst auferlegt hatte, und dafür zu sorgen, dass die Herstellerfirmen bestimmte Mindeststandards einhalten. Disney solle die Arbeiter über ihre Rechte aufklären und sie in die Kontrolle der Arbeitsbedingungen mit einbeziehen, so die Forderung.

Die Reaktion der Disney Company auf die Vorwürfe: verschweigen, verleugnen, vertuschen. Ein bewährtes Rezept.

Die bittere Schlussfolgerung des Hongkong Christian Industrial Committee: »Disney ist kein isolierter Fall, sondern ein typisches Beispiel für das, was derzeit auf der ganzen Welt stattfindet.«[13] Und: »Ohne Beteiligung der Arbeiter an der Kontrolle bleiben die von den Firmen veröffentlichten ›Codes of Conduct‹ lediglich Propaganda.«

Kinderarbeit auch in der Ersten Welt

Im Dezember 2001 berichtete die Tageszeitung »The New York Times« über die Zulieferfabrik KTB Inc. des Disney-Konzerns in Kalifornien: Etwa 800 Beschäftigte hatten für einen Stundenlohn von 1,35 US-Dollar Kopfschmuck und Zauberstäbe hergestellt. Der in Kalifornien festgesetzte Mindestlohn beträgt jedoch 6,25 US-Dollar. In der Fabrik waren auch Kinder im Alter von 7 bis 15 Jahren beschäftigt. Die Walt Disney Company bestritt jede Verantwortung, war jedoch 2001 bereit, 903 000 US-Dollar Entschädigung für die Arbeiterinnen zu zahlen.[14]

Bis zum Herbst 2002 herrschten im Disney-Zulieferbetrieb Sha Makhdum in Bangladesch folgende Zustände: Die Arbeitszeit betrug täglich 14 bis 15 Stunden. Die Arbeiterinnen wurden immer wieder von Aufsehern geschlagen. Als Entlohnung erhielten sie 5 US-Cent pro Disney-Shirt, das der Konzern für 17,99 US-Dollar verkaufte (das entspricht einem Anteil von 0,25 Prozent pro Shirt). Als internationale Menschenrechtsorganisationen wie das US-National Labour Committee begannen, diese Zustände öffentlich zu machen, stoppte die Walt Disney Company alle Aufträge. Öffentlicher Druck führte dazu, dass der Eigentümer der Firma die Arbeitsbedingungen schlagartig verbesserte. Der Disney-Konzern wurde – bisher vergeblich – von den Arbeiterinnen aufgefordert, wieder Aufträge an die Firma zu vergeben.[15]

22 Beschäftigte der für den Disney-Konzern produzierenden Firma Niagra in Bangladesh wurden Anfang des Jahres 2004 fristlos entlassen und im Auftrag der Firmenleitung von einer Schlägergruppe verprügelt. Ihr »Vergehen«: Sie hatten ihre seit Wochen ausstehenden Löhne eingefordert und gegen die unzumutbaren Arbeitsbedingungen protestiert. Man hatte sie gezwungen, täglich 14 Stunden zu arbeiten, mit einem einzigen freien Tag im Monat, bei einem Wochenlohn von 5,28 Dollar. Wer nach Ansicht der Firmenleitung nicht schnell genug arbeitete, wurde geschlagen. Wer es wagte, während der Arbeit zu sprechen, musste eine Strafe von einem Tageslohn bezahlen.[16]

»Happy Meals« von McDonald's

Das Hongkong Christian Industrial Committee hat nicht nur Fabriken des Walt-Disney-Konzerns untersucht, sondern auch die

Pluto als »Happy Meal«-Figur für McDonald's.
In einem Zulieferbetrieb des Hamburgerkonzerns
arbeiteten mehr als hundert Kinder im Alter
zwischen zwölf und dreizehn Jahren.

von McDonald's. Die Fastfood-Kette kooperiert eng mit dem Comic-Konzern. In den Restaurants werden nämlich nicht nur Hamburger verkauft, sondern auch sogenannte »Happy Meals« (»glückliche Mahlzeiten«): Die Kinder erhalten beim Bestellen bestimmter Menüs eine Disney-Figur als Zugabe. Besonders beliebt sind Figuren der Sortimente Snoopy, Winnie the Pooh und Hello Kitty.

Im Sommer 2000 veröffentlichte das »Committee« einen Report über die Praktiken in fünf Fabriken der Hongkonger Firma »Pleasure Tech Holdings« in Südchina. Eine davon trägt den Namen »City Toys«.[16] In dem Bericht ist von Kinderarbeit und von gefälschten Ausweisen die Rede, in denen die Arbeiter älter gemacht werden, als sie sind. Während offizieller Inspektionen in der Fabrik werden die Kinder weggesperrt, damit alles seine Ordnung hat.

Als Lohn für einen Achtstundentag erhalten die Arbeiterinnen etwa 1,49 Euro. Normalerweise müssen sie fünfzehn Stunden am Tag arbeiten, von sieben Uhr früh bis zehn Uhr abends. Wenn die

Auftragsbücher voll sind, dürfen sie keinen einzigen Tag freinehmen. Es wird durchgearbeitet, von Montag bis Sonntag. Sozialversicherung und Krankenversicherung gibt es nicht.

Die Arbeiter übernachten in Firmenschlafsälen mit bis zu sechzehn Betten pro Zimmer, für die monatlich etwa 4 Euro verlangt werden.

Alle diese Praktiken stehen im Widerspruch zu den gesetzlichen Bestimmungen in China.

Aladin und die Wunderlampe

Und was sagte der Auftraggeber McDonald's dazu? Der Konzern wies alle Vorwürfe zurück. Nichts gesehen, nichts gehört. Nein, Kinderarbeit gibt es nicht![17] Das »Committee« konnte allerdings nachweisen, dass im Juli 2000 für kurze Zeit etwa 160 Kinder im Alter zwischen zwölf und dreizehn Jahren in der Fabrik City Toys arbeiteten. In der offiziellen Version der Firma hieß es, sie seien mindestens fünfzehn Jahre alt. Ihre Arbeit bestand darin, den aus Plastik hergestellten Aladin-Figuren farbige Kleider anzuziehen. Die Kinder hatten einen Arbeitstag von zwölf Stunden.

Eines der Kinder mit dem Geburtsjahr 1988 und dem Namen Xiao Fung beklagte sich im Sommer 2000 beim Hongkong Christian Industrial Committee: »Es ist nicht lustig hier. Die Arbeit ist sehr hart. Wir müssen bis neun Uhr abends arbeiten.«

Die Tageszeitung »South China Morning Post« berichtete, dass etwa vierhundert der zweitausend Beschäftigten der Fabrik City Toys Kinder waren. Sie mussten auf Holzpritschen ohne Matratzen übernachten. Der Direktor der Fabrik erklärte, er wisse nichts von Kinderarbeit, aber er werde versuchen, das herauszufinden.[18]

Als auch überregionale Medien begannen, sich für die Sache zu interessieren, schickte McDonald's sofort ein Untersuchungsteam in die Fabriken.[19] Die Ausweise aller Anwesenden wurden kontrolliert und mehrere hundert der zwei- bis dreitausend Beschäftigten sofort entlassen.

Der Konzern veröffentlichte eine allgemeine Presseerklärung, in der es hieß, dass Kinderarbeit strikt verboten sei. Es gäbe regelmäßige Kontrollen.[20]

Schließlich musste McDonald's aber zugeben, dass es »Probleme mit Löhnen, Arbeitszeiten und Aufzeichnungen« darüber gegeben habe. Alle Aufträge für »City Toy« wurden gestoppt und an andere Firmen vergeben.

Letztlich waren es damit wieder die Arbeiter, die für die Machenschaften des Konzerns büßen mussten.

Methan, Benzen und »Happy Meals«

McDonald's lässt die Spielfiguren für seine »Happy Meals« auch in Vietnam produzieren. »KeyHinge Toys« ist eine Firma mit mehr als tausend Beschäftigten. Auch hier arbeiten hauptsächlich junge Frauen.[21]

Zwei Gewerkschaftsgruppen – das »Asia Monitor Resource Center« und die »Toy Coalition« – berichten über eine Massenvergiftung mit Aceton am 21. Februar 1997. 220 Arbeiterinnen erkrankten durch die starken Dämpfe dieses farblosen Lösungsmittels, das beim Einatmen Übelkeit, Schwindel und Bewusstlosigkeit verursachen kann. 25 Arbeiterinnen brachen zusammen, drei wurden ins Krankenhaus gebracht.

Die Fabrik weigerte sich, die Kosten für die Behandlung zu übernehmen, obwohl die Arbeiterinnen nur magere 6 Cent verdienten. Und das bei einem durchschnittlichen Arbeitstag von zehn Stunden, an sieben Tagen in der Woche. Einige der Teenager erhielten für eine 70-Stunden-Woche insgesamt nicht mehr als 4,32 Euro an Lohn.[22]

Der damalige Pressesprecher von McDonald's, Walt Riker, nahm die Sache gelassen: »Diese Berichte sind total übertrieben. Es gab gar keine Vergiftungen.«[23] Riker sagte, McDonald's habe die Luftqualität in der Fabrik überprüft: »Da war nichts. Wir haben alles genau untersucht. Wir haben die Firma unter ein Vergrößerungsglas gesetzt.«

Riker wies auch von sich, dass er Kenntnis von Berichten über weitere schwere Vergiftungsfälle in chinesischen Fabriken habe, die ebenfalls »Happy Meals«-Figuren herstellten. Dabei gab es im Januar 1992 sogar drei Todesopfer durch Vergiftungen mit der Chemikalie Benzen.[24]

»Weltweites Engagement für Kinder« – auch in England?

Auf der Homepage von McDonald's findet man zahlreiche Prominente, welche die weltweit tätige »McDonalds Kinderhilfe« unterstützen. Heidi Klum, Rita Süßmuth, Renate Schmidt, Roy Makaay, Annemarie Renger und viele andere machen sich hier stark für schwerkranke Kinder.

Im April 2002 brachte der englische Fernsehsender BBC einen Bericht über 15- bis 16-jährige Schulkinder, die nebenbei in einer McDonald's-Filiale in Camberley / England arbeiteten, teilweise bis zwei Uhr morgens. Ein 15-jähriges Schulmädchen begann an Samstagen ihre Arbeit um acht Uhr morgens und arbeitete durchgehend bis zwanzig nach eins in der Nacht am nächsten Sonntag.[25] »Wann sollen diese Kinder ihre Hausaufgaben machen? Wann sollen sie sich erholen?«, fragt sich Ian Hart, der Leiter der Bezirks-Untersuchungsbehörde in England, der diesen Skandal aufgedeckt hatte.

Freie Fahrt für »Die Cast«

Die Arbeitsbedingungen in Thailand haben sich im Vergleich zu Vietnam oder China da und dort schon ein wenig gebessert. Das zeigt sich an einem Arbeitskonflikt der Firma Maisto in Thailand, die Spielzeugautos der Marken Die Cast und Tonka herstellt. Eigentümer der Marke ist die Firma »May Cheong Toy Products Factory Ltd.« in Hongkong, die auf der ganzen Welt Niederlassungen hat und für führende US-Supermarktketten wie Wal-Mart und Spielwarenfirmen wie Hasbro (»Pokémon« u. a.) produziert.

Im Februar 2000 gab die Firmenleitung bekannt, dass eine ihrer thailändischen Fabriken, die »Maisto Manufactoring«, geschlossen werde und die Arbeiter an einem neuen Standort in der Nähe wieder eingestellt würden.[26]

Zu diesem Zeitpunkt waren mehr als vierhundert Personen beschäftigt, überwiegend Frauen mit einem Tageslohn von 3,60 Euro. Das lag unter dem gesetzlichen Mindestlohn. Es gab in der Firma außerdem ein schikanöses System von Strafen, zum Beispiel für das Tragen von »Schuhen, die nicht zur Arbeitsuniform passen«.

Maisto teilte den Beschäftigten mit, dass sie am neuen Firmenstandort weniger verdienen würden.

Am 28. März 2000 wurden 174 Beschäftigte zur neuen Fabrik transportiert. Die erwies sich allerdings als eine halbfertige Produktionsanlage, in der es noch keine funktionierenden Maschinen, nur desolate Toiletten, keine Notausgänge und keine Schutzkleidung für die Arbeit mit aggressiven Chemikalien gab. Die Beschäftigten weigerten sich, unter diesen Bedingungen zu arbeiten.

Die Reaktion von Maisto: Alle Arbeiter wurden ohne Bezahlung der ausständigen Löhne entlassen.

Aber Thailand ist nicht China. Hier sind Gewerkschaften erlaubt. Es entwickelte sich eine internationale Solidaritätskampagne, und nach vier Monaten gab die Firmenleitung nach. Alle Forderungen der Streikenden wurden erfüllt. Die Arbeiter wurden wieder eingestellt und finanziell entschädigt.

Kein Happy End

In der Erstausgabe des »Schwarzbuch Markenfirmen« – im Herbst 2001 – hatten wir Anzeichen für eine Besserung der Zustände in der Spielwarenherstellung festgestellt und geschrieben:

»Der größte Spielwarenkonzern der Welt, Mattel aus den USA (›Barbie‹), begann bereits im Jahr 1995, Mindeststandards und verbindliche Regeln für seine Herstellerfirmen zu erstellen.[27] 1997 wurden weltweit alle Produktionseinheiten auf diese Regeln eingeschworen. Mattel ging sogar so weit, international angesehene, unabhängige Experten mit der Überwachung zu beauftragen. Diese haben freien Zugang zu allen Firmenunterlagen und die Möglichkeit, alle Beschäftigten zu befragen. 1998 wurde ein erster Bericht der Kontrollgruppe veröffentlicht.« Die Gewerkschaftsgruppe »Asian Labour« habe dazu gemeint, dass zwar noch einiges verbessert werden solle, dass sich die Herstellerbetriebe im Großen und Ganzen aber doch an die Vorschriften hielten.

Seit Herbst 2001 ist jedoch eine Reihe von Fakten bekannt geworden, die darauf schließen lassen, dass es sich bei den selbstverordneten Regeln und Mindeststandards der Konzerne meist nur um schöne Worte handelt, die man nicht so ernst nehmen kann. Und dass viele Zulieferfirmen überhaupt nicht kontrolliert werden.[28]

Selbst bei der von Mattel kontrollierten Modellfabrik »Mattel Diecast China« stießen die Kontrolleure im Jahr 2001 reihenweise auf illegale Arbeitsbedingungen: Eine 60-Stunden-Woche (in China sind inklusive Überstunden maximal 49 Stunden pro Woche erlaubt). Beschäftigte, die wegen der großen Hitze in den Betriebsräumen – mehr als 40 Grad Celsius – kollabierten. Lärmpegel, welche die von Mattel gesetzten Grenzwerte weit überstiegen. Giftige Gasdämpfe im gesamten Fabrikgebäude.[29]

Bei anderen firmeneigenen Mattel-Kontrollberichten stößt man auf eklatante Widersprüche in der Darstellung. Beispielsweise steht im Bericht über die Firma »Mattel Jakarta Satu« (MSJ / Indonesien) aus dem Jahr 2002, die Barbie-Puppen herstellt, auf Seite 4 Folgendes:[30] »Die Kontrolle der Personalakten und Überweisungen an die Arbeiter ergab, dass kein Arbeiter mehr als 176 Stunden im Monat arbeiten musste.« – Das wären also etwa 44 Stunden die Woche.

Auf Seite 8 hingegen erklärt das Management derselben Firma, »dass alle Arbeiter zusätzlich zu den normalen 48 Stunden pro Woche automatisch verpflichtet sind, 8 Stunden zu arbeiten«.

Werden die Arbeiter möglicherweise systematisch um Vergütungen für Überstunden betrogen?

In einer Presseaussendung vom 15.11.2002 erklärte Mattel stolz: »Bei Mattel Jakarta Satu sind die Löhne höher als die gesetzlich vorgeschriebenen und die Kontroll-Inspektoren konnten keine Unregelmäßigkeiten bei Lohnauszahlungen feststellen. (...) Dieser und andere Kontrollberichte sind Ausdruck der Entschlossenheit Mattels, ein Beispiel für verantwortungsvolles und überprüfbares Handeln zu geben.«

Im Januar 2002 veröffentlichte die amerikanische Menschenrechtsorganisation »The National Labor Committee« einen detaillierten Bericht über acht Fabriken in der südchinesischen Provinz Guangdong, die auch Spielwaren für große Konzerne wie Mattel, Disney, McDonald's oder Wal-Mart herstellen.[31] In einer der Fabriken wurden dabei beispielsweise folgende Arbeitsbedingungen festgestellt: fünf Monate durcharbeiten, ohne einen einzigen freien Tag, 13–16 Stunden täglich, bis zu 109 Stunden pro Woche. Es gab sogar Beschäftigte, die 364 Tage im Jahr arbeiten mussten und nur einen einzigen freien Tag hatten – für einen Stundenlohn von umgerechnet 11 Cent, das ist weniger als die Hälfte des gesetzlich vorgeschriebenen Mindestlohns. Die Menschenrechtsorganisation schätzt, dass die etwa 20 000 Beschäftigten der Firma jährlich um 2 Millionen US-Dollar an Löhnen betrogen werden.

Keine einzige Arbeiterin und kein einziger Arbeiter in dieser Fabrik wusste, dass es in China ein Gesetz gibt, das die Höchststundenzahl pro Woche auf 49 begrenzt. »Man fragt sich«, so »The National Labor Committee« in seinem Bericht, »wozu es den ›Code of Conduct‹ der großen Spielwarenkonzerne gibt, der versichert, dass alle lokalen gesetzlichen Bestimmungen eingehalten werden. Keine einzige Arbeiterin und kein einziger Arbeiter in dieser Fabrik hatte je von so etwas gehört. Und niemand kannte die Höhe des gesetzlich vorgeschriebenen Mindestlohns.« (S. 13)

In einem neuen Bericht der Menschenrechtsgruppe »Hong-kong Christian Industrial Committee« vom Beginn des Jahres 2003 wird festgestellt, dass die Löhne in chinesischen Spielwaren-fabriken in der Mehrzahl unterhalb der gesetzlich vorgeschriebe-nen Mindestgrenze liegen und dass Beschäftigte im Durchschnitt 80 bis 100 Stunden wöchentlich arbeiten müssen. In dem Bericht heißt es auch, es sei nicht möglich, Spielwarenmarken zu benen-nen, die besser als andere seien, denn fast alle Fabriken produ-zierten für mehrere Konzerne.[32]

Nur durch ständigen Druck der Öffentlichkeit kann man die Konzerne dazu zwingen, Verbesserungen der Arbeitsbedingun-gen in den Fabriken durchzuführen. In Deutschland ist es die seit 1999 bestehende Aktionsgruppe »fair spielt. Für faire Regeln in der Spielzeugproduktion«, die sich systematisch mit diesem Thema befasst und Kampagnen organisiert.[33]

Ein neuer, detaillierter Bericht der amerikanischen Gruppe »China Labor Watch« über die Zustände in elf chinesischen Fa-briken vom September 2005 zeigt, dass all die schönen Worte und hochgehaltenen »codes of conduct« der großen Spielwarenher-steller nicht viel wert sind. In einem der Zulieferbetriebe, der un-ter anderem für Mattel, McDonald's, Hasbro und KFC produ-ziert, wurden folgende Missstände festgestellt: Die gesetzlich zulässige Wochenarbeitszeit wurde regelmäßig um 36 Stunden überschritten und bezahlt wurde weit unter dem gesetzlich vor-geschriebenen Mindestlohn.[34]

Für eine Handvoll Dollar

Die Mode- und Sportartikelindustrie will sich menschenwürdige Arbeitsbedingungen in ihren Zulieferbetrieben nichts kosten lassen. Um das Image zu retten, haben Nike & Co. Verhaltensregeln eingeführt. Doch das macht die Situation oft noch schlimmer.

Zweiundzwanzigeinhalb Sekunden hat die junge Frau für eine Naht. Ununterbrochen rattert die Nähmaschine, bis zu zwölf Stunden am Tag. Immer wieder die gleichen Handgriffe, immer wieder die gleichen zwei Stück Stoff unter der Nadel vorbeiziehen. Neben der Maschine türmen sich die Ballen. Achtzig T-Shirts pro Stunde sind das Pensum. Wer das nicht schafft, muss nachsitzen, unbezahlt. Sonst ist der ganze Tageslohn dahin.

Julia Esmeralda Pleites arbeitete in der Fabrik »Formosa« in El Salvador. Dort nähte sie Shirts für Nike und Adidas. Für fünf Euro am Tag. 2,55 Euro am Tag bezahlen die Näherinnen fürs Kantinenessen: zum Frühstück Bohnen und Kaffee, mittags ein Stück Hühnerfleisch mit Reis. Für die zwölf Quadratmeter große Wohnung, die Julia Pleites gemeinsam mit ihrer Mutter und der dreijährigen Tochter bewohnt, kommen Monat für Monat noch einmal 35 Euro dazu. Der Bus zum Arbeitsplatz kostet 77 Cent, hin und zurück. Weil ihr eines Tages das Geld dafür fehlte und sie deshalb zu spät kam, wurde die 22-Jährige gefeuert. Auf der Stelle. Und ohne den restlichen Lohn zu erhalten. »Wir müssen uns Geld ausleihen, um zu überleben«,[1] sagt die junge Frau, die nicht mehr weiß, wie sie ihre Schulden bezahlen soll. Dabei hätte sie gerne etwas zusammengespart, damit ihre Tochter einmal eine Schule besuchen kann.

So wie Julia Esmeralda Pleites geht es Millionen in der Textilindustrie Beschäftigten – in der Mehrzahl Frauen – in aller Welt. Rund neunzig Prozent der Kleidungsstücke, die hierzulande über den Ladentisch gehen, werden in irgendwelchen Freihandelszo-

nen[2] in China, Südostasien, Mittelamerika und Osteuropa hergestellt. Die großen europäischen und amerikanischen Beklei-
dungs- und Sportartikelfirmen betreiben keine einzige Produk-
tionsstätte selbst, sondern kaufen ihre gesamte Ware vom jeweils
günstigsten Anbieter auf dem globalen Discountmarkt. Billiger,
billiger, billiger: Thailändische Hinterhoffabriken konkurrieren
da mit mexikanischen »Maquiladoras«, wie die Nähbatterien
Zentralamerikas genannt werden, um die niedrigsten Kosten. Oft
werden auf der gleichen Nähmaschine die verschiedenen Kon-
kurrenzmodelle nacheinander zusammengenäht.

Die Markenfirmen selbst beschränken sich aufs Design und auf
die Werbung. Und sind dabei alles andere als knauserig. Mindestens hundert Euro kostet ein neues Sportschuhmodell von Nike,
Adidas oder Reebok. Doch nur rund zwölf Prozent bekommen die
Herstellerfirmen, die davon noch Material und Produktionskosten bezahlen müssen. Die Löhne fallen dabei kaum ins Gewicht:
Lediglich 0,4 Prozent vom Wert eines verkauften Laufschuhs erhält eine Näherin im Durchschnitt, hat die internationale »Clean-
Clothes-Kampagne für faire Arbeitsbedingungen« errechnet. Bei
100 Euro wären das also 40 Cent.

Die Thailänderin Suthasini Kaewlekai arbeitete elf Jahre lang
für die Firma »Par Garment«, auf deren Kundenliste bekannte
Namen wie Nike, Adidas und Puma, Asics, Fila, Gap und Tim-
berland standen. Wie die meisten Näherinnen erhielt sie nur den
Mindestlohn von 162 Baht am Tag, das sind umgerechnet etwa
4,80 Euro, erzählt die zierliche kleine Frau in ihrer Mutterspra-
che Thai.[3] »Leben kann man davon nicht. Und Sozialversicherung gibt es auch keine. Dabei hat uns das Management 300 Baht
(8,90 Euro) am Tag und elf Tage Urlaub im Jahr zugesichert.
Doch monatelang wurde uns nicht einmal der normale Lohn gezahlt.« Einige Arbeiterinnen, unter ihnen Suthasini Kaewleklai,
gingen deswegen vor Gericht.

Den Schädel einschlagen und zu Grabe tragen

Die Richter des Arbeitsgerichts von Thanya Buri empfahlen den Näherinnen, sich mit vierzig Prozent der zugesagten Löhne zufriedenzugeben, da das Unternehmen in einer Finanzkrise stecke, erinnert sich die junge Frau. Da die Belegschaftsvertreter dies nicht akzeptieren wollten, sagte einer der Richter: »Ihr seid dickköpfig. Wenn ich euer Arbeitgeber wäre, ich würde euch nicht nur entlassen. Ich würde mir jemanden suchen, der euch den Schädel einschlägt.« Dann fragten die Richter die Arbeiterinnen noch einmal, was sie tun wollten. Als diese weiter auf ihrem Recht auf den zugesagten Lohn bestanden, schlossen die Richter das Verfahren mit den Worten: »Ihr werdet bald in Särgen zu Grabe getragen werden.« Im Mai 1999 wurden Suthasini Kaewlekai und ihre Mitstreiterinnen entlassen.

Menschenrechtsgruppen bestätigen, dass die Rechte von Angestellten vor allem seit der Wirtschaftskrise der sogenannten Tigerstaaten Südostasiens mehr denn je beschnitten werden. Die Unternehmer nützen die instabile wirtschaftliche und politische Situation, um niedrige Steuern und Sozialstandards auszuhandeln. Sie können dabei auf die Unterstützung durch die Weltbank und den Internationalen Währungsfonds zählen, die in den hochverschuldeten Ländern der sogenannten Dritten Welt vor allem die Interessen der westlichen Geldgeber vertreten. Der enorme Schuldendruck zwingt viele Länder Asiens, Afrikas und Lateinamerikas, aber auch im ehemaligen Ostblock, ihre Mindestlöhne unter dem Existenzminimum zu halten, da sie sonst nicht einmal in der Lage wären, die eigenen Staatsangestellten zu bezahlen. Nutznießer sind die multinationalen Konzerne, die sich zynisch auf die staatlich festgelegten Mindestlöhne berufen.

36 Cent mehr für faire Löhne

»Dabei wäre es ja an sich sinnvoll, wenn man Arbeitsplätze in ärmeren Ländern schafft, indem man die Produktion aus den reichen Ländern auslagert«, meint Christian Mücke von der Clean-

Clothes-Kampagne.[4] Damit man aber von Investitionen in diese Länder sprechen könne, müsse man auch Löhne zahlen, die einen angemessenen Lebensstandard erlauben – und die Möglichkeit, Rücklagen zu bilden. »Und natürlich ist ein menschenwürdiger Lohn in Bangladesch nicht dasselbe wie in Deutschland«, weiß Mücke. »Es wäre auch kontraproduktiv, das zu verlangen. Damit würde man nur soziale Spannungen schaffen. Es muss unter den lokalen Bedingungen ein anständiges Leben ermöglicht werden.« Doch davon sei man weit entfernt.

Würden etwa die 150 000 Textilarbeiterinnen in Indonesien monatlich nur 11 Euro mehr verdienen, könnten sie davon nicht nur menschenwürdig leben, sondern auch ihren Kindern den Schulbesuch ermöglichen. Der Preis für einen Turnschuh stiege dabei lediglich um 36 Cent.[5] So sind Kinder aber oft selbst zum Arbeiten gezwungen, weil das Familieneinkommen nicht reicht.

Standortdumping

De facto drücken die Konzerne mit ihrer Preispolitik die Standards in den betroffenen Ländern nämlich noch weiter nach unten. »Die produzieren natürlich dort, wo es am billigsten ist. Es würde für sie gar nicht ins Gewicht fallen, wenn sie ein paar Groschen mehr für die Löhne zahlten«, sagt Mücke, »aber so etwas widerspräche einfach ihrer Marktphilosophie. Wenn ein Standort aufgrund sozialer Verbesserungen auch nur eine Spur teurer wird, ziehen die sofort zum nächsten weiter. Erhöht ein Land die Sozialstandards, riskiert es damit, dass alle Investoren ins Nachbarland abwandern. Die Bekleidungsindustrie braucht ja nur irgendwelche Fabrikhallen anzumieten und Nähmaschinen aufzustellen. So schnell kann man gar nicht schauen, sind die wieder abgebaut.« Zurück bleiben oft Zehntausende Arbeitslose.

Unmenschliche Arbeitsbedingungen

Der von den Konzernen ausgeübte Konkurrenzdruck schlägt sich nicht nur auf die Löhne, sondern auch auf die Zustände am Arbeitsplatz nieder. »In der Fabrik ist es sehr heiß«, beschreibt Julia Esmeralda Pleites die Situation beim Nike- und Adidaslieferanten Formosa. »Die Belüftung ist schlecht. Man schwitzt und trocknet aus. Der Staub verstopft die Nase. Um Wasser zu trinken oder auf die Toilette zu gehen, braucht man eine Erlaubnis. Dort überprüfen Sicherheitskräfte den Firmenausweis, da man nicht öfter als ein- oder zweimal täglich austreten darf. Die Anlagen sind verschmutzt, es gibt kein Toilettenpapier. Auch das Trinkwasser ist nicht gereinigt. Beim Verlassen der Fabrik mussten wir entwürdigende Durchsuchungen über uns ergehen lassen. Die weiblichen Sicherheitskräfte, die uns Frauen durchsucht haben, fassen dich überall an.«

Wenn eine Frau nach der Probezeit angestellt werde, müsse sie selbst einen Schwangerschaftstest bezahlen. »Ist sie schwanger, fliegt sie raus. Wir bezahlen auch Sozialversicherung, aber man kriegt nicht frei, um in die Klinik zu gehen.«

Gewerkschaften seien bei Formosa nicht erlaubt. »Sobald sie wüssten, dass du einer Gewerkschaft angehörst, würden sie dich rauswerfen. Alle haben Angst.«

Sexuelle Belästigung

Etwa die Hälfte der Arbeiterinnen bei Formosa ist laut »Kampagne für Saubere Kleidung« jünger als achtzehn Jahre. So wie die 15-jährige María, die seit 1997 zwölf Stunden am Tag hinter der Nähmaschine steht. Einmal sei sie von einem Vorarbeiter bedrängt worden, erzählt sie: »Er hat mich am Arm gepackt und mir erzählt, ich würde ihm gut gefallen. Ob ich nicht Lust hätte, ihn zu treffen. Ich habe mich gewehrt und gesagt, er solle mich in Ruhe lassen. Er sagte darauf, ich wüsste ja gar nicht, was für einen großen Fehler ich mache.«[6] So etwas gibt es bei uns natürlich auch. Doch in den Nähbatterien der Textilindustrie scheint der systematische Missbrauch von Frauen – und manchmal auch von Kindern – die Regel zu sein.

Die Näherin Marlene Vega erzählte dem »Stern«[7] die folgende

Geschichte: »Zwei Männer packten mich und zerrten mich in Richtung des Wagens von Mr. Sharp«, dem Sohn des Formosa-Betriebsleiters. »Jimmy will dich. Das ist keine Bitte. Das ist ein Befehl«, sagten die Männer. Das Mädchen schaffte es, sich zu befreien. Am nächsten Morgen wurde es entlassen.

Adidas versprach, die Vorwürfe zu untersuchen und bei Formosa für bessere Arbeitsbedingungen zu sorgen. Den Beschuldigten konnte am Ende jedoch nichts nachgewiesen werden. Die Opfer berichten, dass sie nicht einmal befragt wurden.

Dunkle Wäsche, damit man die Blutflecken nicht sieht

Textilarbeiterinnen sind nicht nur direkten sexuellen Belästigungen ausgesetzt. In Indonesien haben Frauen beispielsweise das verbriefte Recht, während der Menstruation zwei Tage unbezahlt der Arbeit fernzubleiben, da der Zugang zu den Fabriktoiletten beschränkt ist und die meisten Indonesierinnen weder Hygieneartikel noch Schmerzmittel bezahlen können. Nur wenige nehmen dieses Recht in Anspruch, da sie in den Betrieben mit Sanktionen rechnen müssen. »Während ihrer Tage tragen Zehntausende Frauen dunkle Unterwäsche und lange Blusen, damit man die Blutflecken auf der Kleidung nicht sieht«, beschreibt ein Untersuchungsteam die Zustände bei Zulieferern von Gap, Tommy Hilfiger, Polo, Nike, Adidas, Fila und Reebok. Eine Arbeiterin erzählt, dass sie aufgefordert wurde, ihren Slip auszuziehen, um die Blutung zu beweisen. Da sie das verweigerte, wurde sie als Lügnerin abgestempelt.[8]

Der »Stern« berichtet auch vom Schicksal der Chinesin Rong Wu, die von Menschenhändlern auf die Pazifikinsel Saipan verschleppt wurde, um dort Hemden für Tommy Hilfiger, Polo/Ralph Lauren, Gap und Donna Karan zu nähen. Von Prügeln ist dort die Rede und von 14-Stunden-Arbeitstagen für 200 US-Dollar im Monat, von denen die Hälfte als Miete für ein 20-Quadratmeter-Zimmer weggeht, das von zwölf Frauen bewohnt wird. Nach einiger Zeit sieht sich Rong Wu gezwungen, als Prostituierte zu arbeiten, um ihre Schulden zu bezahlen.

Die Kleidungsstücke im Wert von einer Milliarde Dollar, die auf Saipan jährlich produziert werden, sind »Made in USA«. Denn seit dem Zweiten Weltkrieg steht die Insel unter der Schirmherrschaft der Vereinigten Staaten. Abgesehen vom Wegfall der Einfuhrzölle bringt das ein gutes Image bei den Konsumenten. Doch es brachte auch Probleme für die Konzerne: Wo »Made in USA« produziert werde, müssten auch US-Gesetze gelten, argumentierte der amerikanische Anwalt Albert Meyerhoff, der 1999 unter anderem die Bekleidungsfirma Tommy Hilfiger beschuldigte, »mit Hilfe lokaler Fabrikanten (…) bewusst, fahrlässig oder rücksichtslos ein System unfreiwilliger Knechtschaft aufgebaut« zu haben. Im Namen Tausender Arbeiterinnen forderte er zurückgehaltene Löhne ein. In den Sammelklagen war von Hormontests und erzwungenen Schwangerschaftsabbrüchen die Rede. Einige der Unternehmen erklärten sich angesichts des öffentlichen Drucks bereit, Schadenersatz zu leisten und – auf Saipan – nicht mehr mit Fabrikanten zusammenzuarbeiten, die den arbeitsrechtlichen Minimalforderungen nicht genügen.

Imageproblem

Spätestens seit das amerikanische Magazin »Life« im Juni 1996 Fotos pakistanischer Kinder veröffentlicht hat, die Fußbälle mit dem Nike-Logo, dem »Swoosh«, nähen, ist in der Branche Feuer am Dach. Zehntausende Kinder produzierten Bälle für Nike, Adidas, Reebok und andere bekannte Firmen. Viele wurden als Sklaven an ihre Arbeitgeber verkauft und wie Vieh gebrandmarkt.[9] Berichte über Kinderarbeit, Ausbeutung, Zwangsarbeit, Gewalt und sexuelle Übergriffe auf junge Arbeiterinnen bedrohen seitdem das Image jener Unternehmen, die sich ihrem vorwiegend jugendlichen Publikum gerne als modern und weltoffen präsentieren. Immer öfter wird dieses Bild gestört – vor allem durch Reportagen über die Produktionsbedingungen in den Sweatshops (»Schweißbuden«), in denen die Konzerne ihre Markenware herstellen lassen. Damit sind jene Hinterhoffabriken in aller Welt gemeint, in denen vorwiegend Frauen zu geringen Löhnen und in zahllosen Überstunden an den Nähmaschinen schuften. »Da arbeiten 15-jährige Mädchen, die nach ein paar Jahren kaputt sind«, sagt der Österreicher Christian Mücke, der selbst einige Sweatshops in Zentralamerika besucht hat.

Um ihr Image aufzupolieren, haben die meisten Markenkonzerne Verhaltensnormen, sogenannte Codes of Conduct, etabliert, wie sie auch von Anti-Sweatshop-Kampagnen und Gewerkschaften gefordert werden (siehe »Sozialcharta« am Ende des Kapitels). Doch die effektive Umsetzung dieser Normen wird allgemein bezweifelt. »Sehr großzügig betrachtet, haben vielleicht zehn Prozent aller westlichen Unternehmen, denen Missbräuche vorgeworfen werden, etwas Sinnvolles zur Verbesserung der Arbeitsbedingungen geleistet«, kritisiert der amerikanische Ökonomieprofessor Prakash Sethi in einem Artikel des Wirtschaftsmagazins »Business Week«.[10]

»Ohne Kontrolle durch unabhängige Organisationen und Gewerkschaften sind die angeblichen Verbesserungen kaum überprüfbar«, beschwert sich auch Christian Mücke von der Clean-Clothes-Kampagne. »Dagegen wehren sich die Konzerne aber nach wie vor.« Oder sie greifen auf Prüfmethoden zurück, die mehr der eigenen Imagepflege als der Aufdeckung von Missständen dienen. So gibt es eine Reihe von Gutachten, die von konzerneigenen Leuten oder von bezahlten Institutionen erstellt werden, die natürlich im Sinne der Auftraggeber ermitteln. Oder die Ergebnisse werden unter Verschluss gehalten. So wie jener Prüfbericht der Consultingfirma Ernst & Young, der im Jahr 1997 katastrophale Zustände bei einem Nike-Lieferanten in Vietnam aufdeckte. Nikes Pech: Das Dokument wurde der »New York Times« zugespielt und sorgte für großen Wirbel in der Öffentlichkeit.[11] Bei fast allen selbst auferlegten Verhaltensnormen fehlen außerdem zwei wesentliche Kriterien, beklagt Mücke: »Zum Ersten das Recht auf einen menschenwürdigen Lohn. Und zweitens das Recht auf die Bildung freier Betriebsräte und unabhängiger Gewerkschaften.«

Grundrecht der Selbstorganisation

Dieses Recht sei der eigentliche Knackpunkt, meint Mücke. Denn nur die Selbstorganisation der Arbeiter vor Ort biete einen effektiven und dauerhaften Schutz vor Missbräuchen. »Das Thema Gewerkschaft ist so heiß, dass oft nicht einmal Lippenbekenntnisse in die Codizes aufgenommen werden.« Keine Frage: Könnten die Arbeitnehmer ihre Löhne kollektiv verhandeln und notfalls auch in Streik treten, wäre den Unternehmen mit einem Schlag die Möglichkeit genommen, beliebig über die große Masse der Lohnabhängigen zu verfügen. So aber tolerieren viele Markenfirmen nur allzu gerne, dass selbst in Ländern, in denen Gewerkschaften und Betriebsräte vorgeschrieben sind, Arbeiter so eingeschüchtert werden, dass eine ungehinderte Vertretung ihrer Interessen nicht möglich ist. Oder sie verlagern die Produktion gleich in Länder wie China, in denen freie Gewerkschaften verboten sind.

Ohne das garantierte Recht auf Versammlungs- und Organisationsfreiheit, meint auch die thailändische Menschenrechtskoordinatorin Junya Yimprasert, seien alle anderen Zugeständnisse nicht viel wert, da niemand ihre Einhaltung kontrollieren könne. »Die Unternehmer verwenden sogar die lokale Mafia, um gegen Gewerkschaften vorzugehen«, behauptet die Sozialwissenschaftlerin.[12]

Yimprasert hat eine zweijährige Untersuchung in thailändischen Zulieferbetrieben für internationale Markenartikler durchgeführt. Von Januar bis Mai 1999 wurde sie sogar von Reebok zu einer Überprüfung aller Produktionsstätten eingeladen, ohne dabei allerdings auch nur ein einziges Mal alleine mit den Arbeitern sprechen zu dürfen. Besonders unter die Lupe genommen hat die Wissenschaftlerin die Auswirkungen der Verhaltenskodizes, auf die die Multis gerne verweisen, wenn sie wieder einmal im Kreuzfeuer der Kritik stehen.

»Diese Codes of Conduct gibt es in Thailand seit 1992. Sie beinhalten unter anderem Bestimmungen zum Mindestalter, zu

Arbeitsrechten und über Sicherheits- und Umweltstandards.«
Die Angestellten hätten aber meist keine Ahnung von der Existenz der Codes.

»Die werden oft nicht einmal in die Landessprache übersetzt oder hängen nur in den Empfangsräumen für Besucher, wo Arbeiter keinen Zutritt haben.« Es gebe zwar gewisse Verbesserungen, etwa im Bereich der Sauberkeit und Sicherheit der Arbeitsplätze. Akkordarbeit zum Mindestlohn mit unbezahlten Überstunden sei aber noch immer die Regel.

Verhaltenskodizes bringen Verschlechterungen

»Im Großen und Ganzen habe ich den Eindruck, dass die Verhaltenskodizes nur dazu dienen, dass sich die Konsumenten in Europa und den USA besser fühlen«, so das vernichtende Resümee der Soziologin. Und: »Für die Arbeiter selbst haben sie in erster Linie Verschlechterungen gebracht.«

Wie das?

»Weil die Markenfirmen die Kosten, die etwa durch die zusätzliche Installation von Feuerlöschern oder Sanitäranlagen anfallen, nicht bezahlen.« In einer Firma habe Nike zwar Unsummen für einen künstlichen Wasserfall ausgegeben. »Doch die meisten Verbesserungen, die in den Codes der Konzerne gefordert werden, müssen die Zulieferfirmen selbst tragen. Nun sagen die Unternehmer, dass die Arbeiter noch härter arbeiten müssen, um die Kosten dafür wieder reinzukriegen. Die Multinationalen wissen, dass die Codes den Preis steigern, doch sie wollen ihn nicht zahlen. Und wenn eine Betriebsstätte wegen der Codes teurer produziert, verlagern sie ihre Produktion einfach und weichen auf billigere Standorte aus – von Thailand nach China, von China nach Vietnam und so weiter.«

Junya Yimprasert bringt es auf den Punkt: »Statt dass die Markenfirmen versuchen, in den Umgang der Produzenten mit den Arbeitern einzugreifen, verschließen sie ihre Augen. Die Verhaltensregeln dienen nur der eigenen Werbung. Die Arbeiter leiden

Textilfabrik: Meist liegen die Löhne unter dem Existenzminimum.

noch mehr als vorher. Ein Konzern, der Standards verlangt, aber das Geld dafür nicht bezahlt, der stiehlt dieses Geld direkt vom Arbeiter.«

Warum zahlen die Konzerne nicht einfach mehr?

Wenn eine Näherin im Schnitt nur 40 Cent für einen Sportschuh verdient, stellen sich viele die berechtigte Frage, warum die Sportartikelfirmen nicht einfach das Doppelte zahlen – es würde den Endverbraucher ja nur 40 Cent mehr kosten, die wiederum leicht in der Werbung eingespart werden könnten. Die Antwort ist einfach: Es widerspricht der Marktlogik, mehr zu bezahlen als notwendig.

Textilaufträge werden heute vielfach im Internet per Mausklick vergeben. So berichtet die »Frankfurter Rundschau« über die Auftragsvergabe bei KarstadtQuelle: »Die Zulieferer stehen unter enormem Druck. Sie kennen ihre Konkurrenten nicht und sehen nur die Höhe der anderen Gebote, mit denen sie mithalten müssen, wenn sie zum Zug kommen wollen. Um 14.00 Uhr hiesiger Zeit geht es Dienstagnachmittag los. Je Polohemd will Karstadt höchstens 5,20 Euro zahlen. Das erste Gebot trifft sofort ein, und wenig später ist die Marke von fünf Euro unterschritten.« Der Einkäufer in Essen hofft, dass er den Preis sogar auf 4,30 Euro drücken kann. »Als er eine halbe Stunde nach Start seinen Bildschirm konsultiert, sieht er allerdings, dass er sich deutlich verschätzt hat. Inzwischen geht es um 4,10 Euro, kurze Zeit später sind es nochmals fünf Cent weniger.« Nach einer knappen Stunde nähert sich die Auktion ihrem Ende: Das niedrigste Gebot liegt inzwischen bei 3,90 Euro. »Mit erheblichen sozialen Folgen: Es ist kein Geheimnis, dass die Arbeitsbedingungen in armen Ländern oft hart sind. Je enger die Margen für die Unternehmen ausfallen, desto geringer wird der Spielraum für Löhne. Das wissen auch die Karstadt-Einkäufer, doch es treibt sie jetzt nicht um.«[13]

Was zählt, ist nur Qualität und Zuverlässigkeit der Herstellungsbetriebe. Soziale und ökologische Faktoren werden zwar per »Code of Conduct« verlangt, aber nicht bezahlt. Außerdem würden wirklich verbesserte Arbeitsbedingungen und die zu ihrer Sicherstellung notwendigen unabhängigen Kontrollen natürlich mehr kosten als ein paar Cent pro Kleidungsstück. Und das würde sich auf die Gewinnspannen auswirken. Wirklich faire Arbeitsbedingungen würden eine völlige Umstellung der Einkaufspolitik der Konzerne bedeuten, da sie nur mit langfristiger Auftragssicherheit herstellbar sind. Für ein System, das lediglich auf die schnelle Erwirtschaftung von Profiten ausgerichtet ist, ist das kein Thema. Nicht, solange sich die Konsumenten und Konsumentinnen mit »Corporate Social Responsibility« – ein Springbrunnen hier, eine Schule dort – abspeisen lassen.

Sozialcharta für den Handel mit Kleidung

Die »Sozialcharta für den Handel mit Kleidung« ist die Verpflichtungserklärung, die die Clean-Clothes-Kampagne allen großen Textilkonzernen vorgelegt hat. Sie entspricht den Mindeststandards der Internationalen Arbeitsorganisation (ILO). Bis heute haben nur vier Unternehmen diese zentralen Forderungen unterzeichnet: Migros, Switcher, Veillon und Hess Natur. Diese Schweizer Firmen beteiligen sich auch an Pilotprojekten zur unabhängigen Kontrolle der Arbeitsverhältnisse in ihren Zulieferbetrieben.

Die Unternehmen verpflichten sich, folgende Bedingungen hinsichtlich ihrer eigenen Produktion, ihrer Subunternehmen und Zulieferer zu erfüllen sowie eine unabhängige Kontrolle darüber zuzulassen:

Organisationsfreiheit

Arbeiter haben das Recht, sich frei zu organisieren. Sie können sich unabhängigen Gewerkschaften und anderen Interessenverbänden ihrer Wahl anschließen, ohne dass dafür eine vorherige Genehmigung erforderlich wäre. Ebenso haben sie das Recht, sich bei Tarifverhandlungen von Organisationen ihrer Wahl vertreten zu lassen. Diese Tarifverhandlungen werden ohne unzulässige Behinderung der Arbeitnehmer durchgeführt.

Angemessener Lohn

Die Entlohnung von Arbeitern muss wenigstens deren notwendigsten Lebensbedarf (Nahrung, Kleidung, Wohnraum) und den der unmittelbar von ihnen abhängigen Familienmitglieder decken. Diese Entlohnung genügt mindestens dem gesetzlichen Mindestlohn des jeweiligen Landes.

Arbeitszeit

Die Zahl der wöchentlichen Arbeitsstunden und die Regelung hinsichtlich der Bezahlung von Überstunden entsprechen für alle Arbeiter den von der ILO festgelegten Normen von acht Stunden pro Tag bzw. 48 Stunden pro Woche.

Sicherheit

Die Arbeitsbedingungen im Sicherheits- und Gesundheitsbereich genügen den von der ILO festgelegten Normen.

Mindestalter

Arbeitgeber halten sich an das von der ILO festgelegte Mindestalter von 15 Jahren für Arbeitskräfte.

Schutz vor Diskriminierung

Arbeitgeber fördern die Gleichbehandlung hinsichtlich der Ausübung und Entlohnung der Arbeitenden. Das heißt, dass sich Arbeitgeber keiner Diskriminierung aufgrund von Rasse, Hautfarbe, Geschlecht, politischer und religiöser Überzeugung, sozialer Herkunft oder des Herkunftslandes schuldig machen dürfen.

Keine Zwangsarbeit

Es wird nicht auf Zwangsarbeit zurückgegriffen.

Stabile Arbeitsverhältnisse

Arbeits- und sozialrechtliche Bestimmungen für feste Beschäftigungsverhältnisse sollen nicht durch Kontraktarbeit o. Ä. umgangen werden.

Exportierte Probleme

Deutsche Banken und Unternehmen investieren Milliarden in Großprojekte in Afrika, Asien und Lateinamerika. Oft zum Schaden der Menschen und ihrer Lebensgrundlagen. Ganze Kontinente versinken im Schuldensumpf, während die Multis immer mehr Profite machen.

Hermut Kormann ist ein Bild von einem Großindustriellen. Zweireiher, Siegelring, Zigarillos. Wenn man mit ihm spricht, wendet er einem die Schulter zu, als sei es eine Zumutung, seinem Gegenüber ins Gesicht zu blicken. Er sagt dann Sätze wie: »Wir sind unseren Investoren gegenüber verantwortlich.« Und der Gesellschaft? »Die Gesellschaft möchte von uns, dass wir Kraftwerke bauen.« Und wenn diese Kraftwerksbauten Opfer verursachen? »Dafür sind wir nicht zuständig.«[1]

Kormann ist Vorstandsmitglied der Siemens-Tochter Voith. Der deutsche Konzern erzeugt Turbinen und Bauteile für Wasserkraft-Großprojekte. Etwa den Drei-Schluchten-Damm in China. Oder das Projekt Maheshwar in Indien. Dort soll ein Kraftwerk mit einer Leistung von 400 Megawatt entstehen. Doch in dem künftigen Stausee werden bis zu 162 Dörfer einfach versinken. 20 000 Bewohner sollen laut Betreiber aus der fruchtbaren Region am Narmadafluss zwangsumgesiedelt werden. Sie verlieren damit ihre Existenzgrundlage, ohne dafür angemessen entschädigt zu werden.

Das Maheshwar-Projekt ist Teil eines Großvorhabens, das den Bau von 30 großen, 135 mittleren und rund 3000 kleineren Wasserkraftwerken vorsieht. Ein 36 Meter hoher und einen Kilometer langer Damm soll ein Wasserreservoir von rund 40 Kilometer Länge aufstauen. Das Projekt wurde 1993 von der indischen Regierung an das private Unternehmen S. Kumars übertragen. Siemens erhielt im Gegenzug für eine zeitlich begrenzte Beteiligung von 17 Prozent an der Eigentümergesellschaft den Auftrag, Turbinen und Generatoren für das Kraftwerk zu liefern.

50 000 verlieren Lebensgrundlagen

Hermann Warth von der »Arbeitsgemeinschaft Entwicklungspolitischer Gutachter« hat das Projekt im Jahr 2000 im Auftrag der deutschen Bundesregierung untersucht. Er gibt die Zahl der Menschen, die durch Zwangsumsiedlung ihre Lebensgrundlagen verlieren würden, sogar mit mindestens 35 000 an. Die fruchtbare Region ist aber auch Arbeitgeber für zusätzlich rund 15 000 Menschen. Der Fluss bietet Tausenden Bauern, Fischern, Bootsleuten und im Sandabbau Tätigen Arbeit und Einkommen. »Sie verehren den Narmada als Mutter und Ernährerin«, erzählt Warth.[2]

Nicht nur durch die Umsiedlung werden gewachsene soziale Strukturen zerstört. In Ermangelung von Ersatzland wird versucht, die Landbesitzer – und zwar nur Männer – finanziell zu entschädigen. Bisher habe keine einzige Familie Land als Entschädigung erhalten, sagt Warth. Auf dem freien Markt könne man mit den erhaltenen Beträgen gar kein gleichwertiges Land erwerben. Der Kauf von Neuland werde auch dadurch erschwert, dass die Betreiber Anwälte und Makler einschalten, die bis zu dreißig Prozent Gebühr für die Vermittlung der vorgesehenen Ersatzgrundstücke kassierten.

Die Bevölkerung des Narmadatals wehrte sich daher gegen das Projekt und leistete gewaltfreien Widerstand. Dabei kam es zu brutalen Polizeimaßnahmen gegen friedliche Bauplatzbesetzungen und Versammlungen. Ein alter Mann wurde von berittenen Polizisten zu Tode gehetzt. Tausende wurden zeitweise inhaftiert – darunter 150 Bürgermeister und Kreisräte. Viele von ihnen, auch Frauen und Kinder, wurden misshandelt. 1998 bestätigte auch die »National Commission for Women« der indischen Regierung, dass es im Zusammenhang mit dem Wasserkraftprojekt zu Menschenrechtsverletzungen gekommen sei.

Mindestens sieben investitionsbereite Firmen haben sich wegen der mangelnden sozialen Verträglichkeit aus dem Projekt zurückgezogen, berichtet Hermann Warth. Voith Siemens ist noch immer dabei.

Vorstandsmitglied Hermut Kormann hat damit kein Problem. Die Frage nach unternehmerischer Verantwortung wehrt er ungerührt ab: »Die Gesellschaft hat Unternehmen dazu auserwählt, Wirtschaft zu betreiben, und Regierungen, das zu organisieren.«

Widerstand à la Gandhi

Die indische Regierung macht das offenbar besonders gut. Voith Siemens ist in Indien auch am Kraftwerksprojekt Tehri beteiligt. Mit einer geplanten Höhe von über 260 Metern soll dort der dritthöchste Staudamm Asiens einen Zulauf zum Ganges aufstauen. 107 Dörfer im indischen Himalaja sowie die in unmittelbarer Nähe gelegene Stadt Tehri mit zahlreichen historischen Tempeln und einer Palastanlage aus dem 18. Jahrhundert wären von der Überflutung betroffen. Rund 100 000 Menschen müssten für das Projekt umgesiedelt werden.

Im April 2001 besetzten mehrere tausend Dorfbewohner den Bauplatz, um gegen ihre Vertreibung zu protestieren. Der Protest wurde durch einen brutalen Polizeieinsatz niedergeschlagen. Mehr als fünfzig Demonstranten wurden verhaftet, darunter auch der in ganz Indien angesehene Anführer der Protestbewegung, Sunderlal Bahuguna. Der 75-Jährige ist ein ehemaliger Schüler und Mitstreiter Gandhis. Er hatte bereits 1996 durch einen 74-tägigen Hungerstreik die Regierung gezwungen, die Arbeiten am Tehridamm einzustellen und eine Überprüfung des Projekts zu veranlassen. Im Gefängnis von Neu-Tehri trat der Greis gemeinsam mit anderen Verhafteten am 24. April 2001 erneut in unbefristeten Hungerstreik. Um weitere Proteste zu verhindern, hat die indische Regierung nun verfügt, dass jede Ansammlung von mehr als vier Personen polizeilich aufgelöst wird.

Der größte Damm der Welt

In China leitet Siemens ein Konsortium, das für rund 348 Millionen Euro Turbinen für den Drei-Schluchten-Damm liefern soll. Das weltgrößte Projekt dieser Art soll den Jangtsefluss auf einer Länge von rund 650 Kilometern aufstauen und 18 000 Megawatt Strom erzeugen. Die Gesamtprojektkosten belaufen sich auf mehr als 46,7 Milliarden Euro. Andere Schätzungen sprechen von 81,5 Milliarden Euro.

Das Projekt stößt auf große internationale Kritik, da zwischen 1,3 und 1,9 Millionen Menschen zwangsumgesiedelt werden sollen. Der Schweizer Technologiekonzern ABB, auch an dem Projekt beteiligt, bestätigte die Zwangsumsiedlungen zwar, argumentierte aber, dass »die chinesische Regierung die Umsiedlungen nicht als Problem, sondern als Möglichkeit zur Verbesserung der Lebensumstände armer Menschen betrachtet«.[3] Die betroffenen Landwirte hingegen beschweren sich, dass zugesagte Entschädigungszahlungen weitgehend von Regierungsbeamten veruntreut worden seien. Gegenüber einer norwegischen Menschenrechtsgruppe fanden zwei im Exil lebende Chinesen, Goa Di and Guo Yufang, harte Worte für das Engagement westlicher Konzerne: »Man kann das Verhältnis zwischen der chinesischen Regierung und der Wasserkraftmafia als das zwischen einem Tyrannen und seinem Assistenten definieren.«[4]

Versichertes Risiko

Für Großprojekte wie den Drei-Schluchten-Damm sind umfangreiche Finanzierungskredite notwendig. Diese Kredite stellen aber bei Exporten in politisch oder wirtschaftlich instabile Länder ein hohes Risiko dar. Währungskrisen, Kriege, Putsche, Enteignungen, Umweltkatastrophen – das alles kann ein lukratives Projekt zum totalen Fiasko werden lassen. Um die Exportwirtschaft trotz dieser Risiken anzukurbeln und damit heimische Arbeitsplätze zu sichern, existieren in den meisten Ländern staatliche Exportkreditversicherungen, die einen Großteil des Risikos übernehmen. Auf gut Deutsch: Wenn ein Projekt deutscher Unternehmen im Ausland baden geht, und es wurde durch die staatliche Kreditversicherung genehmigt, dann zahlt der Steuerzahler einen Großteil der Verluste.

In Deutschland übernimmt dieses Geschäft die Hermes-Kreditversicherungs AG, in Österreich die Kontrollbank, in der Schweiz die Exportrisikogarantie (ERG).

Im November 1999 erteilte die deutsche Bundesregierung trotz massiver Proteste durch Umwelt- und Menschenrechtsgruppen dem Siemens-Konsortium die Genehmigung für eine Hermes-Bürgschaft in der Höhe von 50 Millionen Euro für die Lieferung von 15 Transformatoren nach China. Dazu kamen 248 Millionen Euro in Form provisorischer Garantien durch ein Konsortium aus Dresdner Bank, Deutscher Bank und anderen. Kurz zuvor noch hatte der Deutsche Bundestag eine Resolution verabschiedet, die die chinesische Regierung für ihre Invasion in Tibet verurteilte. »Mit der Hermes-Bürgschaft wollte man dann offenbar die Beziehungen zu China wiederherstellen«, sagt ein Kritiker.[5]

Letztendlich wird die Siemens-Beteiligung an dem Wahnsinnsprojekt von der Commerzbank, der Dresdner Bank, der Kreditanstalt für Wiederaufbau und der Deutschen Genossenschaftsbank finanziert, weiß Heffa Schücking von der deutschen Umwelt- und Menschenrechtsorganisation »Urgewald«. Über die Höhe könne man nur spekulieren.[6] Im Bundeswirtschaftsministerium weist der für Exportkredite zuständige Abteilungsleiter Michael Kruse lediglich darauf hin, dass die deutsche Beteiligung so gering sei, »dass wir praktisch keinen Einfluss auf das Gesamtprojekt haben«.[7] Eine Sprecherin der Hermes-Versicherung nennt schließlich »knapp 400 Millionen Mark« (205 Mio. Euro) als die Summe, mit der deutsche Steuerzahler für die Lieferungen an China haften.[8]

Anfang 2001 sollte das staatliche Hermes-System reformiert werden. Auf einer Konferenz der Weltkommission für Staudämme[9] in Berlin forderte ein Regierungsvertreter, dass Exportkre-

dite auch auf ihre entwicklungspolitische Tauglichkeit hin untersucht werden sollten. Doch das Staugewerbe stemmt sich mit
Händen und Füßen gegen die vermeintliche Flut an ökologischen
und menschenrechtlichen Vorschriften. »Dann schwindet alles!«,
sah Siemens-Vertreter Kormann offenbar seine Profite davon-
schwimmen. »Das wäre eine Vergewaltigung des Systems, immerhin bezahlen wir das selbst.«

Zwei Monate später schwanden dann lediglich die ambitionier-
ten Vorhaben der Regierung. Nur für Atomkraftwerke gibt es
künftig keine staatliche Exportgarantie mehr, ansonsten fallen
ethische Kriterien nicht ins Gewicht.[10]

Exportierte Monsterprojekte

Dass die Industrie die Hermes-gedeckten Kredite bezahlt, stimmt
nur, wenn alles gutgeht. Wenn die Investitionen baden gehen,
springt der Steuerzahler ein. Die Leidtragenden sind aber ohnehin meist die Einwohner jener Länder, in denen die westliche
Großindustrie das verwirklicht, was sie daheim nicht mehr darf:
Megastaudämme und Atomkraftwerke bauen und ohne lästige
Umweltauflagen und humanitäre Schmonzes nach Bodenschätzen graben.

Weltweit haben 40 bis 80 Millionen Menschen durch den Bau
großer Staudämme ihr Land verloren. Während in Mitteleuropa
aufgrund der anhaltenden Proteste von Umweltgruppen strenge
Vorschriften für Größe und Umweltverträglichkeit von Wasser-
kraftprojekten gelten, wird in Afrika, Asien und Lateinamerika
mit weit niedrigeren Standards drauflosgebaut.

Im Bereich der Kernkraftnutzung wirft die deutsche Atomindustrie nicht erst seit dem beschlossenen Atomausstieg ihren
Blick begehrlich nach Osten. Siemens und andere beteiligen sich
dort an Reaktorprojekten, die heutzutage aufgrund ihrer niedrigen Sicherheitsstandards in ganz Westeuropa nicht mehr kon-
struiert werden dürften.

In der Slowakei half Siemens von 1996 bis 1998 bei der Fertig-

stellung des AKW Mochovce. Der Reaktortyp sowjetischer Bau-
art gilt als einer der gefährlichsten Europas. Hermes bürgte mit
75 Millionen Euro für das Exportrisiko. Auch in Argentinien,
Brasilien, China, Ungarn, der Tschechischen Republik und anderen Ländern ist Siemens am Bau oder an der Nachrüstung von
Schrottreaktoren beteiligt (siehe auch Seite 356).

Auch westliche Großbanken haben bei umstrittenen Projekten
in ärmeren Ländern ihre Hände im Spiel. In Indonesien schürft
die staatliche Bergbaugesellschaft seit 1994 südwestlich der
Hauptstadt Jakarta nach Gold und Silber. 1997 finanzierte die
deutsche Hypo Vereinsbank das Projekt mit einem Kredit von
rund 15 Millionen Euro. 1998 wurde ein Goldschürfer von den
Sicherheitskräften der indonesischen Gesellschaft getötet. Außerdem wurden ungesicherte Sprengungen durchgeführt, durch die
allein 1998 mindestens zwanzig Goldsucher ums Leben kamen.
Im Juli 2000 demonstrierten Hunderte Goldschürfer gegen die
gewalttätige Behandlung durch Sicherheitskräfte der Mine. Berg-
arbeiter berichteten, dass sie geschlagen und misshandelt worden
seien.[11]

Seit Anfang der neunziger Jahre wurden in mehr als siebzig
Entwicklungsländern die gesetzlichen Rahmenbedingungen für
den Bergbau verändert, um Investoren anzuziehen. Die Besteuerung des Sektors wurde verringert, hohe Subventionen wurden
in Aussicht gestellt. Die sozialen und ökologischen Kosten sind
oft hoch: Die Förderung von Brennstoffen und Metallen ist mit
immensem Energie- und Wasserverbrauch verbunden, häufig
entstehen dabei giftige Abfälle, die ohne ausreichende Absicherung entsorgt werden.

Die 2400 Tonnen Gold, die 1997 weltweit produziert wurden,
haben 725 Millionen Tonnen Abraum verursacht, der mit hochgiftigen Säuren und Lösungsmitteln wie Zyanid versetzt ist. Diese
Gifte verschmutzen Flüsse und Meere und entziehen der Bevölkerung so ihre Lebensgrundlagen.

1996 vergab eine Tochter der Dresdner Bank einen Kredit von

rund 35 Millionen Euro an die australische Bergbaugesellschaft
»Aurora Gold«, die damit Gold in Indonesien förderte. Das Unternehmen vertrieb zum Teil gewaltsam etwa 20 000 Angehörige
der Völker Dayak Siang, Murung und Bekumpai, die dort seit
langem nach Gold schürfen. Außerdem habe die Firma die Flüsse
der Umgebung mit Abwässern aus dem Bergbau vergiftet. Im
Frühjahr 2000 besetzten Einheimische potentielle Grubengebiete
der »Aurora Gold«. Sie wurden daraufhin von Elitetruppen der
indonesischen Polizei gewaltsam vertrieben.[12]

Exportierte Schulden

Das durch staatliche Bürgschaften gemilderte Investitionsrisiko
hat nicht nur dazu geführt, dass der Großindustrie entwicklungspolitisch schädliche Projekte leichter von der Hand gehen. Viele
der leichtfertig vergebenen Kredite treiben ärmere Länder in
Schulden. Ein Beispiel dafür sind die Kernkraftwerksblöcke Angra 2 und 3, die ausgerechnet in einem Erdbebengebiet an der
brasilianischen Küste stehen.

Bei beiden Reaktoren wurde bereits vor mehr als zwanzig Jahren
mit dem Bau begonnen. Der Lieferant der Anlagen: die Siemens-
Tochter KWU. Doch erst seit Juli 2000 liefert Angra 2 tatsächlich
Strom. Es wird geschätzt, dass die verschleppte Fertigstellung das
Land fünf Milliarden Euro gekostet hat. Und ob Angra 3 je ans
Netz gehen wird, ist bislang offen. Auch dort wurden Milliarden
versenkt. Der Bau hatte sich aus politischen Gründen verzögert,
da die Reaktoren Anfang der Achtziger auch für die Produktion
von Atomwaffen für die damalige brasilianische Militärdiktatur
gedacht waren. Daran hatten die späteren zivilen Regierungen
Brasiliens jedoch kein Interesse mehr.

»Die Deutschen haben uns eine Technologie verkauft, die sie
selbst nicht betreiben, und wir bezahlen mit Geld, das wir nicht
haben«, klagte der ehemalige brasilianische Finanzminister De-
nim Netto.[13] Denn Brasilien ist hoch verschuldet. Fast 250 Milliarden Euro betrug die Schuldenlast des Landes 1998. Am 31. De-

zember 1999 hielten deutsche Banken Forderungen in der Höhe von insgesamt 10,6 Milliarden Euro an Brasilien. Auch Angra wurde mit Hilfe von Krediten deutscher Banken finanziert, die durch Hermes gedeckt waren.

So plante etwa die Dresdner Bank lange Zeit, den Fertigbau von Angra 3 zu finanzieren, obwohl längst offenkundig war, dass sich das Kraftwerk nicht rentiert. Selbst die nationale brasilianische Kommission für Atomenergie räumte ein, dass der Strom aus dem AKW fast doppelt so teuer ist wie der aus Erdgas gewonnene.[14] Nachdem die deutsche Bundesregierung im Sommer 2000 verkündete, für den Fertigbau von Angra 3 entgegen ursprünglicher Vorhaben doch keine Hermes-Garantie zu genehmigen, dürfte die Lust der Dresdner Bank aufs finanzielle Abenteuer jedoch erheblich gesunken sein.

Dafür hat Siemens dank Hermes sein Geld bekommen.[15] Insgesamt 2,9 Milliarden Euro kassierte der Konzern für Angra 2, für Block 3 waren es bisher 1,4 Milliarden Euro.[16]

Siemens und die deutschen Banken, die für ihre Kredite satte Zinsen kassieren, sind somit die einzigen Gewinner des Desasters. Zu den Verlierern zählen auf der einen Seite die deutschen Steuerzahler. Denn wenn die Importländer ihre deutschen Lieferanten nicht mehr bezahlen können, übernimmt die Bundesrepublik dank Hermes zunächst den Schaden der heimischen Unternehmen. Der größte Verlierer ist jedoch Brasilien, das so – wieder einmal – zum Schuldner Deutschlands geworden ist.

Das genannte Beispiel ist nur eines unter vielen. Hier haben deutsche Unternehmen die Atompolitik der ehemaligen brasilianischen Militärmachthaber für ihre Profite genutzt. Investitionen dieser Art haben letztendlich dazu beigetragen, dass zahlreiche hochverschuldete Länder die öffentlichen Mittel für Bildung und Gesundheit drastisch kürzen mussten.

Im Juli gewann der argentinische Journalist Alejandro Olmos einen spektakulären Prozess, den er über siebzehn Jahre gegen den argentinischen Staat geführt hatte und dessen Ende er selbst

nicht mehr erlebte. Olmos belegte, dass große Teile der Auslandsschulden seines Landes unter Bruch der argentinischen Verfas-
sung zustande gekommen waren. Sie sollten daher nicht zurück-
gezahlt werden. Die Militärdiktatoren, die 1976 bis 1983 das Land
beherrschten, hatten sich mit Hilfe ausländischer Kredite berei-
chert. Nun lasten die Schulden auf der argentinischen Bevölkerung.[17]

Elend durch Verschuldung

Der Kapitaltransfer von Industrieländern in sogenannte Entwicklungsländer addierte sich im letzten Jahrzehnt auf fast 1,5
Billionen Euro. Das ist eine Zahl mit elf Nullen. Ausländische Direktinvestitionen, größtenteils finanziert von Konsortien internationaler Banken, machten mehr als ein Drittel dieser Kapital-
zufuhr aus, ein weiteres Viertel waren Kredite einzelner Banken.

Um kein Missverständnis aufkommen zu lassen: Was alle diese
Länder dringend benötigen, sind Investitionen. Am meisten gefragt wären Mittel für Bildung, Gesundheit und nachhaltige
Wirtschaftsstrukturen. Dass davon auch die Investoren profitieren können, steht dazu nicht im Widerspruch.

Doch viele der ausländischen Investments sind so kurzfristig
angelegt, dass Banken und Konzerne die Einzigen sind, die daran
verdienen. In den Zielländern hinterlassen sie oft riesige Schul-
denberge.

Exportierte Aktienverluste

Vor allem Großbanken und ihre Investmenttöchter versuchen
zunehmend, in sogenannten Emerging Markets, den aufstreben-
den Märkten Lateinamerikas und Asiens, mit kurzfristigen Geldanlagen schnelle Gewinne zu machen. Solche Anlagen aus Industrienationen in Entwicklungsländern – zum Beispiel in Form
von Aktien und Anleihen – übertrafen nach 1990 sogar das
Volumen direkter Investitionen, wie etwa die Gründung von Unternehmen.

Diese flüchtigen Kapitalströme haben im letzten Jahrzehnt zu mehreren Währungskrisen geführt: 1994 zur sogenannten Tequila-Krise in Mexiko, 1997 zum totalen ökonomischen Absturz der Tigerstaaten in Südostasien, 1998 zu den Wirtschaftskrisen in Russland und in Brasilien. In den betroffenen Ländern hinterlassen sie eine Spur sozialer Verwüstung. Infolge der Asienkrise ist die Zahl der Arbeitslosen drastisch angestiegen. Die beschleunigte Inflation hat die Kaufkraft verringert, viele Menschen können nicht einmal mehr die Grundnahrungsmittel bezahlen. Der Anteil der in Armut lebenden Bevölkerung in den südostasiatischen »Hoffnungsländern« der achtziger Jahre hat sich infolge der 1997er Krise um 90 Millionen Menschen erhöht.[18]

Die wichtigsten Akteure bei der Abwicklung kurzfristiger Finanzgeschäfte sind die Banken. In London, dem weltweit größten Handelszentrum für Fremdwährungsgeschäfte, entfallen 83 Prozent aller Käufe und Verkäufe auf Banken. Sie verwalten zum einen treuhändisch das Vermögen ihrer Kunden, zum anderen handeln sie auf eigene Rechnung mit Wertpapieren.[19]

Mit der Armut spekuliert

Zum Eigenhandel gehören unter anderem Geschäfte mit Fremdwährungen. Diese dienen neben der Finanzierung und Absicherung internationaler Geschäfte auch Spekulationszwecken. Dabei wird eine bestimmte Summe einer Währung zu einem niedrigen Preis eingekauft und später teurer wieder verkauft.

Unter solche Spekulationen fallen auch Termingeschäfte, bei denen der Spekulant – ähnlich wie bei einer Wette – darauf setzt, dass sich der Wert einer »schwachen« Währung wie etwa des brasilianischen Real im Vergleich zu einer »starken« Währung wie dem Dollar bis zu einem bestimmten Datum verändert. Geht die Rechnung auf, fällt die Differenz als Spekulationsgewinn an. Solche Termingeschäfte waren 1999 Thema eines parlamentarischen Untersuchungsausschusses des brasilianischen Bundessenats: Der Deutschen Bank und anderen Großbanken wurde darin vorgeworfen, an der brasilianischen Währungskrise durch illegal erworbene Insiderinformationen Spekulationsgewinne erzielt zu haben.[20]

Die meisten spekulativen Geschäfte werden in Brasilien auf der Waren- und Terminbörse abgewickelt. Hier machten 24 Banken 1999 innerhalb von knapp drei Wochen Gewinne in der Höhe von 5 Milliarden Euro. Der größte Anteil entfiel auf die amerikanische Citibank mit 800 Millionen Euro. Die Deutsche Bank lag mit 200 Millionen Euro unter den ersten zehn. Gleichzeitig verlor die brasilianische Staatskasse durch die Spekulationen rund 3,5 Milliarden Euro.[21]

Die Schuld deutscher Banken

Hochverschuldete Länder der sogenannten Dritten Welt wenden einen großen Teil ihres Budgets für Zinsen und Rückzahlungen an Industrienationen auf. Mit insgesamt 115 Milliarden Euro sind deutsche Banken die größten privaten Gläubiger der Entwicklungsländer.[22]

Dabei haben die Banken nicht unwesentlich zum Entstehen dieser Schulden beigetragen. Das deutsche Südwind-Institut, das sich seit Jahren mit den Bedingungen des Welthandels beschäftigt, vermutet in dem Buch »Deutsche Großbanken entwicklungspolitisch in der Kreide?«[23] die Ursachen der heutigen Schuldenkrise vor allem in den frühen siebziger Jahren.

Nach dem ersten Erdölpreisschock in den Jahren 1973 und 1974 befanden sich hohe Kapitalüberschüsse aus den erdölproduzierenden Ländern auf dem Finanzmarkt und suchten nach Anlagemöglichkeiten. Insbesondere US-Banken vergaben daraufhin leichtfertig Gelder an Kunden in Entwicklungsländern, ohne deren Kreditwürdigkeit zu überprüfen. Oft waren die Empfänger dieser Gelder korrupte Machthaber, die damit Luxusgüter, Prestigeprojekte und Waffenkäufe finanzierten. Da die Zinsen zu dieser Zeit sehr niedrig waren, wurden auf diese Weise große Mengen »Negativkapital« angehäuft.

Doch zu Beginn der achtziger Jahre änderten sich die wirtschaftlichen Rahmenbedingungen. Die Rüstungsinvestitionen der USA und die Stabilisierungspolitik der Industrieländer führten zu einem Ansteigen der Zinsen. Als 1982 der lateinamerikanische Großschuldner Mexiko seine Zahlungsunfähigkeit erklärte, war Feuer am Dach. Dutzende Länder waren bald so hoch verschuldet, dass an eine Rückzahlung der Kreditraten nicht zu denken war.

Die Folge waren 1989 und noch einmal 1996 »Umschuldungsprogramme«, vorwiegend für afrikanische und einige lateinamerikanische und asiatische Länder. Das hieß im Wesentlichen nichts anderes, als dass für die fälligen Rückzahlungen neue Kredite aufgenommen wurden. Diese neuen Kreditvergaben wurden aber von Weltbank und Währungsfonds an Bedingungen geknüpft: Durch sogenannte Strukturanpassungsprogramme sollten die Empfängerländer auf eisernes Sparen eingeschworen werden und die öffentlichen Ausgaben senken. In der Realität hieß das nichts anderes, als dass zahlreiche Schulen, Gesundheitseinrichtungen und öffentliche Infrastrukturprogramme nicht mehr finanziert werden konnten. Außerdem wurden in vielen Ländern die Mindestlöhne gesenkt, um die Staatsangestellten bezahlen zu können. Das ist mit ein Grund, warum sich internationale Konzerne so leichttun, ihre Produkte in Entwicklungsländern herstellen zu lassen, mit Personalkosten, die weit unter dem Existenzminimum liegen (siehe auch die Kapitel »Bekleidung« und »Lebensmittel«).

Die westlichen Großbanken hingegen haben mit der Umschuldung kein großes Problem. Sie profitieren weiter von den Zinsen, während ihre Kredite zu einem guten Teil durch staatliche Exportgarantien wie Hermes abgesichert sind.

Naturkatastrophe Auslandsverschuldung

Zu welchen skurrilen Situationen die Verschuldung in den betroffenen Ländern führen kann, lässt sich am Beispiel Mosambik illustrieren. Im Februar 2000 wurde der Süden des afrikanischen

Landes von Wirbelstürmen und katastrophalen Regenfällen zerstört und überflutet. Zwischen sieben- und achthundert Menschen wurden allein in den ersten Tagen des Taifuns getötet. Insgesamt verloren mehr als viereinhalb Millionen Menschen ihre Lebensgrundlagen.[24]

Mosambik zählte schon vor der Katastrophe zu den ärmsten Ländern der Welt. Siebzig Prozent der Menschen leben unter der Armutsgrenze, die durchschnittliche Lebenserwartung liegt bei 43 Jahren. Jedes siebente Kind stirbt vor dem fünften Lebensjahr. So ist das in Afrika eben, das sind nur statistische Daten – das regt keinen mehr auf. Doch auf der anderen Seite stehen Entwicklungskennzahlen, die sogar im internationalen Vergleich sensationell sind: Das Bruttonationalprodukt verzeichnete in den letzten Jahren Wachstumsraten von über zehn Prozent per anno. Die Analphabetenrate konnte seit der Unabhängigkeit im Jahr 1975 von mehr als 98 Prozent auf unter 60 Prozent gesenkt werden.

Der finanzielle Schaden durch die Katastrophe wurde auf insgesamt mehr als 617 Millionen Euro geschätzt. Von Februar bis August 2000 spendeten 49 Länder und 30 Hilfsorganisationen Güter im Wert von rund 77 Millionen Euro. Außerdem sagte die Internationale Staatengemeinschaft dem Land fast 170 Millionen Euro für den Wiederaufbau zu.

Auf der anderen Seite steht eine Zahl, die keiner Naturkatastrophe bedarf, um wie ein Damoklesschwert über den Mosambikanern zu schweben: Mehr als 67 Millionen Euro bezahlt das Land Jahr für Jahr, um seine Auslandsschulden in der Höhe von 5,2 Milliarden Euro zu tilgen. »Es ist verrückt, dass von der Regierung erwartet wird, Schulden zurückzuzahlen, die die Höhe der Hilfszahlungen um ein Vielfaches übersteigen«, meint dazu Kate Horn, Leiterin der internationalen Hilfsorganisation »Oxfam« in Mosambik.[25]

Internationales Konkursrecht gefordert

Im »Erlassjahr« 2000 forderten zahlreiche internationale Organisationen, die Schuldenlast der ärmsten Länder der Welt zu mildern. Dabei solle man ähnlich vorgehen wie beim Insolvenzrecht: Ein internationales Gremium stellt zunächst fest, wie hoch die notwendigen Mittel für die Grundversorgung der Bevölkerung eines Landes sind, also für Gesundheit, Bildung und Infrastruktur. Wenn diese Mittel sichergestellt sind, wird berechnet, welche Beträge das Land an die Gemeinschaft der Gläubiger zahlen kann.

»Hilft die Vergebung der Schulden den Ärmsten der Welt?«, betitelte die Hypo Vereinsbank ein Positionspapier zu diesem Thema fast religiös. Die Antwort darauf blieb die Münchner Bank leider schuldig. Dafür wurde festgestellt, dass jede Beteiligung an einem Schuldenerlass für die ärmsten Länder einer schweren Diskriminierung der Banken gleichkäme, die sich trotz hoher Risiken an der Finanzierung von Investitionen in den betroffenen Ländern beteiligt haben.

Die langfristigen Forderungen der Hypo Vereinsbank etwa an Brasilien oder Indonesien sind zu hundert Prozent durch Exportkreditversicherungen gedeckt.[26]

Tobin or not to be

Um die internationalen Kapitalmärkte zu »entschleunigen« und eine höhere Nachhaltigkeit von Auslandsinvestitionen zu bewirken, fordern zahlreiche Organisationen neben einer gezielten Entschuldungspolitik die Einführung der sogenannten Tobin-Steuer. Sie ist nach dem Nobelpreisträger James Tobin benannt und beinhaltet eine Besteuerung aller Käufe und Verkäufe von Devisen in der Höhe von lediglich 0,05 Prozent. Mit ihrer Hilfe soll der Umfang des sehr kurzfristigen Handels in Fremdwährungen, der den größten Teil des täglichen Umsatzes an den internationalen Börsen ausmacht, verringert werden.

Die Forderung richtet sich in erster Linie an nationale und in-

Kinder in Mosambik: Jedes von ihnen ist hoch verschuldet.

ternationale Gesetzgeber. Die Erträge aus der Tobin-Steuer würden sich nach Schätzungen international auf mehr als 100 Milliarden Euro im Jahr belaufen. Damit könnte man beispielsweise Armut und Arbeitslosigkeit bekämpfen oder Gesundheits- und Bildungseinrichtungen finanzieren.[27]

Denn es ist nicht gesagt, dass die Globalisierung nicht auch im Dienste der Menschen stehen kann.

Profite auf Kosten der Demokratie

Nicht nur im Süden werden die Herrschenden von Multis korrumpiert. Auch demokratische Regierungen machen heute mehr Politik für Konzerne als für die, von denen sie gewählt wurden. Schuld daran sind einflussreiche Industrielobbys, internationale Freihandelsabkommen und legale Formen der Korruption.

Wenn von Krieg und Elend in der sogenannten Dritten Welt die Rede ist, prangern westliche Meinungsführer aus Politik, Wirtschaft und Medien gerne die korrupten Regierungen dieser Länder an.

Erdöl, klagt zum Beispiel OMV-Chef Wolfgang Ruttensdorfer, fließe dummerweise vor allem in Ländern wie dem Sudan, in denen brutale Militärregime regieren.[1] Dass das Regime in Khartum ohne die Petrodollars westlicher Ölkonzerne seine Waffenkäufe und damit seinen Machterhalt längst nicht mehr finanzieren könnte, sagt er nicht dazu.

Es klingt vielleicht banal, aber zur Korruption gehören immer zwei: der oder die Bestechende und der oder die Bestochene. Die Diktatoren der Entwicklungsländer sind nur die eine Seite eines korrupten Systems; die andere Seite sind die Geber – und das sind meist multinationale Unternehmen aus den demokratischen Industrieländern.[2]

So werden in Angola, im Kongo, in Myanmar (Burma), in Saudi-Arabien und vielen anderen Ländern noch immer korrupte Regierungen mit Hilfe westlicher Rohstoffkonzerne an der Macht gehalten – oft genug mit freundlicher Unterstützung durch die Heimatregierungen dieser Konzerne. Die sind meist sehr flexibel, was die Einschätzung eines Landes als »Schurkenstaat« betrifft: Unterstützte der Westen zum Beispiel in Angola zuerst den (mittlerweile ermordeten) Rebellenkämpfer Jonas Savimbi gegen den kommunistischen »Schurken« José Eduardo dos Santos, so

ist nun dos Santos der Gute, seit vor der Küste Angolas reiche Ölfelder entdeckt wurden. Den hochbezahlten Vermittler spielte
Jean-Christophe Mitterrand, Sohn des verstorbenen französischen Präsidenten. Die Korruptionsaffäre flog erst auf, als er im
Dezember 2000 verhaftet wurde. Nun profitieren vor allem der
französische Ölkonzern Total und die amerikanische Firma
Chevron (siehe Seite 149).

Auch in der Demokratischen Republik Kongo gab es nach Ende
der Kolonisierung durch Belgien 1960 zaghafte Versuche in Richtung Demokratie. Patrice Eméry Lumumba wurde zum Premierminister gewählt. Doch weil er nicht bereit war, die kongolesischen Reichtümer an westliche Industrieländer zu verscherbeln,
wurde er nach wenigen Monaten mit Hilfe des amerikanischen
Geheimdienstes CIA und belgischer Offiziere ermordet. An seiner statt wurde Mobutu Sese-Seko installiert, der das Land zwei-
unddreißig Jahre lang ausblutete – zur Freude westlicher Regierungen, Konzerne und Banken, die noch heute auf Milliarden
von Euros sitzen, die Mobutu der kongolesischen Bevölkerung
gestohlen, auf Schweizer Konten verfrachtet und in prächtige Vil-
len in ganz Europa investiert hatte. Als er es gar zu arg trieb, unterstützten die USA den Aufstand von Laurent Désiré Kabila.
Nachdem offensichtlich wurde, dass Kabila als Präsident seine
freigebigen Rohstoffversprechen nicht halten würde, schlugen
sich Länder wie die USA, aber auch Deutschland auf die Seite Ru-
andas, das im August 1998 einen Krieg gegen die Regierung Ka-
bilas begann. Im Januar 2001 wurde Kabila ermordet. Dass es in
diesem Krieg – dem größten der Welt seit 1945 – um Rohstoffe
geht, haben auch die Vereinten Nationen mehrfach festgestellt.
Als einer der Profiteure wird der deutsche Bayer-Konzern genannt.

Legale Korruption als Fundament des neoliberalen Kapitalismus

In Politik und Medien erscheint Korruption meist als skandalöser Einzelfall. »Das hängt mit der lobend oder kritisch gemeinten Auffassung zusammen, der gegenwärtige Kapitalismus und dessen neoliberale Ausgestaltung stellten ›die Herrschaft des Marktes‹ dar«, vermutet der Kölner Korruptionsexperte Werner Rügemer.[3] Doch der Markt funktioniere nicht nach der Lehrbuchdoktrin vom »freien Spiel der Kräfte«: »Neben die selektive Staatsgewalt und den Einsatz militärischer Mittel tritt die Korruption. Sie gehört zum systemischen Instrumentarium der ›unsichtbaren Hand‹ der Marktwirtschaft in den Kapitaldemokratien.« Die neoliberale Globalisierung bedeute – nicht zuletzt wegen der Nichtexistenz globaler Rechtsstaatlichkeit – »die bisher weitestgehende Entfesselung der Korruption in der Geschichte. Korruption wird hier ständig modernisiert und legalisiert und entkommt in den meisten Fällen der öffentlichen Wahrnehmung.« Die Ursache dafür sei die Unfähigkeit der national agierenden Justiz, korrupte Geldflüsse auf globaler Ebene nachzuweisen.

Das »System Elf«

Als Beispiel nennt Rügemer den französischen Erdölkonzern Elf (heute Total), gegen den seit März 2003 das umfangreichste gerichtliche Korruptionsverfahren läuft, das je in einem Staat der »westlichen Wertegemeinschaft« stattgefunden hat. Staatsanwälte und Kriminalbeamte haben ein Jahrzehnt lang ermittelt, waren Intrigen ausgesetzt und konnten nur unter Polizeischutz arbeiten.

Angeklagt sind Vorstandsmitglieder, ehemalige Minister, Staatssekretäre, Parteivorstände und hochrangige Geschäftsleute, die heute meist als Unternehmensberater tätig sind. Sie nennen vor Gericht ihre Orden und staatlichen Auszeichnungen. Als Wohnsitz geben sie Monaco, Paris, London, Zürich oder Moskau an. Ihre achtzig Anwälte gehören zu den teuersten Frankreichs. Aus »schwarzen Kassen« des Konzerns wurden jahrzehntelang verdeckte Zahlungen geleistet. Sie flossen an Politiker und Beamte der Staaten, in denen es um Ölförderrechte oder andere Geschäfte ging. Dauerempfänger von Millionenzahlungen waren etwa der Präsident von Gabun, Omar Bongo, sowie die Präsidenten N'Guesso (Republik Kongo) und Biya (Kamerun). Eine zweite Empfängergruppe waren laut Werner Rügemer führende Politiker der Regierungsparteien in Frankreich. Die Gesamtsumme der für das Verfahren herangezogenen Zahlungen beträgt 430 Millionen Euro.[4] Ihren tatsächlichen Umfang schätzt Rügemer jedoch auf weit höher.

Dazu kommen rund 35 Millionen Euro, die von Elf für den günstigen Kauf der ostdeutschen Minol-Tankstellen und der Raffinerie Leuna »in Richtung« deutscher Parteien gezahlt wurden, deren Endempfänger bis heute unbekannt sind.[5]

In Frankreich indessen bildete sich zwischen der Unternehmensführung und den Staats- und Parteispitzen ein elitärer, geheimdienstgeschützter »Staat im Staat«. »Elf konnte sich darauf berufen, dass man zu solchem Verhalten gezwungen sei, da die internationalen Konkurrenten genauso vorgehen«, so Rügemer, der darin einen Hinweis auf den systemimmanenten Charakter der Korruption sieht. Denn ähnliche globale Korruptionssysteme wurden bei Konzernen verschiedener Staaten offengelegt. Als Beispiele nennt Rügemer nachgewiesene Korruptionsfälle in Italien[6], der Schweiz[7], den USA[8], Saudi-Arabien[9] und Deutschland[10] vor allem im Rüstungs- und Industrieanlagengeschäft, beim Bau von Staudämmen, Kraftwerken, Straßen, Autobahnen, U-Bahnen, Immobilien und bei der Belieferung von Supermarktketten.

Die jeweils nicht neu verhandelten, sondern professionell feststehenden Schmiergeldanteile lägen zwischen drei und sieben Prozent, weiß der Korruptionsexperte, könnten aber in besonders umkämpften und dynamischen Bereichen – etwa bei der Einführung neuer Medikamente, Softwaresysteme oder Computer – ebenso wie im extrem monopolistischen Rüstungsbereich weit darüber liegen.

Siemens & Co.: Korruption gehört zum Geschäft

Deutsche Konzerne, die international wegen Korruption auffällig geworden sind, werden in der Regel auch in Deutschland auffällig. Das gilt etwa für den Siemens-Konzern. »Ob Griechenland, Uruguay, Südkorea oder Singapur: Siemens ist dabei, aber eben auch in Deutschland selbst.«[11] Ein Großverfahren gegen fünf Siemens-Manager wegen Bestechung für einen Klärwerksauftrag in München in den 1990ern habe deutlich gemacht, dass hier mit denselben Methoden gearbeitet werde wie in Entwicklungsländern: Einschaltung eines externen Vermittlers, verdeckter Geldfluss über eine Finanzoase, Einrichtung eines Nummernkontos für den Empfänger in der Schweiz, Falschdeklarierung der Kommissionszahlung, Überhöhung des Auftragspreises. Die hochrangigen Manager, die zu Gefängnis- und Geldstrafen verurteilt wurden, zeigten kein Schuldbewusstsein. Siemens habe laut Rügemer alle Anwaltskosten übernommen und den Verurteilten während ihres Gefängnisaufenthalts nicht nur ihr reguläres Gehalt, sondern auch die ihnen sonst zustehenden Gehaltserhöhungen gewährt.[12] Rügemer: »Korruption liegt im Firmeninteresse und ist normaler Bestandteil des Managementhandelns.«

Das zeige sich auch bei den zahlreichen Bauskandalen, etwa beim Bau von Müllverbrennungsanlagen in Köln, Böblingen und einem weiteren Dutzend deutscher Städte. In Köln schmierte der Generalunternehmer Steinmüller in den neunziger Jahren örtliche Politiker und Beamte mit 15 Millionen Euro. Steinmüller war laut Rügemer auch schon im Südafrika der Apartheid-Ära aktiv, wo er zusammen mit anderen deutschen Unternehmen wie Deutsche Bank und Daimler jahrelang heimlich die Apartheidpartei »National Party« finanziert habe, um an Aufträge für den Bau von Bergwerksanlagen zu kommen. So wurde der demokratische Entscheidungsprozess beim Bau deutscher Müllöfen ebenso ausgehebelt, wie in Südafrika ein undemokratisches System unterstützt wurde.

»Deutschland ist ein korruptes Land«

»Wenn man die Tatsache berücksichtigt, dass zur korruptiven Gemeinschaft zwei Akteure gehören, dann fallen beliebte Klischees wie ›Italien ist ein korruptes Land‹ in sich zusammen«, sagt Werner Rügemer. So hätten deutsche Pharmakonzerne seit den siebziger Jahren in Italien Labor- und Krankenhauspersonal bestochen, um den Verkauf von Medikamenten und Wirkstoffen zu überhöhten Preisen abzusichern. »Entsprechend dem Klischee müsste man nun sagen: Deutschland ist ein korruptes Land.«

Schwindelerregend wird es, wenn man die Verfilzungen von Politik und Wirtschaft bis in die Staatsspitzen betrachtet. So seien die »wirtschaftsfreundlichen« Parteien CDU, CSU und FDP durch den Bundesverband der Deutschen Industrie und durch Hunderte von Unternehmen »geheim finanziell ausgestattet« worden. Etwa 110 Millionen Euro seien auf diesen Wegen straflos in die Kassen staatstragender Parteien geflossen.[13] Es sei daher kaum erstaunlich, dass die Korruption deutscher Unternehmen sogar staatlich gefördert wurde. Rügemer: »Dies geschah offiziell und gesetzlich durch die steuerliche Begünstigung als ›nützliche Ausgaben‹ und durch die staatliche Exportversicherung.« Mittlerweile ist wenigstens Ersteres in den meisten Industrieländern verboten.

Im Rahmen der Globalisierung wurde die Korruption so weit modernisiert, dass die meisten Korruptionsformen heute nicht unter Strafe stehen. Dazu zählen die inzwischen vorherrschenden Formen, mit deren Hilfe Unternehmen Politiker und Staatsdiener in Abhängigkeit bringen. So erfolgte etwa nach Angaben der britischen Zeitschrift »Daily Telegraph« der Sturz des britischen Umweltministers Michael Meacher im Juni 2003 auf Druck der Gentechnik-Industrie, insbesondere des Bayer-Konzerns. Meacher war als profunder Kritiker gentechnisch veränderter Nahrungsmittel bekannt und deshalb den Biotechnik-Firmen seit langem ein Dorn im Auge.[14] In Deutschland wurde der ehemalige (mittlerweile verstorbene) Bayer-Finanzchef Heribert Zitzelsberger Finanzstaatssekretär der rot-grünen Regierung und machte sich alsbald an die Abschaffung der Gewerbesteuer für Konzerne, während sein Chef die Bürgerinnen und Bürger zur Kasse bittet.[15] In Österreich lässt sich der farblose Finanzminister Karl-Heinz Grasser öffentlich von Tommy Hilfiger einkleiden und kürzt im gleichen Atemzug die Sozialausgaben. Im Vorbeigehen bewilligt er zwei Milliarden Euro für Kampfflugzeuge der Firma EADS (DaimlerChrysler).

Korruptionssystem USA

In den Vereinigten Staaten unterstützten Konzerne wie Exxon-Mobil und Monsanto den Präsidentschaftswahlkampf mit Millionenspenden und erwarteten dafür eine industriefreundliche Politik. Sie bekamen sie auch: Präsident George W. Bush lobbyierte persönlich gegen verbindliche Klimaschutzabkommen und für Gentechnik-Zulassung in Europa. Seine Regierung hintertrieb mit unglaublicher Dreistigkeit sowohl die Funktionsfähigkeit der Vereinten Nationen, des Internationalen Strafgerichtshofs und internationale Abkommen wie die Biowaffenkonvention.

Bereits in den Siebzigern musste der amerikanische Rüstungslieferant Lockheed zugeben, allein in den Jahren 1970 bis 1975 insgesamt 202 Millionen Dollar an Provisionen, Ausgleichszahlungen und »unklaren Zahlungen« an mehrere hundert Empfänger weltweit geleistet zu haben, um an Aufträge für Kampfjets und anderes militärische Gerät zu kommen. Daraufhin wurde weiteren 360 US-Firmen Korruption nachgewiesen, insbesondere in »freundschaftlich verbundenen« Staaten. Die Bestecher trugen bekannte Namen: ExxonMobil, United Brands, Merck, Westinghouse, Firestone, Philipp Morris, ITT, Boeing. Zu den Empfängern gehörten Gabuns Präsident Bongo, Südkoreas Präsident Park, Boliviens Präsident Arrientos, der iranische Schah Pahlevi, der philippinische Präsident Marcos, der haitianische Präsident Duvalier, dazu Tausende Minister, Generäle, Abgeordnete und Beamte aus der Türkei, Israel, Großbritannien, Guatemala, Deutschland, Indonesien, Argentinien, Kanada und so weiter. Allein in Italien hatte Exxon insgesamt 73 Millionen Dollar an Politiker der Regierungsparteien gezahlt.[16] Es ging um konkrete Aufträge und Lizenzen, aber auch um die Stabilisierung eines politischen Umfelds, das für Superprofite US-amerikanischer Firmen günstig bleiben sollte. Dieses Umfeld war konservativ-christlich, schloss aber auch Diktaturen, Monarchien und rechtsradikale Gruppierungen mit ein; nach Bedarf auch Kräfte wie die Mafia, luxemburgische Freimaurerlogen und kriminelle Geheimbünde aus der japanischen Unterwelt.[17]

»Von US-Unternehmen wurde auf diese Weise seit 1945 eine Struktur globaler Korruption praktiziert, die stilbildend bisherige Bakschisch- und Bargeldpraktiken überlagerte und schrittweise vereinheitlichte«, meint der Korruptionsexperte Werner Rügemer. Die Preise für die Auftragsbeschaffung und politische Systemsicherung stiegen enorm. Es etablierte sich der Berufsstand des »unabhängigen« Provisionsvermittlers – ein Vorläufer der heutigen Industrielobbys (siehe Kapitelende). Schwarze Kassen und Briefkastenfirmen mit Vorratshaltung für Korruptionsgelder gehören seither zur Grundausstattung eines »Global Player«. Zudem wurde Korruption wissenschaftlich als Mittel der globalen Marktexpansion und der Förderung des US-Handels legitimiert. So schrieb der umstrittene Politikwissenschafter Samuel Huntington, die Korruption sei umso leichter akzeptierbar, als sie die einzige Alternative zur Anwendung von Gewalt bei der Eroberung von Märkten darstelle und auch solchen Akteuren zu Einfluss verhelfen könne, die nicht über legitime institutionelle Kanäle verfügen.[18]

Im Namen Gottes und der Konzerne

Der religiöse Fundamentalist George W. Bush hat dieses System zur Perfektion getrieben. Der wesentliche Sponsor seines Aufstiegs zunächst zum texanischen Gouverneur und dann zum US-Präsidenten war das Unternehmen Enron. Zwei Drittel der US-

Senatoren standen auf der Spendenliste des Konzerns. Enron und Enron-Topmanager brachten allein für den Wahlkampf Bushs im Jahre 2000 insgesamt 1,96 Millionen Dollar auf. Als Gegenleistung setzte die Parlamentsmehrheit bisherige staatliche Kontrollen außer Kraft – mit dem bekannten Ergebnis der Bilanzfälschungsskandale bei Enron, Worldcom und anderen im Jahr 2002.

Die Europa-Zentrale von Enron wurde in London errichtet. Im Wahlkampf protestierte Tony Blair gegen das Eindringen Enrons in den britischen Energiesektor. Er versprach den englischen Kumpeln, er werde für den Erhalt der heimischen Kohleförderung kämpfen. Im August 1998 sponserte Enron ein Galadinner beim Labour-Parteitag. Nach der Wahl ersetzte Premierminister Blair im Energieprogramm seiner Regierung die Kohle durch Gas. Im Jahre 2000 stieg Blairs Industrieminister Stephen Byers zum Chef von Enron Europe auf. Enron-Wirtschaftsprüfer Andersen wurde auch in England aktiv und sponserte ebenfalls Labour-Parteikonferenzen. An Schatzkanzler Gordon Brown verkaufte die Firma Arthur Andersen eine Luxuswohnung, die mindestens 350 000 Pfund wert war, für 130 000 Pfund. Auf Initiative von Andersen legte Brown einen Gesetzentwurf zur Senkung der Gewinnsteuern vor – in den USA hatte Andersen es geschafft, dass Enron keine Steuern zahlte.[19]

Afghanistan und Irak – die willkommenen Kriege

In Afghanistan finanzierte Enron mit Dutzenden Millionen Dollar die Taliban. Zusammen mit dem US-Ölkonzern Unocal lud Enron 1997 und 1998 Taliban-Vertreter zu Verhandlungen nach Texas ein. Enron und Unocal wollten eine Pipeline durch Afghanistan legen, um Gas und Öl aus Turkmenistan und Usbekistan zu transportieren. Enron war bereit, den Taliban eine »Steuer« auf jeden Kubikmeter Gas zu bezahlen, der durch die Pipeline fließen würde. »Enron würde auch mit dem Teufel paktieren, wenn es dem Unternehmen Gewinn bringen würde«, kommentierte ein Mitglied des Kongressausschusses, der ab Januar 2001 den Enron-Konkurs untersuchte.[20] Heute kooperiert Unocal gemeinsam mit dem französischen Ölkonzern Total mit der burmesischen Militärjunta. Wird auch die erst dann zum »Schurkenstaat« einer ominösen »Achse des Terrors« erklärt, wenn sie nicht mehr bereit ist, billig Rohstoffe zu liefern?

Auch der gestürzte irakische Diktator Saddam Hussein wurde jahrelang von der US-Regierung und westlichen Ölkonzernen hofiert. US-Vizepräsident Dick Cheney war bis 1992 Verteidigungsminister unter Bush senior. Die acht Jahre dazwischen fungierte er als Präsident von Halliburton, einem großen Zulieferer der Ölindustrie, der auch Geschäfte mit der Regierung Saddam Husseins machte. Halliburton ist einer der großen Zulieferer der US-Armee. Vor dem zweiten Golfkrieg erhielt der Konzern ohne Ausschreibung Millionenaufträge für den Wiederaufbau von Anlagen im Irak, deren Zerstörung Cheney als Politiker mitbeschlossen hatte.

Das alles sind nur punktuelle Einblicke in eine neue Dimension der Korruption innerhalb der »westlichen Wertegemeinschaft«. Mit Hilfe der Wirtschaftsliberalisierung und Deregulierungen seit den neunziger Jahren haben sich die Akteure vorausblickend als dauerhaft unschuldig erklärt. »Alles, was sie tun, oder fast alles, ist ›legal‹«, behauptet der Korruptionsexperte Werner Rügemer.

Doch die Gewinnraten und Provisionen, die in den Topetagen der »New Economy« herausgeholt wurden, können selbst in einer deregulierten kapitalistischen Marktwirtschaft nicht auf Dauer erwirtschaftet werden. Auch die »friedliche« Korruption à la Huntington reicht dafür nicht, wie die Konkurse von Enron und Worldcom zeigen. Deshalb geht »friedliche« Selbstbereicherung zunehmend zu militärischen Mitteln über. Als Sinnbild für die organische Verbindung von Marktausweitung, Korruption und militärischer Gewalt kann das Vorgehen der US-Regierung in Afghanistan gelten. Die Interessen von Enron und Unocal waren mit den Taliban nicht durchzusetzen. Zur Vorbereitung des militärischen Eingreifens gab die CIA 70 Millionen Dollar für den Kauf von Taliban-Warlords aus. Bei der militärischen Intervention winkten US-Offiziere dann mit Dollarbündeln, um Überläufer zu kaufen. Präsident Bush war über die niedrige Summe erfreut, die man hatte einsetzen müssen: »Das ist ein gutes Geschäft«, wird er zitiert.[21]

Kampf gegen Windmühlen

1997 einigten sich die in der OECD vertretenen 29 Industriestaaten auf ein Verbot der steuerlichen Begünstigung von Schmiergeldern und auf die Strafbarkeit der Bestechung ausländischer Amtsträger.[22] Die Konventionen wurden in den meisten Mitgliedsstaaten in nationales Recht umgesetzt, auch in Deutschland,[23] nicht aber in den Finanzoasen Schweiz und Luxemburg. Allerdings sei zum Beispiel in Deutschland von der Umsetzung in den Unternehmen, Finanzämtern, Staatsanwaltschaften und Gerichten nicht viel zu spüren, kritisiert Werner Rügemer. Bisher sei kein einziger Fall bekannt, in dem ein einheimisches Unternehmen wegen Bestechung im Ausland angeklagt wurde.

Stattdessen sei eine neue »Ethik-Konjunktur« ausgebrochen. Die Konzerne haben »Codes of Conduct« verabschiedet – freiwillige »Selbstverpflichtungen«, die von niemandem als dem Betroffenen selbst kontrolliert werden. Als Anhänger dieser neuen Wirtschaftsethik gibt sich beispielsweise der ehemalige Präsident des Bundesverbandes der Deutschen Industrie, Hans-Olaf Henkel: Er bezeichnet die Korruption als »einen der fleißigsten Totengräber der Freiheit«,[24] wettert aber dann lediglich gegen »die Führungsschicht der armen Länder, die durch ihre Bestechungsanfälligkeit ihre Völker im Elend halten«, denn diese Führungsschicht würde »ihren Bürgern mehr Schaden zufügen als je ein realer oder eingebildeter Großkapitalist«. Dass das Schmiergeld von genau jenen »Großkapitalisten« kommt und diese auch zu Hause Politiker und Beamte bestechen, blendet Henkel aus.

Nur keine Gesetze!

Auch in der Frage der Einhaltung sozialer und ökologischer Standards schieben die Konzernvertreter gerne die Verantwortung auf die Regierungen der Produktionsländer ab. Schließlich sei es deren Aufgabe, Gesetze zu schaffen. Schön wär's. Denn unter dem Druck mächtiger Investoren und internationaler Finanzinstitutionen bleibt den Regierungen ärmerer Länder häufig gar nichts anderes übrig, als durch extrem niedrige Sozial- und Umweltstandards alle Investitionshemmnisse beiseite zu räumen. So organisieren sich die Konzerne in Industrielobbys, um zum Beispiel gesetzliche Mindestlöhne zu bekämpfen. Doch sobald kritische Konsumenten und Konsumentinnen die extrem niedrigen Löhne in den Zulieferbetrieben von Nike & Co. kritisieren, weisen die Unternehmen entrüstet darauf hin, dass es ja Sache der Staaten sei, solche Löhne zu garantieren.

Weil das offenbar noch nicht genug ist, werden in den letzten Jahren immer mehr supranationale Handelsabkommen geschlossen, die es nationalen Regierungen so gut wie unmöglich machen, Gesetze zum Schutz von Arbeitenden, Menschenrechten und Umwelt zu erlassen.

Diese internationalen Handelsgesetze, die de facto durch keinen demokratischen Prozess legitimiert sind und meist im Geheimen verhandelt werden, stehen über den nationalen Verfassungen und hebeln damit die Demokratien auch in den reicheren Ländern aus.

Sie glauben das nicht? Dann sollten wir etwas über die WTO erzählen.

Die Welthandelsorganisation (World Trade Organization)

Die WTO wurde am 1. Januar 1995 nach der sogenannten Uruguay-Runde des Allgemeinen Zoll- und Handelsabkommens (GATT) gegründet.[25] Sie hat 146 Mitgliedsländer, 30 warten auf ihre Aufnahme.

Die WTO basiert auf dem neoliberalen Grundsatz des Freihandels, der weltweit zu Wirtschaftswachstum und Wohlstand führen soll. Im Gegensatz zu den relativ machtlosen Organisationen der Vereinten Nationen kann die WTO ihre Entscheidungen mit Hilfe von Handelssanktionen weltweit durchsetzen. Dafür sorgt ein Schiedsgericht unter Ausschluss der Öffentlichkeit. Ein Schiedsspruch ist bereits dann gültig, wenn auch nur ein Land zustimmt. Bis heute wurden über dreihundert Handelsklagen eingereicht. Derzeit versuchen zum Beispiel die USA mit Hilfe des WTO-Gerichts die Europäische Union zu zwingen, gentechnisch veränderte Organismen zuzulassen. Wenn die Klage, und das ist sehr wahrscheinlich, durchgeht, dürfen Agrarkonzerne in Europa Gentech-Lebensmittel freisetzen, obwohl eine Mehrheit der europäischen Bevölkerung das ablehnt.

In der WTO gilt, im Gegensatz etwa zum Internationalen Währungsfonds und zur Weltbank, das Prinzip, dass jedes Mitgliedsland über eine Stimme verfügt. Das bedeutet aber nicht, dass die WTO eine demokratische Institution wäre. So haben 29 ärmere Länder keine permanente Vertretung am WTO-Sitz in Genf. Bei den zahlreichen Sitzungen gilt aber jede abwesende Stimme automatisch als Ja-Stimme. Außerdem werden zu zahlreichen wichtigen Treffen, bei denen nicht einmal Protokoll geführt wird, nicht alle Länder eingeladen. Die EU und die USA sind allerdings immer dabei.

Zahlreiche Entwicklungsländer können sich ihre Anwesenheit bei wichtigen Verhandlungen schlichtweg nicht leisten. Deshalb werden die WTO-Prozesse von den Interessen der Industrieländer dominiert. Außerdem werden die Stimmen von Entwicklungsländern häufig mit Kreditzusagen erkauft, die meist an weitreichende Liberalisierungsschritte gebunden sind.

Die Details der WTO-Regelungen werden in Geheimverhandlungen unter nicht gewählten Beamten in Genf ausgearbeitet. Für die Öffentlichkeit gibt es keinerlei Möglichkeit, in die verhandelten Abkommen Einsicht zu bekommen und diese zu kommen-

tieren. Erst am Ende der Verhandlungen erhalten die nationalen
Parlamente die Möglichkeit, ein umfangreiches Gesamtpaket zu
ratifizieren.

Das Allgemeine Dienstleistungsabkommen (GATS)

Das GATS soll Dienstleistungen liberalisieren, also dem Wettbewerb des freien Marktes unterwerfen. Das betrifft nicht nur etwa
Banken, Friseure, Anwältinnen und so weiter, sondern auch öffentliche Dienste, die der Grundversorgung der Bevölkerung dienen: Die Unterzeichnerländer können dann gezwungen werden,
Bereiche wie Schulen, Universitäten, Krankenhäuser, Trinkwasser, öffentlicher Verkehr, Post, Energieversorgung und vieles andere zu liberalisieren. Damit ist der Weg frei für den Verkauf an
private Konzerne, die sich hier enorme Profite versprechen. Das
Abkommen einfach nicht zu unterzeichnen, würde vor allem
(aber nicht nur) für ärmere Länder bedeuten, dass sie massive
Handelsnachteile und den Verlust internationaler Finanzhilfen
in Kauf nehmen müssten.

Das GATS ist bereits mit der Gründung der WTO in Kraft
getreten und wurde damit von den nationalen Parlamenten im
Paket abgesegnet. Doch die konkreten Details werden erst jetzt –
unter Ausschluss der Öffentlichkeit und ohne jegliche demokratische Kontrolle – verhandelt. Einige dieser Geheimpapiere
wurden allerdings kritischen Organisationen wie Attac und Gewerkschaften zugespielt. Entgegen allen öffentlichen Versprechungen fordert die EU etwa von 72 Ländern die Liberalisierung
der Wasserversorgung. Für ärmere Länder heißt das de facto,
dass sie gezwungen werden, ihre Trinkwasserversorgung an Konzerne wie Bechtel, Suez oder Vivendi Universal zu verscherbeln,
weil ihre öffentlichen Haushalte niemals mit deren Finanzmacht
konkurrieren können. Was das wiederum für die Bevölkerung
bedeutet, zeigt das Beispiel Cochabamba: In der bolivianischen
Stadt wurden die Wasserpreise nach der Liberalisierung und dem
Verkauf an den US-Konzern Bechtel im Jahr 2000 verdoppelt. Es

kam zum Generalstreik, das Militär ging gegen die protestierende Bevölkerung vor, bis die Stadtverwaltung die Wasserversorgung wieder übernahm. Daraufhin verklagte Bechtel Bolivien bei der Weltbank auf 25 Millionen US-Dollar Schadenersatz.

Wäre das GATS zu diesem Zeitpunkt schon in Kraft gewesen, wäre es für ein Land wie Bolivien unmöglich, diese Privatisierung wieder rückgängig zu machen.

Rücknahme von Liberalisierungen de facto nicht möglich

Desaströse Liberalisierungen werden schon lange vor Inkrafttreten des GATS durchgeführt. Der Unterschied: Privatisierungen können de facto nicht mehr rückgängig gemacht werden. Ein Land müsste den Konzernen sonst gleich profitable Bereiche anbieten oder hohe Strafzölle an die WTO zahlen.

Im Rahmen des GATS können viele öffentliche Regulierungen, etwa im Bereich des Umweltschutzes, bei sozialen Standards oder bei Qualitätskriterien, als Handelshindernis interpretiert und angefochten werden. Dann wird die betreffende Maßnahme einem »Notwendigkeitstest« unterzogen. Sollte sie sich nicht als die »am wenigsten handelshemmende« aller denkbaren Maßnahmen herausstellen, kann die WTO den Staat zwingen, die Maßnahme rückgängig zu machen. Damit steht die WTO nicht nur über den demokratisch gewählten Parlamenten, sondern auch über der EU. In zehn von bisher elf Streitfällen mussten Umwelt- und Gesundheitsvorsorgegesetze rückgängig gemacht werden.

Eine öffentliche Diskussion über das GATS kam erst nach massiven Protesten von Nichtregierungsorganisationen wie Attac und Gewerkschaften zustande (siehe www.gats-kritik.de oder www.stoppgats.at).

Das Multilaterale Investitionsabkommen (MIA)

Derzeit kursiert bei der WTO ein noch viel weiter reichender Entwurf für ein »Multilateral Investment Agreement«, das die Rechte multinationaler Investoren gegenüber Staaten stärken soll. Ent-

wicklungsorganisationen warnen ausdrücklich vor diesem Abkommen, da Direktinvestitionen in Entwicklungsländern meist
nur einigen Exportzonen zugute kämen und das MIA das Abflie-
ßen der Profite multinationaler Konzerne erleichtern würde.
Ganze Länder könnten damit zur Produktionszone von Unternehmen verkommen und ihre Souveränität in weiten Bereichen
verlieren. Wenn ein Staat zum Beispiel seine Umwelt- oder Sozialstandards erhöht und damit dem investierenden Konzern
womöglich höhere Kosten erwachsen, könnte dieser Staat vor
dem WTO-Gericht verklagt werden. Nehmen wir an, Nigeria beschließt ein Gesetz, das den Einbau von Filteranlagen und Ge-
sundheitsschutzmaßnahmen in der erdölverarbeitenden Industrie vorschreibt, wie sie in Europa seit Jahrzehnten verpflichtend
sind. Die Erdölfirma Shell könnte dann eine Klage gegen die nigerianische Regierung veranlassen, weil ihre Profite durch die Investition in solche Verbesserungsmaßnahmen gesunken sind.
Oder ein europäisches Land beschließt die Einführung einer
Ökosteuer – und wird dann auf den Verdienstentgang von Investoren aus dem Energie- oder Automobilsektor verklagt. Das würde
bedeuten, dass es sich kein Land mehr leisten könnte, bessere
Umwelt- und Sozialgesetze zu beschließen.

Abkommen über handelsbezogene Aspekte geistiger Eigentumsrechte (TRIPS)

Das TRIPS-Abkommen trat 1995 in Kraft. Hier dominiert der
Einfluss der Industrieländer, denn wichtige Arbeitsgespräche
fanden unter Ausschluss der Entwicklungsländer statt. Im
TRIPS-Abkommen sind verschiedene Instrumente zum Schutz
des geistigen Eigentums (Urheberrechte, Marken, Patente etc.)
geregelt.

Für Entwicklungsländer bedeutet ein rigoroser Schutz von
technischem Know-how, dass neue Techniken nicht mehr kos-
tengünstig nachgeahmt werden können. Patentierte Medikamente kosten beispielsweise bis zu dreißigmal mehr als soge-

nannte Generika, mit denen etwa Krankheiten wie Aids kosten-
günstig bekämpft werden könnten (siehe Kapitel »Medikamente«). Patente auf Pflanzen und Saatgut verhindern, dass
Bäuerinnen und Bauern Samen aus ihrer eigenen Ernte aufbe-
wahren, anbauen oder weiterzüchten können, wenn sie einmal
patentiertes Saatgut verwendet haben. Damit stärken sie die Vormachtstellung multinationaler Agrochemie-Konzerne wie Monsanto oder Bayer, die zunehmend den Agrarmarkt monopolisieren. Patente auf genetische Ressourcen sind im Rahmen von
TRIPS problemlos möglich – damit kann etwa die »Terminator«-
Technologie zur Erzeugung steriler Pflanzen zur Anwendung
kommen (siehe Seite 175).

Kein Wunder also, wenn die internationale Kritik am TRIPS-Abkommen immer lauter wird. So hat die UNO-Unterkommission
für die Förderung und den Schutz der Menschenrechte festgehal-
ten, dass TRIPS in Konflikt mit grundlegenden Menschenrechten
wie dem Recht auf Gesundheit, Nahrung und Profitieren von wis-
senschaftlichem Fortschritt steht. Das TRIPS steht auch im Konflikt mit der internationalen Konvention für Artenvielfalt. Mittels
Patentrecht ist es nämlich möglich, sich die Nutzungsrechte für
natürlich vorkommende oder traditionell gezüchtete genetische
Ressourcen anzueignen. Man bezeichnet das als Biopiraterie, etwa
wenn ein Konzern das traditionelle medizinische Wissen eines Volkes patentieren lässt und daraufhin jeder, der dieses Wissen verwendet, dafür Lizenzgebühren zahlen muss.

Die WTO als Welthandelsdiktatur

Für den amerikanischen Wirtschaftswissenschafter Michel Chossudovsky ist »der Prozess der eigentlichen Schaffung der WTO
(…) offensichtlich illegal«.[26] Die WTO sei als »totalitäre regie-
rungsübergreifende Einrichtung« installiert worden, ermächtigt,
durch internationales Gesetz die Wirtschafts- und Sozialpoliti-
ken von Ländern »anzupassen« und souveräne Rechte der nationalen Regierungen zu missachten.

Mehr noch, die Artikel der WTO widersprächen nicht nur den bestehenden nationalen und internationalen Gesetzen, sie stünden auch im Widerspruch zur »Universellen Erklärung der Menschenrechte«. Auch das Entwicklungsprogramm der Vereinten Nationen (UNDP) sieht in einer aktuellen Studie[27] einen Zusammenhang zwischen Handesliberalisierungen und langfristigem Wachstum und Entwicklung als nicht erwiesen an und warnt vor einer Ausweitung des WTO-Mandats auf neue Bereiche.

Hinter dem WTO-Prozess stehen vor allem die Vorstände der größten Banken und Konzerne der Welt. In nichtöffentlichen Sitzungen sowie bei zahllosen internationalen Veranstaltungen schließen sie sich regelmäßig mit politischen Entscheidungsträgern, dem Internationalen Währungsfonds, der Weltbank und der WTO-Führung kurz. Die wichtigsten Namen dieser Veranstaltungen und Industrielobbys: die Internationale Handelskammer (International Chamber of Commerce, ICC), der Transatlantische Businessdialog (Trans Atlanctic Business Dialogue, TABD), der United States Council for International Business (USCIB), das Weltwirtschaftsforum (World Economic Forum, WEF) und das Institut für Internationale Finanzen (Institute for International Finance).

Auch nationale Industrielobbys wie der Deutsche Industrie- und Handelstag (DIHT) oder die österreichische Industriellenvereinigung (IV) versuchen, im Sinne der Konzerne die Politik zu beeinflussen. So wurde im Frühjahr 2003 bekannt, dass die Industriellenvereinigung dem österreichischen Finanzminister Karl-Heinz Grasser mit zumindest 175 000 Euro eine Homepage finanziert hatte, auf der dieser zum Zwecke der Selbstdarstellung private Kinderfotos veröffentlichte. Im Gegenzug erwartet die IV selbstverständlich eine industriefreundliche Politik – und bekommt sie auch, während die Bevölkerung, die über keine finanzstarken Lobbys verfügt, zur Kasse gebeten wird.

Macht und Missbrauch durch internationale Lobbys

Wir stellen hier eine Auswahl wichtiger internationaler Industrielobbys vor, die maßgeblich die Politik nationaler Regierungen, der EU und internationaler Finanzinstitutionen wie WTO und Währungsfonds beeinflussen.[28]

Was ist daran böse? Auch Umwelt- und Menschenrechtsorganisationen versuchen ihre Regierungen zu beeinflussen.

Es ist nichts dagegen einzuwenden, dass Interessengruppen ihren Anliegen in der Politik Gehör verschaffen. Doch während Nichtregierungsorganisationen diese Anliegen mit Hilfe öffentlicher Mobilisierung durchzusetzen versuchen, findet der überwiegende Teil der Deals mit den Konzernlobbys hinter verschlossenen Türen statt – meist unter Einsatz von viel Geld. Da geht es nicht zwangsläufig um die Bestechung politischer Mandatsträger und Mandatsträgerinnen. Diese beschließen häufig Gesetzesberge, von denen sie keine Ahnung haben, schlicht und einfach weil die täglich zu bearbeitenden Konvolute zu umfangreich sind. Wie praktisch, wenn Institutionen mit Tausenden Beschäftigten dann fix und fertige Papiere vorlegen, durch selbstbezahlte »wissenschaftliche« Studien untermauert, die es nur noch abzusegnen gilt. Und wenn diese Institutionen auch noch mit hohem Kapitaleinsatz mediale Begleitkampagnen inszenieren, um den öffentlichen Widerstand gegen die Beschlussfassung konzernfreundlicher Gesetzgebung gering zu halten.

Dazu kommt, dass viele dieser Lobbys natürlich mit Methoden agieren, die in krassem Gegensatz zu gesellschaftlichen Interessen stehen – etwa der Finanzierung wahlkämpfender Parteien oder dem offenen Androhen der Arbeitsplatzvernichtung, falls eine Regierung nicht in ihrem Sinne agieren sollte. Die Zahl der Politikerinnen und Politiker, die den Mut haben, sich gegen die geballte Wirtschaftsmacht der Lobbys zu stellen, ist überschaubar.

ACC – American Chamber of Commerce (AmCham)

Das EU Committee der amerikanischen Handelskammer repräsentiert die europäischen Niederlassungen der größten US-Konzerne und zielt auf eine möglichst weitgehende Deregulierung ab. Folgerichtig bekämpft die AmCham alle Arten verpflichtender Sozial- und Umweltgesetzgebung. Der deutsche Ableger AmCham Germany fordert die deutsche Bundesregierung und den EU-Ministerrat etwa auf, »besonders in den Bereichen wie Biotechnologie, Zertifizierung, Umwelt und Datensicherheit schon bei Gesetzesentwürfen besser mit den USA zusammenzuarbeiten«.[29] Was das heißt, ist klar: mehr Gentechnik, weniger Umweltschutz.

Zu den prominenten Mitgliedern gehören Chiquita, Coca-Cola, DaimlerChrysler, Disney, ExxonMobil, Ford, General Motors, Kraft, Levi's, McDonald's, Nike, Procter & Gamble u. a.

http://www.amcham.de

BRT – US Business Round Table

Dem BRT gehören die CEOs von mehr als zweihundert Großkonzernen an. Ihre Ziele: Statt bindender Gesetze und Steuern soll es nur freiwillige Vereinbarungen für die Industrie geben. Jeglichen staatlichen Eingriff lehnen die Mitglieder ab. Der BRT forciert das Investitionsschutzabkommen MIA in der WTO und steht maßgeblich hinter den amerikanischen Freihandelsabkommen Nafta und FTAA.

Der BRT lobbyiert für: BP, Coca-Cola, DaimlerChrysler, Deutsche Bank, ExxonMobil, General Motors, Monsanto, Nike, Procter & Gamble, Shell u. a.

http://www.brt.org

CEFIC – European Chemical Industry Council

Auch der Rat der Europäischen Chemieindustrie tritt für Freihandel mit Hilfe der WTO ein, lobbyiert für billigere Energie durch Liberalisierung des europäischen Energiemarktes und möchte die Patentierung von Pflanzen und Tieren durch das TRIPS-Abkommen sicherstellen. Gesetzliche Maßnahmen gegen gefährliche Chemikalien sollen verhindert werden, stattdessen setzt man auf Selbstregulierung.

CEFIC lobbyiert für: Sanofi-Aventis, Bayer, BP, ExxonMobil, Novartis, Procter & Gamble, Shell, Total u. a.

www.cefic.be

CEPS – Centre for European Policy Studies

Das Zentrum für Europäische Politikstudien gibt sich als wissenschaftliches Institut, bekämpft aber zum Beispiel wirksame Klimaschutzmaßnahmen, indem es marktfreundliche »Lösungen« gegen den Klimawandel wie die keineswegs klimafreundliche Atomkraft und den Emissionshandel forciert.

CEPS lobbyiert für: BP, ExxonMobil, Ford, McDonald's, Shell, Siemens, Total u. a.

http://www.ceps.be

EFPIA – European Federation of Pharmaceutical Industry Associations

Die Europäische Pharmalobby bekämpft zum Beispiel das Verbot von Rinderwachstumshormonen und das Moratorium auf die Freisetzung gentechnisch veränderter Organismen. Dort, wo der freie Markt den Herstellern schadet, soll reguliert, dort, wo er ihnen nützt, soll weiter dereguliert werden. So solle die Politik Medikamente, auf die ein Patent gehalten wird, besser gegen Kopien schützen. Zu viel Schutz und Gesetz bestehe hingegen im Bereich der Zulassungsprüfungen für Medikamente.

Mitglieder: alle namhaften Pharmakonzerne.

www.efpia.org

ERT – European Roundtable of Industrialists

Dieser »runde Tisch der Industriellen« ist wahrscheinlich die mächtigste Industrielobby innerhalb der EU. Um ihn versammeln sich 45 Chefs europäischer Großkonzerne wie Bayer, BP, British American Tobacco (BAT), Nestlé, Shell, Siemens und Unilever. Hauptziel ist die Liberalisierung des Handels; dabei geht es unter anderem auch um die Privatisierung öffentlicher Dienstleistungen durch das GATS.

www.ert.be

ESF – European Services Forum

Das Europäische Dienstleistungsforum gilt als der Hauptmotor der Liberalisierungsbestrebungen der EU vor allem im Hinblick auf das GATS.

Das ESF lobbyiert für: ABN Amro, Allianz, Barclays, Bertelsmann, Commerzbank, DaimlerChrysler, Deutsche Post, Deutsche Telekom, DHL, Metro, Vivendi Universal u. a.

www.esf.be

EuropaBio – European Association for Bioindustries

EuropaBio kämpft vor allem dafür, dass die EU endlich ihren Widerstand gegen gentechnisch veränderte Nahrungsmittel aufgibt – obwohl ein Großteil der europäischen Bevölkerung Freisetzungsverbote und rigide Kennzeichnungspflichten unterstützt.
Mitglieder: Bayer, Monsanto, Nestlé, Novartis, Pfizer, Procter & Gamble, Unilever u. a.
http://www.europabio.org

Fedesa – International Federation for Animal Health (IFAH)

Der »Internationale Verband für Tiergesundheit« ist keine Tierschutzorganisation, sondern eine Industrielobby, die gegen das Verbot von Wachstumshormonen durch die EU und für Gentechnik in der Tierzucht kämpft.
Mitglieder: Bayer, Boehringer, Monsanto, Novartis, Pfizer, Schering u. a.
http://www.fedesa.be

GBDe – Global Business Dialogue on Electronic Commerce

Der globale Wirtschaftsdialog für elektronischen Handel hat vor allem die Beseitigung von Handels- und Investitionsbarrieren sowie allgemeine Steuersenkungen für Konzerne zum Ziel. Mehr Gesetze und Regeln wünscht sich die Lobby der Unterhaltungsindustrie allerdings, wenn es um den Schutz vor Raubkopien gehen soll.
GDBe lobbyiert für: Alcatel, Bertelsmann, Deutsche Bank, Fujitsu, Hewlett Packard, Hitachi, Mitsui, Nokia, Siemens, Toshiba u. a.
www.gbde.org

ICC – International Chamber of Commerce

Die ICC beschreibt sich selbst als »die einzig wirklich globale Businessorganisation der Welt« und bietet ihren Mitgliedern »direkten Zugang zu nationalen Regierungen in der ganzen Welt« an.[30] Sie besteht aus über 7000 Mitgliedsunternehmen wie Coca-Cola, ExxonMobil, Ford, General Motors und Shell. Die ICC kämpft für das Investitionsabkommen MIA und andere Freihandelsabkommen. Sie tritt zudem als Partner des »Global Compact« der Vereinten Nationen auf – und nimmt damit dem Versuch von UN-Generalsekretär Kofi Annan, multinationale Unternehmen als verantwortungsvolle »Global Player« dastehen zu lassen, einiges an Glaubwürdigkeit. Die ICC hat eine lange Geschichte des Lobbyings gegen internationale Umweltverträge hinter sich und setzt diese Aktivitäten auch nach der Gründung des Global Compact fort. Sie bekämpft beispielsweise das Kioto-Protokoll, die Konvention für Artenvielfalt oder die Basler Konvention gegen den Handel mit Giftmüll. Letztere sollte verhindern, dass gefährliche Abfälle für Geld – meist Zahlungen an korrupte Regierungen – einfach in ärmeren Ländern abgelagert werden, deren Bevölkerungen sich nicht dagegen wehren können. Dafür ist sie eine der wichtigsten Lobbygruppen für die Gentechindustrie und für das TRIPS-Abkommen der WTO.

www.iccwbo.org

IPC – Intellectual Property Committee

Das Komitee für geistiges Eigentum betreibt Lobbying vor allem für das umstrittene TRIPS-Abkommen der WTO.

Mitglieder: Bristol-Myers, Dupont, General Electric, Hewlett Packard, IBM, Merck, Monsanto, Pfizer, Time-Warner u. a.

TABD – Transatlantic Business Dialogue

Der Transatlantische Wirtschaftsdialog steht hinter zahlreichen Liberalisierungsabkommen der WTO und der Europäischen Union. Er wurde auf Initiative der Europäischen Kommission und des US-Handelsministeriums gegründet und vereint europäische und amerikanische Spitzenmanager. Laut TABD finden die Kontakte zur EU-Kommission sogar täglich statt. Regelmäßig werden »Empfehlungen« zur Handelsliberalisierung verabschiedet, die von der EU-Kommission in der Regel wohlwollend aufgenommen werden. Zu diesen Empfehlungen gehört die Aufhebung von Regulierungen in den Bereichen Gesundheit, Sicherheitsvorschriften und Umwelt, die als Handelshemmnisse angesehen werden. Dazu gehören zum Beispiel auch gesetzlich garantierte Mindestlöhne.

TABD lobbyiert für: Bayer, DaimlerChrysler, Deutsche Bank, Ford, McDonald's, Monsanto, Pfizer, Siemens u. a.

www.tabd.com

UNICE – Union of Industrial and Employer's Confederations of Europe

Die Union der Europäischen Industrie- und Arbeitgeberkonföderation ist der größte Arbeitgeberverband Europas und der Gründer des European Services Network, das später zum »European Services Forum« (ESF) wurde. Sie hat eine Reihe von Liberalisierungsprinzipien verabschiedet, die sich fast wortgleich in den Positionspapieren

der EU-Kommission wiederfinden, wie etwa die Liberalisierung aller Dienstleistungs-
sektoren, die Abschaffung verbindlicher Sozial-, Arbeits- und Umweltgesetze, die als
Widerspruch zum Freihandel angesehen werden, und die Stärkung der WTO gegenüber demokratisch legitimierten Regierungen.

Mitglieder sind die nationalen Industrie- und Arbeitgeberverbände.

www.unice.org

USCIB – US Council on International Business

Der US-Rat für Internationale Wirtschaft war eine der einflussreichsten Industriegrup-
pen, als es um die Durchsetzung des globalen Investitionsabkommens MAI ging. Er
wurde 1945 gegründet, »um ein offenes System des Welthandels-, Investment- und
Finanzsystems voranzutreiben«, und besteht heute aus über dreihundert Konzernen,
Industrielobbys, Anwaltsbüros und Banken. Dazu gehören BP, Coca-Cola, Chevron,
Dupont, General Electric, General Motors, die Global Climate Coalition, Honeywell,
Ford, McDonald's, ExxonMobil, Monsanto, Nestlé, Philip Morris, Shell, Texaco und Unilever. Das USCIB ist die USA-Branche der International Chamber of Commerce (ICC)
und der Internationalen Arbeitgeberorganisation (IOE). Es unterstützt die ablehnende
Haltung von Präsident Bush zum Kioto-Protokoll und sorgt dafür, dass Investitionsfrei-
heit in der WTO und in regionalen Vertragswerken eine absolute Priorität bleibt.

www.uscib.org

USCSI – US Coalition of Service Industries

Die US-Koalition der Dienstleistungsindustrien gilt als die weltweit einflussreichste Lob-
bygruppe im Dienstleistungsbereich. Auf Betreiben von amerikanischen Finanzdienst-
leistungskonzernen wie der American International Group (AIG) und American Express
wurde sie 1982 gegründet, um zu gewährleisten, dass der »US-Dienstleistungshan-
del ein zentrales Ziel zukünftiger Initiativen zur Handelsliberalisierung wird«. Sie nahm
eine Schlüsselrolle bei der Entstehung und Ausformulierung des GATS-Abkommens
ein. In Hinblick auf die aktuellen GATS-Verhandlungen fordert die USCSI beispielsweise, alle Dienstleistungsbereiche inklusive Bildung und Gesundheit zu liberalisieren.

http://www.uscsi.org

WBCSD – World Business Council for Sustainable Development

Der Weltwirtschaftsrat für Nachhaltige Entwicklung gibt sich gerne als eine Art Umwelt-schutzorganisation der Konzerne. Doch das wesentliche Ziel des WBSCD ist es, verbind-liche Umweltgesetze zu verhindern und an deren Stelle freiwillige Vereinbarungen im Sinne der sogenannten Corporate Social Responsibility (CSR) zu setzen, deren Einhal-tung niemand kontrollieren, geschweige denn sanktionieren kann.

Mitglieder: Adidas, Bayer, BP, DaimlerChrysler, Deutsche Bank, Ford, General Motors, McDonald's, Monsanto, Nestlé, Novartis, Pfizer, Procter & Gamble, Sanofi-Aventis, Shell, Unilever u. a.

www.wbcsd.ch

WEF – World Economic Forum

Mit den alljährlichen Treffen im Schweizer Kurort Davos rückte das erstmals 1970 in Erscheinung getretene Weltwirtschaftsforum in den Mittelpunkt von Medienberichten und Globalisierungsprotesten. Das WEF sieht sich entgegen dem Vorwurf, die welt-weite Konzernherrschaft abzusichern, als unabhängige Organisation, die an keine »po-litischen, partikulären oder nationalen Interessen« gebunden sei. Mehr als 1300 Top-manager und -managerinnen treffen sich mit Regierungschefs, NGOs und Medien, um in über 270 Gesprächsrunden die Lage der Welt zu diskutieren. Das klingt harm-los, doch laut Experten »kontrollieren die Davos-Leute praktisch alle internationalen Institutionen, viele Regierungen und das Gros der weltweiten Wirtschafts- und Militär-kapazitäten«.[31]

www.weforum.org

Firmenporträts

»Ein Versprechen fürs Leben«

A Promise for Life

Produkte, Marken   Medikamente: Flotrin, Humira, Isoptin, Kalinor, Klacid, Miroton, Paracodin,
Reductil
Trinknahrung: Ensure Plus Drink

Homepage   http://abbott.com

Firmendaten   Umsatz (2008): 20,5 Milliarden Euro
Gewinn (2008): 4,1 Milliarden Euro[1]
Beschäftigte: 68 000
Sitz: Chicago (USA)

Vorwürfe   **Behinderung eines Entwicklungslandes bei der Herstellung und
Vermarktung lebenswichtiger Medikamente, verbotene Prakti-
ken bei der Vermarktung eines Medikaments**
Im Dezember 2000 besiegelte Abbott den Kauf der deutschen Pharmafirma Knoll, bis dahin eine Tochterfirma des weltweit größten Chemiekonzerns BASF. Knoll wurde im Jahr 1886 in Ludwigshafen am Rhein gegründet und ist vor allem durch die Vermarktung des Abmagerungsmittels
Reductil bekannt geworden. Inzwischen existiert Knoll als eigene Firma gar
nicht mehr, sie wurde vom US-Konzern Abbot aufgekauft und in die Fir-
menstruktur eingegliedert. Abbott wurde 1888 von einem Chicagoer Arzt
namens Wallace C. Abbott gegründet und ist vor allem im Gesundheitsbereich tätig. Die Produktpalette umfasst Medikamente, Nahrungsmittel, Me-
dizintechnik und Diagnostika.
In Europa ist es gesetzlich verboten, dass Pharmafirmen bei Patienten für
verschreibungspflichtige Medikamente werben. Als die Firma Knoll 1999
als damalige Tochter des deutschen Chemiekonzerns BASF das neue
Abmagerungsmittel Reductil vermarktete, setzte sie sich skrupellos über
dieses Verbot hinweg. Verbraucher erhielten von der Firma Briefe mit der
irreführenden Behauptung, es handle sich um ein »wissenschaftlich abge-
sichertes Medikament für die dauerhafte Gewichtsabnahme«.[2] Sogar firmeneigene Aussagen belegen das Gegenteil: Nach Ende der Behandlung
steigt das Körpergewicht rasch wieder an (»Jo-Jo-Effekt«). Wegen der
möglichen schweren Nebenwirkungen raten viele Fachleute von der Verwendung ab. Angeschriebene fragten sich, woher die Firma wusste, dass
sie übergewichtig sind. Vom behandelnden Arzt? Von Daten des Kleider-
versandhandels?[3]

Als Tochterfirma von Abbott Laboratories wurde Knoll im Sommer 2000 von einem amerikanischen Bezirksgericht dazu verpflichtet, rund 100 Millionen US-Dollar an Patienten zu zahlen, die das amerikanische Knoll-Medikament Synthroid eingenommen hatten. Synthroid wird bei Schilddrüsenerkrankungen verwendet und steht in den USA an dritter Stelle der am häufigsten verwendeten Medikamente. 1990 hatte Knoll eine Studie über die Wirksamkeit des Medikaments an der Universität Kalifornien finanziert. Zur Überraschung der Firma stellte sich heraus, dass andere, wesentlich billigere Medikamente genauso wirksam waren. Knoll verbot den Autoren und der Universität unter Androhung von Schadenersatzklagen, dieses Ergebnis zu veröffentlichen. Mitte der neunziger Jahre bekamen Journalisten vom »Wall Street Journal« Wind von der Sache und Knoll musste einer Veröffentlichung zustimmen.[4]

Knoll klagte im Frühjahr 2001 gemeinsam mit anderen Pharmafirmen die südafrikanische Regierung wegen Verletzung des Patentrechts an, zog die Klage aber wegen der öffentlichen Empörung zurück.

Industrielobbys   EPFIA, ACC (siehe Seite 254)

Was Sie tun können (siehe auch S. 50 ff.)   Protestieren Sie bei: Abbott GmbH & Co. Kg, Max.Planck.Ring 2, 65205 Wiesbaden, Postfach 2103 m 65011 Wiesbaden, Fax 06122/58–1244

Weitere Infos   http://www.bukopharma Die BUKO Pharma-Kampagne beobachtet seit 15 Jahren die Aktivitäten der Pharmaindustrie in der Dritten Welt. Diese Gruppe hat zahlreiche Missstände aufgedeckt und Veränderungen bewirkt. http://www.arznei-telegramm.de Die kritische Berliner Fachzeitschrift arznei-telegramm berichtet laufend über unsaubere Praktiken von Pharmafirmen.

»Die ›besten‹ in sozialen und ökologischen Fragen«

Produkte, Marken   Sportbekleidung und Zubehör der Marken Adidas,, Reebok und Taylor-
made

Homepage   http://www.adidas-group.com

Firmendaten   Umsatz (2008): 10,8 Milliarden Euro[1]
Gewinn (2008): 642 Millionen Euro[2]
Beschäftigte: 39 000
Sitz: Herzogenaurach (Deutschland)

Vorwürfe   **Ausbeutung und andere Missstände in Zulieferbetrieben**

Mit der Übernahme von Reebok (siehe Seite 330) Anfang 2006 ist die Adi-
das-Group (ehemals Adidas-Salomon-AG) einer der Weltmarktführer für
Sportartikel.

Im März 2003 erschien der Bericht »We are not machines« (»Wir sind keine
Maschinen«) einer internationalen Arbeitsgruppe aus Menschenrechtsorganisationen, in dem Nike und Adidas vorgeworfen wird, dass Näherinnen
in Indonesien Löhne von nur 2 Euro am Tag erhalten. Sie seien deshalb
sogar gezwungen, ihre Kinder wegzuschicken, weil sie sie nicht mehr ernähren können. Arbeiterinnen, die sich unabhängigen Gewerkschaften anschließen, müssten »Kündigung, Gefängnis oder physische Gewalt befürchten«. Darüber hinaus ist von gefährlichen Arbeitsbedingungen und der
sexuellen Diskriminierung von Frauen die Rede, die sich während der Menstruation sogar vor Firmenärztinnen entblößen müssten, um ihre Blutungen
zu beweisen.[3]

Konfrontiert mit solchen Vorwürfen antwortete Adidas, man habe bereits
Maßnahmen für bessere Arbeitsbedingungen eingeleitet. Diese müssten
jedoch erst durch unabhängige Kontrollen nachgewiesen werden.

Beim adidas-Zulieferbetrieb Hugger in Honduras würden die ArbeiterInnen
vor der Einstellung diskriminierenden Untersuchungen unterzogen, so auf
Schwangerschaft und auf Tätowierungen, jeweils Gründe für die Nichtein-
stellung, berichtete die Clean Clothes Campaign im Mai 2005. Zudem be-
fürchteten die ArbeiterInnen ihre Entlassung, wenn sie ihr Recht auf gewerkschaftliche Organisation ausüben wollen. Der angeblich verbindliche
adidas-Verhaltenskodex, nach dem diese Missstände nicht existieren dürfen, sei den meisten ArbeiterInnen nicht bekannt.[4]

Ende 2005 wurde Adidas-Chef Herbert Hainer von der Naturschutzorga-
nisation WWF zum »Ökomanager des Jahres« gewählt. Das entwicklungs-

politische Südwind-Institut bezeichnete diese Auszeichnung »als Folge einer eklatanten Verwechslung von Anspruch und Wirklichkeit«. Die Behauptung, dass in den weltweiten Zulieferbetrieben von adidas »vertretbare ökologische und soziale Bedingungen« Standard seien, missachte die Quintessenz zahlreicher Forschungsergebnisse über den Arbeitsalltag von Beschäftigten in vielen Lieferländern. Erste Schritte in Richtung einer verbesserten globalen Beschaffungspolitik seien nur einem verschwindend geringen Teil der Beschäftigten zugute gekommen und dies meist nur als Folge öffentlichen Drucks. Auch habe sich die soziale Situation von ArbeiterInnen nach dem Auslaufen des WTO-Welttextilabkommens oft sogar noch verschlechtert. »Die Einkaufspraktiken von Unternehmen wie adidas mit knallharten Preisbedingungen und Lieferfristen stehen in der Regel in krassem Gegensatz zu wohlklingenden Absichtserklärungen ihrer Ethikabteilungen«, so die Menschenrechtsorganisation: »Der Arbeitsalltag von Beschäftigten der weltweiten Zulieferfabriken von Sportartikelunternehmen ist nach wie vor geprägt von massiven Arbeitsrechtsverletzungen wie Gewerkschaftsunterdrückung, überlangen Arbeitstagen und Lohndumping. Im adidas-Lieferland China z. B. sind unabhängige Gewerkschaften verboten. Hier ist es weit verbreitete Praxis, dass Kontrollen zur Einhaltung von Sozialstandards durch systematische Fälschungen umgangen werden.«[5]

»Wer Artikel für führende Markenfirmen wie Adidas, Asics, New Balance, Nike und Puma produziert, verdient weiterhin Hungerlöhne«, stellte auch die Play-Fair-2008-Kampagne im Vorfeld der Olympischen Spiele von Peking fest.[6] Zum Teil wurden weniger als zwei Dollar pro Tag gezahlt. Bei dem Betrieb Joyful Long in China, der Adidas, Nike, Umbro und Fila belieferte, machten ArbeiterInnen über Wochen hinweg mitunter bis zu acht Überstunden täglich. Die Löhne hatten dort weniger als die Hälfte des gesetzlichen Mindestlohns betragen. Adidas warf der Kampagne in einer Reaktion eine »selektive Konzentration auf mutmaßliche Missstände« vor.[7]

Industrielobbys WBCSD (siehe Seite 259)

Was Sie tun können (siehe auch S. 50 ff.) Fordern Sie Adidas-Sprecher Jan Runau auf, existenzsichernde Mindestlöhne, Gewerkschaftsfreiheit und unabhängige Kontrollen zu garantieren: Tel. +49/9132/843830, Fax +49/9132/842138, corporate.press@adidas.de

Weitere Infos http://www.cleanclothes.org Clean-Clothes-Kampagne
http://www.saubere-kleidung.de Deutscher Ableger der Kampagne mit Infoversand
http://www.thailabour.org Die Thai Labour Campaign deckt Missstände in Zulieferbetrieben auf.

*»Mit Agip-Kraftstoffen tanken Sie
Qualität und schonen die Umwelt«*

Produkte, Marken Treibstoffe und andere Erdölprodukte sowie Tankstellen der Marken Eni und
Agip

Homepage http://www.eni.it

Firmendaten Umsatz (2008): 108,1 Milliarden Euro
Gewinn (2008): 8,8 Milliarden Euro[1]
Beschäftigte: 79 000
Sitz: Rom und Mailand (Italien)

Vorwürfe **Finanzierung von Bürgerkrieg und Waffenhandel, Zerstörung der
Lebensgrundlagen in Ölfördergebieten, Kooperation mit Militärregimen**

Agip gehört zur italienischen Eni-Gruppe und ist dort für die Produktion und
den Vertrieb von Erdölprodukten zuständig. Unter den europäischen Erd-
gasproduzenten steht Eni an zweiter Stelle.

Im Zusammenhang mit Menschenrechtsverletzungen durch die Erdölindustrie ist Eni ein klassischer Mitläufer. Im nigerianischen Nigerdelta, wo
die Erdölindustrie eng mit den bis 1999 herrschenden Militärregimes ko-
operierte, ist Agip in verschiedenen Joint Ventures aktiv:: der SPDC (unter
Leitung von Shell) und der Nigerian Agip Oil Company (NAOC).[2] Im April
2005 wurden Tausende Menschen durch die gewaltsame Räumung eines
Elendsviertels am Rande einer nigerianischen Agip-Anlage obdachlos. Die
Behörden ließen Planierraupen und bewaffnete Polizisten in dem Baracken-
viertel »Agip Waterside« anrücken, um Hunderte Hütten dem Erdboden
gleichzumachen. Agip wies den Vorwurf lokaler Menschenrechtsorganisationen zurück, der Slum sei zerstört worden, um Raum für den Ausbau des
Firmengeländes zu schaffen. Sogar eine Kirche, in der Mütter mit ihren Kindern und Schwangere Zuflucht gefunden hatten, wurde bei der Räumungs-
aktion in Trümmer gelegt. Laut Augenzeugen gingen die Polizisten brutal
gegen die BewohnerInnen vor. Einige seien mit Gerten gepeitscht worden.

Seit 1983 ist Agip auch in Angola aktiv. Dort finanzierte das Öl einen brutalen Bürgerkrieg, der mehr als 25 Jahre lang das Land verwüstet und 1,5
Millionen Menschen das Leben gekostet hat. Mehr als die Hälfte der Ab-
gaben, die die Ölmultis für ihre Förderrechte bezahlen, wurde für Militärof-
fensiven verwendet. Auch heute noch verschwindet ein Großteil der Petro-

dollars im Dickicht der Korruption, weil sich die Ölkonzerne weigern, ihre Zahlungen offenzulegen.

Auch in der benachbarten Republik Kongo heizte die Ölförderung Bürgerkrieg und Korruption an und trieb das Land in die Verschuldung. Der Repräsentant der Weltbank in Brazzaville bestätigte, dass die durch das Öl verursachten Schulden auf die Konzerne Total und Agip zurückzuführen seien. 2003 handelte es sich dabei um 250 bis vierhundert Millionen US-Dollar.[3]

Im Sudan waren die Eni-Töchter Snamprogetti und Saipem an der Konstruktion von Erdölanlagen und Pipelines beteiligt. Im Zusammenhang mit der Errichtung solcher Anlagen kam es immer wieder zu Gräueltaten, die das sudanesische Militär systematisch an der Bevölkerung des Südsudans verübt. Agip ist auch an der im Mai 2005 fertiggestellten Pipeline Baku-Tiflis-Ceyhan beteiligt (siehe BP), das laut Umwelt- und Entwicklungsorganisationen »klar gegen Grundregeln der Unternehmensverantwortung« verstößt. Die Organisationen sprechen von massiver Bedrohung von Projektkritikern in Aserbaidschan und der Türkei und fürchten die Militarisierung der Region zum Schutz der Pipeline vor Anschlägen.[4]

In Ecuador, wo die Ölförderung Lebensräume und Umwelt im Amazonasgebiet gefährdet, war Agip ursprünglich an der umstrittenen OCP-Pipeline beteiligt, hat seine Anteile aber 2004 verkauft. Laut Eigenangaben will Eni jedoch seine Ölförderung im ecuadorianischen Amazonasgebiet auf 28 000 Barrels pro Tag steigern.[5] Die lokale Bevölkerung wirft dem Konzern die Gefährdung der Gesundheit, der Landwirtschaft und Umwelt durch sogenannte »lluvias negras« (Schwarzer Regen), durch Gasverbrennung und Industrieabfälle vor.[6]

Was Sie tun können (siehe auch S. 50 ff.)

Protestieren Sie bei Agip Deutschland AG, Sonnenstr. 23, D-80331 München, Tel. +49/89/59 07–0, Fax +49/89/59 63 03, agip@agip.de.
Es gibt keine »guten« Ölkonzerne. Die beste Alternative: weniger Auto fahren, seltener fliegen.

Weitere Infos

http://www.bakuceyhan.org.uk Baku-Ceyhan-Kampagne
http://www.foe.org/camps/intl/institutions/bakuceyhan.html Infos über die BTC-Pipeline von Friends of the Earth
http://www.accionecologica.org/descargas/areas/petroleo/documentos/empresas/AGIP.pdf über Agips Tätigkeit in Ecuador
http://www.business-humanrights.org/Categories/Individual-companies/A/AGIPpartofENI
»Time for transparency«: Report von Global Witness über Öl und Korruption in Afrika, März 2004 (siehe http://www.globalwitness.org)

Produkte, Marken   Aldi-Supermärkte (in Österreich: Hofer) mit eigenen Handelsmarken

Homepage   http://www.aldi.com

Firmendaten   Umsatz (2007, geschätzt): 40 Milliarden Euro
                     Gewinn (2007, geschätzt): 1 Milliarde Euro[1]
                     Filialen: 7800 weltweit
                     Sitz: Essen und Mülheim/Ruhr (Deutschland)

Vorwürfe   **Ausbeutung in der Rohstoffgewinnung, in Zulieferbetrieben und
                     im Einzelhandel**
                     Aldi wurde 1948 als »Albrecht-Discount« von den Brüdern Karl und Theo
                     Albrecht gegründet und 1961 in Aldi Nord und Aldi Süd aufgeteilt. Jede
                     der inzwischen rund 4000 Filialen in Deutschland bringt Jahr für Jahr
                     durchschnittlich etwa 230 000 Euro Gewinn[2], dazu kommen die Einkünfte
                     von rund 3000 Supermärkten in 15 weiteren Ländern. Fast jede Familie in
                     Deutschland kauft im Durchschnitt einmal in der Woche bei Aldi ein.[3] Die
                     Albrecht-Brüder sind die reichste Familie Europas und mit einem geschätz-
                     ten Vermögen von rund 30 Milliarden Euro die viertreichste Familie der
                     Welt – sie besitzen damit etwa 232 000-mal mehr als der Durchschnitt
                     der Deutschen. Anders ausgedrückt könnte man auch sagen, die Brüder
                     Albrecht haben ungefähr genauso viel Geld, wie die Bevölkerungen der 40
                     ärmsten Länder der Welt gemeinsam in einem Jahr verdienen.
                     Aldi betont, dass der Geschäftserfolg auf dem Prinzip der Einfachheit der
                     Läden beruht. Wenn man genauer hinsieht, haben die hohen Gewinne wohl
                     eher damit zu tun, dass bei Aldi soziale Bedenken schlicht und einfach keine
                     Rolle spielen. Für Werbung soll das Unternehmen im Jahr 2006 rund 283
                     Millionen Euro ausgegeben haben.[4] Gespart wird dagegen bei den Kosten
                     für Rohstoffe und Arbeitskraft in aller Welt.
                     Aldi, aber auch die meisten anderen Handelsketten, setzen Lieferanten und
                     Mitbewerber unter extremen Preisdruck. Die Folge sind katastrophale Ar-
                     beitsbedingungen und Löhne weit unter dem Existenzminimum vor allem
                     in den Rohstoffländern Asiens, Afrikas und Lateinamerikas. Ähnliches gilt
                     auch für Bekleidung. 2007 wies das Südwind-Institut nach, dass bei chi-
                     nesischen und indonesischen Aldi-Zulieferern Arbeitsrechte in bisher kaum
                     bekanntem Ausmaß verletzt wurden: Arbeitszeiten von mindestens elf Stun-
                     den pro Tag waren dort keine Ausnahme, die ArbeiterInnen hatten nur zwei

bis vier freie Tage im Monat, und ihre Löhne entsprachen mitunter nicht einmal der Hälfte des chinesischen Mindestlohns. Dabei wurden Gesundheits- und Sicherheitsstandards vernachlässigt, Gewerkschaften unterdrückt und Frauen sexuell belästigt oder körperlich und psychisch misshandelt. Eine Fabrik erwartete von ArbeiterInnen, im ersten Monat ohne Entlohnung zu arbeiten. Mehrere Fabriken beschäftigten Minderjährige und halfen bei der Fälschung von Ausweisen, um deren wahres Alter zu verschleiern. Einige Fabriken forderten sogar von ihren ArbeiterInnen, in den fabrikeigenen Schlafsälen zu übernachten, um so deren Leben noch effektiver überwachen zu können. In einer Stellungnahme zeigte sich Aldi zwar dialogbereit, »ob der Konzern aber nach einer ›angemessenen‹ Vorbereitungszeit im globalen Wettbewerb eine öffentlich glaubwürdige ethische Beschaffungspolitik umsetzen wird, bleibt abzuwarten«, so das Südwind-Institut mit einiger Skepsis.[5]

Auch in Deutschland kritisiert Verdi Einschränkungen der Arbeitsrechte: Statt auf unabhängige BetriebsrätInnen zu setzen, schaffe sich der Konzern »handzahme Gegengewichte zur Gewerkschaft«.[6] Auf den ersten Blick zahlten Aldi und auch Hofer in Österreich zwar anständige Löhne, doch müssten die Beschäftigten häufig unbezahlte Überstunden leisten, würden überwacht, eingeschüchtert und bei kritischem Verhalten gefeuert. Der Konzern bestreitet die Vorwürfe und reagiert auf kritische Fragen gereizt.[7]

Was Sie tun können (siehe auch S. 50 ff.)

Geben Sie regionalen und ökologisch hergestellten Lebensmitteln den Vorzug, kaufen Sie Importprodukte nur aus Fairem Handel. Protestieren Sie bei der ALDI Einkauf GmbH & Co. oHG, Burgstraße 37, D-45476 Mülheim (Aldi Süd) bzw. Eckenbergstraße 16, D-45307 Essen (Aldi Nord). Gönnen Sie den Aldi-Kassiererinnen eine Verschnaufpause, lassen Sie sich Zeit beim Bezahlen, plaudern Sie ein bisschen!

Weitere Infos

»All die Textilschnäppchen – nur recht und billig?« – Studie zum Download unter www.suedwind-institut.de
www.lidl.verdi.de Auch Lidl und andere Supermärkte verletzen Arbeits- und Menschenrechte. Hier können Sie auch das »Schwarz-Buch Lidl« bestellen.
»Wer bezahlt unsere Kleidung bei Lidl und KiK?« – Studie über Menschenrechtsverletzungen bei den Zulieferern der beiden Discounter, zu bestellen bei inkota@inkota.de

 **Bayer**   *»Erfolg durch Kompetenz und Verantwortung«*

Produkte, Marken	Bayer HealthCare: Adalat, Alka Seltzer, Aspirin, Avalox Canesten, Ciprobay, Glucobay, Kogenate Lefax, Levitra, Saroten, Talcid, Yasmin u. a.Bayer Cro-Science: Pflanzenschutzmittel (Baysiston, Gaucho, Tamaron), Haushaltsinsektizide (Autan) und gentechnisch verändertes Saatgut. Bayer MaterialScience stellt Lackprodukte und -rohstoffe sowie Stoffe wie Polyurethane und Polycarbone her.
Homepage	http://www.bayer.de
Firmendaten	Umsatz (2007): 32,9 Milliarden Euro Gewinn (2007): 2,2 Milliarden Euro[1] Beschäftigte: 106 000 Sitz: Leverkusen (Deutschland)
Vorwürfe	**Import von Rohstoffen aus Kriegsgebieten, Finanzierung unethischer Medikamentenversuche, Behinderung eines Entwicklungslandes bei der Vermarktung lebenswichtiger Medikamente, betrügerische Preismanipulationen, Vertrieb gefährlicher Pflanzengifte, Ausbeutung und Kinderarbeit bei Rohstofflieferanten**

Bayer ist einer der größten Pharma- und Chemiekonzerne der Welt. 1925 schloss sich Bayer mit anderen Chemiefirmen unter dem Namen IG Farben zusammen. Dieser Konzern war auch an den Verbrechen der Nationalsozialisten beteiligt. Zum Beispiel durch die Beschäftigung einer großen Zahl von Zwangsarbeitern und durch die Herstellung des Zyklon B-Gases zur Vernichtung von Juden in Konzentrationslagern. Nach dem 2. Weltkrieg wurde die IG Farben in drei Einzelkonzerne zerschlagen: Bayer, BASF und Hoechst. Die »Coordination gegen BAYER-Gefahren« wirft den Nachfolgern vor, dass sie nach wie vor keine angemessene Wiedergutmachung leisten.

Der Bayer-Konzern klagte im Frühjahr 2001 gemeinsam mit 38 anderen Pharmafirmen die südafrikanische Regierung wegen Verletzung des Patentrechts an. Das »Vergehen« der Südafrikaner: Sie hatten 1997 ein Gesetz erlassen, das die Behandlung von Aids-Patienten mit billigen Medikamenten ermöglichte (vgl. Sanofi-Aventis, Seite 342).

Im April 2003 musste Bayer wegen betrügerischer Preismanipulationen zu Lasten öffentlicher Sozialkassen eine Strafe von 251,6 Millionen Dollar an die US-Regierung zahlen.

Wegen Preismanipulationen beim Antibiotikum Cipro zum Schaden verschiedener US-Sozialkassen laufen seit dem Jahr 2000 Klagen gegen Bayer, deren Streitwert mehrere Hunderte von Millionen Euro beträgt. Die Behörden stützen sich auf geheime Firmendokumente, in denen solche Praktiken als »bewährte Marketing-Instrumente« beschrieben wurden.

Die Bayer-Tochter H. C. Starck bezog jahrelang kongolesisches Coltanerz und trug damit laut den Vereinten Nationen wesentlich zur Aufrechterhaltung des Krieges bei, der seit 1998 mehr als 3,3 Millionen Menschenleben gekostet hat. Nach Erscheinen der Erstausgabe des »Schwarzbuch Markenfirmen« dementierte Bayer alle Vorwürfe, musste dann aber nach UNO-Recherchen die Importe aus dem Kongo zugeben (siehe Kapitel »Elektronikindustrie«).

Im Herbst 2002 stellte eine Untersuchungskommission des peruanischen Kongresses fest, dass im Oktober 1999 in einem Andendorf 50 Schulkinder durch das Bayer-Pestizid Folidol vergiftet wurden. 24 Kinder starben. Die Original-Plastikbehälter enthielten keine ausreichenden Warnungen zur Giftigkeit.[2]

Im Frühjahr 2003 publizierte das India Committee of the Netherlands eine Studie, der zufolge Konzerne wie Bayer, Monsanto, Unilever und Syngenta von der Ausbeutung von Kindern in der Saatgutproduktion Indiens profitierten.[3]

Industrielobbys   WBCSD, CEFIC, EFPIA, ERT, FEDESA, TABD, EuropaBio (siehe Seite 254 ff.)

Was Sie tun können (siehe auch S. 50 ff.)   Protestieren Sie bei:
Bayer AG, Presseleitung: guenter.forneck.gf@bayer-ag.de

Weitere Infos   http://www.cbgnetwork.de Coordination gegen BAYER-Gefahren, Postfach 150418, D-40081 Düsseldorf. Dieses internationale Selbsthilfe-Netzwerk gibt die vierteljährlich erscheinende Zeitschrift »STICHWORT BAYER« heraus.
http://www.bukopharma.de Die BUKO Pharma-Kampagne beobachtet seit 15 Jahren die Aktivitäten der Pharmaindustrie in der Dritten Welt.
http://www.indianet.nl/cotseed.html Studie über Kinderarbeit in der indischen Saatgutproduktion

»Wir kümmern uns um Ihre Gesundheit«

Produkte, Marken Medikamente: Betaferon, Cipro, Climem, Diane, Femovan, Gynodian Depot, Levitra, Microgynon, Miranova, Yasmin

Homepage http://www.bayerscheringpharma.de

Firmendaten Umsatz (2008): 10,7 Milliarden Euro
Gewinn (2008): nicht extra ausgewiesen, siehe dazu: Bayer
Beschäftigte: 39 200
Sitz: Berlin (Deutschland)

Vorwürfe **Behinderung eines Entwicklungslandes bei der Herstellung und Vermarktung lebenswichtiger Medikamente, Vermarktung riskanter Antibabypillen**

1851 eröffnet der Chemiker Ernst Schering in Berlin eine Apotheke und beginnt mit der Herstellung chemischer Produkte. Die Firma entwickelt sich rasch zum Industrieunternehmen. 1929 wird als Tochterfirma die Schering Corporation in den USA gegründet. Diese wird nach dem Kriegseintritt der USA 1942 enteignet. Der US-Pharmakonzern Schering Plough steht heute in keinerlei Verbindung mit dem deutschen Konzern Schering AG.

2006 wurde Schering vom deutschen Konzern Bayer übernommen und firmiert seither unter dem Namen Bayer Schering Pharma.

Bayer Schering Pharma produziert hauptsächlich Produkte im Bereich der Hormon- und Hormonersatztherapien sowie gegen Erkrankungen der Haut. 1961 brachte Schering unter dem Namen Anovlar seine erste Antibabypille in Deutschland auf den Markt. Schering AG hielt eine 24-prozentige Beteiligung an der Firma AventisCropScience – einem führenden Unternehmen im Bereich des Pflanzenschutzes und der Gentechnik.

Eine Tochterfirma der Schering AG, die Schering Proprietary Limited Boehringer Ingelheim, klagte im Frühjahr 2001 gemeinsam mit anderen Pharmafirmen die südafrikanische Regierung wegen Verletzung des Patentrechts (siehe Sanofi-Aventis, Seite 342) an. Weil sich die Klage zu einem internationalen PR-Desaster der Pharmaindustrie entwickelte, wurde sie am 19. 4. 2001 zurückgezogen.

Die Berliner Fachzeitschrift »arznei-telegramm« berichtete mehrfach über das erhöhte Risiko von schweren Nebenwirkungen bei der Schering-Pille Femovan. 1995 schränkte das Bundesinstitut für Arzneimittel und Medizinprodukte die Anwendung dieser und ähnlicher Pillen ein. Die Hersteller klagten vor dem Berliner Verwaltungsgericht gegen diese Entscheidung und bekamen merkwürdigerweise Recht. Die Einschränkungen wurden aufgehoben. Das »arznei-telegramm« sprach von »Manipulationen« der Gutachter, die für die Hersteller tätig waren.[1] Im Dezember 2000 – die medizinischen Mühlen mahlen langsam – stellten englische Forscher ohne jeden Zweifel fest, dass bei Pillen à la Femovan das Thromboembolierisiko doppelt so hoch ist wie bei normalen Pillen.[2] Das »arznei-telegramm« forderte deshalb das Gesundheitsministerium auf, solche Pillen endlich vom Markt zu verbannen. Das ist bis heute nicht passiert.

2003 haben 28 Patientinnen, die während der Wechseljahre mit Hormonersatztherapien behandelt wurden, in den USA Klagen gegen Bayer/Schering eingebracht. Sie werfen dem Konzern vor, durch die Nebenwirkungen schwere Schädigungen wie Brustkrebs, Gebärmutterkrebs, Schlaganfälle und Lungenembolien erlitten zu haben. Bis jetzt wurde noch nicht verhandelt.

Industrielobbys EFPIA (siehe Seite 255)

Was Sie tun können (siehe auch S. 50 ff.) Protestieren Sie bei: Dr. Markus Pickl, Leiter Global Corporate Communications von Bayer Schering Pharma, Fax 0049–214–3043302

Weitere Infos http://www.bukopharma Die BUKO Pharma-Kampagne beobachtet seit 15 Jahren die Aktivitäten der Pharmaindustrie in der Dritten Welt. Diese Gruppe hat zahlreiche Missstände aufgedeckt und Veränderungen bewirkt. http://www.arznei-telegramm.de Die kritische Berliner Fachzeitschrift arznei-telegramm berichtet laufend über unsaubere Praktiken von Pharmafirmen. http://kritischeaktionaere.de/Konzernkritik/Schering/schering.html Die kritischen Schering-Aktionäre berichten jedes Jahr über Vorkommnisse bei Schering.

Produkte, Marken Medikamente für Menschen: Adumbran, Berodual, Bisolvon, Buscopan, Buscopan plus, Dixarit, Dulcolax, Fucidine, Laxoberal, Micardis, Mobic, Mucosolvan, Rhinospray, Silomat, Spasmo Mucosolvan, Thomapyrin
Medikamente für Tiere: Matacam gegen postoperative Schmerzen und Infektionen bei Hunden, Vetmedin als Herz-Kreislauf-Mittel für Hunde

Homepage http://www.boehringer-ingelheim.de

Firmendaten Umsatz (2008): 11,6 Milliarden Euro
Gewinn (2008): 2,0 Milliarden Euro[1]
Beschäftigte: 41 300 in 60 Ländern
Sitz: Ingelheim (Deutschland)

Vorwürfe

Vermarktung unwirksamer Medikamente, Behinderung eines Entwicklungslandes bei der Herstellung und Vermarktung lebenswichtiger Medikamente

Boehringer Ingelheim wurde 1885 in Ingelheim gegründet. Der weltweit tätige Konzern macht sein Geschäft zu 95 Prozent mit Arzneimitteln für Menschen und zu einem geringen Teil mit Arzneimitteln für Haustiere.

Das bekannteste Markenprodukt ist Thomapyrin, mit 16,7 Millionen verkauften Packungen im Jahr 2004 eines der meistverwendeten Medikamente in Deutschland.[2] Die darin enthaltene Mischung aus drei verschiedenen Wirkstoffen wird im Medikamenten-Ratgeber »Bittere Pillen« als »abzuraten« eingestuft.[3]

Boehringer Ingelheim International GmbH und die US-Tochterfirma Ingelheim Pharmaceuticals Proprietary Limited sowie die Tochterfirma Dr. Karl Thomae GmbH klagten im Frühjahr 2001 gemeinsam mit anderen Pharmafirmen gegen die südafrikanische Regierung wegen Verletzung des Patentrechts (vgl. Sanofi-Aventis, Seite 352). Seit Herbst 2001 stellt Boehringer Ingelheim einigen afrikanischen Staaten kostenlos das HIV-Medikament Viramune zur Verfügung. Unsere Forderung in der Erstausgabe des »Schwarzbuch Markenfirmen«, dass die Pharmakonzerne armen Staaten HIV-Medikamente kostenlos zur Verfügung stellen sollen, war offenbar erfolgreich!

1996 wurde bekannt, dass Daten über die positive Wirkung des Boehringer-Ingelheim-Medikaments Asasantin gefälscht wurden.[4] Sie stammten von 438 Patienten, die gar nicht existierten. Boehringer Ingelheim hatte dem verantwortlichen Prüfarzt 600 000 Euro für seine Arbeit bezahlt, forderte das Geld aber trotz des Betrugs nicht zurück. Noch im Jahr 1999 wurde Asasantin in der »Deutschen Ärztezeitung« als wirkungsvolles Medikament angepriesen. Der in Asasantin enthaltene Wirkstoff Dipyridamol – bereits 1951 vermarktet – wird in US-Lehrbüchern bereits seit Mitte der 80er Jahre als »absolut unwirksam« eingestuft. Asasantin ist in Deutschland seit kurzem nicht mehr erhältlich. Boehringer Ingelheim verwendet den Wirkstoff Dipyridamol jedoch weiterhin – er ist nun im Medikament Apprenox enthalten.

Alle hier aufgeführten Vorwürfe wurden von Dr. Hansjörg Secker, Public Relations Abteilung, Boehringer Ingelheim, im Herbst 2001 pauschal zurückgewiesen: »Kritikpunkte wie die wissenschaftlich korrekte Durchführung von Studien oder die Behinderung von Drittweltländern bei der Versorgung mit Medikamenten sind verdreht, verkürzt oder in einen falschen Kontext gestellt.«

Industrielobbys   EFPIA, FEDESA, TABD (siehe Seite 255 ff.)

Was Sie tun können (siehe auch S. 50 ff.)

Protestieren Sie bei: Heidrun Thoma, Leiterin externe Kommunikation, Bingerstr. 173, D-55216 Ingelheim; heidrun.thoma@boehringer-ingelheim.com

Schicken Sie leere Schachteln von Boehringer-Medikamenten mit der Aufforderung: Schluss mit der Vermarktung zweifelhafter Medikamente!

Weitere Infos   http://www.bukopharma Die BUKO Pharma-Kampagne beobachtet seit 15 Jahren die Aktivitäten der Pharmaindustrie in der Dritten Welt. Diese Gruppe hat zahlreiche Missstände aufgedeckt und Veränderungen bewirkt. http://www.arznei-telegramm.de Die kritische Berliner Fachzeitschrift arznei-telegramm berichtet laufend über unsaubere Praktiken von Pharmafirmen.

bp

Produkte, Marken   Treibstoffe und andere Erdölprodukte sowie Tankstellen der Marke BP und Aral

Homepage   http://www.bp.com

Firmendaten   Umsatz (2008): 245 Milliarden Euro
                      Gewinn (2008): 14,5 Milliarden Euro[1]
                      Beschäftigte: 103 700
                      Sitz: London (UK)

Vorwürfe   **Finanzierung von Bürgerkrieg und Waffenhandel, Zerstörung der
                      Lebensgrundlagen in Ölfördergebieten, Kooperation mit Militär-
                      regimen**

                      Das britische Unternehmen ist zum zweitgrößten Ölmulti der Welt aufgestie-
                      gen. BP war jahrelang der Kritik durch Umweltschutz- und Menschenrechts-
                      gruppen ausgesetzt und hat sich – zumindest nach außen hin – ungewöhn-
                      lich kooperationsbereit gezeigt. BP zog sich relativ bald aus der radikalen
                      Anti-Klimaschutzlobby Global Climate Council zurück und investiert auch in den
                      Ausbau alternativer Energieformen. Der Konzern ist außerdem der einzige,
                      der wegen seiner Aktivitäten im Bürgerkriegsland Angola ein Transparenz-
                      abkommen unterzeichnet hat. Da mit den Einnahmen aus den Ölfeldern
                      vor der angolanischen Küste Waffenkäufe und andere korrupte Geschäfte
                      finanziert werden, hat sich BP laut der Organisation Global Witness in einem
                      Brief vom 6. Februar 2001 bereit erklärt, die wichtigsten Förder- und Fi-
                      nanzdaten offenzulegen. Damit provozierten sie allerdings den staatlichen
                      angolanischen Ölkonzern Sonangol, der dem Konzern in einem wütenden
                      Brief die Kündigung der Lizenzverträge androhte. BP beruhigte die Ango-
                      laner daraufhin, dass der Transparenz ohnehin per Steuererklärung Genüge
                      getan sei – womit das Abkommen mit Global Witness de facto wertlos ist.[2]
                      1998 rückte BP ins Licht der Öffentlichkeit, da der Konzern mit der kolum-
                      bianischen Armee vereinbart hatte, dass diese ihre Anlagen in einem Guer-
                      rilla-Gebiet schützen sollte. Kurz darauf wurde die Sicherheitsabteilung des
                      Konzerns von Human Rights Watch beschuldigt, Waffen importiert und die
                      für ihre Brutalität berüchtigte kolumbianische Polizei ausgebildet zu haben.[3]
                      Zweihundert Familien beklagen dort die Zerstörung ihrer Lebensgrundla-
                      gen durch BP-Pipelines.[4] In Ecuador protestieren Indígenas gegen die BP-
                      Tochter Arco, die an der Zerstörung ihrer Lebensgrundlagen im Amazonas-
                      gebiet beteiligt sei.

Im Irak wurde die gesamte Ölförderung einst durch die Iraq Petroleum Company IPC abgewickelt, die im Besitz von BP und Esso war. 1962 wurde verstaatlicht. Der zweite Irakkrieg wurde auch zugunsten der Briten geführt: »In den Stunden und Tagen, bevor die USA und Großbritannien den Irak besetzten, lehrte ein Team von BP-Ingenieuren die Kampftruppen (...), die Ölfelder im Südirak zu betreiben«, schreibt das konzernkritische Onlinemagazin CorpWatch. Der Lohn: Gleich nach Ende des Irakkrieges nahm BP eine der ersten Tankerladungen irakisches Erdöl in Besitz und ist nun vorne mit dabei bei der Ausbeutung der reichen Ölressourcen des Landes.[5]

Laut Umwelt- und Entwicklungsorganisationen verstoßen BP und seine Konsortialpartner beim kasachischen Pipelineprojekt Baku-Tbilissi-Ceyhan »klar gegen Grundregeln der Unternehmensverantwortung«. Das Konsortium soll unzulässigen Einfluss auf die Umweltgesetzgebung der Anrainerländer ausgeübt haben. Die Organisationen sprechen von massiver Bedrohung von Projektkritikern in Aserbaidschan und der Türkei und fürchten die Militarisierung der Region zum Schutz der Pipeline vor Anschlägen.[6]

Anfang 2005 rühmte sich BP, drei Millionen Dollar für die Opfer der Tsunami-Flut gespendet zu haben. Das ist in etwa das, was der Konzern in 2,5 Stunden an Gewinnen schreibt. BP-Chef Lord Browne verdiente 2004 übrigens mehr als das Dreifache.[7]

Industrielobbys	USCIB, CEPS, WBCSD, BRT, CEFIC, ERT, ICC (siehe Seite 254 ff.)

Was Sie tun können (siehe auch S. 50 ff.)

Protestieren Sie bei Pressesprecher Ulrich Winkler, Wittener Str. 45, D-44776 Bochum Tel: 0049/234/315–2981, ulrich.winkler@de.bp.com bzw. presse@de.bp.com

Es gibt keine »guten« Ölkonzerne. Die beste Alternative: weniger Auto fahren, seltener fliegen.

Weitere Infos

http://www.globalwitness.org/campaigns/oil/index.php Erdölkampagne von Global Witness

http://www.corpwatch.org Corporate Watch bietet zahlreiche Infos über BP und andere Konzerne

www.foe.org/camps/intl/Appendices.htm Infos über das kaspische Pipelineprojekt

http://www.bakuceyhan.org.uk: Baku-Ceyhan-Kampagne

»Death in the Pipeline: BP's role in the Baku-Tbilisi-Ceyhan (BTC) pipeline and the growing opposition it faces.« In: Ethical Consumer, Februar/März 2003

»Angola – All the president's men« und »Time for transparency«: Global-Witness-Reports über Korruption im angolanischen Ölbusiness

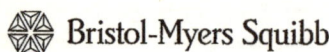 **Bristol-Myers Squibb**

»Für uns gelten die höchsten ethischen
und moralischen Standards«

Produkte, Marken Medikamente: Ampho-Moronal, Fosinorm, Iscover, Karvea, Lopirin, Multi-
lind Heilsalbe, Plavix, Pravasin, Sotalex, Sprycel

Homepage http://www.bms.com

Firmendaten Umsatz (2007): 13,1 Milliarden Euro
Gewinn (2007): 2,4 Milliarden Euro[1]
Beschäftigte: 42 000
Sitz: New York (USA)

Vorwürfe **Finanzierung unethischer Medikamentenversuche, Behinderung**
eines Entwicklungslandes bei der Herstellung und Vermarktung
lebenswichtiger Medikamente, unseriöse Praktiken bei der Aus-
schaltung von Konkurrenz, illegale Marketingpraktiken
1887 investierten William McLaren Bristol und John Ripley Myers ihr Geld
in eine heruntergekommene kleine Medikamentenfirma im Bundesstaat
New York. Daraus entwickelte sich der Pharmakonzern Bristol-Myers, der
sich 1989 mit dem Konzern Squibb zum damals weltweit zweitgrößten
Pharmahersteller zusammenschloss. Die Anfänge von Squibb liegen
ebenso wie jene Bristol-Myers' im 19. Jahrhundert. Squibb wurde in
Brooklyn/New York als pharmazeutische Firma gegründet. Bristol-Myers
Squibb ist seit vielen Jahren einer der profitabelsten Konzerne der USA.
Er ist hauptsächlich im Arzneimittelbereich tätig, hat aber auch im Schön-
heitsbusiness mit der Marke Clairol oder mit Nahrungsmitteln für Allergiker
(unter der Marke Mead Johnson) bereits viel Geld verdient. In den letzten
Jahren investierte Bristol-Myers Squibb sehr viel in die Entwicklung von sogenannten Lifestyle-Produkten im Pharmabereich.
Bristol-Myers Squibb klagte im Frühjahr 2001 gemeinsam mit 38 anderen Pharmafirmen gegen die südafrikanische Regierung wegen Verletzung
des Patentrechts (siehe Sanofi-Aventis Seite 342).
Bristol-Myers Squibb finanzierte in den vergangenen Jahren mehrere Versuche an Schizophrenen, bei denen viele Patienten kein wirksames Medikament, sondern nur ein Placebo erhielten (siehe Seite 101 ff.). Laut Deklaration von Helsinki des Weltärztebundes ist es verboten, schwere
Erkrankungen nur mit einem Placebo zu behandeln, wenn es bereits erprobte Medikamente gibt.[2]
Im Januar 2003 verpflichtete sich Bristol-Myers Squibb, an mehrere US-

Bundesstaaten insgesamt 670 Millionen US-Dollar Strafe zu bezahlen. Der Konzern hatte mit ungesetzlichen Mitteln konkurrierende Firmen behindert, um die Preise für Krebs- und Depressionsmittel hoch zu halten.[3] Die US-Handelskommission (U. S. Federal Trade Commission) führt derzeit gegen Bristol-Myers Squibb eine Untersuchung wegen Konkurrenzbehinderung durch.

Im September 2007 erklärte sich Bristol-Myers Squibb bereit, in einem gerichtlichen Vergleich mit dem US-Justizministerium sowie den Generalstaatsanwälten zweier Bundesstaaten insgesamt 515,– Millionen Dollar Entschädigung zu zahlen. Dem Pharmakonzern waren illegale Marketingpraktiken und betrügerische Preismanipulationen vorgeworfen worden. Beispielsweise erhielten Ärzte im Zeitraum von 2000 bis 2003 verschiedenste Zuwendungen in Form von Beratungshonoraren, »Fortbildungen« und luxuriösen Reisen, um sie zur Verschreibung von Medikamenten zu bewegen. Indirekt wurde das alles von öffentlichen Sozialkassen bezahlt – über künstlich erhöhte Medikamentenpreise.

Weiterhin wurde dem Konzern vorgeworfen, dass er das Neuroleptikum Abilify bei Anwendungsgebieten (Indikationen) vermarktete, für die es nicht zugelassen war, beispielsweise bei Kindern oder alten Menschen mit Demenz – obwohl die Arzneimittelbehörde FDA sogar extra vor der Verwendung bei alten Menschen mit Demenz gewarnt hatte.

Während des Gerichtsverfahrens waren Bristol-Myers Squibb auch betrügerische Preismanipulationen bei Krebsmedikamenten und einem Antidepressivum zu Lasten öffentlicher Sozialkassen vorgeworfen worden.

Industrielobbys   USCIB, IPC, ICC, EFPIA, ACC (siehe Seite 254)

Was Sie tun können (siehe auch S. 50 ff.)   Schicken Sie leere Schachteln von Bristol-Myers-Squibb-Medikamenten an Dr. Judith Schultz, Corporate Business Communication vonBristol-Myers Squibb Deutschland, Sapporobogen 6–8, D-80637 München, mit der Aufforderung: Schluss mit unethischen Medikamentenversuchen! Oder: Billige Medikamente für arme Länder!

Weitere Infos   http://www.bukopharma Die BUKO Pharma-Kampagne beobachtet seit 15 Jahren die Aktivitäten der Pharmaindustrie in der Dritten Welt. Diese Gruppe hat zahlreiche Missstände aufgedeckt und Veränderungen bewirkt.
http://www.arznei-telegramm.de Die kritische Berliner Fachzeitschrift arznei-telegramm berichtet laufend über unsaubere Praktiken von Pharmafirmen.

Produkte, Marken Modekaufhaus mit Eigenmarken wie Clockhouse, Westbury und Your Sixth
Sense

Homepage http://www.c-and-a.com

Firmendaten Umsatz (2008): 6,3 Milliarden Euro[1]
Beschäftigte: 34 000
Sitz: Brüssel (Belgien)

Vorwürfe **Ausbeutung, sexuelle Belästigung und andere Missstände in
Zulieferbetrieben**

Der 1841 von Clemens und August Brenninkmeyer gegründete Familien-
betrieb besitzt über 900 Modefilialen in 13 europäischen Ländern. Weltweit zählt C&A auf 1200 Lieferanten. Werden jedoch Sublieferanten mit
einbezogen, dann beläuft sich die Zahl der für den Konzern tätigen Produktionsstätten auf etwa 6000.[2] Identität und Standort dieser Betriebe unterliegen – wie in der Branche üblich – einem ständigen Wechsel.

C&A ist hinter Arcandor AG (in Insolvenz) und Otto die Nummer drei im bun-
desdeutschen Textileinzelhandel. Obwohl sich die Zahl der Filialen seit der
Erstauflage des »Schwarzbuch Markenfirmen« (2001) in etwa verdoppelt
hat, sank die Zahl der Beschäftigten von 35 000 auf 30 000.

Das 1989 erschienene Buch »C&A – Der stumme Gigant«, in dem massive Arbeitsrechtsverletzungen aufgedeckt wurden, führte in den Niederlanden zur Gründung der »Kampagne für Saubere Kleidung« (Clean Clothes
Campaign). Auf Druck der Konsumenten hat sich der Konzern einen Verhaltenskodex verpasst und lässt seine Zulieferbetriebe durch die 1996 gegründete Organisation »Socam« kontrollieren, die aber von der Familie
Brenninkmeyer finanziert wird und somit nicht unabhängig ist.

Obwohl der Kodex alle Produkte und Subunternehmer von C&A mit ein-
bezieht, kritisieren Menschenrechtsorganisationen, dass das Recht auf Organisationsfreiheit nur eingeschränkt garantiert wird.

C&A hat die Geschäftsbeziehungen zu zahlreichen Lieferanten abgebro-
chen, nachdem die eigene Kontrollinstitution Socam Verfehlungen festgestellt hat. Ob der Konzern seinen sozialen Verpflichtungen gegenüber den
Beschäftigten dieser Firmen nachgekommen ist, ist nicht bekannt. Seit
Ende 1999 betreibt C&A ein Berufsbildungszentrum für ehemalige Kinder-
arbeiter in Indien. Die dafür investierten jährlichen Betriebskosten von

40 900 Euro machen sich jedoch geradezu lächerlich aus, wenn man sieht, wie groß der gesellschaftliche Schaden ist, der an zahlreichen Produktionsstätten bereits angerichtet wurde.

So hat etwa die Kampagne für Saubere Kleidung im Jahr 2000 festgestellt, dass an zwei Standorten in Indonesien Arbeiter mit empfindlichen Geldstrafen zur Ableistung von Überstunden gezwungen wurden. Arbeiterinnen wurden wegen Protestaufrufen eingesperrt, sexuell belästigt, bei Feststellung einer Schwangerschaft entlassen und nach Wiedereintritt schlechter bezahlt. Außerdem gab es Lohnabzüge, wenn sie den (ohnehin unbezahlten) Menstruationsurlaub in Anspruch nahmen, der indonesischen Arbeiterinnen von Gesetzes wegen zusteht. Es wurde nicht einmal der gesetzliche Mindestlohn bezahlt. Der Bericht spricht von einem Tageslohn von umgerechnet 80 Cent ohne Überstundenentgelt, und das bei Arbeitszeiten von bis zu 80 Stunden pro Woche. Darüber hinaus ist von Kindern unter 15 Jahren die Rede, die dieselbe Arbeitszeit wie die anderen Arbeiter abzuleisten hatten.

Der Konzern behauptete, dass es sich bei den untersuchten Betrieben nicht (mehr) um C&A-Zulieferbetriebe handelt. Die Beziehung während des Untersuchungszeitraums konnte aber durch C&A-Labels auf den produzierten Kleidungsstücken nachgewiesen werden.[3]

In Kambodscha führten die niedrigen Löhne in 69 Zulieferbetrieben von C&A, Nike, Gap, Ralph Lauren und Calvin Klein im Juni 2000 zu einem tagelangen Streik. Die Arbeiterinnen forderten eine Erhöhung der Mindestlöhne von rund 45 Euro auf rund 78 Euro. Die Produktionskosten würden dabei nur um 2,8 Prozent steigen. Laut der Cambodian Labor Organization liegen die Lebenshaltungskosten für eine Durchschnittsfamilie in der kambodschanischen Hauptstadt Phnom Penh bei rund 212 Euro.

Was Sie tun können (siehe auch S. 50 ff.)

Fordern Sie C&A auf, existenzsichernde Mindestlöhne, Gewerkschaftsfreiheit und unabhängige Kontrollen zu garantieren:
Tel. +49/211/166 27 47, Fax +49/211/166 27 48, Presse@CundA.de

Weitere Infos

http://www.cleanclothes.org/companies/cena.htm
Ingeborg Wick u. a.: Das Kreuz mit dem Faden. Indonesierinnen nähen für deutsche Modemultis. Südwind-Institut, Siegburg 2000

Produkte, Marken	Kinderspielzeug, Baby- und Kindernahrung, Kosmetika und alles rund um Babys und Kinder der Marke Chicco Kinderwagen und Babyausstattungen der Marke Prénatal
Homepage	http://www.artsana.com
Firmendaten	Umsatz der Artsana-Gruppe (2007): 1,4 Milliarden Euro Gewinn (2007): 46 Millionen Euro[1] Beschäftigte: 7900 Sitz: Grandate (Italien)
Vorwürfe	**Lebensgefährliche Missstände und Verweigerung von Entschädigungszahlungen für Brandopfer in Zulieferbetrieben, gravierende Verletzung der Regeln bei der Vermarktung von Babynahrung**

Chicco ist Teil des italienischen Artsana-Konzerns, der weltweit mit einem Dutzend verschiedener Markennamen tätig ist. In Deutschland bekannt sind die Marken Chicco und Prénatal, die eine unüberschaubare Zahl von Produkten für Schwangere, Babys und Kleinkinder vermarkten. Artsana ist seit mehr als 40 Jahren im Geschäft. Prénatal verfügt europaweit über die größte Zahl von Shops, die nur den Bereich Babyausstattung und Produkte für Schwangere abdecken.

In einer der Chicco-Zulieferfabriken in China, in der »Zhili Handicraft Factory«, brach am 19. November 1993 ein Feuer aus. Die 200 anwesenden Beschäftigten – vorwiegend junge Frauen – versuchten zu fliehen. Aber nur wenige konnten sich retten. Denn aus Furcht, dass die Angestellten Waren stehlen könnten, war die Fabrik wie ein Gefängnis verriegelt worden: die Fenster vergittert, die Notausgänge verschlossen. Weil das Gebäude auch als Warenlager benützt wurde, breitete sich das Feuer rasend schnell aus. 87 Menschen verbrannten, 47 überlebten schwer verletzt.

Die beiden Geschäftsführer, die ihre Angestellten in der Fabrik hinter Gitter gesetzt hatten, betreiben angeblich eine neue Fabrik, die ebenfalls Waren für Artsana S. p. A./Chicco herstellt.

Erst Jahre später, 1997, war Artsana S. p. A./Chicco bereit, rund 155 000 Euro an die Geschädigten zu zahlen. Bis jetzt hat allerdings noch kein einziges Opfer Geld aus diesem Fonds erhalten.

Ende 1999 ließ der Konzern über seine Anwälte mitteilen, dass das Geld bereits an Sozialprojekte verteilt worden sei, die in keinem Zusammenhang mit der Brandkatastrophe stehen. Das ist ein eindeutiger Missbrauch eines Opferfonds. Deshalb hat die »Toy Coalition« in Hongkong eine internationale Boykott-Kampagne gegen Chicco-Spielwaren gestartet, um den italienischen Konzern doch noch zu Entschädigungen für die Opfer zu zwingen (siehe Seite 187 ff.).

Artsana S. p. A./Chicco (»Wir sind überall dort, wo es ein Baby gibt«) weist auf seiner Homepage stolz darauf hin, dass es seit 1998 einen Firmencodex gibt, der alle Herstellerbetriebe dazu verpflichtet, besonders die Vorschriften zu Arbeitszeiten und Entlohnung, zur Beschäftigung von Minderjährigen und zur Sicherung der Gesundheit aller Beschäftigten zu beachten. »Das Ziel ist die Einhaltung fundamentaler menschlicher und gewerkschaftlicher Rechte.«[2]

Im Dezember 2002 berichtete die »Asia Times Online«, dass 120 Opfer bzw. Angehörige von Toten des Zhili-Factory-Brandes im Sommer 2001 von der italienischen Firma Chicco je 1250 US-Dollar Entschädigung erhalten haben.[3]

Dieses Beispiel zeigt die Wirksamkeit von internationalen Kampagnen.

Das internationale Baby Food Action Network kritisiert Chicco wegen gravierender Verletzung der von der WHO festgelegten Regeln zur Vermarktung von Baby- und Kindernahrungsprodukten. Broschüren von Chicco suggerieren, dass Flaschennahrung dem Stillen gleichwertig oder sogar überlegen sei.[4]

Was Sie tun können (siehe auch S. 50 ff.)

Protestieren Sie bei der Chicco Babyausstattung GmbH, Borsigstr. 1, D-63126 Dietzenbach

Weitere Infos

http://www.babymilkaction.org Internationale NGO, die die Marketingpraktiken der Babynahrungshersteller beobachtet und kritisiert

http://www.cic.org.hk/ Homepage der »Toy Coalition« in Hongkong, die sich zum Ziel gesetzt hat, den Herstellern von Spielwaren auf die Finger zu schauen

Produkte, Marken Bananen sowie andere Obst- und Gemüseprodukte

Homepage http://www.chiquita.com

Firmendaten Umsatz (2008): 2,4 Milliarden Euro
Verlust (2008): 187,3 Millionen Euro[1]
Beschäftigte: 23 000
Sitz: Cincinnati, Ohio (USA)

Vorwürfe **Ausbeutung in Bananenplantagen, Einsatz von gefährlichen Pflanzengiften**

Der US-Konzern Chiquita ist der größte Bananenlieferant für Europa. Der Konzern wurde 1899 unter dem Namen United Fruit Company gegründet. Er besaß riesige Landflächen in Mittelamerika und bestimmte jahrzehntelang die Politik zahlreicher Länder, die wirtschaftlich von den Bananenexporten abhängig waren. Weil in diesen Ländern der Bananenhandel mehr zählte als demokratische Interessen, nennt man Staaten wie Guatemala oder Honduras auch »Bananenrepubliken«: Dort wurden, zum Teil mithilfe des US-Militärs, Beamte bestochen und demokratisch gewählte Regierungen gestürzt. An ihre Stelle traten Militärdiktaturen, die die Menschenrechte mit Füßen traten, auch damit Konzerne wie Chiquita ihre wirtschaftlichen Interessen durchsetzen konnten.

Noch im Jahr 2002 berichtete Human Rights Watch von acht- bis 13-jährigen Kindern, die auf den Plantagen von Firmen wie Chiquita, Dole und Del Monte für 3,50 Euro am Tag arbeiteten. Sie waren giftigen Pestiziden ausgesetzt, mussten schwere Lasten tragen, verschmutztes Wasser trinken und wurden zum Teil sexuell missbraucht.[2]

Chiquita reagierte auf solche Vorwürfe immer wieder mit dem Hinweis auf ein generelles Verbot von Kinderarbeit bei den Lieferanten des Konzerns. Um das angeschlagene Image zu verbessern, wirbt Chiquita seit einiger Zeit mit dem Gütesiegel der industriefreundlichen Umweltorganisation Rainforest Alliance. Damit soll der Anschein erweckt werden, die Früchte würden fair und umweltverträglich angebaut. Doch »Chiquita ist weder aus umweltpolitischer Sicht noch aus arbeitsrechtlicher Sicht vorbildlich«, erzählten zum Beispiel Gewerkschafter in Costa Rica dem »Spiegel« im Jahr 2006.[3] Auch eine Reportage des 3sat-Magazins »nano« zeigte, dass auf den Plantagen Gewerkschaftsrechte missachtet und die Beschäftigten teilweise schutzlos gefährlichen Pflanzengiften ausgesetzt wurden. Die Universität Augsburg entdeckte zum Beispiel Chemikalien, die »zu Nervenschäden, Atembe-schwerden, Hautirritationen usw.« führen.[4] Chiquita wies all diese Vorwürfe zurück.

In Kolumbien wird dem Konzern vorgeworfen, jahrelang rechte Paramilitärs finanziert zu haben. Diese terrrorisieren die einheimische Bevölkerung und sind für den Tod von mehreren tausend Menschen verantwortlich. Rund 400 Familien, deren Angehörige gefoltert und getötet wurden, verklagten den Konzern daher Ende 2007 auf 7,8 Milliarden Dollar Schadenersatz.[5] Wie das Magazin »Focus« berichtete, hatte Chiquita bereits im März davor zugegeben, die Terroristen zwischen 1997 und 2004 mit mehr als 1,7 Mil-lionen Dollar unterstützt zu haben. Der Konzern zahlte daraufhin 25 Millio-nen Dollar Strafe. Nun aber sieht man sich bei Chiquita selbst als Opfer – schließlich sei man von den Terroristen erpresst worden.[6] Menschenrechts-gruppen verlangen, dass Chiquita alle Geschäfte in Kolumbien untersagt werden.

Industrielobbys   ACC (siehe Seite 254)

Was Sie tun   Kaufen Sie Obst und Gemüse aus regionaler und ökologischer Produktion,
können (siehe   Bananen und andere Südfrüchte nur mit »Fairtrade«-Gütesiegel.
auch S. 50 ff.)

Weitere Infos   www.bananalink.org.uk Britische Pressuregroup gegen die Ausbeutung im
Bananenhandel
www.banafair.de BanaFair importiert fair gehandelte Bananen nach
Deutschland und informiert über die Bananenindustrie

Produkte, Marken   Getränke der Marken Almdudler, Aquarius, Bonaqua, Burn, Cappy, Coca-Cola, Fanta, Kinley, Krest, Lift Apfelsaftschorle, Mezzo Mix, Minute Maid, Nestea, Powerade, Qoo, Römerquelle, Sprite

Homepage   http://thecoca-colacompany.com

Firmendaten   Umsatz (2008): 21,54 Milliarden Euro
Gewinn (2005): 3,9 Milliarden Euro[1]
Beschäftigte: 92 400
Sitz: Atlanta, Georgia (USA)

Vorwürfe   **Verfolgung von Gewerkschaften, Ausbeutung und Kinderarbeit, Umweltzerstörung**

Nach »O. k.« ist Coca-Cola weltweit der am besten verstandene Begriff. Der Wert der Marke Coca-Cola wird auf 68 Milliarden Dollar geschätzt – das ist mehr als das Doppelte des Konzernumsatzes. In über 200 Ländern löschen die Menschen täglich mehr als eine Milliarde Mal ihren Durst mit Produkten aus dem Hause Coca-Cola. Insgesamt sind das jährlich 110 Milliarden Liter. Am 20. Juli 2001 reichte die kolumbianische Gewerkschaft Sinaltrainal mit Unterstützung der US-amerikanischen United Steel Workers of America und dem International Labor Rights Fund in Florida eine Klage gegen Coca-Cola und seine Partner in Kolumbien ein. Paramilitärische Todesschwadronen, welche Mord, Entführung und Folter an Gewerkschaftsmitgliedern begangen hatten, hätten dies als Agenten der angeklagten Unternehmen getan, heißt es in der Anklage.[2] Acht Gewerkschafter wurden getötet, 65 weitere mit dem Tode bedroht. Insgesamt wurden in Kolumbien im letzten Jahrzehnt mehr als 1800 Gewerkschaftsmitglieder ermordet. Ende 2004 rief die deutsche Dienstleistungsgewerkschaft Verdi wegen der Vorgänge in Kolumbien zum Boykott von Coca-Cola-Produkten auf. Der Konzern bestreitet die Vorwürfe bis heute.

In Panama wurden im Herbst 2002 acht Gewerkschaftsmitglieder von der lokalen Coca-Cola-Abfüllfirma vertragswidrig gekündigt, weil sie sich für bessere Arbeitsbedingungen eingesetzt hatten.[3]

Am 8. August 2001 wurde Coca-Cola in den USA wegen rassistischer Diskriminierung afroamerikanischer Mitarbeiter und Mitarbeiterinnen zur Zahlung von 192,5 Millionen Dollar verurteilt. Dies war der größte derartige Fall in der Geschichte der USA.[4]

Laut BBC verunreinigte Coca-Cola im Jahr 2003 große landwirtschaftliche Flächen in Südwestindien mit hochgiftigen, teilweise krebserregenden Chemikalien wie Blei und Cadmium. Außerdem wurde dem Konzern sein extremer Wasserverbrauch vorgeworfen, der eine Dürrekatastrophe für die lokalen Landwirte zur Folge hatte. Bei Protesten gegen den Konzern wurden mehr als 300 Menschen verhaftet.[5] »Die 52 Anlagen von Coca-Cola und die 38 von Pepsi-Cola pumpen völlig unkontrolliert riesige Mengen Grundwasser aus dem Boden«, schreibt die indische Umweltschützerin Vandana Shiva im März 2005 in der »taz«: »Pro Tag verbraucht jede einzelne dieser Anlagen zwischen 1 Million und 1,5 Millionen Liter Wasser – pro Jahr insgesamt an die 40 Milliarden Liter.«[6]

In den USA wird Coca-Cola wegen der Vorwürfe von immer mehr Universitäten boykottiert, berichtet die »Süddeutsche Zeitung« im Januar 2006. Dies und »die Tatsache, dass sich die ersten Studentenausschüsse in England ebenfalls mit Boykottgedanken tragen, hat in der Konzernzentrale in Atlanta nun doch für Unruhe gesorgt«.[7]

Industrielobbys   USCIB, BRT, ACC, ICC (siehe Seite 254 ff.)

Was Sie tun können (siehe auch S. 50 ff.)   Die braune Brause ist nicht nur gesundheitlich, sondern auch ethisch unverträglich. Kaufen Sie Orangensaft nur aus Fairem Handel. Bezugsquellen unter http://www.transfair.org (Deutschland, Tel. +49/221/942 04 00)

Weitere Infos   http://www.cokewatch.org Boykottkampagne gegen Coca-Cola
http://www.killercoke.org Umfangreiche Vorwürfe mit Newsletter
http://www.kolumbienkampagne.de Deutsche Organisation gegen Menschenrechtsverletzungen in Kolumbien
http://www.labournet.de/internationales/co/cocacola
http://www.local.attac.org/berne/docs/Menschenrechtsverletzungen.pdf
Bericht über Menschenrechtsverletzungen in den Abfüllbetrieben von Coca-Cola in Kolumbien

»Ein wirklich globales Unternehmen«

Mercedes-Benz

Produkte, Marken Autos und Nutzfahrzeuge der Marken Chrysler, Dodge, Jeep, Maybach, Mercedes-Benz, Setra, Smart Freightliner, Sterling, Western Star, Setra, Mitsubishi Fuso u. a.

Homepage http://www.daimler.de

Firmendaten Umsatz (2008): 95,9 Milliarden Euro
Gewinn (2008): 1,4 Milliarden Euro[1]
Beschäftigte: 273 000
Sitz: Stuttgart (Deutschland)

Vorwürfe **Beteiligung an einem Rüstungskonzern, Umweltzerstörung und Anti-Klimaschutzlobbying**

Die deutsche Daimler AG ist der weltweit größte Hersteller von Nutzfahrzeugen und vor allem für die Luxusautos der Marke Mercedes bekannt. Doch Daimler baut nicht nur umweltschädliche Limousinen, sondern ist auch einer der beiden Hauptaktionäre des Luft-, Raumfahrt- und Rüstungskonzerns EADS.[2] Diese Firma produziert zum Beispiel den Kampfbomber Eurofighter und Raketenwerfer für Streumunition. Die Kritischen AktionärInnen werfen dem Autokonzern unter anderem vor, keinerlei Anstrengungen für den Ausstieg aus »derart inhumanen Waffensystemen wie Streumunitionswerfern« unternommen zu haben. So könne beispielsweise der Raketenwerfer GMLRS innerhalb weniger Minuten eine Fläche von einem Quadratkilometer mit 8000 Streumunitionskörpern verseuchen. »Das entspricht einer Fläche von 150 Fußballfeldern. Nicht explodierte Streumunition bleibt nach dem Einsatz auch oft als Blindgänger liegen und wirkt wie Minen – eine Gefahr vor allem für neugierige Kinder.«[3] Der Einsatz von Streumunition in den Golfkriegen forderte laut Human Rights Watch Tausende zivile Opfer.[4] Im Juni 2008 beschlossen 111 Länder, darunter auch Deutschland, den Verzicht auf Streubomben ab Ende 2008.[5]

Im Mai 2008 gestattete das Oberste Gericht der USA eine milliardenschwere Klage von Apartheidopfern gegen Daimler, die Deutsche Bank, die Dresdner Bank sowie Ford, General Motors, BP, Citigroup und andere, weil sie mit ihren Geschäftsbeziehungen die Politik der Rassentrennung in Südafrika unterstützt hätten. Daimler hält die Klage für unbegründet.[6]

Die »Kritischen Aktionäre« beklagten zudem, dass die von Daimler hergestellten Kraftfahrzeuge im Durchschnitt die enorme Benzinmenge von

9,7 l/100 km Kraftstoff verbrauchten. Nur etwa vier Prozent der Modelle würden den von der EU angestrebten CO_2-Ausstoß von 130 g/km erreichen.[7] Ende 2007 erhielten BMW, Porsche und Daimler den »Worst EU Lobbying Award«, weil sie laut Corporate Europe Observatory »die schlimmsten unter den Lobbyisten der Automobilindustrie« seien: »Als die EU-Kommission bindende CO_2-Ziele vorschlug, haben diese Unternehmen sofort mit einer Angst- und Desinformationskampagne geantwortet. Die Entscheidungsträger wurden durch grob übertriebene Drohungen mit Betriebsschließungen und Arbeitsplätzeverlust manipuliert.«[8]

Industrielobbys ESF, ACC, WBCSD, BRT, TABD, GBDe (siehe Seite 254 ff.)

Was Sie tun können (siehe auch S. 50 ff.) So wenig Auto fahren wie möglich. Auf www.wir-kaufen-keinen-mercedes.de kann man sich der Boykottinitiative für den Ausstieg aus der Produktion von Streumunition anschließen.

Weitere Infos www.kritische-aktionaere.de Die Kritischen AktionärInnen informieren über die Schattenseiten deutscher Konzerne, darunter auch Daimler und Volkswagen

www.juergengraesslin.com Der Leiter der Kritischen Daimler-AktionärInnen hat mehrere Bücher über den Konzern veröffentlicht und wurde dafür mit Klagen verfolgt

www.landmine.de Initiative gegen Landminen und Streuwaffen

www.is.gd/oE3 Der Bund für Umwelt und Naturschutz kritisiert vor allem Audi (Volkswagen AG), BMW unfd Mercedes für den hohen CO_2-Ausstoß ihrer Fahrzeuge

»Soziales Engagement aus christlicher Überzeugung«

Produkte, Marken   Deichmann- und Roland-Schuhgeschäfte mit den Marken Elefanten, Gallus, Victory u. a.
In der Schweiz: Dosenbach- und Ochsner-Schuhgeschäfte

Homepage   http://www.deichmann.com

Firmendaten   Umsatz (2008): 3,1 Milliarden Euro[1]
Gewinn: keine Angaben
Beschäftigte: 28 100
Sitz: Essen (Deutschland)

Vorwürfe   **Gefährliche Arbeitsbedingungen und Umweltzerstörung in Zulieferbetrieben**

Europas größter Schuhhändler verkaufte 2007 weltweit mehr als 127 Millionen Paar Schuhe. Die Preisspanne liegt nach Unternehmensangaben zwischen 9,90 und 79,90 Euro.[2] Der greise Firmengründer Heinz-Horst Deichmann ist überzeugter Christ und lässt sich in der Zeitung seiner Stiftung »Wort und Tat« (http://www.wortundtat.de) mit unzähligen Hochglanzbildern als wahrer Wohltäter feiern, der auf seinen zahlreichen »Reisen in Schmutz und Not« indischen Notleidenden hilft. Auf der firmeneigenen Homepage heißt es: »Aus seiner christlichen Überzeugung heraus engagiert sich Dr. Deichmann seit über 20 Jahren für notleidende Menschen in Indien. Rund 80 000 Inder haben auf diesem Wege bereits Hilfe aus Deutschland erfahren. (…) Ganz nah, im unmittelbaren Umfeld der eigenen Wohn- und Arbeitsstätte in Essen, sind es die Sorgen von Obdachlosen, die Dr. Deichmann am Herzen liegen. Dieser persönliche Einsatz wirkt auch in das Unternehmen hinein. Das soziale Engagement ist eine Identifikationsmöglichkeit für die Mitarbeiter, ›ein geistiger Besitz, der verbindend wirkt‹, wie Dr. Deichmann es einmal formuliert hat.«[3]

Dass Herr Deichmann sich privat sozial engagiert, ist löblich. Wenn aber multinationale Unternehmen wie Deichmann faire Arbeitsbedingungen, soziale Standards und existenzsichernde Löhne garantieren würden, wäre ein solches Engagement vielleicht gar nicht nötig. Werbewirksam ist es allemal.

Laut »tageszeitung« vom 10. 4. 2001 werden in Indien drei Millionen Paar Schuhe für Deichmann hergestellt. Eine Steigerung auf zehn Millionen Paar sei beabsichtigt. »Für ›Markenschuhe so günstig‹ bezahlen auch zwei Millionen indische Gerbereiarbeiter«, heißt es da: »Tag für Tag sind sie 175 verschiedenen Chemikalien, Salzen und Säuren ausgesetzt, ohne ausreichende Schutzkleidung.«[4] Außerdem würden die Gifte große Mengen des Trinkwassers in den Produktionsgebieten verseuchen und damit auch landwirtschaftliche Flächen zerstören.

Das ARD-Magazin »Report Mainz« zeigte am 9. April 2001 Bilder aus der Firma »K. H. Shoes«. Der deutsche Hauptabnehmer war Deichmann. Während die Fertigung der Schuhe unter annehmbaren Bedingungen geschah, herrschten in der Gerberei katastrophale Zustände: Arbeiter stehen barfuß und ohne Schutzkleidung in der giftigen Gerbbrühe. Atemmasken gegen den beißenden Gestank gibt es nicht. Außerdem sei die Lagerung der Chemikalien lebensgefährlich, so ein Experte.

Deichmann behauptete nach der Ausstrahlung, die ARD habe die Zuschauer mit falschem Bildmaterial getäuscht. Die gezeigten Innenaufnahmen würden zum überwiegenden Teil nicht vom Deichmann-Lieferanten »K. H. Shoes« stammen. Diese Behauptung muss der Konzern in Hinkunft unterlassen, nachdem der Sender mit rechtlichen Schritten drohte.[5] Später gab man sich reuig: »Die bei Report Mainz gezeigten Bilder haben uns betroffen gemacht«, erklärt Karsten Schütt, Geschäftsführer von Deichmann. Deswegen habe man die Arbeiter mittlerweile mit Schutzbekleidung ausgerüstet.[6]

Die meisten Konsumenten erfahren von all dem nichts. Im Gegenteil: Schuhe aus Indien wurden sogar als »Made in Italy« oder »Made in Germany« gekennzeichnet – das wirkt nämlich nobler und verkauft sich daher besser. Ein Deichmann-Mitarbeiter erklärte diesen Vorgang im Jahr 1998 so: »Es ist durchaus üblich, dass die Oberteile eines Schuhs in Indien gefertigt werden, nach Italien importiert werden, und ein italienischer Hersteller montiert dann diese unterschiedlichen Komponenten zu einem fertigen Schuh.«[7]

2005 wurden 70 Prozent der Schuhe in Asien hergestellt – vor allem in China (Gewerkschaftsverbot) und Vietnam, wo Deichmann nach eigenen Angaben von den billigen Herstellungsbedingungen profitiert.[8]

Was Sie tun können (siehe auch S. 50 ff.)

»Wir freuen uns sehr über Anregungen, Fragen oder auch Kritik«, heißt es auf der Homepage. Fordern Sie Deichmann auf, existenzsichernde Mindestlöhne, Gewerkschaftsfreiheit und unabhängige Kontrollen zu garantieren: Pressesprecher Ulrich Effing, Tel. +49/201/86 76–960, Fax: +49/201/8676–499 60, ulrich_effing@deichmann.com

Weitere Infos

Chromgegerbtes Leder kann auch für den Träger der Schuhe gesundheitsschädlich sein – vor allem für Kinder. Die Alternative ist pflanzlich gegerbtes Leder. Infos unter http://www.naturkost.de/aktuell/sk980103.htm und in der Zeitschrift »Ökotest« vom August 1999.

»Ehrlich, ethisch und legal«

Produkte, Marken Bananen, Ananas und andere Früchte

Homepage http://www.freshdelmonte.com

Firmendaten Umsatz (2008): 3,5 Milliarden Dollar
Gewinn (2008): 157,7 Millionen Dollar[1]
Beschäftigte: 35 000
Sitz: Coral Gables, Florida (USA)

Vorwürfe **Ausbeutung von Plantagearbeitern und -arbeiterinnen, Einsatz von gefährlichen Pflanzengiften**

Del Monte (gegründet 1892) ist ein führender Obstproduzent in mehr als 50 Ländern der Welt. Die letzten 20 Jahre der Konzerngeschichte waren sehr bewegt: 1979 wurde die Del Monte Corporation vom Zigarettenimperium R. J. Reynolds (Camel, Winston u. a.) gekauft und 10 Jahre später wieder verkauft. Damals wurde der Frischobstzweig von der Produktion von Obst- und Gemüsekonserven abgespalten, weshalb die Del Monte Fresh Produce Company heute getrennt von Del Monte Foods operiert. Seit 1997 ist das Unternehmen an der New Yorker Börse notiert.

Während der 90er Jahre wurde der Name Del Monte mit Gewalttätigkeiten gegen Bananenarbeiter und Gewerkschaftsmitglieder in Guatemala in Verbindung gebracht. Viele von ihnen fielen dem massiven Einsatz von chemischen Spritzmitteln zum Opfer, die langfristige Gesundheitsschäden und bei manchen sogar den Tod hervorriefen. Diese Pflanzengifte wurden aus der Luft auf die Plantagen versprüht, ohne dass den Arbeitern und Arbeiterinnen Schutzkleidung zur Verfügung gestellt wurde (siehe Seite 166 f.). Arbeiter und Arbeiterinnen in zentralamerikanischen Plantagen erhalten rund 68 Cent in der Stunde bzw. 31 Euro pro Woche.[2]

Ende 1999 feuerte die Del-Monte-Tochter Bandegua mehrere Gewerkschaftsmitglieder in Costa Rica. Fast gleichzeitig ging in Guatemala eine Gruppe von 200 schwer bewaffneten Männern gegen Mitglieder der dortigen Gewerkschaft »Sitrabi« vor, die einen Streik gegen die Kündigung von 1000 Beschäftigten geplant hatten. Die Gewerkschaftsführer mussten aus Guatemala flüchten, da ihnen mit ihrer Ermordung gedroht wurde.[3]

Nichtsdestotrotz begann im Februar 2000 ein Streik gegen den neuen Besitzer der von Bandegua verpachteten Plantagen. Auch dieser liefert seine Produkte an Del Monte. Die Arbeiter und Arbeiterinnen forderten höhere Löhne, bessere Arbeitsbedingungen sowie die Anerkennung ihres Rechts auf gewerkschaftliche Selbstorganisation. Als der Pächter 350 Beschäftigte entließ und Haftbefehle gegen Gewerkschaftsanhängerinnen und -anhänger sowie den gesamten Sitrabi-Vorstand bewirkte, reagierten die Beschäftigten mit der Besetzung der Plantagen. Auf Intervention der Internationalen Nahrungsmittelgewerkschaft erklärte Del Monte zunächst, das Unternehmen sei nicht dafür zuständig, in einen »Konflikt Dritter« einzugreifen. Erst unter internationalem Druck versprach der Konzern, den Konflikt zu lösen und einen Käufer zu finden, der die Gewerkschaft anerkennt.[4]

Im März 2002 wurde in Guatemala der Bananenbauer José Benjamin Perez Gonzalez von Paramilitärs ermordet. Gemeinsam mit Kollegen hatte er auf Großgrundbesitz der Gesellschaft Bandegua, einem guatemaltekischen Subunternehmen von Del Monte, Bananen angepflanzt. Der Mord wurde nie untersucht, die Mörder wurden nie verhört. Amnesty International startete daraufhin eine Protestkampagne gegen den amerikanischen Konzern, damit dieser seinen Einfluss geltend mache, die Mörder einem ordentlichen Gerichtsverfahren zuzuführen.[5] Im April 2002 publizierte die Menschenrechtsorganisation Human Rights Watch eine Studie, der zufolge in Ecuador die Bananenkonzerne »Chiquita, Del Monte, Dole (…) von Plantagen versorgt wurden, auf denen Kinder arbeiten. Dafür erhielten die Kinder, die zum Teil erst 8 bis 13 Jahre alt waren, einen Durchschnittslohn von 3,50 Euro am Tag, das sind nur 60 Prozent des gesetzlichen Mindestlohns. Sie waren giftigen Pestiziden ausgesetzt, mussten mit scharfen Messern und Macheten arbeiten, schwere Lasten tragen, tranken verschmutztes Wasser und wurden zum Teil sexuell missbraucht. 90 Prozent der Kinder erzählten, dass sie sogar arbeiten mussten, während giftige Pilzbekämpfungsmittel von Flugzeugen über die Plantagen versprüht wurden.«[6]

Im Juli 2003 wurden Plantagenarbeiter in Guatemala gefeuert, weil sie an gewerkschaftlich organisierten Protesten teilnahmen.[7]

Was Sie tun können (siehe auch S. 50 ff.)

Kaufen Sie Bananen nur aus Fairem Handel. Infos bei BanaFair, Langgasse 41, D-63571 Gelnhausen, Tel. +49/6051/83 66–0, Bezugsquellen in Deutschland unter http://www.banafair.de/banane/bezug.htm
Schicken Sie eine Protestmail an contact-europe@freshdelmonte.com
Beteiligen Sie sich an der Protestkampagne von Amnesty International gegen Del Monte: http://web.amnesty.org/web/web.nsf/pages/ec_campaigns_fora

Weitere Infos

http://www.banafair.de Infos und Fairer Handel
http://www.bananalink.org.uk Britische Pressuregroup gegen die Ausbeutung im Bananenhandel
http://hrw.org/reports/2002/ecuador Studie von Human Rights Watch über Kinderarbeit in Ecuadors Bananenindustrie
http://bananas.agoranet.be European Banana Action Network

Deutsche Bank ◪   *»Impulse für die Wirtschaft in Entwicklungsländern«*

Produkte, Marken Finanzdienstleistungen

Homepage   http://www.deutsche-bank.de

Firmendaten   Umsatz (2008): 13,4 Milliarden Euro
                      Verlust (2008): 3,9 Milliarden Euro[1]
                      Beschäftigte: 79 000
                      Sitz: Frankfurt am Main (Deutschland)

Vorwürfe   **Kreditvergabe für skrupellose Projekte, Spekulationsgeschäfte
                      auf Kosten hochverschuldeter Länder**
                      Die Deutsche Bank ist das größte deutsche Geldinstitut. Doch wenn es um
                      die Kreditvergabe und die Steigerung der Rendite geht, spielen ethische
                      Kriterien kaum eine Rolle.
                      So warf die britische Nichtregierungsorganisation »Global Witness« der
                      Bank 2006 vor, sie habe das autoritäre Regime des auf Lebenszeit ernann-
                      ten turkmenischen Präsidenten jahrelang indirect unterstützt. Öffentliche
                      Gelder des turkmenischen Staates seien in Milliardenhöhe vom deutschen
                      Geldinstitut verwahrt worden. Möglicherweise, so die »taz«, stammte ein Teil
                      des Geldes aus »illegalen Transaktionen« und wurde verwendet, um Kor-
                      ruption, Menschenrechtsverletzungen und den persönlichen Luxus des
                      Herrschers zu finanzieren. Der Konzern ließ verlautbaren, man gebe zu Kon-
                      ten generell keine Auskunft.[2]
                      Im Mai 2008 ließ das Oberste Gericht der USA eine Milliardenklage von
                      Apartheid-Opfern gegen die Deutsche Bank und rund drei Dutzend wei-
                      tere Konzerne zu. Der Vorwurf der Kläger: Die Firmen hätten mit ihren Ge-
                      schäftsbeziehungen die Politik der Rassentrennung in Südafrika unter-
                      stützt.[3] Bei der Deutschen Bank ist man der Meinung, die Bewältigung der
                      Apartheid gehöre nicht vor ein US-Gericht.
                      Als im Jahr 2008 Millionen verzweifelter Menschen wegen der rasant stei-
                      genden Lebensmittelpreise ins Elend stürzten, warb die Deutsche Bank für
                      die Spekulation mit Nahrungsmitteln. Auf Brötchentüten bei Frankfurter
                      Bäckern konnten die verwunderten Kunden lesen: »Freuen Sie sich über
                      steigende Preise? Alle Welt spricht über Rohstoffe – mit dem Agriculture
                      Euro Fonds haben Sie die Möglichkeit, an der Wertentwicklung von sieben
                      der wichtigsten Agrarrohstoffe zu partizipieren.« Nach Protesten durch das
                      Netzwerk Attac wurde die zynische Werbung eingestellt, Vorstandsvorsit-

zender Josef Ackermann entschuldigte sich sogar öffentlich.[4] Doch weiterhin warb die Bank damit, dass man mit der Nahrungsmittelkrise – das heißt mit dem Hunger der Armen – Geld machen kann: »Die Weltbevölkerung wächst stetig, die landwirtschaftlichen Nutzflächen schrumpfen und Ernteausfälle häufen sich«, heißt es auf der bankeigenen Homepage. »Diese Herausforderung ruft der Agrarwirtschaft viel Innovationskraft ab, von der auch der DWS Invest Global Agribusiness profitieren kann.«[5]

Die Nahrungsmittelkrise wird auch dadurch verstärkt, dass immer mehr landwirtschaftliche Flächen für Agrartreibstoffe genutzt werden. Außerdem werden dafür, vor allem in Brasilien, Regenwälder abgeholzt und indigene Lebensräume zerstört. Nach einer im Mai 2008 publizierten Studie von »Friends of the Earth« war die Deutsche Bank von 44 untersuchten europäischen Banken am stärksten an der Finanzierung von Agrarkonzernen in Lateinamerika beteiligt, die in Lateinamerika solche Treibstoffe produzieren.[6]

Industrielobbys   WBCSD, GBDe, BRT, TABD (siehe Seite 254 ff.)

Was Sie tun   Proteste an: Deutsche Bank AG, Taunusanlage 12, D-60262 Frankfurt am
können (siehe   Main, Tel. +49/69/910–00, Fax +49/69/910–34 2 25, E-Mail: <u>deut-</u>
auch S. 50 ff.)   <u>sche.bank@db.com</u>
Legen Sie Ihr Geld nach ethisch-ökologischen Kriterien an. Infos:
<u>http://www.oeko-invest.de</u>

Weitere Infos   <u>http://www.bankwatch.org</u> Netzwerk zur Beobachtung internationaler Finanzinstitutionen
Karin Astrid Siegmann: Deutsche Großbanken entwicklungspolitisch in der Kreide? Südwind e. V., Siegburg 2000, zu bestellen unter
<u>http://www.suedwind-institut.de</u> oder unter Tel. +49/2241/536 17
<u>http://www.fian.de</u> Infos über den Goldbergbau
Christiane Oppermann: Schwarzbuch Banken. Diederichs Verlag, 2002
Max Deml/Hanne May: Grünes Geld. Jahrbuch für ethisch-ökologische Geldanlagen

»Unser höchstes Ziel ist die Schaffung
von Shareholder-Value«

Produkte, Marken Comic-Hefte, Bücher, Filme, Spielzeug und Bekleidung mit den Figuren Micky Maus, Donald Duck, Goofy, Bambi, Cinderella, Peter Pan, Pocahontas, Winnie the Pooh, Tarzan u. a.
Filmstudios wie Miramax, Vergnügungsparks und Urlaubsresorts wie Disneyland Paris oder Los Angeles

Homepage http://disney.go.com

Firmendaten Umsatz (2008): 26,3 Milliarden Euro
Gewinn (2008): 6,0 Milliarden Euro[1]
Beschäftigte (2008): 137 000
Sitz: Burbank, Kalifornien (USA)

Vorwürfe **Kinderarbeit, Ausbeutung und Missstände in Zulieferbetrieben**
Wir alle kennen die berühmten Disney-Figuren, die uns durch unsere Kindheit begleitet haben. Micky Maus, gezeugt vom Grafiker Walt Disney, wurde 1928 geboren, Donald Duck 1934. Heute ist die Walt Disney Company ein riesiger »Kreativitätskonzern«, mit Spielparks wie Disneyland, den Miramax-Filmstudios und der Fernsehstation ABC News.
Schade, dass dieser Konzern, der so viel Vergnügen in unser aller Leben gebracht hat, auch eine Schattenseite hat. Manche Disney-Figuren aus Kunststoff werden in Asien unter Bedingungen produziert, bei denen man sich wünschen möchte, es handelte sich nur um einen Disney-Film und gleich käme das Happy End. Die Realität ist leider anders.
Eine staatliche Untersuchung in Kanada stieß im Jahr 2001 auf erschreckende Zustände im Walt-Disney-Zulieferbetrieb KTBA Inc. in Laguna Hills in Kalifornien: Etwa 800 Arbeiter stellten gegen einen durchschnittlichen Stundenlohn von 1,35 US-Dollar in der Fabrik Kopfschmuck und Zauberstäbe her. Der in Kalifornien festgesetzte Mindestlohn beträgt 6,25 US-Dollar. In der Fabrik waren auch Kinder im Alter zwischen 7 bis 15 Jahren beschäftigt. Die Walt Disney Company bestritt, dafür verantwortlich zu sein, erklärte sich jedoch Mitte Dezember 2001 bereit, 903 000 US-Dollar Entschädigung für die Arbeiter zu zahlen.[2]
Mehrere Jahre lang, bis zum Herbst 2002, herrschten in einem Zulieferbetrieb von Walt Disney in Bangladesch folgende Zustände: Die Arbeiterinnen mussten täglich 14 bis 15 Stunden lang Disney-Shirts nähen und wurden immer wieder von Aufsehern geschlagen. Als Entlohnung erhielten sie

5 US-Cent pro Disney-Shirt, das der Konzern dann für 17,99 Dollar verkaufte (das entspricht einem Anteil von 0,25 Prozent pro Shirt). Als internationale Organisationen wie das US-National Labour Committee begannen, diese Zustände öffentlich zu machen, stoppte Walt Disney alle Aufträge an den Zulieferbetrieb. Öffentlicher Druck führte dazu, dass der Eigentümer der Firma die Arbeitsbedingungen schlagartig verbesserte.[3]

Im Herbst 2002 wurde durch eine Untersuchung der International Transport Workers Association bekannt, unter welchen Bedingungen die Angestellten luxuriöser Walt-Disney-Kreuzfahrtschiffe wie etwa »Disney Magic« arbeiten müssen: Sie haben extrem lange Arbeitszeiten – bis zu 16 Stunden täglich, sieben Tage in der Woche – und sind unterbezahlt.[4]

Anfang 2001 veröffentlichte eine kritische Konsumentengruppe in Hongkong einen Bericht über schlimme Missstände in chinesischen Fabriken, die Produkte der Walt Disney Company herstellen (siehe Seite 194): 18 Stunden Arbeitszeit täglich, durchgehend an sieben Tagen in der Woche, viele Monate lang. Sechzehnjährige Frauen erhielten pro Monat zwischen 38 und 63 Euro. Diese Entlohnung liegt unter dem gesetzlich vorgeschriebenen Standard.

Eine chinesische NGO – die Studenten- und Schülergruppe SACOM – dokumentierte im Zeitraum Mai bis Oktober 2005 zahlreiche Missstände in Zulieferbetrieben des Disney-Konzerns in China: Zum Beispiel eine Entlohnung unterhalb des gesetzlich vorgeschriebenen Mindestlohns und Arbeitszeiten, die über dem gesetzlich erlaubten Ausmaß lagen. Der Disney-Konzern hält die Namen seiner Zulieferbetriebe in China geheim und verhindert damuit eine wirksame öffentliche Kontrolle der Arbeitsbedingungen.

Industrielobbys   USCIB, GBDe, ACC (siehe Seite 254 ff.)

Was Sie tun können (siehe auch S. 50 ff.)   Protestieren Sie bei: Mr. Robert A. Iger, CEO Walt Disney Company, 500 South Buena Vista St., Burbank, CA 91521

Weitere Infos   http://www.evb.ch/cm_data/WaltDisney_en.pdf Die Kampagne für »Saubere Kleidung« kritisiert auch die Zustände bei Disney.
www.nlcnet.org/campaigns/shahmakhdum/alert110502.shtml US-Organisation, die internationale Kampagnen gegen unzumutbare Arbeitsbedingungen organisiert
www.maquilasolidarity.org/campaigns/disney/index.htm Kanadische Kampagne gegen den Disney-Konzern

*»Für die Sicherheit unserer Arbeiter,
der Gesellschaft und der Umwelt«*

Produkte, Marken Südfrüchte und Fruchtkonserven

Homepage http://www.dole.com

Firmendaten Umsatz (2008): 5 Milliarden Euro
Gewinn (2008): 272 Millionen Euro[1]
Beschäftigte: 64 000
Sitz: Westlake Village, Kalifornien (USA)

Vorwürfe **Ausbeutung von Plantagenarbeitern, Einsatz von gefährlichen Pflanzengiften, Kinderarbeit**

Dole ist der Markenname der früheren Standard Fruit Company, die im Jahr 1964 vom Nahrungsmittelkonzern Castle & Cooke gekauft wurde. Dieser nennt sich seit 1991 Dole Food Company.

Der Konzern ist der weltweit größte Produzent und Vermarkter von Frischobst und Gemüse. Dazu kommt der Verkauf von abgepackten Nahrungsmitteln und Blumen.

Im November 1998 kamen in Honduras, Nicaragua und Guatemala Tausende Menschen durch den Hurrican »Mitch« ums Leben. Viele verloren ihre Häuser und Lebensgrundlagen. Zehntausende Bananenarbeiter der Firmen Dole, Chiquita und Del Monte wurden in unbezahlten Zwangsurlaub geschickt und entlassen. Statt eine angemessene Unterstützung zu leisten, nutzten die Plantagenbesitzer die Zwangslage der Arbeiter schamlos aus. So versuchten Subunternehmer und Lieferanten von Dole und Co., für die Arbeitnehmer ungünstigere Bedingungen als vor der Katastrophe auszuhandeln.[2]

Eine Folge des monokulturellen Anbaus in Lateinamerika ist der massive Einsatz von Pflanzengiften. Auf den Bananenplantagen wurden Chemieprodukte verwendet, die in ihren Herkunftsländern verboten sind. Immer wieder kam es zu tödlichen Vergiftungen und zu schweren gesundheitlichen Schäden bei den Arbeitern und deren Familien. Auch auf Ananasplantagen des Konzerns in Thailand wurden Pflanzengifte und Kunstdünger in großem Ausmaß eingesetzt. ArbeiterInnen klagen über Gesundheitsschäden und Hautausschläge. Schon Anfang der neunziger Jahre wurden dort Vorwürfe erhoben, dass vor allem weibliche Erntehelfer ausgebeutet würden. Die Beschäftigten verdienten pro Tag etwa 2 Euro. Arbeitsverträge waren auf drei Monate befristet, nach der Ernte wurden viele wieder entlassen. Auch in den thailändischen Konservenfabriken des Konzerns wurde über katastrophale Bedingungen am Arbeitsplatz geklagt.[3]

Auf den Philippinen kam es ungefähr zur selben Zeit zu Streitereien zwischen Dole und dem Nationalen Gewerkschaftsbund NFL, der Dole beschuldigte, Kooperativen und lokale Versorger zu zwingen, ihre Produkte mit Verlusten zu verkaufen.[4] Ab 1998 geriet dort das Dole-Tochterunternehmen Stanfilco wegen seiner unfairen Verträge mit den Arbeiterkooperativen unter massiven internationalen Druck durch Konsumenten und Gewerkschaften. Darüber hinaus konnte dokumentiert werden, dass auf den Farmen des Konzerns Kinder arbeiteten.[5]

Im April 2002 publizierte die Menschenrechtsorganisation Human Rights Watch eine Studie, der zufolge in Ecuador die Bananenkonzerne »Chiquita, Del Monte, Dole (. . .) von Plantagen versorgt wurden, auf denen Kinder arbeiten. Für diese Arbeit erhielten die Kinder, die zum Teil erst 8 bis 13 Jahre alt waren, einen Durchschnittslohn von 3,50 Euro am Tag, das sind nur 60 Prozent des gesetzlichen Mindestlohns. Sie waren giftigen Pestiziden ausgesetzt, mussten mit scharfen Messern und Macheten arbeiten, schwere Lasten tragen, tranken verschmutztes Wasser und wurden zum Teil sexuell missbraucht. 90 Prozent der Kinder erzählten, dass sie sogar arbeiten mussten, während giftige Pilzbekämpfungsmittel von Flugzeugen über die Plantagen versprüht wurden. Mehr als 70 Prozent der interviewten Kinder sagten, sie hätten auf Plantagen gearbeitet, die fast ausschließlich Dole beliefern würden.«[6]

Im Dezember 2002 wurde die Standard Fruit Company (Dole) von einem nicaraguanischen Gericht gemeinsam mit Dow Chemical und Shell zur Zahlung von 490 Millionen US-Dollar an 583 Bananenarbeiter und -arbeiterinnen verurteilt, weil der Bananenkonzern das in den USA bereits 1977 verbotene Pflanzengift Nemagon auf den Plantagen eingesetzt hatte, das Krebs und Sterilität erzeugt. In Nicaragua haben etwa 3000 Beschäftigte eine ähnliche Klage gegen den Konzern eingebracht.[7]

2009 versuchte Dole, die Aufführung des Dokumentarfilms »Bananas« zu verhindern, der den illegalen Einsatz gefährlicher Pflanzengifte durch Dole zeigt.[8]

Was Sie tun können (siehe auch S. 50 ff.)
Kaufen Sie Bananen nur aus Fairem Handel. Infos bei BanaFair, Langgasse 41, D-63571 Gelnhausen, Tel. +49/6051/8366−0, Bezugsquellen in Deutschland unter http://www.banafair.de/banane/bezug.htm
Protestieren Sie unter http://www.dole.com/utilities/contact2.jsp

Weitere Infos
http://www.banafair.de Infos und Fairer Handel
http://www.bananalink.org.uk Britische Pressuregroup gegen die Ausbeutung im Bananenhandel
http://hrw.org/reports/2002/ecuador Studie von Human Rights Watch über Kinderarbeit in Ecuadors Bananenindustrie
http://bananas.agoranet.be European Banana Action Network
http://www.bananasthemovie.com Der Film, dessen Ausstrahlung Dole verbieten lassen wollte.

»Höchster Standard an Kreativität, Integrität,
Qualität und Innovation«

Produkte, Marken Bekleidung, Schuhe, Jeans, Handtaschen, Accessoires und Parfums unter
den Markennamen DKNY oder Donna Karan
Marken des Konzerns LVHM: Modemarken wie Fendi, Emilio Pucci, Kenzo,
Uhren von TAG Heuer, Parfums von Christian Dior oder Givenchy, Champagner von Veuve Clicquot oder Moët & Chandon, Taschen und Gepäck
von Louis Vuitton

Homepage http://www.lvmh.com

Firmendaten Umsatz und Gewinn von Donna Karan wurden 2008 nicht extra ausgewiesen[1]
Umsatz LVMH (2008): 17,2 Milliarden Euro
Gewinn LVMH (2008): 3,6 Milliarden Euro
Beschäftigte: 77 000
Sitz: Paris

Vorwürfe **Ausbeutung in Herstellerbetrieben**

Donna Karan ist eine der bekanntesten Modeschöpferinnen der Welt. Zu
ihren Kundinnen zählen Berühmtheiten wie die Schauspielerin Susan Sa-
randon, die Sängerin Barbra Streisand oder die Politikerin Hillary Clinton.
Die Firma wurde 1984 in New York gegründet. Donna Karans Markenzei-
chen sind schlichte, elegante Kleider für Business-Frauen.

Ende der 90er Jahre geriet die Firma aufgrund von Management-Fehlern
ins Trudeln, im April 2001 wurde sie vom internationalen französischen
Luxuskonzern LVMH Moët Hennessy Louis Vuitton SA für knapp 250 Millionen Euro aufgekauft. Seither gibt es keine getrennten Umsatz- und Ge-
winnangaben für die Tochterfirma. Donna Karan soll jedoch eine eigenstän-
dige Marke bleiben.

LVMH vertreibt zahlreiche Luxusmarken mit den Schwerpunkten Mode, Uhren, Parfums, Champagner. Ende der 1990er Jahre wurde Donna Karan
New York mehrfach wegen katastrophaler Arbeitsbedingungen in Herstellerbetrieben kritisiert.[2]

Hier ist der Bericht von Kwan Lai, einer der Arbeiterinnen in einer DKNY-Fa-
brik: »Ich habe 1992 begonnen, DKNY-Kleider zu nähen. Es war wie in
einem Gefängnis. Wir mussten während der ganzen Zeit unsere Köpfe ge-
duckt halten. Es gab kein Herumschauen. Niemand durfte sprechen. Können Sie sich das vorstellen? Ein riesiger Saal mit vielen Arbeiterinnen, und
alle mit gesenktem Kopf. Mit drei Überwachungskameras wurde alles kon-

trolliert. Beim Verlassen des Gebäudes wurden unsere Taschen kontrolliert. Die Toiletten waren meistens verschlossen. Kein Wasser zum Trinken, den ganzen Tag über. Keine Telefonate, auch nicht im Notfall. Ich war vorher schon einiges gewöhnt an schlimmen Zuständen, weil ich aus Hongkong komme, aber das hier in den USA, das war das Schlimmste.«[3]

Im Sommer 2000 geriet Donna Karan in die internationalen Schlagzeilen – aber nicht wegen gewagter Modekreationen, sondern weil chinesische Arbeiterinnen in New Yorker Herstellerbetrieben eine Klage bei Gericht einbrachten.[4] Die Vorwürfe:[5] Wochenarbeitszeiten von 70 bis 80 Stunden, keine Bezahlung von Überstunden. In einer Sammelklage, die ein amerikanischer Anwalt für mehr als 300 Arbeiterinnen einbrachte, geht es um unbezahlte Überstunden im Wert von umgerechnet mindestens drei Millionen Euro.

Donna Karan rechtfertigte sich damit, dass sie über die Herstellungsbedingungen in ihren eigenen Betrieben nicht Bescheid wisse und diese nicht in ihren Verantwortungsbereich fielen.[6] Der Anwalt, der die Arbeiterinnen vertrat, bezeichnete dies als Ausrede: Für die Qualitätskontrolle ihrer Kleider lasse Donna Karan die Herstellerbetriebe ja auch regelmäßig inspizieren.

Auf mehrfache Nachfragen im Sommer 2003 und Ende des Jahres 2005, wie der juristische Stand der Dinge sei, erhielten wir keine Antwort.

Was Sie tun können (siehe auch S. 50 ff.)

Schließen Sie sich Boykott-Aktionen an, die vom deutschen Ableger der Gruppe clean clothes campaign organisiert werden: http://www.saubere-kleidung.de

Weitere Infos

http://www.saubere-kleidung.de Deutscher Ableger der Clean-Clothes-Kampagne mit Infoversand

http://www.cleanclothes.org Die Zentrale in Amsterdam bietet Links und Infos zu einzelnen Marken.

http://www.sweatshopwatch.org »Sweatshop Watch«, US-Kampagne gegen Missstände bei Bekleidungsherstellern

*»Unser Unternehmen nimmt
den Klimaschutz sehr ernst«*

Produkte, Marken Treibstoffe und andere Erdölprodukte sowie Tankstellen der Marken Esso
und Mobil

Homepage http://www.exxon.mobil.com

Firmendaten Umsatz (2008): 307 Milliarden Euro
Gewinn (2008): 30 Milliarden Euro[1]
Beschäftigte: 82 000
Sitz: Irving, Texas (USA)

Vorwürfe **Finanzierung von Bürgerkrieg und Waffenhandel, Zerstörung der
Lebensgrundlagen in Ölfördergebieten, Lobbying gegen Klimaschutzmaßnahmen**

ExxonMobil ist der umsatzstärkste und profitabelste Konzern der Welt. Seine
Wirtschaftskraft ist größer als die der meisten Länder der Erde. Dementspre-
chend enorm ist auch der politische Einfluss. Die »Union of Concerned Scien-
tists« (UCS), eine renommierte Vereinigung von 200 000 WissenschaftlerInnen in den USA, wies Anfang 2007 nach, wie ExxonMobil die desaströse
Klimaschutzpolitik der Vereinigten Staaten beförderte. In den USA leben zwar
nur vier Prozent der Weltbevölkerung, gleichzeitig verbraucht das Land aber
25 Prozent der jährlich aufgebrachten Energien und damit weit mehr als
jeder andere Staat der Erde. In einer Untersuchung konnte die UCS nachweisen, dass ExxonMobil über Jahre hinweg mit viel Geld und einer ausge-
klügelten Strategie dafür sorgte, dass wissenschaftliche Erkenntnisse ver-
schleiert, Politiker, Medien und die Öffentlichkeit manipuliert und Maßnahmen
zur Eindämmung von CO_2-Emissionen verhindert wurden, berichtete die angesehene Financial Times Deutschland. Das Unternehmen ließ zu den Anschuldigungen verlauten, man halte den UCS-Report für »zutiefst beleidi-
gend und falsch«.[2] Weil der Ölriese auch in Europa hartnäckige Gegner der
Klimaschutz-Anstrengungen der EU mit hohen Summen finanzierte, erhielt
er Ende 2006 den »Worst EU Lobby Award« mehrerer großer Umweltorganisationen.[3] Auf seiner Homepage schätzt der Konzern mittlerweile »den Klimawandel als eine wesentliche globale Entwicklung ein, die möglicherweise
ernsthafte Risiken für Mensch und Ökosysteme mit sich bringt.«[4]

In zahlreichen Ländern wie Äquatorialguinea, Kasachstan und Indonesien
wurde ExxonMobil von namhaften Menschenrechtsorganisationen die Zerstörung von Lebensräumen oder die Unterstützung korrupter Regime vor-

geworfen.[5] Noch heute führt ExxonMobil ein Konsortium an, das ein riesiges Pipelineprojekt in Tschad und Kamerun verwirklicht hat. Ein großer Teil des Geldes, das an die Regierung des Tschad floss, wurde laut Menschenrechtsorganisationen zum Waffenkauf verwendet. Im Rahmen des Pipelinebaus kam es immer wieder zu groben Menschenrechtsverletzungen. KritikerInnen des Projektes wurden verfolgt und eingeschüchtert.[6] Selbst die Weltbank kritisierte den Bau zunächst, beteiligte sich dann aber dennoch an dessen Finanzierung – unter der Bedingung, dass Teile der Erdöleinnahmen in die Bereiche Bildung, Gesundheit, ländliche Entwicklung und Infrastruktur fließen würden. Medienberichten zufolge kommt aber kaum etwas von diesem Geld der betroffenen Bevölkerung zugute.[7] Seit 2006 herrscht im Tschad Krieg. ExxonMobil betont, sein Engagement in der Region sei in ökologischer und sozialer Hinsicht vorbildlich.[8]

Gemeinsam mit Shell, BP und Total spielt ExxonMobil bei der Neuaufteilung irakischer Ölfelder nach dem Irakkrieg eine Schlüsselrolle.[9]

Unter einem New Yorker Arbeiterviertel verbirgt sich die größte Umweltkatastrophe der USA: Mehr als 65 Millionen Liter Öl verseuchen dort den Grund – anderthalbmal so viel Erdöl, wie 1989 beim Tankerunglück der »Exxon Valdez« die Umwelt Alaskas belastete. Dahinter stecke der Energiemulti Exxon, berichtete der »Spiegel« im Februar 2007. Und obwohl Exxon den größten Gewinn der Geschichte erwirtschaftet habe, tue das Unternehmen wenig, um das Debakel zu beseitigen. Aufgrund leckender Rohrleitungen, rostender Öltanks und fehlender Maßnahmen zum Grundwasserschutz waren im Januar 2007 in dem New Yorker Viertel weite Teile des Flusses Newtown Creek mit giftigen Chemikalien und Öl verseucht worden, darunter Blei, Benzol und Kerosin. Dämpfe der Giftschlacke führten zu schweren Gesundheitsschäden bei den EinwohnerInnen.[10] Der Konzern wollte sich zum Ölleck nicht äußern.[11]

Industrielobbys USCIB, ACC, CEFIC, BRT, CEPS, ICC (siehe Seite 254 ff.)

Was Sie tun können (siehe auch S. 50 ff.) Exxon-Chef Lee Raymond: »Wir investieren nicht, um soziale Erklärungen auf Kosten der Dividenden-Ausschüttung abzugeben.« Da hilft nur Boykott! Und zwar wirklich: Im Oktober 2002 warnte die Deutsche Bank, dass es aufgrund der Stopp-Esso-Kampagne ein Risiko sei, in ExxonMobil-Aktien zu investieren. Proteste: Lee Raymond, lee.raymond@exxonmobil.com

Weitere Infos www.exxposeexxon.com Konzernkampagne mit Fakten und Filmen.
www.exxon-files.eu Kampagne der »Friends of the Earth«.
www.exxonsecrets.org Hier deckt Greenpeace die engen Verbindungen des Konzerns in die politischen Machtzentren auf.
www.erdoel-tschad.de Infos über das Ölprojekt in Zentralafrika.

»Verwirklichung des amerikanischen Traums«

Produkte, Marken   Autos der Marken Ford, Volvo, Mazda, Jaguar, Landrover, Aston Martin

Homepage   http://www.ford.com

Firmendaten   Umsatz (2008): 102 Milliarden Euro
Verlust (2008): 11,1 Milliarden Euro[1]
Beschäftigte:246 000
Sitz: Dearborn, Michigan (USA)

Vorwürfe   **Verstrickung in den »schmutzigen Krieg« der 70er und 80er Jahre in Argentinien, sexuelle und rassistische Übergriffe in Produktionsbetrieben**

»Die Geschichte von Ford ist die ultimative Geschichte des amerikanischen Traums«, heißt es auf der Homepage des Ford-Konzerns. Henry Ford, ein genialer, zutiefst antisemitischer Mann, gründete 1903 eine kleine Firma, die heute weltweit die Nummer eins bei den LKW-Herstellern und die Nummer zwei ist, wenn man die LKW- und PKW-Produktion zusammenrechnet. Ford erwarb 1979 die Automarke Mazda, 1988 Jaguar, 1999 Volvo und 2000 Landrover. Durch eine verfehlte Markenpolitik und die im Herbst 2008 ausgebrochene internationale Finanzkrise stürzte der Konzern in eine existenzbedrohende Krise.

Im November 2002 berichtete die »New York Times«, dass ein US-Bundesanwalt eine Untersuchung gegen Ford Argentina eingeleitet habe. Die Vorwürfe: Die Firma habe nicht nur mit dem Militärapparat zusammengearbeitet, sondern auch davon profitiert, dass die Militärjunta systematisch Arbeiter und Gewerkschafter gekidnappt und ermordet habe.[2]

Der amerikansche Journalist Ken Silverstein dokumentierte Anfang 2000 die enge Zusammenarbeit von Ford mit den Nationalsozialisten:[3]

Henry Ford, Gründer des Ford-Konzerns, nahm 1938 die höchste Auszeichnung des Nazi-Regimes für Ausländer entgegen, den »Deutschen Adler«. Hitler kannte das berüchtigte Pamphlet des Autokonzern-Gründers, das den Titel trug: »Der internationale Jude: Das drängendste Problem der Welt.« Die gegenseitige Wertschätzung zwischen Adolf Hitler und Henry Ford kommt unter anderem auch in einem Geburtstagsgeschenk zum Ausdruck, das der »Führer« von Ford im April 1939 erhielt: 35 000 Reichsmark.

Ford versorgte sogar noch nach der Kriegserklärung der USA im Jahr 1941 die Kriegsmaschinerie der Nazis mit Material, weigerte sich aber lange Zeit, die Produktion zur Unterstützung der Alliierten zu erhöhen.

1999 weigerte sich Ford, Entschädigungen an Zwangsarbeiter zu zahlen, die während der Nazizeit in den deutschen Ford-Werken beschäftigt waren. Die dreiste Begründung von Konzernsprecherin Lydia Cisaruk: »Wir haben in Deutschland während des Krieges keine Geschäfte gemacht.«[4] Inzwischen haben die deutschen »Ford-Werke« jedoch 13 Millionen US-Dollar in einen deutschen Fonds zur Entschädigung von Zwangsarbeitern eingezahlt. Öffentlicher Druck hat hier offenbar zu einem Umdenken bei Ford geführt. Die »Ford-Werke« kündigten außerdem an, dass sie 4 Millionen US-Dollar bereitstellen, um Studien über Zwangsarbeit und Sklavenarbeit zu fördern.[5]

In der jüngeren Zeit gibt es mehrere Berichte über rassistische und sexistische Vorfälle in Ford-Fabriken:[6] Eine US-amerikanische Gleichbehandlungskommission kritisierte 1996 wiederholte Vorfälle sexueller Belästigung von Arbeiterinnen am Arbeitsplatz, gegen die das Management praktisch nichts unternahm. Im August 1998 wurde Ford wegen anhaltender sexueller Belästigung von Frauen verklagt. 1999 musste Ford die Verantwortung für wiederholte rassistische Attacken auf einen aus Asien stammenden Arbeiter im englischen Ford-Werk Degenham übernehmen.[7]

Ein am 28. 3. 2003 erschienener Bericht in der englischen Tageszeitung »Mirror« warf dem Automobil-Konzern vor, jahrelang fast so etwas wie »institutionellen Rassismus« praktiziert und die South Estate Fabrik in England in ein Ghetto verwandelt zu haben: Spezielle Auslesemechanismen sorgten dafür, dass die guten Jobs für Weiße und die schlechten für ethnische Minderheiten reserviert waren. Ford gab zu, Fehler gemacht zu haben, und erklärte: »Wir sind dabei, das zu verbessern.«[8]

Industrielobbys   USCIB, WBCSD, ACC, CEPS, TABD, ICC (siehe Seite 254 ff.)

Was Sie tun können (siehe auch S. 50 ff.)   Fordern Sie Ford auf, sexuelle und rassistische Übergriffe in Produktionsbetrieben einzustellen: Ford-Werke AG, Kundenzentrum, Postfach 710265, D-50742 Köln, Tel. +49/221/903–33 33, Fax 903–28 69

Weitere Infos   Den Artikel von Ken Silverstein »Ford and the Führer« findet man in der Zeitung »The Nation« vom 24. 1. 2000 unter http://www.thenation.com

Produkte, Marken   Modeartikel der Marken Gap, Banana Republic und Old Navy

Homepage   http://www.gapinc.com

Firmendaten   Umsatz (2008): 9,7 Milliarden Euro
Gewinn (2008): 645 Millionen Euro[1]
Beschäftigte: 134 000
Sitz: San Francisco, Kalifornien (USA)

Vorwürfe   **Ausbeutung und andere Missstände sowie Repressionen gegen
Gewerkschaftsmitglieder in Zulieferbetrieben**

Der Modekonzern Gap hat weltweit über 3100 Niederlassungen. Der Großteil davon befindet sich in den USA. Seit 1995 versucht der Konzern auch
in Deutschland Fuß zu fassen. Gap-Chef Millard Drexler besitzt mehr als 39
Millionen US-Dollar.[2]

Gap ist – neben Nike – eine der am meisten kritisierten Bekleidungsfirmen
der Welt. Die Kleidungsstücke werden zu einem großen Teil in sogenannten Sweatshops hergestellt, Hinterhoffabriken in den Billiglohnländern
Asiens und Lateinamerikas. Dort arbeiten unterbezahlte Näherinnen, die oft
ohne entsprechende Entlohnung zu Überstunden gezwungen werden. Häufig ist in den Vorwürfen von sexueller Belästigung, Sicherheitsmängeln in
den Betrieben und entwürdigender Behandlung der Arbeiterinnen die Rede.
Wie die meisten kritisierten Unternehmen führt Gap bei seinen Lieferanten
mittlerweile Kontrollen durch, um die schlimmsten Auswüchse zu verhindern. Doch diese selbst oder durch Auftragsorganisationen durch-
geführten Inspektionen werden als völlig unzureichend oder gar als Farce
kritisiert. Was sich vor allem kaum geändert hat, ist die extrem niedrige Bezahlung der Näherinnen. In einem Betrieb in Bangladesch erhielt eine
durchschnittliche Arbeiterin lediglich rund 45 Euro im Monat.[3] Leben oder
gar eine Familie erhalten kann man damit auch in Bangladesch nicht.

In El Salvador, wo in den Zulieferbetrieben des Konzerns zwar die Arbeitsbedingungen verbessert wurden – so gibt es mittlerweile Kaffeepausen,
Beschwerdemöglichkeiten und saubere Sanitäranlagen –, verdiente eine
Arbeiterin laut »New York Times« trotz extremer Belastung nur 65 Cent in
der Stunde. Auch mit diesem Gehalt kann man dort nicht menschenwürdig
leben.[4]

In der thailändischen Fabrik »Gina Form Bra Company« kam es in den Jahren 2001 und 2002 zur systematischen Verfolgung, Einschüchterung und zu Entlassungen von Gewerkschaftsmitgliedern. Die »Gina Form Bra« produzierte unter anderem Kleidungsstücke der Marken Gap und Banana Republic.[5]

Ab Anfang 2003 kämpften 149 Arbeiterinnen der thailändischen Firma »Par Garment«, die unter anderem für Gap, Wal-Mart, Nike und Tommy Hilfiger produzierte, um ihre Löhne in der Höhe von zehn Monatsgehältern, nachdem die Fabrik im Dezember 2002 einfach zugesperrt wurde.[6]

Die indische Initiative DISC führte zwischen Januar und Juni 2005 eine Studie über sexuelle Belästigungen in der Textilindustrie in Bangalore durch. Geschlagene zwei Drittel der Arbeiterinnen gaben an, von ihren Vorgesetzten zu ungewollten körperlichen Kontakten genötigt worden zu sein. Im Januar 2006 wurde GAP deswegen anlässlich des World Economic Forums von konzernkritischen Organisationen für den »Public Eye-Award für besonders verantwortungsloses Handeln« nominiert. Der Konzern gab indessen an, die Missstände abstellen zu wollen.[7]

Im Oktober 2007 berichtete die britische Zeitung »The Observer«, dass indische Kinder 16 Stunden am Tag Kleidungsstücke für GAP mit der Hand nähen mussten, dafür keine Bezahlung bekamen und bedroht und geschlagen wurden. Die Kinder hatten erzählt, dass sie von ihren Familien in den indischen Unionsstaaten Bihar und Westbengalen verkauft und in einem 30-stündigen Transport ohne Nahrung nach Neu Delhi gebracht worden waren. Die Firma versprach Verbesserungen.[8]

Was Sie tun können (siehe auch S. 50 ff.)

Fordern Sie Gap im Geschäft oder per E-Mail an custserv@gap.com auf, existenzsichernde Mindestlöhne (»living wages«), Gewerkschaftsfreiheit und unabhängige Kontrollen zu garantieren.

Weitere Infos

http://www.globalexchange.org/economy/corporations/gap Gap-Kampagne einer konzernkritischen Organisation aus San Francisco
http://www.cleanclothes.org/companies/gap.htm Clean-Clothes-Kampagne über Gap
http://www.youtube.com/watch?v = QtHFZZ3htA4 WDR-Bericht über Kinderarbeit für GAP in Indien

»Der Gesundheit und dem Wohlbefinden
von Menschen in Entwicklungsländern verpflichtet«

Produkte, Marken   Medikamente: Avandamet, Cholecysmon, Flutide, Imigran, Retrovir, Sere-
vent, Sultanol, Twinrix, Viani, Zantic, Zovirax, Zyban, Zyloric
Zahnpflegeprodukte: Odol-Zahnpasta und -Spülmittel, Dr. Best-Zahnbürsten
Vitamin- und Mineralstoffmittel von Abtei

Homepage   http://www.gsk.com/

Firmendaten   Umsatz (2008): 27,8 Milliarden Euro
Gewinn (2008): 5,4 Milliarden Euro[1]
Beschäftigte: rund 100 000
Sitz: Uxbridge, Middlesex (Großbritannien)

Vorwürfe   **Behinderung eines Entwicklungslandes bei der Herstellung und
Vermarktung lebenswichtiger Medikamente, Finanzierung unethischer Medikamentenversuche, Ermittlungen wegen Bestechung von Ärzten, Betrügereien bei Abrechnungen mit Sozialhil-
feprogrammen, Vermarktung eines fragwürdigen Medikaments**
GlaxoSmithKline ist weltweit einer der größten Pharmakonzerne – entstanden innerhalb eines Zeitraums von etwa 150 Jahren, aus dem Zusammenschluss mehrerer Firmen. Die letzte große Fusion fand im Jahr 2000 statt,
zwischen GlaxoWellcome und SmithKline Beecham. Weltweit bekannte
Markenprodukte des Konzerns sind Zovirax (ein Medikament gegen Her-
pes), das Aids-Mittel Retrovir und das Raucherentwöhnungsmittel Zyban.
In Deutschland ist Odol für die Zahngesundheit seit 100 Jahren ein gängi-
ger Markenartikel.
Drei inzwischen zum Imperium von GlaxoSmithKline gehörende Firmen
(Glaxo Wellcome South Africa, SmithKline Beecham Pharmaceuticals Proprietary Limited und SmithKline Beecham) klagten im Frühjahr 2001 gemeinsam mit anderen Pharmafirmen die südafrikanische Regierung wegen Verletzung des Patentrechts (siehe Aventis (Sanofi-Aventis, Seite 352)
an. Die internationalen Proteste dagegen waren so heftig, dass Firmen wie
GlaxoSmithKline gezwungen waren, die Preise für Aids-Mittel in Entwicklungsländern massiv zu senken.[2]
Glaxo Wellcome Ltd. (inzwischen zu GlaxoSmithKline gehörend) finanzierte
am Nyiro-Gyula Krankenhaus in Budapest zwei Medikamentenversuche
mit dem Wirkstoff Lamotrigin, bei denen viele manisch-depressive Patienten während einer akuten Krankheitsphase kein wirksames Medikament

erhielten (siehe Seite 107). Laut Deklaration von Helsinki des Weltärztebundes ist es verboten und ethisch verwerflich, schwere Erkrankungen nur mit einem Placebo zu behandeln, wenn es bereits erprobte Medikamente gibt.[3]

Gegen die inzwischen ebenfalls zum Firmenimperium von GlaxoSmithKline zählende Firma SmithKline Beecham begannen deutsche Staatsanwälte im Frühjahr 2002 umfangreiche Ermittlungen wegen Bestechung von mindestens 1600 Klinikärzten. Diese hatten im Zeitraum zwischen 1997 und 1999 vom Konzern »Geschenke« im Wert von bis zu 25 000 Euro angenommen, darunter etwa Gratisreisen zum Fußball-Weltcupfinale in Paris und Computerausrüstungen.[4]

Im Februar 2003 begannen italienische Staatsanwälte Ermittlungen gegen GlaxoSmithKline wegen Bestechung von mehreren tausend Ärzten. Dabei geht es um Summen von insgesamt rund 100 Millionen Euro. Laut Staatsanwälten hat man es hier mit einem landesweiten Bestechungssystem zu tun, bei dem Ärzte vom Konzern Gratistrips in die Karibik, Stereoausrüstungen und Ähnliches erhielten, wenn sie im Gegenzug jährlich 7–8 Prozent mehr Medikamente von GlaxoSmithKline verschrieben.[5]

Im April 2005 endete in New York ein Verfahren, bei dem sich GlaxoSmithKline in einem Vergleich mit dem New Yorker Generalstaatsanwalt Eliot Spitzer bereit erklärte, eine Entschädigung von 10 Millionen Euro zu zahlen. Der Konzern hatte durch juristische und marketingtechnische Tricks versucht, die Vermarktung billiger Generika zu verhindern und den hohen Preis für das entzündungshemmende Mittel Nabumetone aufrechtzuerhalten.

Im August 2006 wurde ein mehrjähriges Gerichtsverfahren abgeschlossen, das von amerikanischen Bundesstaaten gegen GlaxoSmithKline wegen Preismanipulationen zum Schaden von Sozialkassen in Gang gesetzt wurde. Der Konzern musste 70 Millionen Dollar Schadenersatz leisten.

Industrielobbys   EFPIA (siehe Seite 255)

Was Sie tun   Protestieren Sie bei Andrew Witty, CEO, GlaxoSmithKline, Stockley Park
können (siehe   West, Uxbridge, Middlesex, UB11 1BT, England
auch S. 50 ff.)

Weitere Infos   http://www.bukopharma.de Die BUKO Pharma-Kampagne beobachtet seit
                        15 Jahren die Aktivitäten der Pharmaindustrie in der Dritten Welt.
                        http://www.arznei-telegramm.de Die kritische Berliner Fachzeitschrift »arznei-telegramm« berichtet laufend über unsaubere Praktiken von Pharmafirmen.

H&M

»Produziert unter guten Arbeitsbedingungen«

Produkte, Marken Bekleidung, Kosmetik und Accessoires; Eigenmarken: L. O. G. G., Conwell, Rocky, Uptown u. a.

Homepage www.hm.com

Firmendaten Umsatz (2008): 10,3 Milliarden Euro
Gewinn (2008): 1,5 Milliarden Euro[1]
Beschäftigte: 73 000
Sitz: Stockholm (Schweden)

Vorwürfe Ausbeuterische Arbeitsverhältnisse in Zulieferbetrieben, Kinderarbeit in der Baumwollernte, Behinderung von Gewerkschaften

H&M besitzt keine eigenen Produktionsstätten, sondern arbeitet mit etwa 700 eigenständigen Herstellern zusammen. Ungefähr 60 Prozent der Produktion findet in Asien statt, der Rest vor allem in Osteuropa. Überall dort führt der Konzern nach eigenen Angaben Kontrollen durch, um Missstände wie Kinderarbeit und Arbeitsrechtsverletzungen zu unterbinden. Außerdem rühmt sich H&M seiner Mitgliedschaft bei der »Fair Labour Association«, die ebenfalls die Arbeitsbedingungen kontrollieren soll. Tatsächlich dient diese Organisation allerdings zahlreichen Konzernen vor allem dazu, sich ein »sauberes« Image zu verpassen. Denn wirklich unabhängige Kontrollen sind nach wie vor kaum möglich, weil H&M die vollständige Liste seiner Lieferanten nicht bekannt gibt.

Außerdem drückt das Unternehmen die Preise dermaßen, dass Lieferfabriken de facto gezwungen sind, ihre Beschäftigten auszubeuten. Der Verhaltenskodex, den H&M dort fordert, verlangt lediglich die Zahlung der gesetzlichen Mindestlöhne. Die aber reichen häufig bei Weitem nicht zur Deckung des Lebensbedarfs aus. So beträgt der Mindestlohn in Kambodscha, wo auch H&M fertigen lässt, nur 37 Euro im Monat.[2] H&M stellt lediglich sicher, » dass jeder, unabhängig von der Art seiner Tätigkeit, den gesetzlichen Mindestlohn und die Vergütung für seine Überstunden erhält, auf die er Anspruch hat«.[3] Wie man mit 37 Euro im Monat leben soll – auch wenn das »gesetzlich« ist – sagt H&M nicht. Auch in ärmeren Ländern, wo Mieten und Lebensmittel vielleicht etwas billiger sein mögen als bei uns, braucht man viele Dinge, die zu Weltmarktpreisen gehandelt werden, ganz abgesehen davon, dass man viele Dinge, die bei uns öffentlich finanziert sind – eine passable Ausbildung, Gesundheitsversorgung usw. – aus der eigenen Tasche bezahlen muss. Davon können die Beschäftigten von H&M und Co. aber ohnehin nur träumen: Nach Angaben der »Play-Fair«-Kampagne reicht nicht einmal der Durchschnittslohn für Beschäftigte der Textilindustrie – rund 50 Euro einschließlich Überstunden und Bonuszahlungen – aus, um einem Arbeiter mit Familie einen ordentlichen Lebensstandard zu ermöglichen.[4]

Ende 2007 bezichtigte ein schwedischer TV-Bericht H&M, von Kinderarbeit in der Baumwollernte zu profitieren. Demnach kauften Lieferanten des Unternehmens Baumwolle, die in Usbekistan von Kindern gepflückt wurde. Usbekistan ist der zweitgrößte Baumwollexporteur der Welt, 90 Prozent der Baumwolle werden von Hand gepflückt – oft von Kindern. Die Jüngsten sind gerade einmal sieben Jahre alt. Nach dem Bericht kündigte H&M an, Maßnahmen gegen die Kinderarbeit zu ergreifen, außerdem wolle das Unternehmen vermehrt Produkte aus ökologisch angebauter Baumwolle anbieten.[5]

In Deutschland warf die Dienstleistungsgewerkschaft Verdi dem Modekonzern im Februar 2008 gezieltes Mobbing gegen Betriebsräte vor. 30 Prozent der Angestellten arbeiteten in »prekären Verhältnissen«, in nur 64 Filialen der weit über 300 H&M-Läden gebe es einen Betriebsrat. Der Gewerkschaft zufolge hat das seinen Grund: Betriebsräte würden systematisch behindert, diskriminiert und regelrecht zermürbt. Eine Betroffene behauptete laut Spiegel online, dass ihr von der Filialleitung sogar körperliche Gewalt angedroht worden sei.[7] Der Konzern wies diese Darstellung entschieden zurück. Generell erkenne H&M das Recht auf die Gründung von Betriebsräten »voll und ganz« an. »In Einzelfällen gibt es aber sicher Filialleiterinnen, denen die Sensibilität im Umgang mit Betriebsräten fehlt.«[7]

Was Sie tun können (siehe auch S. 50 ff.)

Kaufen Sie nur, was Sie brauchen, und das möglichst aus regionaler und ökologischer Produktion oder Second Hand. Fordern Sie H&M auf, faire – und nicht nur gesetzliche – Mindestlöhne zu garantieren und eine Liste aller Lieferanten samt der dort gezahlten Löhne zu veröffentlichen: info.de@hm.com

Weitere Infos

http://www.cleanclothes.org/companies/henm.htm
http://www.renaklader.org Schwedische Clean-Clothes-Kampagne

»Wir wollen Marken schaffen, die täglich Freude bereiten.«

Produkte, Marken   Lebensmittel, Getränke und Süßwaren von Marken wie Jacobs, Kaffee Hag, Bensdorp, Kaba, Suchard, Milka, Finessa, Côte d'Or, Toblerone, Mirabell Mozartkugeln, Daim, Mirácoli, Philadelphia und Kraft

Homepage   http://www.kraftfoodscompany.com

Firmendaten   Umsatz (2008): 28 Milliarden Euro
Gewinn (2008): 3 Milliarden Euro[1]
Beschäftigte: 100 000
Sitz: Northfield, Illinois (USA)

Vorwürfe   **Ausbeutung von Rohstofflieferanten**

Kraft Foods ist nach Nestlé und PepsiCo der drittgrößte Lebensmittelkonzern der Welt und einer der größten Hersteller von Schokolade. »Kakao der Elfenbeinküste, Milch aus der Alpenregion und Zucker – das sind die wesentlichen Bestandteile der Milka Schokolade in der berühmten lila Verpackung, die Kraft Foods Deutschland in Lörrach für ganz Europa produziert«, heißt es auf der Konzern-Homepage.[2]

Doch der Kakao von der Elfenbeinküste wird häufig unter menschenunwürdigen Bedingungen produziert. Denn in dem westafrikanischen Land arbeiten Tausende Kinder als SklavInnen in der Kakaoproduktion. Viele von ihnen sind erst sechs oder sieben Jahre alt und wurden aus den Nachbarländern auf die Erntefelder verschleppt, wo sie unter grausamen Bedingungen und ohne Bezahlung zur Schwerstarbeit gezwungen werden.[3] Als die Schokoladenhersteller deswegen im Jahr 2001 in Verruf gerieten, bemühten sie sich um Schadensbegrenzung und kündigten den Kampf gegen die Kindersklaverei an. Doch noch immer sei die Industrie laut einem Bericht des International Labor Rights Forum nicht in der Lage, die Beseitigung der Kinderarbeit in der Kakaoproduktion nachzuweisen. Der Bericht hält aber auch fest, dass Kraft Foods zumindest Anstrengungen in diese Richtung unternommen habe.[4] Der Konzern selbst weist auf seine Initiativen zur Bekämpfung ausbeuterischer Kinderarbeit hin.[5] Für die Betroffenen stellt das aber letztendlich nur einen Tropfen auf den heißen Stein dar, weil ihnen nach wie vor keine fairen Löhne garantiert werden.

Die Firmen profitieren nämlich davon, dass die Weltmarktpreise so niedrig wie möglich gehalten werden, sodass die lokalen ProduzentInnen oft gar keine andere Wahl sehen, als auf Ausbeutung und Gratis-Arbeitskräfte zu setzen: Ein westafrikanischer Kleinbauer verdient mit seiner Jahresernte an Kakao nach Angaben des Vereins Transfair nur etwa 150 Euro im Jahr. »Die großen Schokoladekonzerne wissen seit Jahren von diesem Problem, aber solange der Rohstoff Kakao billig ist, unternehmen sie nichts dagegen«, kritisiert Helmut Adam, Geschäftsführer der Südwind Agentur.[6]

Ähnlich sieht es beim Kaffee aus: Auch hier sorgen die stark schwankenden und generell niedrigen Weltmarktpreise, die von den Konzernen auf den Weltmarktbörsen diktiert werden, für ein menschenunwürdiges Leben der Kleinbauern und PlantagenarbeiterInnen. Kraft rühmt sich seit Neuestem, ein Teil seiner Kaffeeproduktion sei »nachhaltig angebaut« und von der Umweltschutzorganisation »Rainforest Alliance« kontrolliert. Sogar McDonald's werde damit beliefert. Doch der Begriff »nachhaltig« ist – zum Unterschied von »ökologisch« oder »biologisch« – gesetzlich nicht geschützt, garantiert also weder faire Löhne noch ökologische Produktion. Und die »Rainforest Alliance« ist ein industriefreundlicher Verein, dessen Regeln wesentlich lascher sind als zum Beispiel die des Fairen Handels mit dem »Fairtrade«-Gütesiegel. Vorläufig garantiert nur dieses Label, dass an Schokolade nicht das Blut von KindersklavInnen klebt und Kaffee nicht der Geschmack der Ausbeutung anhaftet.

Was Sie tun können (siehe auch S. 50 ff.)

Kaufen Sie Kaffee, Schokolade und andere Kakaoprodukte nur aus Fairem Handel.

Proteste: presse@krafteurope.com

Ein Beispiel für eine besonders kreative Form des Protests gegen Kindersklaverei finden Sie auf Seite 58.

Weitere Infos

www.transfair.org Homepage des Fairen Handels

www.theobroma-cacao.de Hintergrundinfos zur Kakaoindustrie

www.gmtn.at Die österreichische Gewerkschaft Metall-Textil-Nahrung informiert über zahlreiche Aspekte globaler Ausbeutung

www.is.gd/NbX Hier kann der Film »Kindersklaven in Westafrika« für Schulen bestellt werden

»Anteilnahme, Originalität, Integrität und Mut«

Produkte, Marken   Jeans, Bekleidung und Accessoires der Marken Levi's und Dockers

Homepage   http://www.levistrauss.com

Firmendaten   Umsatz (2008): 3 Milliarden Euro
Gewinn (2008): 155 Millionen Euro[1]
Beschäftigte: 10 000
Sitz: San Francisco (USA)

Vorwürfe   **Ausbeutung, sexuelle Belästigung und andere Missstände in Zulieferbetrieben**

Auf dem Jeansmarkt ist Levi Strauss die unumstrittene Nummer eins. Doch der Konzern hat kaum eigene Fabriken. Das Gros der Kulthosen wird in mehr als 60 Ländern der Welt in über 600 Zulieferbetrieben genäht.

Levi Strauss war zwar mit seinen »Global Sourcing & Operating Guidelines« einer der ersten Konzerne, die ihren Lieferanten Richtlinien zur Gestaltung der Arbeitsbedingungen verpassten, dennoch kommt es immer wieder zu katastrophalen Missständen.

Im Jahr 2000 berichtete die indonesische Näherin Emilia, dass in den Zulieferbetrieben »Yulinda Duta Fashion« und »Sandrafine« der Tageslohn unter dem gesetzlich vorgeschriebenen Mindestlohn liege. Die Arbeitszeiten würden bis zu 75 Wochenstunden betragen. Keine der jungen Frauen traue sich aber zu protestieren, um nicht entlassen zu werden.[2]

Im September 1999 berichtete die englische Zeitung »Sunday Times«, dass die Frauen in einer bulgarischen Zulieferfabrik von Levi's massiv unter Druck gesetzt und erniedrigt würden. Die 38-jährige Näherin Ruzkhova erzählte, dass sich die rund 150 Angestellten regelmäßig nach Ende ihrer Schicht vor der Firmenleitung nackt ausziehen mussten, angeblich um Diebstähle zu unterbinden. Ruzkhova weigerte sich und wurde prompt gekündigt. Darüber hinaus kam es zu anderen Arbeitsrechtsverletzungen, etwa zu erzwungenen Überstunden. Nach Bekanntwerden dieser Vorfälle schaltete sich der Konzern bei seinem bulgarischen Lieferanten ein. Doch ein transparentes, institutionalisiertes und unabhängiges Kontrollverfahren gibt es bis heute nicht.

Die große Nachfrage nach Jeans ist auch Ursache für enorme Umweltschäden. Mit 34 Millionen Hektar beansprucht die Baumwollindustrie 5 Prozent der weltweiten Landfläche vor allem in Ländern, die dieses Agrarland drin-

gend für die Lebensmittelversorgung benötigen. 25 Prozent der Weltproduktion an Pestiziden gehen in die Baumwollfelder. Diese Pestizide sind für
jährlich eine Million Vergiftungserkrankungen bei Erntearbeitern verantwortlich, gar nicht zu reden von den Verlusten an Trinkwasser.[3]

Ende 2002 demonstrierten 350 Arbeiterinnen gegen die thailändische
Firma »Bed and Bath Prestige Company«, die für Konzerne wie Nike, Levi
Strauss, Adidas und Reebok produzierte. Die Firmeneigner schuldeten den
Arbeitnehmerinnen Gehälter und Entschädigungen in der Höhe von insgesamt rund 400 000 Euro. Darüber hinaus berichteten sie von erzwungenen Überstunden. Es sei ihnen sogar Trinkwasser verabreicht worden,
das mit Amphetaminen angereichert war, auf dass sie bis tief in die Nacht
hinein arbeiteten. Selbst im Fall von Krankheit oder Schwangerschaft hätten sie weiterarbeiten müssen. Nach massiven Konsumentenprotesten
wurde den Arbeiterinnen eine teilweise Entschädigung durch das thailändische Arbeitsministerium zugestanden.[4]

Auf der Pazifikinsel Saipan kam es ebenfalls zu massiven Menschenrechtsverletzungen in der Textilindustrie (siehe Firmeninfos über Tommy Hilfiger,
Seite 358 f.). Nach einer Massenklage gegen die involvierten Konzerne entschlossen sich die meisten Markenunternehmen zu einem Vergleich und
zu Entschädigungszahlungen an die über 30 000 Arbeiterinnen.

In Haiti wurden im Juni 2004 254 ArbeiterInnen eines Zulieferbetriebes
wegen gewerkschaftlicher Aktivitäten entlassen. Erst im Februar 2005 kam
es aufgrund internationaler Proteste zu einer vorläufigen Einigung zwischen
der lokalen Gewerkschaft und den Arbeitgebern.[5]

Industrielobbys	USCIB, ACC (siehe Seite 254 ff.)
Was Sie tun können (siehe auch S. 50 ff.)	Eine gute Alternative zu Baumwolljeans stellen Hosen aus Hanf dar, die auch in Geschäften des sogenannten Fairen Handels erhältlich sind. Proteste: E-Mail an csgermany@levi.com Protestpostkarten, die man im Handel deponieren kann und mit denen die Konzerne aufgefordert werden, transparente Kontrollen zuzulassen, sind bei der Clean-Clothes-Kampagne erhältlich.
Weitere Infos	Die Broschüre »Jeans – Let's wear fair!« erhält man auf Deutsch bei der österreichischen Clean-Clothes-Kampagne: c/o Frauensolidarität, Berg-gasse 7, A-1090 Wien, Tel. +43/1/317 40 20, Fax 317 40 20–355, cck@frauensolidaritaet.org http://www.sauberekleidung.de Clean-Clothes-Kampagne http://www.sweatshopwatch.org/swatch/marianas Infos über die Ausbeu-tung der Textilarbeiterinnen auf Saipan

Produkte, Marken Modellautos der Marken Die Cast und Tonka

Homepage http://www.maisto.com

Firmendaten Umsatz und andere Finanzdaten: unbekannt
Beschäftigte: mindestens 10 000[1]
Sitz: Fontana, Kalifornien (USA)

Vorwürfe **Ausbeutung und katastrophale Arbeitsbedingungen**

Maisto ist ein Firmen- und Markenname, der zu hundert Prozent im Besitz des Hongkonger Konzerns May Cheong Toy Products Factory Ltd. steht. Maisto ist berühmt für seine originalgetreu nachgebauten Modelle bekannter Automarken im Spielzeugformat. Der Konzern hat auf der ganzen Welt Niederlassungen, zeigt seine Produkte auch im Internet und produziert für führende US-Spielwarenkonzerne. Wenn es jedoch um Finanzdaten oder auch nur um die Anzahl der Beschäftigten geht, gibt man sich verschlossen.

Im Februar 2000 gibt die thailändische Maisto-Herstellerfirma »Master Toy Company« ihren Arbeitern bekannt, dass die Fabrik geschlossen und die Produktion an einem neuen Standort wieder aufgenommen wird.[2] Das Management verspricht, die mehr als 400 Beschäftigten dort wieder anzustellen – allerdings zu einem geringeren Lohn. Der liegt zu diesem Zeitpunkt bei 3,60 Euro pro Tag und erreicht damit nicht einmal die gesetzlich vorgeschriebene Mindesthöhe. Außerdem leidet das Personal unter einem schikanösen System von Strafen, etwa für das Tragen von »Schuhen, die nicht zur Arbeitsuniform passen«. Gewerkschaftsmitglieder werden entlassen.

Am 28. März 2000 werden 174 Beschäftigte – es sind überwiegend Frauen – zur neuen Fabrik transportiert. Es handelt sich dabei allerdings um eine halbfertige Produktionsanlage, in der keine Maschinen und Schutzkleidungen für die Arbeit mit aggressiven Chemikalien vorhanden sind. Weil es in dem Gebäude außerdem keine Notausgänge gibt und die Toiletten vollkommen desolat sind, weigern sie sich zu arbeiten.

Die Firma greift sofort hart durch und entlässt alle Beschäftigten ohne Bezahlung der ausständigen Löhne.

Aber weil Thailand nicht China ist und es hier eine freie Gewerkschaftsbewegung gibt, entwickelt sich eine internationale Solidaritätskampagne.

Einige Monate später gibt die Firmenleitung nach. Die Arbeiter werden wieder eingestellt und erhalten den ausstehenden Lohn.

Die Gewerkschaftsgruppe »Thai Labour Campaign« will weiterhin die Arbeitsbedingungen in der Maisto-Fabrik überwachen.

Was Sie tun können (siehe auch S. 50 ff.) Stellen Sie dem deutschen Importeur von Maisto Fragen über die Arbeitsbedingungen in Südostasien: Heinrich Bauer Spielwaren GmbH, Hans-Bunte-Straße 2, D-90431 Nürnberg, Fax +49/49 9 11/32 45 2–40, info@bauer-spielwaren.de

Weitere Infos Thai Labor Campaign, unter
http://www.thailabour.org/campaigns/mastertoy/index.html

Produkte, Marken Spielwaren der Marken American Girl, Barbie, Batman, Disney Games, Fisher Price, Girls, Harry Potter, He-Man, Hot Wheels, Masters of the Universe,
Matchbox, Nickelodeon, Scrabble, Sesame Street, Superman, Tyco, Winnie the Pooh

Homepage http://www.mattel.com

Firmendaten Umsatz (2008): 4,1 Milliarden Euro
Gewinn (2008):264 Millionen Euro[1]
Beschäftigte: 30 000
Sitz: El Segundo, Kalifornien (USA)

Vorwürfe **Extremste Ausbeutung in chinesischen Zulieferbetrieben**

Mattel ist der weltweit größte Spielwarenkonzern. 1959 wurde die be-
rühmte Barbie-Puppe entwickelt. Ab 1977 Herstellung von elektronischen
Spielen, seit 1988 gibt es eine enge Zusammenarbeit mit dem Disney-
Konzern. 1993 wurde die Marke Fisher Price Teil des Mattel-Konzerns.

Mattel war einer der ersten Spielwarenkonzerne, der auf die Kritik an den
Zuständen in Herstellungsbetrieben der sogenannten Dritten Welt reagierte
und ankündigte, eine unabhängige Kontrollinstanz zu finanzieren. Kritiker
und Kritikerinnen sahen darin einen ersten Schritt in die richtige Richtung.
Der Konzern tut so, als sei seither alles bestens. Es gibt dabei aber mehrere
Haken: Die Kontrolle umfasst nur bestimmte Zulieferfirmen, aber nicht alle.
Liest man nicht nur die positiv gehaltenen Zusammenfassungen der firmeneigenen Kontrollberichte, sondern die Kontrollberichte selbst, dann stößt
man auf eklatante Widersprüche.

Beispielsweise steht im Bericht über die Firma »Mattel Jakarta Satu« die
Barbie-Puppen herstellt, auf Seite 4 Folgendes:[2]

»Die Analyse der Personalakten und Überweisungen an die Arbeiterinnen ergab, dass niemand mehr als 176 Stunden im Monat arbeiten musste« – also
etwa 44 Stunden die Woche. Auf Seite 8 hingegen erklärt das Management
derselben Firma, »dass alle Arbeiter zusätzlich zu den normalen 48 Stunden
pro Woche automatisch verpflichtet sind, 8 Stunden zu arbeiten«. Das ergibt
eine Stundenzahl von mindestens 224 pro Monat. Werden die Arbeiter möglicherweise systematisch um Vergütungen für Überstunden betrogen?

In einer Presseaussendung am 15. 11. 2002 erklärte Mattel stolz: »Bei
Mattel Jakarta Satu sind die Löhne höher als die gesetzlich vorgeschriebe-

nen und die Kontroll-Inspektoren konnten keine Unregelmäßigkeiten bei
Lohnauszahlungen feststellen.«

Im Januar 2002 veröffentlichte die amerikanische Menschenrechtsorganisation »The National Labor Committee« einen detaillierten Bericht über
die Zustände in einer Fabrik der südchinesischen Provinz Guangdong, die
Spielwaren für große Konzerne wie Mattel, aber auch Disney, McDonald's
oder Wal-Mart herstellt:[3] fünf Monate durcharbeiten ohne einen einzigen
freien Tag, 13–16 Stunden täglich, bis zu 109 Stunden pro Woche.

Es gab sogar Arbeiterinnen in dieser Fabrik, die 364 Tage im Jahr arbeiten
mussten und nur einen einzigen freien Tag hatten – für einen Stundenlohn
von umgerechnet 11 Cent, das ist weniger als die Hälfte des gesetzlich vorgeschriebenen Mindestlohns. »The National Labor Committee« schätzt,
dass es hier um rund 2 Millionen Dollar pro Monat geht, um die die etwa
20 000 Beschäftigten der Firma regelmäßig betrogen werden (siehe auch
Seite 203).

Im Jahr 2007 erschienen Berichte über Blei in Mattel-Spielwaren, die in
Cina hergestellt worden waren. Mattel war gezwungen, in einer großen
Rückrufaktion rund eine Million Spielzeuge vom Markt zu ziehen.

Mattel -verpflichtete sich im Jahr 2006, nur noch bei Lieferanten einzukaufen, die bestimmte ethische Standards einhalten. Ohne Kontrolle durch
unabhängige Organisationen sind solche Ankündigungen nicht besonders
glaubwürdig.

Industrielobbys USCIB, GBDe, ACC (siehe Seite 254 ff.)

Was Sie tun Protestieren Sie bei: Mattel GmbH, An der Trift 75, D-63303 Dreieich,
können (siehe E-Mail: info.de@mattel.com
auch S. 50 ff.)

Weitere Infos http://www.woek.de Deutsches Netzwerk zur Durchsetzung fairer Bedingungen in der Spielwarenindustrie. Dieses Netzwerk hat eine Broschüre
samt Firmenliste zusammengestellt, wo man kontrollieren kann, welche
Unternehmen sich an Mindeststandards und ethische Regeln halten.
Siehe dazu http://www.woek.de/fair-spielt/pdf/fairspielt_verbraucherbro-
schuere.pdf
www.nlcnet.org/campaigns/US-Organisation, die internationale Kampagnen gegen unzumutbare Arbeitsbedingungen organisiert

»Weltweites Engagement zugunsten der Kinder«

Produkte, Marken Hamburger, Cheeseburger, Big Mac, Chicken McNuggets, McChicken, Hamburger Royal u. a.

Homepage http://www.mcdonalds.com

Firmendaten Umsatz (2008): 16,3 Milliarden Euro
Gewinn (2008): 3,0 Milliarden Euro[1]
Beschäftigte: 1,4 Millionen
Sitz: Oakbrook, Illinois (USA)

Vorwürfe **Kinderarbeit in England und in chinesischen Zulieferbetrieben, Ausbeutung und katastrophale Arbeitsbedingungen in Zulieferbetrieben, exzessiver Fleischverbrauch mit negativen ökologischen und sozialen Folgen**

Die rund 30 000 Filialen des Hamburgerimperiums verteilen sich bereits auf 118 Länder. Tag für Tag werden dort mehr als 46 Millionen Gäste bedient. 36 Prozent der Konzerneinkünfte stammen aus Europa.

Die größte Restaurantkette des Erdballs ist gleichzeitig der weltgrößte Rindfleischkäufer. In Südamerika fielen riesige Flächen Regenwald dem Bedarf an Weideland für die Rinderherden des amerikanischen Multis zum Opfer. Heute kommt das Fleisch, das in den 5200 Filialen Europas serviert wird, von europäischen Rindern. Dafür wird allerdings tonnenweise Futtermittel aus Ländern importiert, in denen große Teile der Bevölkerung hungern. Dort werden für den Anbau riesige landwirtschaftliche Flächen verbraucht und damit der lokalen Nahrungsmittelproduktion vorenthalten (siehe Seite 171 f.).

McDonald's verkauft nicht nur Hamburger, sondern auch sogenannte »Happy Meals«. Kinder erhalten zu diesen »glücklichen« Mahlzeiten Disney-Figuren wie Snoopy, Winnie the Pooh oder Hello Kitty.

Im Sommer 2000 veröffentlichte eine Konsumentengruppe in Hongkong einen Bericht über die Praktiken in fünf Zulieferbetrieben von McDonald's, die »Happy-Meals«-Figuren herstellen. Darin ist von Kinderarbeit und von gefälschten Ausweisen die Rede, in denen Arbeiter älter gemacht werden, als sie sind. Für acht Stunden Arbeit erhalten die Beschäftigten etwa 1,49 Euro. Doch normalerweise müssen sie sogar 15 Stunden am Tag arbeiten, von sieben Uhr morgens bis zehn Uhr abends. Wenn es genügend Aufträge gibt, erhalten sie nicht einmal einen freien Tag.

McDonald's bestritt zunächst alle Vorwürfe.

Als aber nachgewiesen wurde, dass mehr als 100 Kinder im Alter zwischen 12 und 13 Jahren in der Fabrik arbeiteten, und das zwölf Stunden am Tag, und als sich überregionale Medien für die Sache interessierten, schickte McDonald's ein Untersuchungsteam in die Fabriken.

Danach musste der Konzern zugeben, dass es »Probleme mit Löhnen, Arbeitszeiten und Aufzeichnungen« gegeben habe. Statt seine Macht für eine Verbesserung der Lebensumstände der Arbeiter und der Kinder einzusetzen, stoppte der Konzern alle Aufträge für die Fabrik, die die Kinder beschäftigt hatte, und vergab sie an andere Firmen (siehe Seite 198 f.).

Im April 2002 brachte der englische Fernsehsender BBC einen Bericht über 15- bis 16-jährige Schulkinder, die nebenbei in McDonald's-Filialen arbeiteten, und zwar teilweise bis 2 Uhr morgens. Ein 15-jähriges Schulmädchen arbeitete an Samstagen durchgehend von 8 Uhr früh bis 1.20 Uhr am nächsten Sonntag.[2]

Industrielobbys

USCIB, WBCSD, American Chamber of Commer's EU Commitee, CEPS, TABD, ICC (siehe Seite 254 ff.)

Was Sie tun können (siehe auch S. 50 ff.)

Protestieren Sie bei Matthias Mehlen, Unternehmenssprecher, McDonald's Deutschland Inc., Drygalski-Allee 51, D-81477 München, Tel. +49/89/ 78 59 44 46; matthias.mehlen@de.mcd.com

Weitere Infos

http://www.mcspotlight.org Die Internetseite der »McLibel«-Kampagne, die im Rahmen des Prozesses von McDonald's gegen britische Aktivisten errichtet wurde, bietet umfangreiche Informationen und aktuelle Medienberichte.

http://www.mcunion.de Infos über die Arbeitsbedingungen der Beschäftigten bei McDonald's.

Siegfried Pater: Zum Beispiel McDonald's. Lamuv Verlag, Göttingen 2000, handliches Taschenbuch über die »McDonaldisierung der Gesellschaft« (Zitat).

Produkte, Marken   Computer-Betriebssysteme, Software und Zubehör, Spielkonsole Xbox, MP3-Player Zune

Homepage   Homepage: http://www.microsoft.com

Firmendaten   Umsatz (2008): 38 Milliarden Euro
Gewinn (2008): 9 Milliarden Euro[1]
Beschäftigte: 71 000
Sitz: Redmond, Washington (USA)

Vorwürfe   **Monopolisierungsversuche und rücksichtsloser Kampf um Software-patente, Inkaufnahme von Menschenrechtsverletzungen in China**
Microsoft-Gründer Bill Gates ist der reichste Mann der Welt: Mit 40 Milliarden Dollar besitzt er so viel Geld, wie allen Menschen der 40 ärmsten Länder der Welt zusammengenommen pro Jahr zur Verfügung steht. Doch das reicht offenbar nicht. Microsoft hat in vielen Bereichen der Computerindustrie nahezu eine Monopolstellung und versucht, diese noch weiter auszubauen: Das gelingt zum Beispiel durch Softwarepatente, mit denen der Konzern die Alleinrechte für seine »Erfindungen« beansprucht. Dabei geht es oft nicht etwa um das Copyright für komplexe Programme, sondern zum Teil um so triviale Dinge wie den Doppelklick mit der Maus.[2] Durch die Patentierung einzelner Programmierungsschritte will das Unternehmen verhindern, dass frei verfügbare Open-Source-Programme zu einer ernsthaften Konkurrenz werden. Wegen seiner Versuche, Konkurrenten zu schaden, wurde Microsoft von der EU sogar bereits zu einer Strafe von rund 500 Millionen Euro verurteilt.[3] Bill Gates und Microsoft sind außerdem erbitterte Verfechter des sogenannten TRIPS-Abkommens, das »geistiges Eigentum« weltweit schützt.[4] Das Abkommen bewirkt, dass selbst lebensnotwendige Dinge wie Medikamente wegen der hohen Lizenzgebühren für ärmere Menschen oft unbezahlbar werden.
Zugleich ist Bill Gates Gründer einer Stiftung, die mit ihren Geldern Krankheiten wie Aids und Malaria in armen Ländern bekämpfen will. Von vielen wird er aus diesem Grund als Wohltäter gefeiert. Tatsächlich fließen nur die Gewinne aus dem angelegten Stiftungskapital in »gemeinnützige« Projekte, deren tatsächlicher Nutzen fürs Gemeinwohl aber teilweise umstritten ist.[5] Das Kapital selbst hatte man zum Teil in große Konzerne investiert, die viele der Probleme, die die Stiftung lösen will, in Wahrheit verschlimmern, be-

richtete die »Los Angeles Times« Anfang 2007.[6] Etwa die Pharmafirmen Abbott und Merck, die Aids-Medikamente so teuer verkaufen, dass sie für viele PatientInnen in ärmeren Regionen der Welt unerschwinglich sind.[7] In Nigeria förderte die Gates-Stiftung mit 167 Millionen Euro ein Impfprogramm gegen Kinderlähmung und Masern. Ungefähr doppelt so viel Geld legte die Stiftung dagegen in Konzerne an, die dort Erdöl abfackeln und damit giftige Substanzen freisetzen, die Menschen und Umwelt gravierende Schäden zufügen, berichtete die »Los Angeles Times« Anfang 2007.[8] Dieselben Kinder, die dank der Gates-Stiftung gegen Masern geimpft wurden, erlitten dadurch schwerste Atemwegserkrankungen.[9] Eine Stiftungssprecherin meinte zu diesen Vorwürfen, dass eine ethische Bewertung der Investitionen viel zu komplex sei.[10]

Amnesty International wirft Microsoft, aber auch Google und Yahoo vor, bei der Zensur des Internet durch China mitgewirkt zu haben.[11] Die Firmen hätten sich aus Profitinteressen dem Druck des autoritären Regimes gebeugt und trügen so zur Verletzung der Meinungsfreiheit bei. Auf den Seiten von MSN Space in China könnten keine Weblogs mit Wörtern wie »Demokratie«, »Menschenrechte« oder »Meinungsfreiheit« angelegt werden. 2005 schloss Microsoft auf Wunsch der chinesischen Regierung den Blog eines dortigen Journalisten, der die Zensur im Lande thematisierte.[12] Laut einem Bericht der britischen Zeitung »Guardian« ging Microsoft-Konkurrent Yahoo sogar so weit, die persönlichen Daten eines Journalisten weiterzugeben, die zu seiner Verhaftung führten, weil er eine kritische E-Mail verschickt hatte. Der Mann wurde daraufhin zu zehn Jahren Gefängnis und Zwangsarbeit verurteilt.[13] Die Konzerne argumentieren, dass dies alles nicht ihre Schuld sei, sie müssten die lokalen Gesetze befolgen.[14] Ist es das, was Bill Gates & Co. unter »freier Marktwirtschaft« verstehen? »Weil Sie, Herr Gates, ein Freund Chinas sind, bin ich ein Freund von Microsoft«, freute sich jedenfalls Präsident Hu Jintao über den Besuch des Microsoft-Gründers im Jahr 2006.[15]

Was Sie tun können (siehe auch S. 50 ff.)

Verwenden Sie wenn möglich freie Software wie Linux-Distributionen, OpenOffice.org, Firefox etc.

Weitere Infos

en.wikipedia.org/wiki/Criticism_of_Microsoft Wikipedia-Seite über Microsoft-Kritik.

www.is.gd/O8Q Amnesty-Bericht über Microsoft, Yahoo und Google.

www.irrepressible.info Amnesty-Kampagne gegen Zensur und Repression im Internet.

www.googlefalle.com Spannendes Buch über Google, die »unkontrollierte Weltmacht im Internet«.

www.fsf.org Die Free Software Foundation setzt sich für freie Software ein.

»Verantwortung für die Gesellschaft«

Produkte, Marken Es gibt mehrere Dutzend voneinander unabhängige Firmen, die das Mitsubishi-Logo verwenden. Bekannte Mitsubishi-Marken sind Mitsubishi Autos, Nikon Fotoapparate und Fotozubehör

Homepage http://www.mitsubishi.co.jp

Firmendaten Umsatz (2008):19,1 Milliarden Euro
Gewinn (2008):247 Millionen Euro[1]
Sitz: Tokio (Japan)

Vorwürfe **Zerstörung von Regenwäldern, illegale Preisabsprachen**
Mitsubishi wurde 1870 als Speditionsfirma gegründet und entwickelte sich bis Mitte des 20. Jahrhunderts zu einem riesigen Konzern. 1947 wurde Mitsubishi in zahlreiche Einzelfirmen aufgespalten, die finanziell mehr oder weniger voneinander unabhängig sind. Es gibt keine Dachgesellschaft aller Mitsubishi-Firmen und keine zentrale Steuerung der Aktivitäten, jedoch finanzielle Beteiligungen untereinander. Eine dieser Firmen ist die Mitsubishi Corporation, die 7,99 Prozent aller Aktien an der Mitsubishi Motors Corporation hält (Mitsubishi Autos).
Die Mitsubishi Corporation ist ein riesiger, internationaler Mischkonzern, der vor allem im Bereich Kapitalinvestitionen, Elektronik, Telekommunikation, Maschinen, Chemikalien, Metalle und im Ölgeschäft tätig ist.[2]
Mitsubishi Heavy Industries wird im »World Nuclear Industry Handbook« 1997 als bedeutender Zulieferbetrieb für die Atomindustrie aufgelistet.[3]
Die Marke Nikon (Fotoapparate und Fotozubehör) gehört zu einem anderen Mitsubishi-Konzern.
Amerikanische Umweltaktivisten vom »Rainforest Action Network« begannen 1989 einen Boykott von Mitsubishi-Produkten.[4] Sie warfen der Mitsubishi Corporation vor, in großem Stil an der Zerstörung von Urwäldern in Südostasien, Südamerika, Nordamerika und Sibirien verantwortlich zu sein. Weil aber die Mitsubishi Corporation selbst keine Konsumwaren herstellt oder vertreibt, nahmen die Umweltaktivisten andere Mitsubishi-Konzerne wie »Mitsubishi Motor Sales of America« und »Mitsubishi Electric America« aufs Korn, um auf diesem Umweg Druck auf den Verursacher auszuüben. Die beiden Firmen büßten dafür, dass sie dasselbe Logo verwendeten wie die Mitsubishi Corporation.
1998 wurde der Boykott beendet. Mitsubishi Motor Sales of America und

Mitsubishi Electric America erklärten sich bereit, generell umweltfreundlicher zu produzieren.

Die verantwortliche Mitsubishi Corporation ließ sich zunächst jedoch auf keine Diskussionen mit den Regenwald-Aktivisten ein.[5] Im November 2002 erklärte auch Mitsubishi Corporation, dass sie sich ab sofort an die internationalen Regeln zur Bewirtschaftung von Wäldern halten würde.[6]

Im Dezember 2001 wurde eine deutsche Tochterfirma der Mitsubishi Corporation, die Mitsubishi High Tech Paper Bielefeld GmbH, von der Europäischen Kommission zusammen mit acht anderen Firmen zu einer Strafzahlung von insgesamt 313,7 Millionen Euro verurteilt, weil sie in den 90er Jahren ein Kartell gebildet hatten, um die Preise für kohlenstofffreies Papier hoch zu halten.[7]

Industrielobbys   WBCSD, ICC (siehe Seite 259, 256)

Was Sie tun   Fragen Sie zum Beispiel bei Mitsubishi Electric Europe B. V., Gothaer Str. 8,
können (siehe   D-40880 Ratingen, ob der Konzern umweltfreundlich produziert.
auch S. 50 ff.)

Weitere Infos   http://www.ethicalconsumer.org Das englische Magazin »Ethical Consumer« liefert alle zwei Monate kritische Hintergrundinformationen über Konzerne und verfügt über eine (allerdings kostenpflichtige) Online-Datenbank.

»Die Türe zu neuen Möglichkeiten öffnen«

MONSANTO
imagine™

Produkte, Marken   Unkrautvertilgungsmittel und Pflanzenschutzmittel wie Roundup, Lasso
Wachstumshormone für Milchtiere wie BGH
Gentechnisch veränderte Nahrungsmittel wie Sojabohnen, Mais, Weizen,
Kartoffeln

Homepage   http://www.monsanto.com

Firmendaten   Umsatz (2008): 7,9 Milliarden Euro
Gewinn (2008): 1,4 Milliarden Euro[1]
Beschäftigte: 19 000
Sitz: St. Louis (USA)

Vorwürfe   **»Diebstahl per Patent«, illegale Verwendung von genetisch veränderten Canola-Ölsamen, Verunreinigung von natürlichen
Pflanzensorten mit gentechnisch veränderten, Verharmlosung
von Risiken bei Wachstumshormonen für Kühe**
Monsanto ist ein traditionsreicher amerikanischer Chemiekonzern. Seine
Anfänge reichen ins Jahr 1901 zurück, als er in St.Louis mit der Herstellung des künstlichen Süßstoffs Saccharin sowie des anregenden Mittels
Koffein begann. 1960 wurde mit der Produktion von Unkrautvernichtungs-
mitteln begonnen. 1982 gelang es Monsanto, erstmals eine Pflanzenzelle
genetisch zu verändern; seit diesem Zeitpunkt beschäftigt sich der Konzern
mit der Herstellung genetisch veränderter Nahrungsmittel. Berühmt-be-
rüchtigt ist der Konzern auch wegen der Vermarktung von Wachstumshormonen für Tiere (BGH), die in Europa nicht zugelassen wurden, in den USA
aber häufig verwendet werden. Monsanto entwickelte bis zum Jahr 2002
auch Arzneimittel, unter anderem das Rheumamittel Celebrex. Vermutlich
wegen des Verkaufspotenzials dieses Arzneimittels wurde Monsanto im
April 2000 von dem Arzneimittelkonzern Pharmacia erworben, der im Juli
2002 jedoch vom weltgrößten Pharmakonzern Pfizer »geschluckt« wurde.
Im selben Monat wurde Monsanto von Pharmacia/Pfizer abgestoßen und
ist seither wieder ein eigenständiger Konzern.
Greenpeace warf Monsanto im Juni 2003 vor, »auf Kosten kleiner Bauern
in ärmeren Ländern reich zu werden«, und zwar mit Hilfe von »Diebstahl per
Patent«. Der Konzern geht dabei folgendermaßen vor: Eine traditionelle,
von indischen Bauern gezüchtete und für ihre besonderen Backeigenschaf-
ten bekannte Weizensorte wurde mit anderen Weizensorten gekreuzt und

diese »Erfindung« samt Teig und Keksen beim Europäischen Patentamt angemeldet.[2]

Im Sommer 2002 kündigte ein Turiner Gericht Untersuchungen gegen zehn Konzerne an, die gentechnisch veränderte Pflanzensamen vermarkten, unter ihnen auch Monsanto. Der Vorwurf: Die Konzerne hätten in Italien gentechnisch veränderten Mais verwendet, obwohl das laut Gesetz strikt verboten ist.[3] Und die US-Tageszeitung »Wall Street Journal« berichtete im April 2002, dass Monsanto bereits mehrere Jahre lang US-Landwirte mit genetisch veränderten Canola-Ölsamen versorgt hatte, die laut Gesetz nie die Laborräume hätten verlassen dürfen.[4]

Im April 2002 stellte die EU als Ergebnis einer wissenschaftlichen Untersuchung fest, dass die Verwendung von Wachstumshormonen in der Tierzucht – z. B. Hormone zur Steigerung der Milchproduktion oder Hormone für schnelleres Schweinewachstum – ein Gesundheitsrisiko für Menschen bedeuten. Auf der Homepage von Monsanto heißt es hingegen, das Hormon zur Steigerung der Milchproduktion sei »sicher«.

Zwei neue Untersuchungen aus dem Jahr 2002 legen den Verdacht nahe, dass die vermehrte Verwendung des Unkrautvernichtungsmittels »Roundup« zu einer erhöhten Zahl von Fehlbildungen während der Schwangerschaft führt.[5]

Anfang des Jahres 2005 erklärte sich Monsanto bereit, 1,5 Millionen US-Dollar Strafe zu zahlen, weil die Firma einen hohen indonesischen Regierungsbeamten bestochen hatte. Zweck der Bestechung: Monsanto wollte verhindern, dass Studien über die Auswirkung von genetisch veränderter Baumwolle auf die Umwelt durchgeführt werden.[6]

Monsanto ist maßgeblich dafür verantwortlich, dass die USA Europa vor dem WTO-Schiedsgericht auf Zulassung gentechnisch veränderter Nahrungsmittel verklagt haben.

Industrielobbys USCIB, ACC, WBCSD, Fedesa, BRT, IPC, TABD, EuropaBio, ICC (siehe S. 254 ff.)

Was Sie tun können (siehe auch S. 50 ff.) Schreiben Sie an: Dr. Daniel Vasella, Chairman and CEO, Novartis AG Headquartes, Postfach, CH-4002 Basel: Warum produziert Novartis bei der Biochemie in Kundl weiterhin das Milchhormon BGH? Oder protestieren Sie bei der Konzernzentrale von Monsanto: http://www.monsanto.mediaroom.com/index.php?s = 11

Weitere Infos http://www.connectotel.com/gmfood/monsanto.html Aktuelle chronologische Dokumentation zu Monsantos Aktivitäten und Praktiken mit Originalberichten

»Gut essen – gut leben«

Produkte, Marken	Nahrungs- und Genussmittel der Marken After Eight, Alete, Aquarel, Bären-marke, Beba, Bübchen, Buitoni, Caro, Choco Crossies, Herta, KitKat, LC1, Lion, Maggi, Milkybar, Motta, Mövenpick, Nescau, Nescafé, Nespresso, Nesquik, Perrier, San Pellegrino, Smarties, Thomy, Vittel, Yoco, Yes u. a.
Homepage	http://www.nestle.com
Firmendaten	Umsatz (2008): 72,6 Milliarden Euro Gewinn (2008): 12 Milliarden Euro[1] Beschäftigte: 283 000 Sitz: Vevey (Schweiz)
Vorwürfe	**Ausbeutung, Anwendung geächteter Vermarktungsmethoden, Trinkwasser-privatisierung**

Nestlé ist der größte Lebensmittelkonzern der Welt. Das Unternehmen bezieht viele seiner Ausgangsprodukte aus Ländern, in denen selbst niedrige Menschenrechtsstandards nicht eingehalten werden. Vor allem bei der Gewinnung von Kakao und Kaffee werden Menschen ausgebeutet. An der Elfenbeinküste arbeiten Tausende Kinder als Sklaven auf den Plantagen. Nestlé rühmt sich seiner Mitgliedschaft bei der »Rainforest Alliance«, die so etwas wie fairen Handel garantieren soll. Tatsächlich aber ist die »Rainforest Alliance« ein industriefreundlicher Verein, dessen Regeln wesentlich weniger streng sind als die des echten Fairen Handels mit seinem »Fairtrade«-Gütesiegel. Nestlé hat großen Einfluss auf die extrem schwankenden und niedrigen Weltmarktpreise und ist damit für das Elend der Kleinbauern und LandarbeiterInnen mitverantwortlich.

Seit Jahrzehnten kritisieren Menschenrechtsorganisationen den Konzern für seine Vermarktungsmethoden bei Babynahrung. Vor allem in ärmeren Ländern hat Nestlé immer wieder versucht, durch Werbung und die Abgabe von Gratisproben Mütter vom Stillen abzubringen. Laut Weltgesundheitsorganisation (WHO) sterben jährlich 1,5 Millionen Kinder, weil sie nicht gestillt werden. Die Verwendung von Milchpulver ist in vielen Regionen gefährlich, weil ärmere Frauen infiziertes Wasser zur Milchaufbereitung verwenden müssen. Nach internationalen Konsumboykotten und Protesten durch UNO-Organisationen verpflichtete sich der Konzern zu Werbebeschränkungen, die aber immer wieder umgangen werden.[2] So berichtete die britische Zeitung »Guardian« noch im Mai 2007, wie Nestlé-Vertreter in Bangladesh in Geburtenkliniken aggressive Werbung für Muttermilchersatz betrieben hätten. Der Konzern bestreitet, die Regeln der WHO zu missachten.[3]

Nestlé tritt auch massiv für die Privatisierung von Trinkwasser ein. Wird Wasser eine Ware, trifft man damit die Ärmsten dieser Welt. Im Film »We feed the world«[4] äußerte sich dazu der damalige Nestlé-Chef Peter Brabeck wortwörtlich so: »Es geht darum, ob wir die normale Wasserversorgung der Bevölkerung privatisieren oder nicht. Und da gibt es zwei verschiedene Anschauungen. Die eine Anschauung, extrem würde ich sagen, wird von einigen, von den NGOs vertreten, die darauf pochen, dass Wasser zu einem öffentlichen Recht erklärt wird. Das heißt, als Mensch sollen Sie einfach das Recht haben, Wasser zu haben. Das ist die eine Extremlösung.« Wenn das eine »Extremlösung« ist, dann sind wir vermutlich alle ExtremistInnen.

In Kolumbien werfen Gewerkschafter dem Konzern seit Jahren vor, abgelaufene und verdorbene Lebensmittel zu verkaufen, Gewerkschaften zu unterdrücken und von der in Kolumbien sehr häufigen Gewalt gegen Gewerkschaftsmitglieder zu profitieren.[5] In einem Dokument der Schweizer Menschenrechts-Koalition Multiwatch heißt es: »Was die dominante Position von Nestlé charakterisiert und erklärt ist auch seine Fähigkeit, aus der extremen politischen Situation des zerrütteten Landes Profit zu schlagen.«[6] Gegenüber der Schweizer Nachrichtenagentur sda meinte ein Konzernsprecher, dass viele der Vorwürfe frei erfunden seien.[7]

Als das Netzwerk Attac für das empfehlenswerte Buch »Nestlé. Anatomie eines Weltkonzerns«[8] recherchierte, habe die Schweizer Sicherheitsfirma Securitas im Auftrag von Nestlé eine als Globalisierungskritikerin getarnte Agentin in das Redaktionsteam eingeschleust, berichteten zahlreiche Schweizer Medien im Juni und Juli 2008.[9] Der Konzern teilte dem Spiegel online mit, er habe angesichts der angekündigten Proteste während des G8-Gipfels im Jahr 2003 die »geeigneten, strikt legalen Maßnahmen« ergriffen.[10] Die Bespitzelung begann allerdings erst nach dem Gipfeltreffen.

Industrielobbys	USCIB, WBCSD, ICC, EuropaBio, ERT (siehe Seite 254 ff.)
Was Sie tun können (siehe auch S. 50 ff.)	Kaufen Sie Kaffee, Schokolade und andere Kakaoprodukte nur aus Fairem Handel. Fordern Sie von Regierungen und Parteien, die Privatisierung von Trinkwasser zu stoppen. Ein Beispiel für eine besonders kreative Form des Protests gegen Kindersklaverei finden Sie auf Seite 58.
Weitere Infos	http://www.babynahrung.org Die Aktionsgruppe Babynahrung veröffentlicht jährlich einen Bericht über Kodexverletzungen durch Nestlé
	http://schweiz.attac.org/ Nestlé-Kampagne von Attac mit Buchversand.
	http://www.is.gd/j PS Bericht über Nestlé in Kolumbien
	http://www.is.gd/olu Ehemaliger Nestlé-Chef in »We feed the World«

*»Unsere Mission: Die Lebensqualität
der Arbeiterinnen zu steigern«*

Produkte, Marken   Schuhe, Mode- und Sportartikel der Marken Nike, Cole Haan, Hurley International und Converse

Homepage   http://www.nikebiz.com

Firmendaten   Umsatz (2008): 13 Milliarden Euro
Gewinn (2008): 1 Milliarde Euro[1]
Beschäftigte: 33 000 (geschätzte 1 Million Menschen produzieren weltweit für Nike)[2]
Sitz: Beaverton, Oregon (USA)

Vorwürfe   **Ausbeutung, Kinderarbeit, sexuelle Belästigung und andere Missstände in Zulieferbetrieben**

Nikes jährliche Werbeausgaben in US-Dollar nähern sich der Milliardengrenze. Wenn in den eigens inszenierten Einkaufszentren, den »Nike-Towns«, ein neues Sportschuhmodell angeboten wird, campieren Jugendliche in Schlafsäcken vor der Türe, um als Erste die begehrten Sneakers zu ergattern. Doch während Nike-Geschäftsführer Phil Knight längst Dollar-Milliardär ist, verdiente eine Näherin etwa im Nike-Zulieferbetrieb »Wellco« in China rund 17 Cent in der Stunde.

Im Januar 2001 kam es in der mexikanischen Zulieferfabrik »Kukdong« zu Strafmaßnahmen und illegalen Massenkündigungen gegen Angestellte, die gegen die Arbeitsbedingungen demonstriert hatten. Im Jahr 2000 wurden dort etwa eine Million Sweatshirts für Nike und 40 000 Kleidungsstücke für Reebok hergestellt. Eine von Nike aufgrund internationaler Proteste initiierte Untersuchungskommission zitiert Arbeiter, die behaupten, dass auch 13- und 14-Jährige bei »Kukdong« tätig seien. Außerdem sei es zu sexuellen Übergriffen gekommen. Das Management bestritt diese Behauptungen.[3]

Nike, von uns auf die Beschuldigungen angesprochen: »Viele der Vorwürfe sind unbegründet.« Aber: »Keine Fabrik ist perfekt, und wir glauben an eine stetige Verbesserung unserer Arbeitsstätten.« Deshalb habe man sich in den letzten zwei Jahren um Verbesserungen hinsichtlich des Alters der Arbeiter, der Löhne und der Luftqualität in den Betrieben bemüht, schreibt der Manager für globale Angelegenheiten.[4] Mittlerweile haben die Proteste dazu geführt, dass endlich eine unabhängige Gewerkschaft zugelassen und Kündigungen zurückgenommen wurden.

Im Februar 2001 kam Nike erneut in die Schlagzeilen: Eine Untersuchung

in neun indonesischen Zulieferbetrieben berichtete von massiven Vorwürfen wegen sexueller Belästigung und physischen Missbräuchen, denen die
Arbeiterinnen ausgesetzt gewesen seien.[5]

Im März 2003 erschien der Bericht »We are not machines« (»Wir sind keine
Maschinen«) einer internationalen Arbeitsgruppe aus Menschenrechtsorganisationen, in dem Nike und Adidas vorgeworfen wurde, dass Näherinnen in indonesischen Zulieferbetrieben Löhne von nur zwei Euro am Tag
erhielten. Sie seien deshalb sogar gezwungen worden, ihre Kinder wegzuschicken, weil sie sie nicht mehr ernähren konnten. Arbeiterinnen, die sich
unabhängigen Gewerkschaften anschlossen, mussten »Kündigung, Gefängnis oder physische Gewalt befürchten«. Darüber hinaus war von gefährlichen Arbeitsbedingungen und der sexuellen Diskriminierung von
Frauen die Rede, die sich während der Menstruation sogar vor Firmenärztinnen entblößen mussten, um ihre Blutungen zu beweisen.[6]

Ab Anfang 2003 kämpfen 149 Arbeiterinnen der thailändischen Firma »Par
Garment«, die unter anderem für Gap, Wal-Mart, Nike und Tommy Hilfiger
produzierte, um ihre Löhne in der Höhe von zehn Monatsgehältern, nachdem die Fabrik im Dezember einfach zugesperrt wurde.[7]

Kritik verträgt der Konzern nicht so gut. Nachdem Nike über seine Produktionsbedingungen Unwahrheiten verbreitete, wurde die Firma vom amerikanischen Verbraucheraktivisten Marc Kasky verklagt. Nikes Anwälte gaben die Lüge sogar offen zu, beriefen sich aber auf das Recht auf freie
Meinungsäußerung. Im Juni 2003 wies der Oberste Gerichtshof der USA
Nikes »Recht auf Lüge« zurück, obwohl sich auch die Regierung Bush hinter den Konzern gestellt hatte.[8] Im April 2005 veröffentlichte Nike erstmals
eine Liste seiner Zulieferbetriebe – ein wichtiger Erfolg, der internationalen
Menschenrechtskampagnen erstmals eine gewisse Kontrolle ermöglicht.

Industrielobbys   USCIB, ACC, BRT (siehe Seite 254 ff.)

Was Sie tun   Am angreifbarsten ist Nike dort, wo seine größte Stärke liegt: beim Image.
können (siehe   So luden amerikanische Kids in einer Protestaktion ihre gesammelten aus-
auch S. 50 ff.)   gelatschten Turnschuhe vor den Türen der New Yorker »Nike-Town« ab.
                         Proteste: E-Mail an continuous.improvement@nike.com

Weitere Infos   http://www.cleanclothes.org Clean-Clothes-Kampagne für faire Arbeits-
                         bedingungen in der Bekleidungsindustrie
                         http://www.sweatshopwatch.org »Sweatshop Watch«, US-Kampagne
                         gegen Missstände in den Nähbatterien
                         http://www.caa.org.au/campaigns/nike/index.html Nike-Watch-Kam-
                         pagne der Hilfsorganisation Oxfam
                         http://www.reclaimdemocracy.org/nike/index.html Über Nikes »Recht auf
                         Lüge«

Produkte, Marken   Medikamente für Menschen: Briserin, Calcium Sandoz, Codiovan, Coran-
gin, Diovan, Estraderm, Fenistil, Foradil P, Glivec, Insidon, Lamisil, Lemo-
cin, Lescol, Locol, Magnesium Sandoz, Neda Früchtewürfel, Nicotinell, Op-
talidon N, Otriven, Rhinomer, Ritalin, Spasmo Cibalgin, Tegretal, Venoruton,
Voltaren, Zymafluor D
Medikamente für Haustiere: clomicalm, program u. a.

Homepage   http://www.novartis.com

Firmendaten   Umsatz (2008): 28,8 Milliarden Euro
Gewinn (2008): 5,7 Milliarden Euro[1]
Beschäftigte: 96 700
Sitz: Basel (Schweiz)

Vorwürfe   **Finanzierung unethischer Medikamentenversuche, unseriöse
Werbung, Behinderung eines Entwicklungslandes bei der Herstellung und Vermarktung lebenswichtiger Medikamente**
Im Jahr 1996 schlossen sich die beiden Schweizer Firmen Ciba Geigy und
Sandoz zum Novartis-Konzern zusammen. Dieser zählt zu den weltweit führenden Firmen im Pharmabereich, aber auch zu den ganz Großen bei phar-
mazeutischen Erzeugnissen für Haustiere und bei diversen Ernährungspro-
dukten. Eines der bekanntesten Markenprodukte des Novartis-Konzerns
ist der Malzextrakt Ovomaltine, der bereits 1909 entwickelt wurde und von
der Tochterfirma Wander vertrieben wird. Gängige Marken sind außerdem
die Medikamente Voltaren, Otriven und Calcium Sandoz.
Anfang der 80er Jahre geriet Sandoz in die Schlagzeilen, weil aufgedeckt
wurde, dass die Firma mithilfe umfangreicher finanzieller Zuwendungen
Ärzte bei ihren medizinischen Entscheidungen zu beeinflussen versuchte.[2]
Anfang Mai 2001 erwarb Novartis 20 Prozent der Aktien des Konkurren-
ten Roche und erhöhte seinen Anteil im Januar 2003 auf 32,7 Prozent.[3]
Novartis South Africa klagte im Frühjahr 2001 gemeinsam mit 38 anderen
Pharmafirmen gegen die südafrikanische Regierung wegen Verletzung des
Patentrechts (die Klage wurde zurückgenommen, siehe Seite 127).
Novartis finanzierte am Nyiro-Gyula Krankenhaus in Budapest eine Studie
mit der Testsubstanz Iloperidone (Zomaril), bei der viele schizophrene
Patienten kein wirksames Medikament erhielten (siehe Seite 107). Laut
Deklaration von Helsinki des Weltärztebundes ist es verboten, schwere

Erkrankungen mit einem Placebo zu behandeln, wenn es bereits erprobte Medikamente gibt.[4] Für eine Sendung des Hessischen Rundfunks im September 2001 über das »Schwarzbuch Markenfirmen« erklärte Novartis, dass diese Studie sowohl von der ungarischen Regierung als auch von einer Ethikkommission genehmigt worden sei.[5] In Punkt 9 der Helsinki-Deklaration heißt es aber ausdrücklich: »Landesspezifische, ethische, gesetzliche oder verwaltungstechnische Vorschriften dürfen die in der vorliegenden Deklaration genannten Bestimmungen zum Schutz des Menschen in keiner Weise abschwächen oder aufheben.«

Iloperidone wurde im Sommer 2009 von der US-Gesundheitsbehörde zur Behandlung von Schizophrenie zugelassen.

Die Berliner Fachzeitschrift »arznei-telegramm« warf Novartis Anfang des Jahres 2002 vor, bei der Veröffentlichung einer Studie über das Hochdruckmittel Diovan ungünstige Ergebnisse verschwiegen zu haben, um die Wirksamkeit besser erscheinen zu lassen, als sie ist.[6] Und kurz darauf kritisierte das »arznei-telegramm«, dass Novartis für Diovan illegale Werbung bei Ärzten durchführe und unseriöse Empfehlungen zur Wirksamkeit abgebe.[7]

Im Juli 2008 wurde die Novartis-Tochterfirma Sandoz von einem US-Zivilgericht in Alabama zu Entschädigungszahlungen in der Höhe von 33,3 Millionen verurteilt – wegen manipulierter, erhöhter Medikamentenpreise zu Lasten öffentlicher Sozialkassen. Es ging um Medikamente wie das Hochdruckmittel Diovan, den Cholesterinsenker Lescol und Ritalin, ein Mittel zur Behandlung hyperaktiver Kinder. Der Konzern legte gegen das Urteil Berufung ein und erklärte, man habe immer nur »echte Medikamentenpreise« verwendet. Dieses Verfahren ist noch nicht endgültig entschieden.

Industrielobbys WBCSD, CEFIC, EFPIA, USCIB, ICC, FEDESA, EuropaBio (siehe Seite 254 ff.)

Was Sie tun können (siehe auch S. 50 ff.) Protestieren Sie bei: Dr. Daniel Vasella, Chairman and CEO, Novartis AG Headquartes, Postfach, CH-4002 Basel. Schicken Sie leere Schachteln von Novartis-Medikamenten mit der Aufforderung: Schluss mit unethischen Medikamentenversuchen und unseriöser Pharmawerbung!

Weitere Infos http://www.bukopharma Die BUKO Pharma-Kampagne beobachtet seit 15 Jahren die Aktivitäten der Pharmaindustrie in der Dritten Welt. Diese Gruppe hat zahlreiche Missstände aufgedeckt und Veränderungen bewirkt. http://www.arznei-telegramm.de Die kritische Berliner Fachzeitschrift »arznei-telegramm« berichtet laufend über unsaubere Praktiken von Pharmafirmen.

»Offen für mehr Verantwortung«

Produkte, Marken   Treibstoffe und andere Erdölprodukte sowie Tankstellen

Homepage   http://www.omv.com

Firmendaten   Umsatz (2008): 25,5 Milliarden Euro
Gewinn (2008): 2,3 Milliarden Euro[1]
Beschäftigte: 41 250
Sitz: Wien (Österreich)

Vorwürfe   **Kooperation mit repressivem Militärregime, Umweltzerstörung**

Mit der Übernahme der Aktienmehrheit an der rumänischen Erdölgesellschaft Petrom im Dezember 2004 um 1,5 Milliarden Euro pushte sich die Österreichische Mineralölverwertungsgesellschaft zum führenden Erdöl- und Erdgaskonzern in Zentral- und Osteuropa. Die OMV ist an mehreren internationalen Unternehmen beteiligt (Borealis/Dänemark, MOL/Ungarn, Econgas/Österreich, Petrom/Rumänien u. a.) und steht zu 31,5 Prozent im Eigentum der Republik Österreich.

Die OMV war von 1997 bis 2003 an einem Konsortium beteiligt, das im Süden des Sudan nach Erdölvorkommen forschte. Dort führte das fundamentalistische Militärregime mithilfe der Erdölindustrie einen Krieg gegen die eigene Bevölkerung. Ganze Dörfer in der Nähe der Ölfelder wurden zerstört und die Bewohner mit unvorstellbar grausamen Methoden hingerichtet (siehe Bericht auf Seite 150 ff.).

Nach massiven Protesten von Menschenrechtsgruppen, die sich in der »Sudan-Plattform Austria« zusammengeschlossen hatten, zeigte sich die OMV eine Zeitlang zu Gesprächen bereit. Während der schwedische Konsortialführer Lundin seine Lizenzen an die malaysische Firma Petronas verkaufte, verblieb die OMV im Sudan, stellte aber die Explorationstätigkeiten bis auf weiteres ruhend und versprach, ihre wirtschaftliche Macht für eine Verbesserung der humanitären Lage in die Waagschale zu werfen. Im September 2003 aber verkaufte die OMV ihre Rechte an den staatlichen indischen Ölkonzern ONGC Videsh – mit einem Reingewinn von geschätzten 70 Millionen Euro. Der sudanesischen Bevölkerung hinterließen die Österreicher verbrannte Erde. Die Menschenrechtsgruppen forderten daraufhin vergeblich, dass zumindest ein Teil dieser Profite in die Rückführung von Vertriebenen investiert werde.[2]

Anfang 2003 kaufte sich die OMV in zwei Ölfelder im Quellgebiet des Amazonas im ecuadorianischen Regenwald ein und habe sich damit laut der Umweltschutzorganisation Global 2000 »maßgeblich an der Zerstörung des wohl wichtigsten Naturparadieses dieser Erde beteiligt«[3]. Die in der Region verbliebenen Indios müssen in den Fördergebieten ihre traditionelle Lebensweise aufgeben und geraten in wirtschaftliche Abhängigkeit zu den Ölfirmen. Die Folge sind Armut, kulturelle Entwurzelung, Krankheiten und der drastische Anstieg von Alkoholismus und Prostitution. Die Explorationsstätten bedrohen den Rio Napo, einen der wichtigsten Zuflüsse des Amazonas, in dem so seltene Tiere wie Flussdelfine leben. Im September 2005 zog sich die OMV schließlich auch aus Ecuador zurück – wieder allerdings ohne Entschädigungszahlungen an die Opfer ihrer Tätigkeit zu leisten.

Industrielobbys ERT (siehe Seite 255)

Was Sie tun können (siehe auch S. 50 ff.) Protestieren Sie bei OMV-Generaldirektor Wolfgang Ruttensdorfer: Tel. +43/1/404 40–21401, Fax +43/1/404 40–20984, info.presse-kommunikation@omv.com

Weitere Infos http://www.global2000.at/pages/tregenwald_ecuador1.htm OMV im Regenwald
http://www.accionecologica.org Ecuadorianische Umweltschützer gegen die Ölkonzerne
http://www.8ung.at/sudanplattformaustria Sudan-Plattform Austria

Versand GmbH

*»Durchsetzung sozialer Mindeststandards
im weltweiten Handel«*

Produkte, Marken   ALBA MODA, Baumarkt Direkt, Bonprix, Codidis, Discount24, Frankonia,
Freemans, Hanseatic, Heine, Hermes, Küche&Co, Manufactum, myToys.de,
OTTO, Parcelnet, Schwab, Sportscheck, Witt u. a.

Homepage   http://www.ottogroup.com

Firmendaten   Umsatz (2008): 10,8 Milliarden Euro
Verlust (2008): 98,6 Millionen Euro[1]
Beschäftigte: 50 000
Sitz: Hamburg (Deutschland)

Vorwürfe   **Ausbeutung, sexuelle Belästigung und andere Missstände in Zulieferbetrieben**

Die OttoGroup ist mit 123 Gesellschaften für private wie gewerbliche Kunden sowie zahlreichen Dienstleistungsunternehmen in insgesamt 20 Ländern vertreten. Heute erscheint der rund 1000 Seiten starke Otto-Haupt-
katalog dreimal jährlich in einer Auflage von insgesamt rund 20 Millionen
Exemplaren und einem Angebot von mehr als 100 000 Artikeln pro Sai-
son. Mit durchschnittlich 270 Euro pro Jahr sind die Deutschen Weltmeis-
ter im Katalogeinkauf. Täglich gehen in den Callcentern des Konzerns mehr
als 200 000 Anrufe ein. Mit einem globalen Online-Umsatz von über 2 Milliarden Euro ist die Otto-Gruppe hinter Amazon weltweit die Nummer zwei
im Internet-Kundenhandel.

Der Otto-Versand bietet seit 1996 neben herkömmlich produzierten Tep-
pichen auch Teppiche mit dem »Rugmark«-Gütesiegel an, das die Herstellung ohne Kinderarbeit garantiert. Im Angebot finden sich auch Produkte
der Gesellschaft zur Förderung der Partnerschaft mit der Dritten Welt
(Gepa). 1997 publizierte Otto erstmals seine »Handlungsgrundsätze für
einen sozialverantwortlichen Handel«. Der Kodex garantiert jedoch Gewerkschaftsfreiheit nicht generell, sondern nur dort, wo diese gesetzlich verankert ist, womit sich der Konzern in Ländern wie China aus der Verantwortung stiehlt. Trotz relativ weit gehender Bekenntnisse des Konzerns kommt
es zu massiven Missständen in Zulieferbetrieben.

So stieß ein Expertenteam in Indonesien 1999 auf einen Betrieb, in dem
Arbeiterinnen unter Strafe zu Überstunden gezwungen, wegen Protestaufrufen eingesperrt und sexuell belästigt wurden. Nach dem Schwanger-

schaftsurlaub wurden Näherinnen schlechter bezahlt als zuvor. Gezahlt wurde nicht einmal der ohnehin zu niedrige gesetzliche Mindestlohn, sondern nur 80 Cent pro Tag. Die Wochenarbeitszeit betrug bis zu 80 Stunden. Jugendliche zwischen 14 und 15 Jahren mussten dieselbe Arbeitszeit ableisten, obwohl das indonesische Gesetz erst ab 15 eine Höchstarbeitszeit von vier Stunden täglich (bis zum 18. Lebensjahr) erlaubt. Darüber hinaus wurde auf die Arbeiter psychischer und physischer Druck ausgeübt, etwa durch Schläge aufs Gesäß und Am-Ohr-Ziehen.

In einer Reaktion auf die Studie weist der Otto-Versand darauf hin, dass die untersuchte Firma nach einer internen Untersuchung bereits aus der Lieferantenliste gestrichen wurde. Ohne unabhängige Kontrolle durch Gewerkschaften und Nichtregierungsorganisationen bleiben solche Untersuchungen aber nicht nachvollziehbar.[2]

»Otto-Versand hat mit der Formulierung des Kodex und der Verpflichtung an die Zulieferbetriebe, diesen ›Code of Conduct‹ einzuhalten, noch lange nicht die Durchsetzung fairer Arbeitsbedingungen erreicht«, urteilte die Clean-Clothes-Kampagne deshalb noch im Jahr 2003 und fordert den Konzern auf, »die Überwachung des Kodex durch ein unabhängiges Monitoring-Team durchführen zu lassen«.[3] Mittlerweile (Stand 2006) habe – zumindest im Vergleich zu anderen Konzernen – »die Verbindung aus deutlicher Kritik und Gesprächsbereitschaft z. B. im Falle des Otto-Versandes bereits zu einigen Zugeständnissen des Unternehmens bezüglich ›sauberer‹ Arbeitsbedingungen und deren unabhängiger Kontrolle geführt«.[4]

Was Sie tun können (siehe auch S. 50 ff.)

Fordern Sie den Otto Versand auf, existenzsichernde Mindestlöhne, Gewerkschaftsfreiheit und unabhängige Kontrollen zu garantieren: Direktor Wirtschaftspolitik und Kommunikation Thomas Voigt, Tel. +49/40/64 61–401, Fax: +49/40/64 61–449, thomas.voigt@ottogroup.com oder presse@otto.com

Weitere Infos

http://www.sauberekleidung.de Deutsche Clean-Clothes-Kampagne
Die Broschüre »Das Kreuz mit dem Faden. Indonesierinnen nähen für deutsche Modemultis« ist beim Südwind e. V. erhältlich: Lindenstraße 58–60, D-53721 Siegburg, Tel. +49/2241/536 17, Fax 513 08, suedwind.institut@t-online.de, http://www.suedwind-institut.de

*»Wir werden die Nummer
eins der Pharmaindustrie in jedem
wichtigen Markt der Welt sein.«*

Produkte, Marken   Medikamente: Accuzide, Benadryl, Celebrex, Codipront, Diflucan, Dilzem, Gelonida, Gelusil, Hexoral, Kompensan, Norvasc, Olynth, Rhinopront, Sortis, Valoron N, Viagra, Yxin, Zoloft
Medikamente für Haustiere: z. B. der Marke Revolution (gegen Fliegen und Würmer)
Impfstoffe für die Veterinärmedizin, z. B. CattleMaster

Homepage   http://www.pfizer.com

Firmendaten   Umsatz (2008): 33,5 Milliarden Euro
Gewinn (2008): 5,6 Milliarden Euro[1]
Beschäftigte: 106 000
Sitz: New York (USA)

Vorwürfe   **Unethische Medikamentenversuche mit tödlichen Folgen, Datenmanipulation und Irreführung bei Pharmastudien, Beteiligung beim »Beschönigen« von Testergebnissen**
Zwei deutsche Auswanderer aus Ludwigsburg gründeten 1849 in New York die Pfizer & Comp. Diese Firma wurde gegen Ende des 2. Weltkriegs weltweit führend in der Herstellung von Penizillin. Im Juni 2000 erwarb Pfizer die Pharmafirma Warner-Lambert und im Juli 2002 den Konzern Pharmacia. Damit wurde sie zum größten Pharmakonzern der Welt. Schlagzeilen machte Pfizer 1998 durch die Entwicklung des Erektionsmittels Viagra. Das Rheumamittel Celebrex wurde im Juni 2000 mit großem Werbeaufwand in Deutschland auf den Markt gebracht und als besonders wirksam und verträglich dargestellt. Das hat sich inzwischen als bewusste Datenmanipulation und Irreführung herausgestellt. Celebrex hat im Vergleich zu herkömmlichen Rheumamitteln ein erhöhtes Risiko lebensbedrohlicher Nebenwirkungen.[2]
1996 trat in Nigeria eine Epidemie von Meningitis bei Kindern auf. Pfizer bereitete zu diesem Zeitpunkt die Zulassung des neuen Antibiotikums Trovafloxacin vor. Weil Gehirnhautentzündungen in den USA sehr selten sind, nahm der Konzern die Gelegenheit wahr, flog eine Gruppe von Medizinern nach Nigeria und benützte die erkrankten Kinder als Versuchskaninchen. Elf von ihnen starben. Evaristi Lodi von der Hilfsorganisation »Ärzte ohne Grenzen«, der am selben Krankenhaus mit bewährten ärztlichen Mitteln versuchte die Kinder zu behandeln, erklärte der Tageszeitung »Washington

Post« zum Tod eines Mädchens, das mit dem neuen Pfizer-Antibiotikum Trovafloxacin behandelt worden war: »Es könnte als Mord gelten.«[3] Und er fügte hinzu: »Patienten und Angehörige erklärten, dass sie nie darüber informiert wurden, Teilnehmer eines Medikamentenversuchs zu sein. Wenn ich die Macht hätte, würde ich diesen Ärzten ihre Arzt-Lizenz wegnehmen.« Im Dezember 1997 wurde Trovafloxacin in den USA und kurz darauf in der EU zugelassen – allerdings nur zur Behandlung von Erwachsenen.[4] Die europäische Zulassungsbehörde empfahl im Juni 1999 eine generelle Marktrücknahme, worauf Pfizer das Medikament vom europäischen Markt zog. Im September 2001 erklärte die deutsche Pfizer GmbH zu der Meningitis-Studie, die Darstellung im »Schwarzbuch Markenfirmen« entspreche nicht den Tatsachen; sie wies die Vorwürfe »auf das Entschiedenste zurück«.[5] Im Mai 2007 brachten die Generalstaatsanwälte von Nigeria sowie des nigarianischen Bundesstaates Kano straf- und zivilrechtliche Klagen gegen Pfizer und Mitarbeiter von Pfizer ein. Bei der zivilrechtlichen Klage geht es um Schadenersatz in der Höhe von 7 Milliarden Dollar. Pfizer bestreitet die Vorwürfe. In derselben Sache laufen derzeit zwei Zivilrechtsverfahren in den USA, die von Eltern geschädigter Kinder angestrengt wurden.

Im Oktober 2002 erklärte sich Pfizer vor einem US-Gericht bereit, 49 Millionen Dollar Entschädigung zu zahlen, weil Warner-Lambert, eine Tochterfirma von Pfizer, bei der Vermarktung des Cholesterinsenkers Lipitor durch Preismanipulationen öffentliche Sozialkassen geschädigt hatte.

Nach einem Gerichtsverfahren im US-Bundesstaat Massachusetts erklärte sich Pfizer im Sommer 2009 bereit, wegen illegaler, betrügerischer Vermarktung verschiedener Medikamente 2,3 Milliarden US-Dollar Entschädigung an amerikanische Regierungsstellen zu zahlen.

Industrielobbys   USCIB, WBCSD, EFPIA, ICC, FEDESA, TABD, EuropaBio
(siehe Seite 254 ff.)

Was Sie tun können (siehe auch S. 50 ff.)   Protestieren Sie bei: Pfizer GmbH, Linkstraße 10, 10785 Berlin.

Weitere Infos   http://www.bukopharma Die BUKO Pharma-Kampagne beobachtet seit 15 Jahren die Praktiken der Pharmaindustrie.
http://www.arznei-telegramm.de Die kritische Berliner Fachzeitschrift »arznei-telegramm« berichtet laufend über unsaubere Praktiken von Pharmafirmen.

Procter&Gamble   *»Lebensqualität für künftige Generationen«*

Produkte, Marken Lebensmittel: Punica, Pringles, Wick
Hygieneartikel: Always, Blend-a-med, Bounty, Braun, Ellen Betrix, Gillette,
Helmut Lang, Hugo Boss, Laura Biagiotti, Oil of Olaz, Oral-B, Pampers, Pan-
tene Pro-V, Tempo, Wella u. a.
Duracell-Batterien
Reinigungsmittel: Ariel, Dash, Fairy, Lenor, Mr. Proper, Fébrèze, Vizir

Homepage http://www.pg.com

Firmendaten Umsatz (2009): 53 Milliarden Euro[1]
Gewinn (2009): 9 Milliarden Euro[2]
Beschäftigte: 138 000
Sitz: Cincinnati, Ohio (USA)

Vorwürfe **Ausbeutung und Kinderarbeit in der Rohstoffgewinnung, Handel
in Militärdiktatur, Umweltverschmutzung, Tierversuche, Zerstörung indigener Lebensräume durch Lieferanten**
Procter & Gamble wurde 1837 von einem Seifen- und einem Kerzenfabri-
kanten gegründet. Der Mischkonzern verkauft insgesamt ungefähr 300 Marken in mehr als 140 Ländern. Am 21. Februar 2001 kündigte der Konzern
die gemeinsame Produktion und Vermarktung der Marke Pringles sowie der
Fruchtsäfte Cappy, Minute Maid, Punica u. a. mit Coca-Cola an. 2003 erwarb der Konzern die Mehrheitsaktien des Darmstädter Haarkosmetikunter-
nehmens Wella, 2005 erfolgte ein Merger mit Gillette. Neben dem Schwer-
punkt Ernährung, Hygiene und Reinigung vermarktet P&G gemeinsam mit
dem Pharmakonzern Aventis das Osteoporose-Medikament Actonel.
Vor allem die Fruchtsaftproduktion (in erster Linie Orangensaft) muss wegen der Herkunft der Orangen kritisch gesehen werden. Ein Großteil des in
Europa verarbeiteten Orangensaftkonzentrats kommt aus Brasilien. Dort
verdienen Plantagenarbeiter und -arbeiterinnen oft weniger als 12 Euro am
Tag. Damit liegen die meisten um rund ein Drittel unter dem lokalen Existenzminimum, das für die Ernährung einer Familie notwendig wäre. Deshalb müssen in vielen Fällen auch Kinder mitarbeiten. Sie tragen oft schwere
und dauerhafte Gesundheitsschäden davon. Natürlich versichern die Konzerne, dass ihre Lieferanten keine Kinder beschäftigen. Doch kontrollieren
lässt sich das nur schwer (siehe Seite 169).
Dem Konzern wurde von Menschenrechtsgruppen auch seine Präsenz in

Myanmar, dem ehemaligen Burma, vorgeworfen. Dort stützt seit 1988 eine Militärdiktatur ihre Macht auf die systematische Anwendung von Zwangs-arbeit und Folter. Der Textilkonzern Levi Strauss, der deshalb das Land ver-lassen hat, sagte, es sei »nicht möglich, in Burma Geschäfte zu machen, ohne die Militärregierung und ihre schweren Menschenrechtsverletzungen direkt zu unterstützen«.[3]

In Irland wurde Procter & Gamble 1996 vorgeworfen, durch ein Leck in einer Produktionsanlage, in der Kosmetikartikel der Marke Oil of Olaz her-gestellt wurden, das Trinkwasser dauerhaft verschmutzt zu haben, so dass die Bevölkerung auf Wassertanks zurückgreifen musste. Im Juni 1999 be-schuldigte die US-Tierschutzgruppe PETA den Konzern der Verwendung von Produkten, für die ohne gesetzliche Notwendigkeit Tierversuche durch-geführt worden waren.[4]

Der Vorwurf, kein fixes Ausstiegsdatum für Tierversuche festzulegen, wurde auch Anfang 2003 noch erhoben.[5] In Großbritannien behaupteten Kritiker und Kritikerinnen, dass die Produkte Pantene Pro-V Extra und Vidal Sas-soon gefährliche Chemikalien (Phtalate) enthielten.[6] Im Oktober 2002 be-schuldigte Greenpeace USA den Konzern, in Getränken gentechnisch ver-änderte Substanzen zu verwenden.[7]

Für Tempo-Taschentücher, Charmin- und Hakle-Klopapier würden in Bra-silien indigene Völker vertrieben und die Umwelt zerstört, berichtete die Um-weltorganisation Robin Wood Anfang 2006: »Für die Herstellung dieser Marken kaufen die Produzenten Procter&Gamble und Kimberly-Clark (Kleenex, Hakle) Eukalyptuszellstoff von Aracruz-Celulose in Brasilien.«Am 20. Januar hätten Bundespolizisten im Auftrag von Aracruz Indianerdörfer gestürmt und zerstört. »Es wurden dabei Gummigeschosse auf Menschen abgefeuert, etliche Indianer sind verletzt worden, einige von ihnen so schwer, dass sie ins Krankenhaus mussten. Indianer, die flüchten konnten, wurden anschließend mit Hubschraubern regelrecht gejagt.«[8]

Industrielobbys   USCIB, WBCSD, CEFIC, ACC, BRT, EuropaBio, ICC (siehe Seite 254 ff.)

Was Sie tun können (siehe auch S. 50 ff.)   Kaufen Sie Orangensaft nur aus Fairem Handel. Bezugsquellen:
http://www.transfair.org (Deutschland, Tel. +49/221/94 20 40–0)
http://www.fairtrade.at (Österreich, Tel. +43/1/533 09 56)
http://www.maxhavelaar.ch (Schweiz, Tel. +41/61/271 75 00)
Proteste an: Procter & Gamble Service GmbH, Tel. +49/6196/89 45 77,
companyinfo@de.pgconsumers.com

Weitere Infos   http://www.robinwood.de/tempo Berichte über die Zerstörung indigener Lebensräume druch die Papierindustrie

»Unsere Herausforderung ist Leben«

sanofi aventis
L'essentiel c'est la santé.

Produkte, Marken	Medikamente: Amaryl, Aprovel, Arelix, Batrafen, Clexane, Delix, Dematop, Euglucon, Lántus, Lasix, Novalgin, Plavix, Rulid, Stilnox, Taxotere, Telfast, Ximovan Impfstoffe gegen Masern, Mumps, Diphtherie, Keuchhusten, Polio, Grippe

Homepage   http://www.sanofi-aventis.com

Firmendaten   Umsatz (2007): 29,8 Milliarden Euro
                    Gewinn (2007): 6,0 Milliarden Euro[1]
                    Beschäftigte: 100 000
                    Sitz: Straßburg (Frankreich)

Vorwürfe   **Finanzierung unethischer Medikamentenversuche, Verdacht auf
                    Bestechung von Ärzten und Steuerhinterziehung, Behinderung
                    eines Entwicklungslandes bei der Herstellung und Vermarktung le-
                    benswichtiger Medikamente, betrügerische Preismanipulationen**
                    Aventis wurde 1999 durch Fusion der deutschen Hoechst AG und der fran-
                    zösischen Rhône-Poulenc S. A. gegründet. Im Jahr 2004 schlossen sich
                    die beiden Pharmakonzerne Aventis und Sanofi zu Sanofi-Aventis zusam-
                    men. Die Anfänge der Hoechst AG liegen im 19. Jahrhundert, in einer Farb-
                    fabrik in Höchst am Main. 1925 schloss sich Hoechst mit anderen Chemie-
                    firmen unter dem Namen IG Farben zusammen. Dieser Konzern war auch
                    an den Verbrechen der Nationalsozialisten beteiligt. Zum Beispiel durch die
                    Beschäftigung einer großen Zahl von Zwangsarbeitern, Fremdarbeitern und
                    Kriegsgefangenen und durch die Herstellung des Zyklon-B-Gases zur Ver-
                    nichtung von Juden in Konzentrationslagern. Nach dem 2. Weltkrieg wurde
                    die IG Farben in drei Einzelkonzerne zerschlagen: Bayer, BASF und Hoechst.
                    Hoechst Marion Roussel (inzwischen Teil des Sanofi-Aventis-Konzerns)
                    klagte im Frühjahr 2001 gemeinsam mit 38 anderen Pharmafirmen die süd-
                    afrikanische Regierung wegen Verletzung des Patentrechts an. Das »Ver-
                    gehen« der Südafrikaner: Sie hatten 1997 ein Gesetz erlassen, das die Be-
                    handlung von Aids-Patienten mit billigen Medikamenten ermöglichte. Weil
                    sich die Klage zu einem internationalen PR-Desaster der Pharmafirmen ent-
                    wickelte, wurde sie am 19. 4. 2001 zurückgezogen. Aids-Aktivisten hat-
                    ten den Konzernen vorgeworfen, »Profite vor Menschenleben« zu stellen
                    (siehe Seite 270). Dr. Friedmar Nusch, damals Head of Corporate Com-
                    munications Aventis S. A., wies diese Vorwürfe im Herbst 2001 zurück.

Hoechst Marion Roussel finanzierte in den 1990er Jahren gemeinsam mit dem englisch-schwedischen Konzern AstraZeneca einen international angelegten Medikamentenversuch mit dem ACE-Hemmer Ramipiril, der im Aventis-Hochdruckmittel Delix enthalten ist. Kritiker werfen dem Konzern und den beteiligten Ärzten – darunter 31 deutsche Mediziner – vor, dass zahlreichen Patienten eine sachgerechte Behandlung vorenthalten wurde und sie dadurch wahrscheinlich zu Schaden kamen. Dr. Friedmar Nusch wies diese Vorwürfe im Herbst 2001 zurück. Mit Pseudo-Fortbildungsveranstaltungen für Ärzte versuchte Aventis die Zahl der Ramipiril-Verschreibungen anzukurbeln. Die Teilnehmer erhielten eine Aufwandsentschädigung von rund 200 Euro.[2]

Im März 2003 musste Aventis 12 Millionen US-Dollar Strafe zahlen, weil die deutsche Hoechst AG mit anderen Firmen zwischen 1995 und 1997 illegale Preisabsprachen getroffen hatte.[3]

Hoechst Marion Roussel finanzierte am Nyiro-Gyula Krankenhaus in Budapest eine Studie mit der Testsubstanz M100907/3004, im Rahmen derer zahlreiche schizophrene Patienten kein wirksames Medikament erhielten (siehe Seite 107). Laut der Helsinki-Deklaration des Weltärztebundes ist es verboten, schwere Erkrankungen nur mit einem Placebo zu behandeln, wenn es bereits erprobte Medikamente gibt.[4] Dr. Friedmar Nusch bestätigte im Herbst 2001, dass in der Studie eine Gruppe von Patienten nur Placebos erhalten hatte, und berief sich darauf, dass die lokalen Gesundheitsbehörden dies genehmigt hatten.[5]

Im September 2007 zahlte Sanofi-Aventis wegen betrügerischer Preismanipulationen beim Medikament Anzemet zum Nachteil von US-Sozialkassen an die Bundesregierung, mehrere Bundesstaaten sowie den District of Columbia eine Entschädigung in der Höhe von mehr als 190 Millionen US-Dollar. Anzemet (wird in Deutschland unter dem Namen Anemet in Kliniken verwendet) ist ein Mittel gegen Übelkeit und Erbrechen bei Krebserkrankungen.

Industrielobbys   EuropaBio, WBCSD, CEFIC, EFPIA, ERT (siehe Seite 254 ff.)

Was Sie tun   Protestieren Sie bei: Miriam Henn, Leitung Kommunikation Sanofi-Aventis
können (siehe   Deutschland: presse@sanofi-aventis.com
auch S. 50 ff.)   http://www.bukopharma.de Die BUKO Pharma-Kampagne beobachtet seit 15 Jahren die Aktivitäten der Pharmaindustrie in der sog. Dritten Welt.

Weitere Infos   http://www.arznei-telegramm.de Die kritische Fachzeitschrift arznei-telegramm berichtet laufend über unsaubere Praktiken von Pharmafirmen.

»Aufrichtigkeit, Integrität sowie Achtung und Respekt vor den Menschen«

Produkte, Marken Treibstoffe und andere Erdölprodukte, Tankstellen

Homepage http://www.shell.com

Firmendaten Umsatz (2008): 310 Milliarden Euro
Gewinn (2008): 18 Milliarden Euro[1]
Beschäftigte: 102 000
Sitz: Den Haag (Niederlande) und London (Großbritannien)

Vorwürfe **Finanzierung von Bürgerkrieg und Waffenhandel, Zerstörung der Lebensgrundlagen in Ölfördergebieten, Kooperation mit Militärregimen**

Seit Juli 2005 sind die niederländische und die britische Hälfte des traditionsreichen Konzerns mit dem Muschel-Logo vollends unter einer Leitung fusioniert. Der Konzern geriet 2004 mehrfach in die Schlagzeilen, weil er wiederholt die Angaben über seine »gesicherten« Ölreserven nach unten korrigieren musste – von ursprünglich fast 20 auf weniger als 13 Millarden Fässer Öläquivalent.[2] Dafür musste Shell rund 120 Millionen Euro Strafgelder an die Regulierungsbehörden zahlen.

1995 verhinderte die Umweltschutzorganisation Greenpeace in einer groß angelegten Kampagne ein Umweltdesaster, das durch die Versenkung der Ölplattform »Brent Spar« in der Nordsee gedroht hätte: Millionen von Autofahrern mieden fortan die Tankstellen mit dem gelben Muschel-Logo.

In Nigeria, wo Shell die Erdölproduktion dominiert, exekutierte im selben Jahr das Militärregime unter Diktator Sani Abacha neun Angehörige des Volkes der Ogoni, darunter den Menschenrechtsaktivisten Ken Saro Wiwa. Die Ogoni hatten jahrelang gegen die schweren Umweltschäden protestiert, die Shell und andere Erdölkonzerne wie Elf, Agip, Mobil und Chevron im südnigerianischen Nigerdelta verursacht hatten. Saro Wiwas Angehörige und internationale Menschenrechtsorganisationen werfen Shell die Mitschuld an der Hinrichtung vor. Außerdem soll der Konzern die Militärs, die regelmäßig Gräueltaten an der Bevölkerung verübten, mit Waffen versorgt haben. Im Januar 2001 gestand Shell, tatsächlich Waffen für den Schutz seiner Anlagen an die lokale Polizei weitergegeben zu haben.

Mittlerweile gibt sich der Ölkonzern in millionenteuren Anzeigen als Vorreiter in Sachen Umweltschutz und Menschenrechte. Doch in Nigeria hat sich wenig geändert: Ölaustritte aus veralteten Shell-Pipelines und die technologisch überholte Verbrennung von Erdgas machen große Mengen Ackerland auf Jahrzehnte unfruchtbar, verschmutzen Luft und ehemals fischreiche Gewässer und stehlen den Bewohnern Lebensgrundlagen und Gesundheit. Was Shell im Gegenzug an Arbeitsplätzen, Investitionen und sozialer Unterstützung schafft, ist geradezu zynisch wenig. Eine Wiedergutmachung lehnt der multinationale Konzern ab. Dafür wird Shell immer öfter gerichtlich verurteilt. So sprach ein nigerianisches Gericht Betroffenen im April 2003 die Summe von 256 Millionen Naira (1,9 Mio. Euro) für Erdölaustritte zu, die acht Jahre zuvor deren Lebensgrundlagen zerstört hatten.[3] Laut Transparency International ist Nigeria das zweitkorrupteste Land der Welt – daran trägt Shell einen wesentlichen Anteil. Im April 2003 berichtete das Forbes Magazine über eine Korruptionsklage gegen den Konzern.[4] Im Dezember 2004 besetzten Hunderte unbewaffnete Menschen, darunter Frauen und Kinder, Ölplattformen von Shell und forderten Arbeitsplätze und Anteile am Öl-Profit.[5]

In Durban (Südafrika) emittiere die von Shell und BP betriebene Raffinerie SAPREF täglich 19 Tonnen Schwefeldioxid – das Sechsfache der Shell-Raffinerie in Dänemark – und gefährde damit die Gesundheit der Anrainer, sagten Umweltschützer. Mangelnde Sicherheitsvorkehrungen hätten außerdem zum Austritt von 25 Tonnen des Nervengiftes Tetraethylblei geführt.[6] Ähnliche Vorwürfe gibt es auch aus vorwiegend von Afroamerikanern bewohnten Siedlungen in verschiedenen US-Bundesstaaten sowie aus Brasilien, Curaçao (Karibik) und den Philippinen.[7]

Shell gehört auch zu den Profiteuren des Irakkrieges. Nach dem militärischen Sieg der USA und Großbritanniens erhielt der Konzern dort Förderverträge.[8]

Industrielobbys   USCIB, CEFIC, CEPS, WBCSD, BRT, ICC, ERT (siehe Seite 254 ff.)

Was Sie tun können (siehe auch S. 50 ff.)   1995 musste Shell aufgrund von Boykotten durch Autofahrer Umsatzeinbußen von bis zu 80 Prozent in Kauf nehmen. Die Folge war ein internationales Verbot der Versenkung von Ölplattformen. Vor allem in afrikanischen Ländern operiert der Konzern noch immer nicht mit westlichen Standards. Proteste unter: tellshell@shell.com oder Tel. +49/40/63 24–5290

Weitere Infos   http://www.essentialaction.org/shell/Final_Report.pdf Report über Shells Aktivitäten in Nigeria

Flammen der Hölle. Nigeria und Shell: Der schmutzige Krieg gegen die Ogoni. Das Buch von Ken Saro-Wiwa

»Beyond the shine – The other Shell Report 2003« Detaillierte Zusammenfassung der Verbrechen des Konzerns von Friends of the Earth u. a.

SIEMENS

*»Mit unserem Wissen und unseren Lösungen
leisten wir einen Beitrag für eine bessere Welt.«*

Produkte, Marken   Siemens Telefone, Telefonanlagen und Handys
Fujitsu Siemens Computer und Notebooks samt Zubehör
Osram Leuchten, Bosch und Siemens Haushaltsgeräte

Homepage   http://www.siemens.com

Firmendaten   Umsatz (2008): 77,3 Milliarden Euro
Gewinn (2008): 5,9 Milliarden Euro[1]
Beschäftigte: 427 000
Sitz: München (Deutschland)

Vorwürfe   **Beteiligung am Bau von Atomkraftwerken, Massenvertreibungen bei Staudammprojekten, Korruption**

Siemens zählt global zu den größten Firmen der Elektrotechnik und Elektronik. Der Konzern ist zudem mit 34 Prozent an der französischen Firma Areva NP beteiligt, die sich stolz als »das weltweit führende Kerntechnikunternehmen« bezeichnet.[2] Seit einigen Jahren aber versucht die Atomlobby – dazu gehört auch Siemens – Kernkraft als Lösung des Klimaproblems darzustellen. Das ist aus vielerlei Gründen schlichtweg falsch: Atomkraft ist teuer, kann den Energiebedarf nicht decken, produziert Treibhausgase und verhindert Investitionen in eine nachhaltige Energiewende.[3] Schwerer wiegt, dass Kernkraftwerke nach wie vor lebensbedrohlich sind und radioaktive Abfälle unsere Erde und nachfolgende Generationen für Jahrtausende belasten.

Hinzu kommt, dass Areva selbst in autoritären Ländern wie China[4], Libyen[5] und den Vereinigten Arabischen Emiraten[6] Atomkraftwerke bauen möchte. »Wie will Siemens garantieren, dass Libyen und die Golfstaaten die sogenannte zivile Nutzung der Atomenergie nicht zum Aufbau eines geschlossenen nuklearen Kreislaufes und damit eines Tages für eine militärische Nutzung missbrauchen?«, fragt deshalb der »Dachverband der Kritischen AktionärInnen«.[7] Siemens ist mit einer Beteiligung von 35 Prozent einer der beiden Eigentümer des Wasserkraft-Unternehmens Voith Siemens[8], das unter anderem Generatoren und Turbinen für zahlreiche Mega-Staudämme in ärmere Länder liefert. Für das weltgrößte Wasserkraftprojekt, den Drei-Schluchten-Damm in China, an dessen Konstruktion Siemens und Voith Siemens beteiligt waren[9], wurden ganze Städte, Dörfer und wertvolle Ökosysteme zerstört und rund 1,4 Millionen Menschen zwangsweise umgesiedelt. Weiteren 4 Millionen Menschen droht das gleiche Schicksal.[10] Viele von ihnen verlieren sämtliche Lebensgrundlagen. Angemessene Entschädigungen werden nicht gezahlt. In Indien war Voith Siemens am Bau des Omkareshwar-Dammes beteiligt. 50 000 Menschen nahm man dort die Heimat.[11] Der Konzern behauptet seit jeher, derartige Projekte brächten mehr Nutzen als Schaden.[12] Fragt sich nur, für wen?

Im Juni 2008 verklagte die irakische Regierung Dutzende internationale Großkonzerne wegen angeblicher milliardenschwerer Schmiergeldzahlungen an das Regime Saddam Hussein. Zu den betroffenen Firmen zählten nach Angaben der Finanznachrichten-Agentur Bloomberg auch Siemens und der frühere DaimlerChrysler-Konzern, berichteten zahlreiche deutsche Medien Anfang Juli. Die Klage auf Schadenersatz sei bei einem Bundesgericht in New York eingereicht worden.[13] Siemens wies solche Anschuldigungen bereits im Januar zurück: »Nach unseren bisherigen Erkenntnissen kam es zu keiner Verletzung der Strafgesetze durch Mitarbeiter.«[14]

Während der brasilianischen Militärdiktatur (1964–1985) half Siemens bei der Errichtung eines Atomkraftwerks, dessen Nutzung unter anderem auch militärisch motiviert war, das im Jahr 2000 ans Netz ging.[15] Derartige Großprojekte haben das Land in die Schuldenkrise gestürzt.[16] Ende 2007 geriet Siemens wegen einer Schmiergeldaffäre ins Licht der Öffentlichkeit: Insgesamt waren 1,3 Milliarden Euro in dunklen Kanälen verschwunden, vermutlich als Bestechungsgelder im Ausland. Neben deutschen Staatsanwaltschaften ermitteln Strafverfolger in der Schweiz, Italien, Griechenland, Ungarn, China, Indonesien, Norwegen, Israel und Russland gegen ehemalige und aktive Manager des Konzerns. Siemens-Chef Peter Löscher hält den Schmiergeldskandal nun für weitgehend aufgeklärt.[17]

Dafür stiegen Ende 2006 die Vorstandsgehälter, die bereits zuvor 47 mal höher waren als das durchschnittliche Einkommen eines Konzernmitarbeiters, um 30 Prozent.[18] Und das, obwohl die ArbeiterInnen ständig von Lohnkürzungen und Entlassungen betroffen sind: Fast 17 000 Jobs will der Konzern in den nächsten Jahren streichen.[19]

Industrielobbys CEPS, TABD, GBD, ERT (siehe Seite 254 ff.)

Was Sie tun können (siehe auch S. 50 ff.) Druck auf die deutsche Bundesregierung ausüben, damit diese endlich verhindert, dass deutsche Konzerne weltweit Menschenrechte verletzen und bei uns die Sozialsysteme aushöhlen.

Weitere Infos www.siemens-boykott.de Infos der »Ärzte für die Verhütung des Atomkrieges«. www.kritischeaktionaere.de Die »Kritischen AktionärInnen« decken Verfehlungen deutscher Konzerne auf. www.narmada.org Die »Friends of the River Narmada« kämpfen gegen Siemens-Staudämme

Produkte, Marken   Bekleidung, Parfums und Accessoires von Tommy Hilfiger

Homepage   http://www.tommy.com

Firmendaten   Umsatz (2008): 1,6 Milliarden Euro
                      Gewinn (2008): Unbekannt
                      Beschäftigte: rund 5000
                      Sitz: New York (USA)

Vorwürfe   **Missstände in Zulieferbetrieben**

Die Tommy Hilfiger Corporation wurde 1989 gegründet. Der trendige De-
signermode-Konzern verkauft vor allem Bekleidung für junge Leute. Es gibt
Niederlassungen und Lizenznehmer in mehr als 50 Ländern der Welt.

»Mithilfe lokaler Fabrikanten hat (…) Tommy Hilfiger USA Inc. bewusst, fahrlässig oder rücksichtslos ein System unfreiwilliger Knechtschaft aufgebaut.«
Das stand in der Sammelklage, die ein amerikanischer Rechtsanwalt im Januar 1999 gegen den Konzern einreichte.[1] Mindestens 25 000 Näherinnen aus Thailand, China und den Philippinen wurden mit falschen Versprechungen auf die Pazifikinsel Saipan gelockt, um dort unter schrecklichen
Arbeitsbedingungen Kleidungsstücke für so honorige Firmen wie Tommy
Hilfiger, Gap, Ralph Lauren, Donna Karan und andere zu nähen.

Warum ausgerechnet nach Saipan? Die Insel hat den Vorteil, dass sie ein
Protektorat der USA ist. Alles, was dort hergestellt wird, darf den Aufdruck
»Made in USA« tragen. Das ist verkaufsfördernd und erspart den Firmen
Einfuhrzölle in die USA.

Arbeiterinnen berichteten über folgende Schikanen und Missstände:[2]

Frauen wurden bei der Ankunft auf Saipan zu Hormontests gezwungen,
denn Schwangere waren unerwünscht. Eine Schwangere wurde von Ma-
nagern gezwungen, eine Abtreibungspille zu schlucken. Wer dreimal auf
die Toilette ging, wurde gefeuert. Manchen Frauen wurde noch auf dem
Flughafen der Pass abgenommen, damit sie nicht auf die Idee kamen zu
flüchten. Schläge waren an der Tagesordnung. Es gab Unterkünfte, in denen zwölf Frauen auf 20 Quadratmetern leben mussten.

Andererseits las man im Jahr 2001 auf der Homepage von Tommy Hilfiger den stolzen Satz: »Wir haben in den vergangenen fünf Jahren in viele
Hilfsorganisationen investiert.«[3]

Nachdem die Sammelklage veröffentlicht wurde, erklärten sich 1999 einige amerikanische Warenhausketten sofort bereit, Löhne in Millionenhöhe nachzuzahlen. Tommy Hilfiger brauchte dazu ein bisschen länger. Zunächst einmal wurden Verträge mit Zulieferbetrieben aufgelöst. Die wahrscheinlichen Folgen kann man sich gut ausmalen: weniger Arbeit in den Betrieben, Arbeitslosigkeit für die Frauen.

Am 28. März 2000 gab der Hilfiger-Konzern eine Presseerklärung ab.[4] Man werde zur Finanzierung einer unabhängigen Kontrolle der Arbeitsbedingungen in den Zulieferbetrieben beitragen und außerdem dafür sorgen, dass die ausstehenden Löhne bezahlt werden. Der Konzern verpflichtete sich darüber hinaus, bestimmte Mindeststandards in den Fabriken rigoros einzuhalten.

Im September 2002 erklärte sich Hilfiger bereit, zusammen mit 31 anderen Bekleidungsfirmen 20 Millionen US-Dollar in einen Fonds einzuzahlen, um ausstehende Löhne an etwa 30 000 Beschäftigte auszuzahlen sowie ein unabhängiges Kontrollsystem über die Zustände in Saipan-Fabriken zu finanzieren.[5]

Die französische Monatszeitschrift »Capital« veröffentlichte im April 2003 eine Reportage über die Arbeitsbedingungen in der Freihandelszone auf der Insel Mauritius. 12 000 »importierte Menschen aus China« arbeiteten bis zu 16 Stunden am Tag, unter Bedingungen, die an die Zustände auf der Pazifikinsel Saipan erinnern. Als Auftraggeber der Fabriken wurde in der Zeitschrift auch die Firma Tommy Hilfiger genannt.[6]

Was Sie tun können (siehe auch S. 50 ff.) Wenn Sie die Möglichkeit dazu haben, ziehen Sie Bekleidungsfirmen vor, bei denen Sie die Herkunft der Produkte überprüfen können. Oder protestieren Sie in der Firmenzentrale: Tommy Hilfiger Corporation, 25 West 39th Street, New York, NY, USA, Fax: 001–212–548 19 65

Weitere Infos http://www.sweatshopwatch.org/swatch/marianas/help.html Infos über den Saipan-Prozess
http://www.nlcnet.org/saipan/complaint.htm Text der Sammelklage gegen Tommy Hilfiger und andere

»Partner im täglichen Leben«

Produkte, Marken   Treibstoffe und andere Erdölprodukte, Tankstellen der Marke Total (früher auch Fina und Elf) und Cepsa (in Spanien)
Zu Total gehört auch der Kunststoffkonzern Hutchinson, dessen Tochterfirma Mapa Babyartikel der Marke Nup sowie Kondome der Marken Blausiegel, Fromms, R3, Big Ben und Billy Boy herstellt

Homepage   http://www.total.com

Firmendaten   Umsatz (2008): 180 Milliarden Euro
Gewinn (2008): 14 Milliarden Euro[1]
Beschäftigte: 97 000
Sitz: Paris (Frankreich)

Vorwürfe   **Kooperation mit Militärdiktaturen in Afrika und Asien, Finanzierung von Bürgerkrieg und Waffenhandel, Zerstörung der Lebensgrundlagen in Ölfördergebieten**

TotalFinaElf S. A. ist ein Zusammenschluss der Erdölunternehmen Total, PetroFina und Elf Aquitaine und der viertgrößte Ölkonzern der Welt. 2003 wurde die Gruppe in Total S. A. umbenannt.

Total ist als einer der letzten Multis in Myanmar (ehemals Burma) aktiv. Dort herrscht eine Militärdiktatur, die ihre eigene Bevölkerung dermaßen grausam behandelt, dass sich sogar der amerikanische Ölmulti Texaco aus dem Land zurückgezogen hat. Im Ölfördergebiet kam es etwa zu Zwangsumsiedlungen, die mit Waffengewalt durchgesetzt wurden, außerdem wird von Zwangsarbeit und willkürlichen Hinrichtungen berichtet. Die burmesische Oppositionsführerin und Friedensnobelpreisträgerin Aung San Suu Kyi bezeichnet Total als »beste Stütze« des Militärregimes.[2]

Total ist der größte Erdölkonzern in Afrika. In Nigeria war das Unternehmen jahrzehntelang an einem von Shell geführten Konsortium beteiligt, das für massive Menschenrechtsverletzungen und die Zerstörung der Lebensgrundlagen von Millionen von Menschen verantwortlich ist (siehe Shell, Seite 352). In Angola finanzierte die französische Elf ebenso wie die Crème de la Crème korrupter französischer Politiker den Krieg des autokratischen Präsidenten José Eduardo dos Santos (siehe Seite 147), der mehr als 25 Jahre lang das Land verwüstet und Hunderttausende das Leben gekostet hat. Nach Angaben von Kritikern ist Total dort auch nach Ende des Krieges noch hauptverantwortlich für korrupte Ölgeschäfte: »ChevronTexaco and Total-

FinaElf stehen an der Spitze der Liste versteckter Zahlungen: Diese beiden Unternehmen verweigern sich bekanntermaßen jeder Diskussionen über Transparenz.«[3] Laut den französischen Zeitungen »Liberation« und »Le Canarad Enchainé« hat Elf auch in der Republik Kongo (Brazzaville) gleichzeitig die Regierungs- und die Rebellenarmee finanziert, um sich dort, genauso wie im benachbarten Gabun, den Zugang zu Erdölfeldern zu sichern. Laut Umwelt- und Entwicklungsorganisationen aus sechs Ländern verstoßen BP und seine Konsortialpartner, darunter auch Total, beim kasachischen Pipelineprojekt Baku-Tbilissi-Ceyhan »klar gegen Grundregeln der Unternehmensverantwortung«. Das Konsortium soll unzulässigen Einfluss auf die Umweltgesetzgebung der Anrainerländer ausgeübt haben. Die Organisationen sprechen von massiver Bedrohung von Projektkritikern in Aserbaidschan und der Türkei und fürchten die Militarisierung der Region zum Schutz der Pipeline vor Anschlägen.[4]

Als wahrer Großmeister der Korruption wurde Anfang Februar 2001 der ehemalige Direktor von Elf Aquitaine und Millionenjongleur Alfred Sirven verhaftet. Er verteilte bei der Privatisierung der ostdeutschen Raffinerie Leuna reichlich Provisionen. Leuna ging an Elf. Verarbeitet wird dort Rohöl aus russischen Pipelines, die so undicht sind, dass sich laut Greenpeace jedes Jahr 15 Millionen Tonnen des »schwarzen Goldes« in riesige Ölseen ergießen (siehe Seite 153). Dennoch erhielt Elf für Leuna noch Ende 2002 Subventionen in der Höhe von 647 Millionen Euro – Gelder, die die Steuerzahler und Steuerzahlerinnen berappen.[5] Am 17. März 2003 wurden 37 ehemalige Elf-Funktionäre verurteilt, weil sie Millionen Francs in ein geheimes Korruptionsnetzwerk haben fließen lassen.[6] Im November desselben Jahres wurden die drei wichtigsten Manager unter ihnen zu jeweils 4 bzw. 5 Jahren Haft verurteilt.[7]

Industrielobbys   CEFIC, CEPS, ERT (siehe Seite 254 f.)

Was Sie tun können (siehe auch S. 50 ff.)   Menschenrechtsgruppen aus Myanmar fordern zum Boykott auf. Proteste an: Burkhard Reuss, Leiter der Unternehmenskommunikation Total Deutschland GmbH, Tel. +49/30/20 27 62 31, Fax +49/30/20 27 62 15, burkhard.reuss@total.de

Weitere Infos   http://www.zensiert-durch-elf.de Greenpeace-Kampagne gegen Elf
http://www.globalwitness.org/campaigns/oil Erdöl und der Krieg in Angola
http://burma.total.com Stellungnahmen des Konzerns zu seiner Präsenz in Burma
http://www.foe.org/camps/intl/institutions/bakuceyhan.html Infos über die BTC-Pipeline

Produkte, Marken   Unterwäsche, Schlaf- und Badebekleidung der Marken Triumph, Sloggi,
BeeDees und Hom

Homepage   http://www.triumph.com

Firmendaten   Umsatz (2008): 1,56 Milliarden Euro[1]
Beschäftigte: 44 500
Sitz: Zurzach (Schweiz)

Vorwürfe   **Ausbeutung und andere Missstände in Zulieferbetrieben**

Das Schweizer Unternehmen ist in Europa führender Produzent für Unterwäsche und Bademoden. Es entstand 1886 als Korsett-Hersteller in Süd-
deutschland, wo heute noch ein großer Teil der Modelle entworfen wird.
Nach dem 2. Weltkrieg errichtete Triumph Tochterfirmen in ganz Westeuropa und später auch in Asien und in Lateinamerika. Mittlerweile wurde der
Hauptsitz mit 140 Verwaltungsangestellten in die Schweiz verlegt.

Triumph hat laut der Schweizer Kampagne für Saubere Kleidung keinen Verhaltenskodex, was die Einhaltung von Menschenrechten betrifft, sondern lediglich ein »Leitbild«, das aber in puncto Recht auf Gewerkschaften, menschenwürdige Löhne und Arbeitszeiten als unzureichend angesehen wird.[2]

Auf der firmeneigenen Homepage heißt es: »Wir setzen uns vehement für
die internationalen Menschenrechtsstatuten ein. Sowohl in den eigenen
Produktionsstätten wie auch bei allen Zulieferwerken von Triumph-International.«

Auf den Philippinen kam es laut Schweizer Clean-Clothes-Kampagne im
Februar 2000 zur gewaltsamen Beendigung eines Streiks durch Schläger-
trupps des Managements und durch die Polizei, nachdem der Konzern nicht
bereit war, Gehälter zur Deckung der minimalen Lebenshaltungskosten zu
zahlen. Dabei wurden an die hundert Gewerkschafter verletzt und acht von
ihnen festgenommen. Aus Angst, ihre Arbeitsplätze zu verlieren, kehrten die
Beschäftigten Anfang März an ihre Arbeitsplätze zurück. Trotzdem wurde nun
allen 21 Mitgliedern der Gewerkschaftsführung gekündigt.[3]

Der Hauptvorwurf richtete sich allerdings lange Zeit gegen die Tatsache,
dass Triumph eine Fabrik in Myanmar (Burma) besaß. Das Gelände hatte
der Konzern vom burmesischen Militärregime gemietet, das sogar Sklavenarbeit staatlich einsetzt (zur politischen Situation in Myanmar vgl. Procter & Gamble, Seite 349).

Massive Proteste von Konsumenten und Konsumentinnen führten dazu, dass Triumph am 28. Januar 2002 seinen Rückzug aus Burma bekannt gab. Grund dafür sei »eine zunehmend emotional geprägte, öffentliche Diskussion in Europa zur politischen Situation in Burma, was zu nicht mehr akzeptablen Planungsunsicherheiten für Triumph geführt hat«.[5] Ein Riesenerfolg – und dennoch für die Clean-Clothes-Kampagne nur ein »Etappensieg. Um Misserfolge wie das fünf Jahre dauernde Burma-Experiment künftig zu verhindern, muss die Firma Triumph einen vollständigen Katalog mit sozialen Mindeststandards einführen.«[6] Und Ende 2004 ergänzte man: »Obwohl Triumph günstige Voraussetzung für eine effektive Umsetzung besitzt (eigene Produktionsstätten), ist ihr Ethikkodex noch nicht vollständig. Vor zwei Jahren hat Triumph zudem eine Zusammenarbeit mit den Gewerkschaften angekündigt. Darüber liegen aber nach wie vor keine Resultate vor.«[7]

Im Juli 2009 entließ Body Fashion Thailand (BFT), eine thailändische Triumph-Tochter, laut der Schweizer Clean-Clothes-Kampagne die Hälfte ihrer Belegschaft. Friedliche Demonstrationen gegen diese Massenentlassung führten am 28. August 2009 zu Haftbefehlen gegen ArbeiterInnen und Gewerkschaftsführerinnen.[8]

Was Sie tun können (siehe auch S. 50 ff.)

Das Beispiel Triumph zeigt, wie wirksam Proteste sind. Fordern Sie den Konzern auf, existenzsichernde Mindestlöhne, Gewerkschaftsfreiheit und unabhängige Kontrollen zu garantieren: Charlotte Hegnauer, Public Relations Triumph-International, Promenadestraße 24, CH-5330 Zurzach, Tel. +41/56/26 99 191, Fax +41/56/26 99 203, charlotte.hegnauer@triumph-international.ch

Weitere Infos

www.cleanclothes.ch Schweizer Clean-Clothes-Kampagne
http://www.cleanclothes.org/companies/triumph.htm Clean Clothes International über Triumph
http://www.freeburma.org Infos und Links der Opposition gegen das Militärregime in Myanmar

»Gute ›Corporate Citizens‹ in allem, was wir tun«

Produkte, Marken   Nahrungsmittel der Marken BiFi, Becel, Bresso, Calvé, Colman's, Du darfst, Iglo, Knorr, Langnese, Lätta, Lipton, Magnum, Rama, Tchaé u. a.
Wasch- und Reinigungsmittel der Marken Cif, Coral, Domestos, Omo, Sunil, Viss u. a.
Körperpflege- und Kosmetikmarken wie Axe, Calvin Klein, Dove, Elizabeth Arden, Lagerfeld, Lux, Mentadent, Organics, Rexona, Signal, Timotei, Vaseline u. a.

Homepage   http://www.unilever.com

Firmendaten   Umsatz (2008): 27 Milliarden Euro
Gewinn (2008): 3,5 Milliarden Euro[1]
Beschäftigte: 174 000
Sitz: London (Großbritannien) und Rotterdam (Niederlande)

Vorwürfe   **Zerstörung lokaler Handelsstrukturen in Afrika und Asien, Ausbeutung durch Rohstofflieferanten, rassistisches Marketing**

Unilever entstand 1930 aus einer Fusion der niederländischen Margarinefirma Unie mit der englischen Seifenfabrik Lever Brothers.

Schon ab 1911 war der Konzern an der kolonialen Ausbeutung Afrikas beteiligt. Im belgisch besetzten Kongo wurden der lokalen Bevölkerung große Flächen Land für die Palmölgewinnung zum Zweck der Seifenproduktion für Lever weggenommen. Später kamen Plantagen in zahlreichen afrikanischen Ländern hinzu.[2] Dem Konzern wurde auch die Kooperation mit dem südafrikanischen Apartheid-Regime vorgeworfen.[3]

Unilever ist auch heute noch der größte Palmölverarbeiter der Welt. Mit dem Anbau ist die Zerstörung von Regenwäldern verbunden. Der Konzern hat zwar gemeinsam mit dem World Wide Fund for Nature Kriterien für eine nachhaltige Palmölproduktion entwickelt. »Aber auch für Unilever ist es noch ein langer Weg, bis die Palmölproduktion und -handelskette wirklich als nachhaltig angesehen werden kann«, urteilte der WWF in einer Studie vom Dezember 2002.[4]

Unilever gilt als der größte Plantagenbetreiber Afrikas. Dort verfolgt der Konzern, der auch in den wichtigsten Liberalisierungslobbys vertreten ist (siehe unten), einen beinharten Verdrängungswettbewerb und ist damit für die Zerstörung zahlreicher lokaler Betriebe und die Ausbeutung von Landarbeitern verantwortlich. So hat Unilever einen enormen Preisdruck auf die Teeindustrie in Kenia und Tansania (aber auch in Indien) ausgeübt, die zum Großteil in der Hand des britischen Konzerns ist. Die Folge dieses Preisdrucks sind extrem niedrige Löhne und schlechte Arbeitsbedingungen.[5] Im März 2001 machten Aktivisten der Umweltorganisation Greenpeace auf lebensbedrohende Umweltverschmutzungen durch eine Unilever-Konzerntochter in Indien aufmerksam. Im Ferienort Kodaikanal protestierten die Umweltschützer mit Gasmasken und Gummihandschuhen vor dem von ihnen abgeriegelten Gelände, auf dem eine Tochterfirma des Reinigungs- und Nahrungsmittelmultis Quecksilberabfälle und zerbrochene Thermometer in offenen Tonnen und Säcken illegal entsorgt hatte.[6]

Im Frühjahr 2003 publizierte das India Committee of the Netherlands eine Studie, der zufolge Konzerne wie Bayer, Monsanto, Unilever und Syngenta von der Ausbeutung von Kindern in der Saatgutproduktion profitierten. In Indien arbeiten geschätzte 450 000 Kinder im Alter von 6 bis 14 Jahren in Baumwollfeldern. Lokale Baumwollbauern, die Hybridsaatgut für die großen Agrokonzerne produzieren, halten dort Mädchen in Schuldknechtschaft, die oft jahrelang gefährlichen Agrarchemikalien ausgesetzt sind.[7]

Seit Sommer 2009 vermarktet die österreichische Unilever-Tochter Eskimo eine Eissorte mit dem Namen »Mohr im Hemd«, der als »traditionelle« Süßspeise an die kolonialistische Vorstellung »nackter« Afrikaner erinnert. Auf Proteste afroösterreichischer und antirassistischer Gruppen reagierte die Konzernzentrale mit dem Hinweis, der Produktname habe in Marktstudien großen Zuspruch gefunden.

Industrielobbys   USCIB, WBSCD, ICC, EuropaBio, ERT (siehe Seite 255 ff.)

Was Sie tun   Kaufen Sie Produkte regionaler und ökologischer Herkunft oder aus dem
können (siehe   Fairen Handel. Protestieren Sie bei. katja.praefke@unilever.com gegen
auch S. 50 ff.)   Rassismus und Ausbeutung bei Unilever

Weitere Infos   http://www.wwf.de/imperia/md/content/pdf/kampagnen/tessonilo/Palm
oelstudie.pdf Palmölstudie des WWF
http://www.geocities.com/eatnoshit/unileveg.html Private Unilever-Boykottseite
http://www.mcspotlight.org/beyond/companies/unilever.html Zusammenstellung einer Reihe älterer Vorwürfe
http://www.indianet.nl/cotseed.html Studie über Kinderarbeit in der indischen Saatgutproduktion
http://www.facebook.com/group.php?gid = 128170556799 Facebook-Gruppe »Stop racist Unilever-Campaign in Austria«

WAL★MART   *»Bei uns ist der Kunde die Nummer eins«*

Produkte, Marken Wal-Mart-Einzelhandelsgeschäfte und Supermärkte mit den Handelsmarken »Great Value« und »Smart Price«

Homepage   http://www.walmartstores.com

Firmendaten   Umsatz (2008): 282,0 Milliarden Euro
Gewinn (2008): 9,3 Milliarden Euro[1]
Vorwürfe   Beschäftigte: mehr als 2 Millionen
Sitz: Bentonville, Arkansas (USA)

Vorwürfe   **Systematische Verweigerung der Bezahlung von Überstunden
der Beschäftigten im Wert von Hunderten von Millionen Dollar
jährlich, gefängnisähnliche Arbeitsbedingungen in chinesischen
Zulieferbetrieben**

1962 eröffnete Sam Walton sein erstes Wal-Mart-Geschäft in den USA.
Die Firma entwickelte sich zur größten Supermarktkette der Welt, mit mehr
als 3000 Geschäften in den USA und über 1600 außerhalb der USA. Wal-
Mart erwarb 1998 in Deutschland 74 Geschäfte von der Spar Handels AG
und beschäftigt inzwischen 17 400 Menschen in 94 Supermärkten. Die
Firmenphilosophie des Gründers Sam Walton: »Wir arbeiten alle zusammen; das ist unser Geheimnis.« Was das bedeutet, wird in einem firmenin-
ternen »Handbuch für das Management« deutlich:[2]
»Sie sind als Mitglied des Managementteams von Wal-Mart unsere erste
Verteidigungslinie gegen eine gewerkschaftliche Organisierung. Es ist wichtig, dass Sie (...) beständig auf der Hut sind vor Versuchen einer Gewerkschaft, Ihre MitarbeiterInnen zu organisieren.«
In Deutschland hält sich Wal-Mart jedoch an die gesetzlichen Bestimmungen, die eine gewerkschaftliche Organisierung in Betrieben erlauben.
Im Sommer 2006 zog sich Wal-Mart aus dem deutschen Markt zurück –
weil er mit seiner Firmenphilosophie scheiterte und nur Verluste schrieb.
Eines der Erfolgsgeheimnisse von Wal-Mart sind die niedrigen Löhne, die
der Konzern gering qualifizierten Beschäftigten in den USA zahlt.[3] Im Jahr
2000 mussten 69 000 Beschäftigte im US-Bundesstaat Colorado zu Gericht gehen, um Wal-Mart zur Bezahlung von 50 Millionen US-Dollar für
Überstunden zu zwingen.[4] In Texas läuft derzeit eine Sammelklage von
mehr als 200 000 Beschäftigten, weil der Konzern im Laufe von vier Jahren mindestens 150 Millionen US-Dollar an Überstundenbezahlungen vor-

enthalten hat. In einer umfangreichen Recherche der Tageszeitung »New York Times« im Sommer 2002 stellte sich heraus, dass das Nichtbezahlen von Überstunden offenbar gängige Geschäftspraktik von Wal-Mart ist. In manchen Filialen war es üblich, dass die Geschäftsführer nach Geschäftsschluss alle Türen zusperrten und die Angestellten zwangen, stundenlang unbezahlte Arbeit zu leisten.[5]

Wenn sich der Konzern schon in den USA nicht an die gesetzlichen Arbeitsvorschriften hält, verwundert es nicht, dass die Situation in Zulieferbetrieben der sogenannten Dritten Welt noch wesentlich krasser ist. Einige Beispiele: Eine kanadische Menschenrechtsorganisation berichtete im Dezember 2002 von einem Zulieferbetrieb im afrikanischen Staat Lesotho. Arbeiterinnen und Arbeiter wurden hier gezwungen, durchgehend bis zu 24 Stunden Wal-Mart-Produkte herzustellen. Wenn sie sich auflehnten, wurden sie beschimpft und geschlagen.[6]

In einem chinesischen Zulieferbetrieb, der Handtaschen der Marke »Kathie Lee« für Wal-Mart herstellte, waren die Beschäftigten unter gefängnisähnlichen Zuständen tätig: Ihre Ausweise wurden von der Firmenleitung beschlagnahmt, sie mussten durchgehend 30 Tage im Monat arbeiten, 12–14 Stunden täglich. Es gab zwei Mahlzeiten pro Tag, in den Schlafzimmern in der Fabrik waren jeweils 16 Personen untergebracht. Pro Monat erhielten sie als Entlohnung im Durchschnitt 11,54 Euro, wobei ihnen davon für Unterkunft und Verpflegung oft so viel abgezogen wurde, dass sie der Firma am Ende noch Geld schuldeten.[7] Im Inneren der »Kathie Lee«-Handtaschen war übrigens ein Label mit dem verkaufsfördernden Hinweis angebracht: »Einen Teil des Verkaufserlöses spenden wir an verschiedene Kinderorganisationen.«

Anfang des Jahres 2005 wurde bekannt, dass Wal-Mart in den US-Bundesstaaten Arkansas, Connecticut und New Hampshire Kinder beschäftigte, die bei ihrer Arbeit auch mit gefährlichen Maschinen hantieren mussten. Der Handelskonzern wurde dafür mit einer Strafe von 135 000 US $ belegt.

Was Sie tun können (siehe auch S. 50 ff.)

Protestieren Sie in der US-Zentrale des Konzerns und schicken Sie E-Mails an folgende Adresse: http://walmartstores.com/P/EmailContent.aspx?title = Wal-Mart+Stores%2C+Inc.+-+About+Us&url = http%3A%2f.%2f walmartstores.com%2fAboutUs%2f.

Weitere Infos

http://www.labournet.de/branchen/dienstleistung/eh/walmartint.html Auf dieser Internet-Seite werden regelmäßig Verstöße von Wal-Mart gegen arbeitsrechtliche Bestimmungen veröffentlicht.

http://www.nlcnet.org Die US-Menschenrechtsgruppe »National Labor Committee« kümmert sich um international gerechte Handelsbeziehungen und um die Rechte von Arbeitern.

Anhang

Anmerkungen

Markenmacht & Menschenrechte

1 »Nigeria protests prompt development moves«, Financial Times, 22.2. 2001; Betrag in US-Dollar: 53 Millionen. Wegen der starken Wechselkursschwankungen haben wir in diesem Buch einheitlich den Durchschnittskurs von 0,92 Dollar pro Euro im Jahr 2000 verwendet.

2 »Whose Globe?«, Business Week 45/2000

3 »Ogoni Wars: Arms Were Sponsored By Shell«, This Day, Lagos, 25.1. 2001

4 »Brücken bauen«, Wirtschaftswoche 48/2000

5 »Eine Mine ist (k)eine Mine«, http://www.dfg-vk.de/abruestung/abrmine2.htm

6 Siehe http://www.kritischeaktionaere.de/Konzernkritik/DaimlerChrysler/DCagb01/DCagb01f./dcagb01f.html

7 Naomi Klein: No Logo! Der Kampf der Global Players um Markenmacht. Bertelsmann Verlag, München 2001, S.380

8 Ebda., S.384

9 »Brücken bauen«, Wirtschaftswoche 48/2000

10 Ebda.

11 Ikea-Katalog 2001, S.19

12 Siehe z. B. »Wieder Kritik an Ikea wegen Kinderarbeit«, Berliner Zeitung, 24.12. 1997

13 Interview mit Klaus Werner am 11.12. 2000

14 Ebda.

15 ILO-Pressemeldung vom 18.6. 1998

16 United Nations Development Programme (UNDP) 1998

17 UNDP 2000

18 »Mexikos Globaliphobiker – Serie zum Weltsozialforum in Porto Alegre«, die tageszeitung, 16.1. 2003

19 »Italiens Polizei fälschte Beweise in Genua«, Die Welt, 9.1.2003

20 Der Spiegel 30/2001

21 Peter Vujica: »Schweigestunden«, Der Standard, 27.11. 2001

22 Ulrich Beck: »Die Macht der Ohnmacht«, Stern 6/2001

23 Amartya Sen: Ökonomie für den Menschen. Wege zu Gerechtigkeit und Solidarität in der Marktwirtschaft. Carl Hanser Verlag, München/Wien 2001

24 Das Ausmaß dieser Korruption und ihre regionale Verteilung dokumentiert die Organisation »Transparency International«, http://www.transparency.org

25 »Gute Geschäfte mit der Ware Mensch«, Format 17/2001

26 Kevin Bales: Die neue Sklaverei. Kunstmann Verlag, München 2001

27 »Blutiger Kakao«, Der Spiegel 17/2001

28 Interview mit Klaus Werner am 6.12. 2001

29 John Le Carré: Der ewige Gärtner. List-Verlag, München 2001

30 Deutsches Grundgesetz, Abschnitt: Die Grundrechte, Artikel 14

31 »Abiti Benetton cuciti in Turchia da bimbi«, Corriere della Sera, 12.10. 1998

32 Jeremy Rifkin: Access. Das Verschwinden des Eigentums. Campus Verlag, Frankfurt/New York 2000, S. 230

33 Ebda., S. 231

34 Klein, No Logo, S. 44.

35 Ebda., S. 16

36 »An alle Aktivisten: Zieht euch warm an«, die tageszeitung, 13. 1. 2001

37 Bernhard Mark-Ungericht: Betriebliche Schließungs- und Öffnungsprozesse gegenüber gesellschaftlichen Anliegen und zivilgesellschaftlichen Anspruchsgruppen vor dem Hintergrund der Transformation gesellschaftlicher Rahmenbedingungen. Habilitationsschrift, Graz 2003

38 Infos: http://www.dieboesenmaedchen.de

39 Infos: http://www.janun.de.vu

40 Mark-Ungericht: Habilitationsschrift, Graz 2003

41 http://www.ips-dc.org/downloads/Top_200.pdf

42 »DaimlerChrysler besitzt die teuersten Marken in Deutschland«, Financial Times Deutschland, 12. 10. 2000

Elektroindustrie

1 Der Großteil der Recherchen stammt aus dem Jahr 2001 (erste Auflage des »Schwarzbuch Markenfirmen«)

2 Name geändert

3 »Preliminary Findings Indicate Some Two and a Half Million Deaths in Eastern Congo Conflict«, Pressemeldung des »International Rescue Committee« vom 30. 4. 2001

4 Ebda.

5 Bulletin hebdomadaire d'information 48 pour l'Afrique Centrale et de l'Est. UN Ocha Integrated Regional Information Network for Central and Eastern Africa (IRIN-CEA), 1. 12. 2000

6 Sixth report of the Secretary-General on the United Nations Organization Mission in the Democratic Republic of the Congo, 12. 2. 2001

7 UN Security Council Report SC/6962, 28. 11. 2000

8 Report of the Panel of Experts on the Illegal Exploitation of Natural Resources and Other Forms

of Wealth of the Democratic Republic of the Congo, Sicherheitsrat der Vereinten Nationen, 12. 4. 2001, siehe http://www.un.org/Docs/sc/letters/2001/357e.pdf

9 »Etappensieg für den Abenteurer«, Der Spiegel 52/2000

10 Interview mit Klaus Werner am 30. 1. 2001

11 Dominic Johnson: »Ein Minister will sich bilden«, die tageszeitung, 21. 11. 2000

12 Dominic Johnson: »Erzfeinde im Coltan-Rausch«, die tageszeitung, 22. 12. 2000.

13 Auch Philipp Mimkes von der »Coordination gegen BAYER-Gefahren«, einer Organisation, die den Konzern wegen dessen nationalsozialistischer Vergangenheit und wegen der Herstellung lebensgefährlicher Chemikalien kritisch beäugt, bekommt keine Antwort, als er Genaueres über die Herkunft des mysteriösen Materials erfahren möchte – angeblich »aus Wettbewerbsgründen«. Verraten wird ihm lediglich, »dass die wichtigsten Tantal-Rohstoffquellen nicht in Afrika liegen«. (Fax von H. C. Starck an die Coordination gegen BAYER-Gefahren vom 5. 12. 2000.)

14 Interview mit Klaus Werner am 30. 1. 2001

15 Interview mit Klaus Werner am 23. 1. 2001

16 Interview mit Klaus Werner am 31. 1. 2001; sein Institut wies zuletzt für 1994 eine Tonne Tantalerz aus – im globalen Vergleich eine minimale Menge. Danach gar nichts mehr. Auf der Tabelle für Ruanda, die deshalb relevant ist, weil die Ruander als Besatzungsmacht des Ostkongo die eigentlichen Nutznießer sind, scheinen jährlich rund 25 Tonnen auf – auch das keine aufregende Zahl. Quellen: US Geological Survey: The Mineral Industry of Congo (Kinshasa), The Mineral Industry of Rwanda

17 Die derzeitige Weltproduktion liegt bei rund 2500 Tonnen Tantaloxid (Ta205) im Jahr. Tantalerz aus dem Kongo (Coltan) hat im Schnitt einen Reinheitsgrad von 20 Prozent, d. h., man kommt mit monatlich 200 Tonnen Coltan auf etwa 480 Tonnen Ta205 im Jahr. Aus Australien, das laut offizieller Zahlen das mit Abstand führende Produktionsland ist, wird auch nicht mehr exportiert.

18 Interview mit Klaus Werner am 31. 1. 2001

19 Zum Beispiel: http://www.cbn.co.za, http://www.goldseek.com, http://tradezone.com oder http://www.emb.com

20 Siehe http://www.equatorialsafaris.co.tz

21 http://www.cbn.co.za/tradeenquiries/trd_evaporating_tantalite.htm

22 http://www.emb.com/bbs/messages/386.html

23 E-Mail-Adressen kann man z. B. unter http://www.gmx.net oder http://www.hotmail.com gratis einrichten.

24 »Deutsches Geld für Kongos Krieg«, die tageszeitung, 4. 4. 2001

25 Pierre Lumbi, Observatoire Gouvernance-Transparence (OGT): »Guerre en Rdc: ses enjeux économiques, intérêts et acteurs«, April 2000

26 Report of the Panel of Experts on the Illegal Exploitation of Natural Resources and Other Forms of Wealth of the Democratic Republic of the Congo, Sicherheitsrat der Vereinten Nationen, 12. 4. 2001

27 Der »tageszeitung« wird Born zwei Monate später (am 4. 4. 2001) erzählen: »Mir ist nicht bekannt, dass die Somigl in die Minen investiert. Die verdienen eine Höllenkohle und es gibt keinen Rückfluss.« Seiner Meinung nach, so die taz, stehen Tantalimporteure in der Pflicht,

zur Verbesserung der Lebensverhältnisse in Fördergebieten wie denen des Kongo beizutragen.

28   »Deutsches Geld für Kongos Krieg«, die tageszeitung, 4. 4. 2001

29   Interview mit Klaus Werner am 18. 2. 2001

30   Pressemeldung von »Refugees International« vom 24. 4. 2001

31   Interview mit Klaus Werner am 17. 2. 2001

32   UN Office for the Coordination of Humanitarian Affairs (OCHA), DRC Monthly Humanitarian
     Bulletin, Mai/Juni 2000

33   Interview Klaus Werner mit dem RCD-Sprecher Jean-Pierre Lola Kisanga am 17. 2. 2001

34   Die Gesellschaft für Elektrometallurgie (GfE) ist eine Tochterfirma des amerikanischen Metal-
     lurgiekonzerns. Laut dem UNO-Bericht über die illegale Ausbeutung der Rohstoffe im Kongo
     ist der Partner von Karl-Heinz Albers in der Somikivu der kongolesische Geschäftsmann und
     ehemalige Finanzchef der RCD-Rebellen Emmanuel Kamanzi.

35   In Diplomatenkreisen ist Albers kein Unbekannter – vor allem wegen eines anhängigen Streits
     mit dem österreichischen Glücksritter Michael Krall. Der Name Krall, dessen Träger über gute
     Kontakte sowohl zum österreichischen Honorarkonsul als auch zu höchsten Regierungskrei-
     sen in Uganda verfügt, wird immer wieder in Berichten über Waffengeschäfte in Zentralafrika
     erwähnt. Mit Krall liegt Albers deswegen im Clinch, weil beide behaupten, die Rechte an der
     Niobmine in Lueshe zu besitzen. Krall wurde die Konzession angeblich vom verstorbenen
     kongolesischen Präsidenten Laurent Kabila zugesichert. Eine wertlose Erklärung, da Lueshe
     seit Ausbruch des Krieges von den Alliierten Ruandas kontrolliert wird. Damit ist die skurrile
     Situation eingetreten, dass sich eine österreichische und eine deutsche Firma um ihre Vor-
     herrschaft an der Rohstoffausbeutung im Kongo streiten. Eines steht für einen ehemals in der
     Region stationierten Botschafter, der nicht genannt werden möchte, jedenfalls fest: »Da pas-
     sieren die unvorstellbarsten Gaunereien. Da gibt's europäische Firmen, die in schwerste Ver-
     brechen involviert sind.«

36   Alle folgenden Zitate stammen aus Telefoninterviews mit Klaus Werner vom 28. Februar und
     vom 2. März 2001.

37   Die Masingiro ist seit April 1996 als GmbH im Handelsgericht Nürnberg eingetragen und hat
     ihren Sitz in einem Einfamilienhaus im deutschen Burgthann, wo auch deren Geschäftsfüh-
     rerin Rita Breyl wohnt. Als Geschäftszweck nennt das Handelsregister »technische Hilfsmit-
     tel zur Gewinnung von Bodenschätzen«.

38   Albers spricht von 200 Tonnen Vorkonzentrat mit einem Reinheitsgrad von durchschnittlich
     20 Prozent Ta_2O_5.

39   Laut »UNO-Bericht über die illegale Ausbeutung der Rohstoffe im Kongo« sollen allein von
     November 1998 bis April 1999 zwischen 1000 und 1500 Tonnen Coltan aus der Region
     ausgeführt worden sein.

40   Preis für ein Kilogramm Coltan durchschnittlicher Güte laut »UNO-Bericht über die illegale
     Ausbeutung der Rohstoffe im Kongo«; bis März 2001 sank der Preis allerdings wieder auf
     etwa 100 US-Dollar pro Kilo.

41   Die »Washington Post« vermutet, dass rund die Hälfte des kongolesischen Coltans bei H. C.
     Starck landet (»Vital Ore Funds Congo War«, 19. 3. 2001).

42   Damit bestätigt Albers Gerüchte, die sich zumindest seit Juni 1999, also fast ein Jahr nach

Ausbruch des Krieges, halten: Ein amerikanischer Journalist behauptete damals, H. C. Starck, Tochterfirma des Aspirin-Herstellers Bayer, sei an einem Joint Venture zur Ausbeutung eines Metalls involviert, das eine große Bedeutung für westliche Technologien besitze (siehe http://www2.minorisa.es/inshuti/businb.htm). Unter den genannten Firmen befand sich auch eine ruandische Bank sowie der Schweizer Ableger der Banque National de Paris und eine amerikanische Firma namens Kenrow. Diese Firma findet auch Erwähnung in einer vielbeachteten Analyse der Zusammenhänge zwischen den Bodenschätzen und dem Kongokrieg, die im Oktober 1999 in »Le Monde Diplomatique« veröffentlicht wurde (Colette Braeckman: »Carve-up in the Congo«, Le Monde Diplomatique 10/1999). Der Artikel räumt auch den Coltanvorkommen im Kongo große Bedeutung ein: 80 Prozent der Weltreserven lägen in Afrika, von denen wiederum 80 Prozent in der DRC zu finden seien. Die Verfasserin des Artikels weiß auch, dass die auf Tantalförderung spezialisierte ruandische Gesellschaft Sogermi ein Joint Venture mit westlichen Firmen angestrebt habe. »Wir hatten mal die Idee, mit denen was zusammen zu machen«, sagt Albers, »die produzieren zwischen fünf und zehn Tonnen im Monat.« Kenrow spiele dagegen schon seit längerem keine Rolle mehr.

43 »Electronics, superalloys markets fuelling tantalum demand growth«, American Metal Market, 18. 9. 2000

44 »Erkis seeking partner for Zaire tantalum«, American Metal Market, 9. 1. 2001

45 »Conflict in Democratic Republic of Congo Deadliest Since World War II, Says The IRC«; Presseinformation vom 8. 4. 2003, http://www.theirc.org/mortality

46 Dominic Johnson: »Fata Morgana bei den Mondbergen«, die tageszeitung, 3. 3. 2003

47 »The coltan phenomenon in war-torn North Kivu province«, http://www.pole-institute.org/site_web/english01.htm

48 »›Schwarzbuch Markenfirmen‹: Bayer weist Vorwürfe entschieden zurück«, Presseinformation vom 31. 8. 2001

49 »H. C. Starck: Antwort auf Schwarzbuch«, Goslarsche Zeitung, 16. 10. 2001

50 Nikolaus Förster: »Bayer: Der Teufelskreis«, Financial Times Deutschland, 29. 8. 2001

51 »Ein Minister will sich bilden«, die tageszeitung, 21. 11. 2001

52 »Stellungnahme zur Beschaffung von Tantal-Rohstoffen: H. C. Starck weist Anschuldigungen erneut zurück«, Presseinformation vom 24. 5. 2002

53 »Final report of the Panel of Experts on the Illegal Exploitation of Natural Resources and Other Forms of Wealth of the Democratic Republic of the Congo«, UN-Sicherheitsrat, 16. 10. 2002

54 »Wie der Handy-Boom den Krieg im Kongo finanziert«, Die Kirche, 16. 3. 2003

55 Brief von Thomas Portz, Leitung Gesellschaftspolitik des Bayer-Konzerns, an Martin Hanusch, Chefredakteur »Die Kirche«, vom 31. 3. 2003

56 »Wettbewerb auch mit vorgehaltener Waffe«, die tageszeitung, 11. 2. 06

Medikamente

1 Deutsche Fassung der Deklaration des Weltärztebundes von Helsinki, Erstvorlage 1964, re-
. vidierte Fassung Edinburgh, Oktober 2000

2 »The Body Hunters«, The Washington Post, 18. 12. 2000

3 http://www.google.com

4 Der Wortlaut im Original: »It is a good feeling that you contacted us. Naturely we would like
   to take part in clinical trial of this very promising new antidepressant. We are in contact with
   other sites (in- and outpatients services) with clinical experiences. Of course we handle the
   details confidentially.«

5 http://w3.datanet.hu/~psych/Metodikaindex.htm (inzwischen geändert in: http://www.te-
   bolyda.hu/fontos/Metodikaindex.htm)

6 Wenn man sich beispielsweise den Tätigkeitsbericht der Psychiatrischen Abteilung am Allgemeinen Krankenhaus in Wien ansieht (http://www.akh-wien.ac.at/generalpsychiatry/JB96.pdf),
   stellt man fest, dass alle Forschungszuschüsse von öffentlichen Stellen penibel aufgelistet
   sind, aber kein einziger Hinweis auf Zahlungen der Pharmaindustrie aufscheint. Ausdruck
   schlechten Gewissens?

7 http://www.google.com. Suchbegriffe: aripiprazole research usa volunteers

8 Universität von Kalifornien, Donald M. Hilty, Medical Doctor: zwei Studien, eine davon Placebo-kontrolliert, für die er als Honorar 190 000 Dollar und 103 000 Dollar erhielt.
   Universität von Southern Illinois, D. McManus: eine Placebo-kontrollierte Studie für ein Honorar von 232 000 Dollar.
   Universität von Texas, Dr. Alexander Miller: vier Studien gegen ein Honorar von insgesamt
   420 250 Dollar.
   Universität Mercer in Atlanta, Dr. Michael W. Jann: zwei Placebo-kontrollierte Studien gegen
   ein Honorar von 594 000 Dollar.
   Manche Ärzte oder Kliniken suchen auch ganz offen im Internet Patienten, die an solchen
   Studien teilnehmen, und weisen darauf hin, dass man unter Umständen nicht mit einem wirksamen Medikament, sondern nur mit Placebo behandelt wird.
   Am Hartford Hospital im Bundesstaat Connecticut nördlich von New York führt ein Arzt namens J. W. Goethe drei Aripiprazol-Versuche durch, zwei davon sind Placebo-kontrolliert.

9 »A Strategy For Growth«. Unter: http://www.bms.com/static/growth//index.html

10 Michael F. Mee, in: Investment Community Meeting, http://www.bms.com/static/growth/
   index.html

11 The Washington Post, 12. 12. 1999, S. A1

12 Ebda.

13 http://www.unaids.org/worldaidsday/2002/press/factsheets/FSAfrica_en.doc

14 TRIPS ist die Abkürzung für »Trade Related Intellectual Property Rights«

15 Bartolomäus Grill: »Theater um HIV«, Die Zeit 51/2000; Helen Epstein: »The Mystery of AIDS
   in South Africa«, The New York Review of Books, 20. 7. 2000, S. 50

16 Helen Epstein: »The Mystery of AIDS in South Africa«, The New York Review of Books,
   20. 7. 2000, S. 50–55

17 »World Trade Organization Evil Triumphs in a Sick Society«, Guardian of London, 12. 3. 2001
18 Zitiert in: Financial Times, 18. 4. 2001
19 Helen Epstein: »The Mystery of AIDS in South Africa«, The New York Review of Books, 20. 7. 2000, S. 50–55
20 »Mbeki Questions HIV Testing«, unter: http://www.worldaidsnews.com, 24. 4. 2001
21 »Protests against Mbeki government«, unter: http://www.rsa-overseas.com
22 http://www.unaids.org/hivaidsinfo/statistics/fact %5Fsheets/pdfs/Uganda_en.pdf
23 Peter Lurie, Sidney M. Wolfe: »Unethical Trials«, NEJM, Vol. 337, No. 12, 18. 9. 1997, S. 853–855; Helen Epstein: »The Mystery of AIDS in South Africa«, New York Review of Books, 20. 7. 2000, S. 50–55; Rothman, D. J.: »The Shame of Medical Research«, New York Review of Books, 30. 11. 2000
24 Whalen u. a.: »A trial of three regimens to prvent tuberculosis in Ugandan adults infected with the human immuno-deficiency virus«, NEJM, Vol. 337, No. 12, September 1997, S. 801–808
25 H. J. Heimlich u. a.: »Malariatherapy for HIV-patients«, Mechanisms of Ageing and Development, Vol. 93, 1997, S. 79–85; Chen Xiaoping u. a.: »Phase-1-Studies of Malariatherapy for HIV Infection«, Chinese Medical Sciences Journal, Vol. 14, No. 4, 1999
26 Peter R. Breggin: »Recent FDA decision highlights ethical issues in drug research on children«, 21. 4. 1998, unter: http://www.sightings.com/health/drugchildren.htm
27 J. A. Staessen u. a.: »Randomised double-blind comparison of placebo and active treatment for older patients with isolated systolic hypertension«, The Lancet, Vol. 350, No. 9080, 13. 9. 1997, S. 757–764; J. G. Wang u. a.: »Long term blood pressure control in older Chinese patients with isolated systolic hypertension«, Journal of Human Hypertension, Vol. 10, November 1996, S. 735–742; J. G. Wang u. a.: »Chinese Trial on Isolated Systolic Hypertension in the Elderly«, Archives of Internal Medicine, Vol. 160, 24. 1. 2000, S. 211–220; »The HOPE Investigators«, NEJM, 2000, Vol. 342, S. 145–153, S. 154–160
28 ddp, 28. 8. 2001
29 arznei-telegramm 2/2000, S. 21 f.
30 arznei-telegramm 1/2001, S. 2

Erdöl

1 Interview mit Klaus Werner am 19. 3. 2001
2 Ein Barrel fasst 159 Liter. Der Weltmarktpreis dafür lag im Jahr 2000 im Schnitt bei 28,5 US-Dollar (31 Euro). In einem Interview mit der »Zeit« sagt Shell-Spitzenmanager Jeroen van der Veer: »Unser weltweiter Ölabsatz beträgt täglich mehr als fünf Millionen Fass à 159 Liter; wir selbst holen aber nur rund 2,3 Millionen Fass aus dem Boden. Das heißt: Mehr als die Hälfte des Öls, das wir verkaufen, müssen wir selbst zu Weltmarktpreisen einkaufen.« (Aus: »Wir machen gute Gewinne«, Die Zeit 39/2000)
3 Die SPDC steht an der Spitze eines Joint Venture der staatlichen »Nigerian National Petroleum Corporation« (NNPC), an dem diese mit 55 Prozent beteiligt ist. Shell hält 30 Prozent,

der Rest entfällt auf die französische Ölgesellschaft Elf (10 Prozent) und die italienische Agip (5 Prozent).

4   »Des banques suisses accusées d'avoir accepté des fonds détournés au Nigeria«, Le Monde, 6. 9. 2000

5   »Some things never change«, The Guardian, 8. 11. 2000

6   Ebda.

7   »Mutiger Kämpfer für Menschenrechte«, Rhein-Zeitung, 13. 11. 1995

8   Hakeem Jimo: »Am Schauplatz des Verbrechens«, die tageszeitung, 14. 3. 2001

9   »Some things never change«, The Guardian, 8. 11. 2000

10 »Supreme Court Rejects Shell Appeal in Rights Case«, Reuters, 26. 3. 2001

11 »Erdöl, Menschenrechte und Geschäftsmoral«, Le Monde Diplomatique 12/2000

12 The Guardian, Kurzmeldung, 27. 9. 2000

13 »US Supreme Court Clears Way for Relatives to Sue Shell over Saro-Wiwa's Death«, The Independent, 27. 3. 2001

14 Ebda.

15 Details unter http://www.greenpeace.de/GP_DOK_3P/BROSCHUE/AKTION/C12IA02.HTM

16 »Das Auge der Multis«, Berliner Tagesspiegel, 10. 12. 2000

17 Gespräch mit Klaus Werner im Herbst 1996

18 »Das Auge der Multis«, Berliner Tagesspiegel, 10. 12. 2000

19 Aus einem Inserat im Magazin »Newsweek«

20 »Some things never change«, The Guardian, 8. 11. 2000

21 http://www.shellnigeria.com

22 Interview mit Klaus Werner am 19. 3. 2001

23 Susanne Geissler: »Shell in Nigeria«, Energiewende 1/2001 (zu finden unter http://www.ecology.at/magazin/energiewende.php)

24 »Some things never change«, The Guardian, 8. 11. 2000

25 Jan Rispens: »Das Nigerdelta: Ein zerrüttetes Ökosystem. Die Rolle von Shell und anderen Ölkonzernen«, Studie im Auftrag von Greenpeace, 11/1996

26 »Oil Spillage in Ugbomron Village«, Amateurvideo vom 10. 7. 2000

27 »Nigeria protests prompt development moves«, Financial Times, 22. 2. 2001

28 »Ogoni Wars: Arms Were Sponsored By Shell«, This Day, Lagos, 25. 1. 2001

29 »Nigeria fines Shell £ 26 m for 1970 spill«, The Guardian, 27. 6. 2000

30 »Shell Acknowledges Arms Purchases«, Associated Press, 2. 2. 2001

31 »Ogoni Wars: Arms Were Sponsored By Shell«, This Day, Lagos, 25. 1. 2001

32 »Clinton puts pressure on Nigeria over drugs and oil«, Observer, 27. 8. 2000

33 »Some things never change«, The Guardian, 8. 11. 2000

34 »Shell-Pipeline explodiert«, die tageszeitung, 11. 1. 2000

35 »Am Schauplatz des Verbrechens«, die tageszeitung, 14. 3. 2001

36 »Eine Geschichte von Blut und Öl«, Die Zeit 11/2001

37 »Schmutzige Saubermänner«, Die Woche 4/2001

38 Report und Presseaussendungen von »Global Witness« unter http://www.oneworld.org/globalwitness

39 »Völkermord im Südsudan«, Gesellschaft für bedrohte Völker, http://www.gfbv.de/dokus/memo/sudoel.htm

40 AFP, 30. 4. 1999

41 »Sudan: Oil Firms Accused of Fueling Mass Displacement and Killing«, The Guardian, 15. 3. 2001

42 »The human price of oil«, Amnesty International, 3. 5. 2000

43 »Russland versinkt im Öl – Ölmultis schauen zu«, Greenpeace-Pressemitteilung vom 22. 6. 2000

44 »Indonesia: What did Mobil know?«, Business Week, 28. 12. 1998

45 »Erdöl, Menschenrechte und Geschäftsmoral«, Le Monde Diplomatique 12/2000

46 »Öl-Krieg am Amazonas«, Spiegel online, 25. 03. 2003

47 Pressemitteilung vom 11. 6. 2003

48 »Deutsches Geld und Mindos Wald«, die tageszeitung, 8. 5. 2003

49 Information von Global 2000 vom 20. 6. 2003

50 Presseinformation von Attac Österreich, 23. 10. 2002

Lebensmittel

1   Sönke Giard: »Alles hört auf ›de Gaulles‹ Kommando«, Der Standard, 7. 10. 2000

2   »Schutz vor Schleppern«, Terre des Hommes, 9/2000

3   Zitiert nach »Alles hört auf ›de Gaulles‹ Kommando«, Der Standard, 7. 10. 2000

4   Kakao Nachrichtenbrief 9/1999 der Gewerkschaft Agrar/Nahrung/Genuss, Wien 1999

5   Verein Partnerschaft 3. Welt (Hg.): Einkaufen verändert die Welt. Die Auswirkungen unserer Ernährung auf Umwelt und Entwicklung. Schmetterling Verlag, Stuttgart 2000, S. 44

6   In Ghana, laut »Hintergrundinformationen Schokoladenindustrie«, Gewerkschaft Agrar/Nahrung/Genuss, Wien 2000

7   Gerhard Riess: »Ein internationales Programm für Arbeitnehmer im Kakaosektor«, Österreichische Gewerkschaft Agrar/Nahrung/Genuss

8   »Hintergrundinformationen Schokoladenindustrie«, Gewerkschaft Agrar/Nahrung/Genuss, Wien 2000

9   Henriette Gupfinger, Gabi Mraz, Klaus Werner: Prost Mahlzeit! Essen und Trinken mit gutem Gewissen. Wien, Deuticke Verlag 2000, S. 157

10 Gerhard Riess: »Ein internationales Programm für Arbeitnehmer im Kakaosektor«, Österreichische Gewerkschaft Agrar/Nahrung/Genuss

11 »Die Bananenseuche«, die tageszeitung, 11. 1. 2001

12 J. Knirsch: »Exportierte Unfruchtbarkeit«, BUKO Agrar Dossier 22: »Bananen«, Februar 2000, zu bestellen unter http://www.bukoagrar.de/banane.htm (siehe auch http://es.epa.gov/techinfo/research/turapest.html sowie »Economic, social and cultural rights. Adverse effects of the illicit movement and dumping of toxic and dangerous products and wastes on the enjoyment of human rights«, Economic and Social Council of the United Nations, 11. 1. 1999)

13 »Mil barriles que contenían pesticida nemagón fueron enterrados sin protección por bananera«, La Prensa, 18. 4. 1998, http://www.laprensahn.com/natarc/9804/n18001.htm

14 »Die Bananenseuche«, die tageszeitung, 11. 1. 2001

15 »Tödliche BAYER-Pestizide im Bananenanbau«, Coordination gegen BAYER-Gefahren 7/2000

16 Ebda.

17 »Economic, social and cultural rights. Adverse effects of the illicit movement and dumping of toxic and dangerous products and wastes on the enjoyment of human rights«, Economic and Social Council of the United Nations, 21. 12. 2000

18 Folidol: http://www.bayer-agro.com/index.cfm?PAGE_ID=132, Nemacur: http:// uscrop. bayer. com/nemacur.html, Baycor: http://www.bayer-agro.com/ index.cfm?PAGE_ID=138

19 »Endlich alles Banane«, die tageszeitung, 12. 4. 2001

20 »Neue Bananenordnung der EU eine Bedrohung für die Bananenarbeiter in aller Welt«, Internationale Union der Lebensmittel-, Landwirtschafts-, Hotel-, Restaurant-, Café- und Genussmittelarbeiter-Gewerkschaften (IUL), Genf, 28. 2. 2001

21 »Kommt es zur Einhaltung globaler Gewerkschaftsrechte?«, Internationale Union der Lebensmittel-, Landwirtschafts-, Hotel-, Restaurant-, Café- und Genussmittelarbeiter-Gewerkschaften (IUL), 4. 12. 2000

22 Ebda.

23 »Fünf Familienclans dominieren«, Der Standard, 26. 11. 1999

24 »Bittere Orangen«, Broschüre, hrsg. von der Südwind-Agentur, Wien 1997

25 Gupfinger/Mraz/Werner: Prost Mahlzeit! Wien 2000, S. 100

26 Der »Verein Partnerschaft 3. Welt« spricht in »Einkaufen verändert die Welt« (Schmetterling Verlag, Stuttgart 2000, S. 44) sogar davon, dass mehr als ein Viertel der Orangenarbeiter Kinder seien.

27 Siegfried Pater: Zum Beispiel McDonald's. Lamuv Verlag, Göttingen 2000

28 Siehe http://www.mcspotlight.org

29 Zahlen aus: Siegfried Pater, McDonald's, Göttingen 2000 und Gupfinger/Mraz/Werner, Prost Mahlzeit! Wien 2000

30 Schlussbericht der Enquete-Kommission »Schutz der Erdatmosphäre« des Deutschen Bundestages, Economica Verlag, Bonn 1995

31 »Happy hen, happy meal – McDonald's chicks fix«, U. S. News & World Report, Business & Technology, 4. 9. 2000 sowie http://www.meatstinks.com/mcd/index.html

32 »Burger King to audit animal treatment«, Reuters, 2. 4. 2001

33 Auf rund 2,4 Mrd. Euro im vierten Quartal 2000; Quelle: BBC News vom 31. 1. 2001

34 »Appetites Waning for McDonald's«, CNBC.com, 3. 4. 2001

35 »BSE-Verdacht bei Zulieferbetrieb von McDonald's«, Netzeitung (http://www.netzeitung.de), 16. 1. 2001

36 »Will Mad Cows kill the BigMac?«, Salon News, 26. 3. 2001

37 Ebda.

38 Greenpeace-Presseaussendung vom 14. 11. 2000

39 Interview mit Klaus Werner am 26. 3. 1997 (erschienen in »Politische Ökologie«, Heft 53, 1997)

40 Bernhard Huber: »Jäger der verlorenen Akzeptanz«, Kontexte 3/2000

41 Detaillierte Infos unter http://www.ibfan.org sowie http://www.babynahrung.org und http://www.babymilkaction.org

42 Siehe auch »Formula for Disaster«, Wall Street Journal, 6. 12. 2000

43 »Breaking the Rules, Stretching the Rules 2001« unter http://www.ibfan.org/english/code-watch/btr01/index-en.htm

44 »Todbringende Rezeptschlacht«, Stern 50/1999

45 »Angekündigt, aber nie gesendet. Warum das ZDF einen Beitrag über Nestlé kippte«, Berliner Zeitung, 10. 12. 1999

46 »Riskante Mischung«, Facts 51/1999

47 Liste der Unterstützer der Muttermilchkampagne unter http://www.waba.org.br/ilopage.htm

48 »Formula for Disaster«, Wall Street Journal, 6. 12. 2000

49 Siehe http://www.unicef.org/programme/hiv/mtct/mtct_int.htm

50 Siehe http://www.unicef.org/newsline/00breastfeeding.htm

51 Interview mit Klaus Werner am 12. 12. 2000

52 »Eiserne Sparer – Wegen seiner Arbeitsbedingungen gerät Aldi in Frankreich unter Beschuss«, Die Zeit, 2. 11. 2000

53 Europäisches Bürgerforum: »z. B. El Ejido – Anatomie eines Pogroms«, Basel 2000, S. 35

54 Ebda., S. 29

55 Ebda., S. 49

56 Ebda., S. 123

57 Ebda., S. 62

58 »Jagdszenen aus Südspanien«, die tageszeitung, 10. 2. 2000

59 »Migros droht Südspanien«, die tageszeitung, 29. 1. 2001

60 »z. B. El Ejido«, S. 100

61 »Verordnung (EWG) Nr. 2092/91 des Rates vom 24. Juni 1991 über den ökologischen Landbau und die entsprechende Kennzeichnung der landwirtschaftlichen Erzeugnisse und Lebensmittel«, siehe http://europa.eu.int/eur-lex/de/lif/dat/1991/de_391R2092.html

62 Adressen von Infostellen und Bioshops in Deutschland, Österreich und der Schweiz unter http://www.ecology.at/projekt/detail/buch_serviceteil.html

63 »Sauber ausgebeutet«, Die Zeit, 22. 4. 1999

64 Informationen unter http://www.transfair.org bzw. bei TransFair, Verein zur Förderung des Fairen Handels mit der »Dritten Welt« e. V., Remigiusstr. 21, D-50937 Köln; in Österreich: http://www.fairtrade.at, Wohllebengasse 12–14, 7. Stock, A-1040 Wien, Tel. +43/1/533 09 56

65 In diesen Handelsketten wird mindestens ein Produkt mit dem TransFair-Siegel angeboten: Allfrisch, Bolle, Budnikowsky, Citti, Comet, Coop-Märkte, Deutscher Supermarkt, Dixi, Edeka aktiv, Edeka Neukauf, Edeka/Super 2000, Edeka-Märkte, Eurospar, Extra, Famila, Globus, Grosso, Hertie, Hit, HL, Horten, KaDeWe, Kafu, Kaiser's, Karstadt, Kaufhalle/Multistore, Kaufhof, Kaufland, Kaufmarkt, Kontra, Magnet, Markant, Marktfrisch, Marktkauf, Metro, Minimal, Otto Mess, Pro, real, Reichelt, Rewe-Märkte, Sky-Verbrauchermärkte, Spar-Märkte, Stüssgen, Tengelmann, toom, Wal-Mart, Wandmaker, Wertheim, Wertkauf; Liste für Österreich unter http://www.fairtrade.at

Spielzeug

1 Die wesentlichen Fakten dieser Geschichte stammen aus:
   http://www.essential.org/monitor/hyper/issues/1994/09/mm0994_10.html
   http://www.hrichina.org/crf/english/00winter/00W14_Zhili %20Fire.html
   Sarah Cox: »The Secret Life of Toys«, The Georgia Straight, Nov. 5–12, 1998, abrufbar unter http://www.maquilasolidarity.org/campaigns/toy/scox.htm
   Der Name des Mädchens wurde geändert, alle anderen Namen sind echt.

2 South China Morning Post, 15. 12. 1999, Artikel abrufbar unter
   http://members.hknet.com/~hkcic/hist-back.htm

3 Auf eine E-Mail-Anfrage von Hans Weiss vom 7. Juni 2001 kam keine Antwort vom Konzern.

4 Linda Yang: »The tragic Chinese toy story«, South China Morning Post, 15. 12. 1999, Artikel abrufbar unter http://members.hknet.com/~hkcic/hist-back.htm

5 E-Mail der »Hongkong Christian Coalition« an Hans Weiss, 12. 6. 2001

6 DGB-Materialien Nr. 53, »Toys«, Düsseldorf 1998

7 http://www.cleanclothes.org/companies/disney00–02–29.htm

8 http://www.cleanclothes.org/companies/disney01–01–10.htm

9 »Beware of Mickey – Disneys Sweatshops in South China« (2/2001), abrufbar unter
   http://members.hknet.com

10 Laut Forbes Top CEO's: Corporate America's Most Powerful People 2001

11 http://www.cleanclothes.org/companies/disney00–02–29.htm

12 http://www.cleanclothes.org/companies/disney01–01–10.htm

13 http://www.cleanclothes.org/companies/disney00–02–29.htm

14 http://www.masquilasolidariy.org/campaigns/disney/NYT_dec2001.htm

15 www.nlcnet.org/campaigns/shahmakhdum/alert110502.shtml

16 http://www.geocities.com/mc_shame/re1.htm

17 http://www.mcspotlight.org/campaigns/countries/chi/statemen.html

18 Child Labour News Service, 1. September 2000, Artikel aus »South China Morning Post«,
   abrufbar unter http://www.globalmarch.org/clns/clns-01–09.html

19 http://www.mcspotlight.org/campaigns/countries/chi/statemen.html

20 http://www.globalmarch.org/clns/clns-01–09.html

21 http://www.uri.edu/artsci/wms/hughes/catw/mhvglo.htm

22 http://corpwatch.org/trac/corner/alert

23 Sarah Cox: »The Secret Life of Toys«, The Georgia Straight, Nov. 5–12, 1998, abrufbar unter http://www.maquilasolidarity.org/campaigns/toy/scox.htm

24 Ebda.

25 BBC News, 24. 4. 2002

26 Thai Labour Campaign, http://www.thailabour.org/campaigns/mastertoy

27 Monitoring Mattel in China, http://www.amrc.org.hk/alu/ALU37/013701.htm

28 Das legt ein Bericht des amerikanischen »National Labor Committee« nahe: Toys of Misery.
   A Report on the Toy Industry in China, New York, January 2002

29 http://www.nlcnet.org/campaigns/china
30 http://www.mattel.com/about_us/Corp_Responsibility/cr_mimco.asp, 2002 Audit Reports, Mattel Jakarta Satu
31 Toys of Misery. A report on the toy industry in China, January 2002, in: www.nlcnet.org
32 Chinese Toy Manufactorer Labor Standards Found Lacking, 20, 2003, in: http://www.socialfunds.com/news/article.cgi?sfArticleId = 1039
33 Homepage: http://www.woek.de/fair-spielt/
34 The Toy Industry in China, in: http://www.woek.de/fair-spielt/pdf/fairspielt_chinalabor-watch_report_sep_2005.pdf

Sport und Bekleidung:

1 »Testimony of Julia Esmeralda Pleites«, nachzulesen unter http://www.nlcnet.org/nike/julia.htm
2 Freihandelszonen sind abgegrenzte Industriegebiete, in denen ausschließlich für den Export produziert wird und in denen besondere steuerliche und finanzielle Vergünstigungen für Unternehmen gelten. Weltweit gibt es rund 500 bis 700 solcher Zonen, vor allem in Entwicklungs- und Schwellenländern. Länder wie Hongkong, Singapur und Mauritius sind quasi zur Gänze Freihandelszonen.
3 Interview mit Klaus Werner am 30. 5. 2000
4 Interview mit Klaus Werner am 10. 10. 2000
5 »Fünf Schilling sichern die Ausbildung«, Der Standard, 18. 5. 2000
6 »1 : 0 für saubere Kleidung«, Aktuell, Kampagne für Saubere Kleidung, Düsseldorf 2000
7 »Die Sklaven der Mode«, Stern 43/1999
8 »Labour Rights in Indonesia: What is Menstruation Leave?« Clean Clothes Campaign Newsletter 13, November 2000
9 »Six Cents an Hour«, Life 6/1996
10 »A World of Sweatshops«, Business Week 45/2000
11 »Nike Shoe Plant in Vietnam Is Called Unsafe for Workers«, New York Times, 8. 11. 1997
12 Interview mit Klaus Werner am 30. 5. 2000
13 »Preiskampf per Mausklick«, Frankfurter Rundschau, 18. 5. 2002

Export und Finanzwirtschaft

1 Interview mit Klaus Werner am 16. 1. 2001
2 Interview mit Klaus Werner am 16. 1. 2001
3 Zitiert nach: »Dams incorporated – The Record of Twelve European Dam Building Companies«, Swedish Society of Nature Conservation, Februar 2000
4 Ebda.
5 Ebda.

6 Interview mit Klaus Werner am 27. 4. 2001

7 Interview Klaus Werner mit der Pressestelle des BMWT am 27. 4. 2001

8 Interview mit Klaus Werner am 27. 4. 2001

9 Die »World Commission on Dams« ist eine Initiative der Weltbank und der Vertreter verschiedener Interessengruppen von Umweltschützern bis hin zu Industriellen, die im konstruktiven Dialog ökologische, soziale und wirtschaftliche Kriterien zur Nutzung der Wasserkraft festlegen will.

10 »Hermesreform wird zum Flop«, die tageszeitung, 20. 3. 2001; »Hermes-Reform erneut diskutiert«, ebda., 7. 4. 2001

11 Karin Astrid Siegmann: Deutsche Großbanken entwicklungspolitisch in der Kreide? Südwind e. V., Siegburg 2000, S. 110

12 Ebda., S. 97

13 »Atomkraft aus der Mottenkiste«, Die Zeit 6/2000

14 Siegmann, Großbanken, S. 95

15 »Hermes auf Abwegen«, Die Zeit 50/1999

16 »Atomkraft trotz Erdbebengefahr«, die tageszeitung, 18. 7. 2000

17 Siegmann, Großbanken, S. 134

18 Ebda., S. 15

19 Ebda.

20 Ebda., S. 84

21 Ebda., S. 85

22 Ebda., S. 19

23 Siegburg 2000, zu bestellen unter http://www.suedwind-institut.de

24 Klaus Werner: »Der Blick in den Abgrund«, Der Standard, 7. 10. 2000

25 Ebda.

26 Siegmann, Großbanken, S. 112

27 Mehr Informationen über die Tobin-Steuer beim »Netzwerk zur demokratischen Kontrolle der internationalen Finanzmärkte Attac«, http://www.attac-netzwerk.de

Korruption und Lobbying

1 Wolfgang Ruttensdorfer auf einer Podiumsdiskussion mit Klaus Werner im August 2002

2 Mark Pieth/Peter Eigen (Hg.): Korruption im internationalen Geschäftsverkehr. Neuwied/Basel 1999

3 Die folgenden Informationen basieren weitgehend auf dem Artikel »Global Corruption«, den Werner Rügemer im Frühjahr 2003 für die Zeitschrift »prokla« verfasst hat. Infos: www.werner-ruegemer.de

4 Financial Times, 18. 3. 2003

5 Hans Leyendecker u. a.: Helmut Kohl, die Macht und das Geld. Göttingen 2000

6 Fabrizio Calvi/Leo Sisti: Les Nouveaux Réseaux de la corruption. Paris 1995

7 Nicolas Queloz u. a.: Processus de corruption en Suisse, Basel/Genf/München 2000

8 Neil Jacoby, Peter Nehemkis, Richard Eells: Bribery and Extortion in World Business. New York 1977

9 Said K. Aburish: The Rise, Corruption and coming Fall of the House of Saud. New York 1995

10 Werner Rügemer: Wirtschaften ohne Korruption? Frankfurt/Main 1996, S. 17 ff.

11 Rügemer, »Global Corruption«

12 Rügemer: Staatsgeheimnis Abwasser. Düsseldorf 1995, S. 139 ff.

13 Hans-Werner Kilz: Die gekaufte Republik. Hamburg 1983

14 http://www.cbgnetwork.org/Ubersicht/Presseinfos/Presseinfos_2003/Pi-Sturz_brit__Umweltminister/pi-sturz_brit__umweltminister.html

15 http://www.cbgnetwork.org/Ubersicht/Zeitschrift_SWB/SWB_2001/SWB_04_01/Ticker_04_01/politik___einfluss_04_01.html

16 Lester Sobel: Corruption in Business. New York 1977

17 David Boulton: Die Lockheed-Papiere. Politik und Geschäft der Rüstungsgiganten, Oldenburg/München 1979, S. 71 ff. und 195 ff.

18 Samuel Huntington: Political Order in Changing Societies. Yale Universität Press 1968; vgl. auch Joseph Nye: Corruption and political development – a Cost-Benefit Analysis, in: American Political Review 2/1967, S. 417 ff.; Natanael Neff: Economic Development through Bureaucratic Corruption, in: American Behavioral Scientist, November 1964, S. 8 ff.

19 Rügemer, »Global Corruption«

20 The Enquirer, 8. 3. 2002

21 Bob Woodward: Bevor der Krieg gegen die Taliban begann, infiltrierte die CIA das Land, in: Die Welt, 3. 12. 2002

22 Vgl. www.oecd.org/daf/nocorruption

23 Vgl. Abzugsverbot für die Zuwendung von Vorteilen im Sinne des § 4, Absatz 5, Satz 1 Nr. 10 Einkommensteuergesetz, in: Bundessteuerblatt 2002, Teil I, 10. 10. 2002, S. 1031

24 Hans-Olaf Henkel: Die Ethik des Erfolgs. Spielregeln für die globalisierte Gesellschaft. München 2002, S. 225

25 Quellen: Positionspapier der österreichischen Grünen zur 5. Ministerkonferenz der WTO, Attac u. a. Die wichtigsten Abkommen der WTO sind neben dem GATT (General Agreement on Tariffs and Trade) das Dienstleistungsabkommen GATS (General Agreement on Trade in Services), das Abkommen über handelsbezogene geistige Eigentumsrechte TRIPS (Trade Related Aspects of Intellectual Property Rights), das Landwirtschaftsabkommen AoA (Agreement on Agriculture) und neuerdings das geplante Investitionsabkommen MIA (Multilateral Investment Agreement).

26 Michel Chossudovsky: »Seattle und darüber hinaus. Die Entwaffnung der neuen Weltordnung«, 1999

27 Siehe http://www.boell.de/downloads/global/Hotra.pdf

28 Quellen: www.transnationale.org, http://www.corporateeurope.org, Greenpeace, Österreichische Hochschülerschaft, Eigenangaben der Lobbys u. a.

29 Presseinformation der AmCham Germany vom 24. 6. 2003

30 Zitiert nach »Who's influencing who?«, World Development Movement

31 Samuel P. Huntington, zitiert nach »Demokratie der Konzerne« von Oliver Prausmüller

ANMERKUNGEN FIRMENPORTRÄTS

Abbott GmbH & Co.KG

1   http://abbott.com/investor/2004annualreport/financials/01_earnings_statement.html
2   Siehe arznei-telegramm 4/99, S. 41
3   Ebda, S. 42
4   http://www.lieffcabraser.com/synthroid.htm;
    http://www.sciencenews.org/sn_arc97/4_19_97/fob1.htm

Adidas Group

1   http://www.adidas-group.com/de/bizmedia/factsheets/Group/default.asp
2   Ebda.
3   http://www.cleanclothes.org/companies/nike_machines.htm
4   Presseaussendung der Clean Clothes Campaign vom 4.5.2005
5   Presseaussendung des Südwind-Instituts vom 24.11.2005
6   http://www.ituc-csi.org/IMG/pdf/hurdles/Die_Hurden_uberwinden.pdf, 21.4.2008
    »Die Hürden überwinden. Schritte zur Verbesserung von Löhnen und Arbeitsbedingungen in
    der globalen Sportartikelindustrie«, Play Fair 2008
7   http://www.net-tribune.de/article/210408–118.php

Agip (Eni-Gruppe)

1   http://www.eni.it/en_IT/company/company-profile/company-profile.shtml
2   http://www.nigerianoil-gas.com/upstream/joint_venture_companies.htm
3   »Time for transparency« Global Witness, März 2004
4   Presseinformation von Urgewald, WEED, Germanwatch und BUND vom 29.4.2003
5   http://www.eni.it/eniit/eni/internal.do?lang = en&icommand = show&channelId =
    1073751995&continent = americhe&country = ecuador&layout = home_page
6   http://www.accionecologica.org/descargas/areas/petroleo/documentos/empresas/AGIP.pdf

Aldi/Hofer

1 Aldi veröffentlicht keine Finanzdaten; Angaben geschätzt laut »Hart aber unherzlich«, profil, 26.5.2008
2 »Die Inventur«, ManagerMagazin, 7.3.2006
3 »Ein Phantom wird 85«, ManagerMagazin, 13.3.2007
4 Ebda.
5 »All die Textilschnäppchen – nur recht und billig?«, Südwind-Institut Mai 2007
6 http://handel.bawue.verdi.de/einzelhandel/betriebe/aldi, Stand Juni 2008
7 »Hart aber unherzlich«, profil, 26.5.2008

Bayer AG

1 http://www.investor.bayer.de/docroot/_files/berichte1032356037/geschftsberichte 1032356052/gb_2004_d1110868565.pdf
2 www.cbgnetwork.de (13.3.2003) Pestizidvergiftung in Peru: Offener Brief an Bayer AG
3 http://www.indianet.nl/cotseed.html

Bayer Schering Pharma

1 arznei-telegramm 1/98, S.1; zu Femovan siehe auch http://ourworld.compuserve. com/homepages/critical_shareholders/schering.htm

Boehringer Ingelheim GmbH

1 http://www.boehringer-ingelheim.de/service/serviceshop/pdf/BI_UB2004.pdf
2 Laut IMS Health, DPM-Report
3 Bittere Pillen 2005–2007. Nutzen und Risiken von Arzneimitteln, Kiepenheuer & Witsch, Köln 2005
4 arznei-telegramm 9/99, S.89–90

BP p.l.c.

1 http://www.bp.com/liveassets/bp_internet/globalbp/globalbp_uk_english/set_branch/ STAGING/common_assets/downloads/pdf/BP_ara_2008_consolidated_financial_statements.pdf
2 »Time for transparency«, Global Witness, März 2004
3 »Erdöl, Menschenrechte und Geschäftsmoral«, Le Monde Diplomatique 12/2000

4   »Death in the Pipeline: BP's role in the Baku-Tbilisi-Ceyhan (BTC) pipeline and the growing
    opposition it faces.« In: Ethical Consumer, Februar/März 2003
5   To the Victors Go the Spoils of War, 8.8.2003, http://www.corpwatch.org/article.php?id = 7989
6   Presseinformation von Urgewald, WEED, Germanwatch und BUND vom 29.4.2003
7   »BP pays Browne £5.6m for success«, Guardian, 9.3.2005

Bristol-Myers Squibb Company:

1   http://library.corporate-ir.net/library/10/106/106664/items/180693/BMY_4q05earn.pdf
2   Siehe deutsche Fassung der Deklaration des Weltärztebundes von Helsinki, Erstvorlage
    1964, revidierte Fassung Edinburgh, Oktober 2000
3   Bloomberg, 7.1.2003: Bristol-Myers Squibb to pay $ 670 Millions to settle drug suit

C&A

1   http://www.finanznachrichten.de/nachrichten-2009–04/13697401-c-a-steigert-umsatz-
    gegen-markttrend-016.htm, zum Gewinn machte das Unternehmen keine Angaben
2   Jochen Overmayer (C&A Europe): Ethical Sourcing – Conditio sine qua non of a holistic
    approach in sustainable development. Berlin 1999
3   Ingeborg Wick u.a.: Das Kreuz mit dem Faden. Indonesierinnen nähen für deutsche Mode-
    multis. Südwind-Institut, Siegburg 2000

Chicco (Artsana S.p.A.)

1   http://www.artsana.com/eng/html/mappa/i_mappa.htm
2   http://www.artsana.com/eng/html/home.htm
3   www.atimes.com/atimes/China/DL24Ad01.html
4   http://www.ibfan.org/english/codewatch/btr01/CHICCO-en.HTM

Chiquita Brands International Inc.

1   http://www.chiquita.com/content/2008annual.pdf.
2   »Ecuador: Harmful Child Labour and Anti-Union Bias on Banana Plantations«, Human Rights
    Watch, 25.4.2002
3   »Bananenmulti Chiquita: Unter falscher Flagge?«, Spiegel, 14.8.2006
4   »Biosiegel von der ›‹Rainforst Alliance' trotz Chemikalien«, 3sat Magazin nano, 20.12.2006
5   »Milliardenschwere Sammelklage gegen Chiquita«, Focus, 14.11.2007
6   »Milliarden-Klage gegen Chiquita«, Kurier, 15.11.2007

Coca-Cola Company:

1 http://www.thecoca-colacompany.com/ourcompany/ar/financialoverview.html
2 http://www.local.attac.org/berne/docs/Menschenrechtsverletzungen.pdf
3 http://www.cokewatch.org/news/hn_021009_1.htm
4 »Coca-Cola faces another discrimination suit«, Reuters, 21. 8. 2001
5 »BBC study finds carcinogens in Coca Cola plant waste«, BBC, 25. 7. 2003 und »Coke adds
  life? In India, impoverished farmers are fighting to stop drinks giant ›destroying livelihoods‹«,
  Independent, 25. 7. 2003
6 »Cola löscht den Durst nicht«, die tageszeitung, 11. 3. 05
7 »Coca Cola: Zynische Realität«, Süddeutsche Zeitung, 10. 1. 05

Daimler AG

1 http://www.daimler.com/dccom/0-5-7155-49-1224418-1-0-0-0-0-0-8-7145-
  0-0-0-0-0-0.html#bm1248269780
2 Mit 22,5 Prozent laut http://www.eads.com/1024/de/investor/Stock_information/Share-
  holding_structure.html, Stand 31.3.2009; 2007 baute Daimler seine Beteiligung an der
  EADS durch Verkauf an ein deutsches Investorenkonsortium auf 15 Prozent ab, blieb aber
  dennoch im Besitz der Stimmrechte für die bisher gehaltenen 22,5 Prozent, um sich den
  Einfluss der Deutschen auf die EADS zu sichern (Tagesspiegel u.a., 10.2.2007).
3 Pressemitteilung der Kritischen Aktionäre vom 10.10.2007
4 »USA setzen Streumunition im Irak ein«, Human Rights Watch, 31.03.2003
5 »Streubomben-Verbot beschlossen«, Kurier, 30.5.2008; http://www.eurofighter-typhoon.
  co.uk/common/AG/dws39.html
6 »›CNN‹: Höchstes US-Gericht gestattet Klage von Apartheid-Opfern«, dpa, 12.5.2008
7 Pressemitteilung vom 2.4.2007
8 »Preis für Kampagnen zur Desinformation« Telepolis, 5.12.2007

Heinrich Deichmann-Schuhe GmbH & Co. KG

1 http://www.deichmann.de/site/de/presse_unternehmen_441.php
2 Ebda.
3 Zitiert nach: »Gift ist im Schuh«, die tageszeitung, 10. 4. 2001
4 Ebda.
5 »Fall Deichmann: Report Mainz verwendete kein falsches Bildmaterial«, Pressemeldung des
  Südwestrundfunks vom 19. 4. 2001
6 »Deichmann weist Unterstellungen des SWR zurück«, Deichmann-Pressemeldung vom
  19. 4. 2001

7   »Etikettenschwindel beim Schuhkauf«, Norddeutscher Rundfunk, 26. 2. 1998
8   »Den Menschen dienen«, Die Welt, 14. 2. 06

Fresh Del Monte Produce Inc.

1   http://phx.corporate-ir.net/phoenix.zhtml?c = 108461&p = irol-newsArticle&ID = 1259245&highlight =
2   »USA: Going Bananas«, AlterNet, 6.2.2001 (http://www.igc.org/trac/headlines/2001/0033.html)
3   »Urgent Guatemala banana alert«, Pressemeldung des U.S./Labor Education in the Americas Project, 21.10.1999, http://bananas.agoranet.be/News_991021.htm
4   »Konflikt bei Del Monte Guatemala«, http://www.iuf.org/german/agriculture/03.htm
5   http://web.amnesty.org/library/index/ENGAMR340202002
6   »Ecuador: Harmful Child Labour and Anti-Union Bias on Banana Plantations«, Presseinformation von Human Rights Watch, 25.4.2002
7   http://www.usleap.org/Banana/bananatempnew.htm

Deutsche Bank AG

1   Presseaussendung vom 2. 2. 06
2   »Korruptionswächter kritisieren Deutsche Bank«, Die Welt, 29. 12. 2006 und »Nijasows Geld liegt in Frankfurt«, die tageszeitung, 22. 12. 2006
3   »'CNN': Höchstes US-Gericht gestattet Klage von Apartheid-Opfern«, dpa, 12. 5. 2008
4   »Kritik an menschenverachtenden Spekulationen mit Agrarrohstoffen«, Bericht des Dachverbands der Kritischen Aktionäre von der Hauptversammlung der Deutschen Bank am 29. 05. 2008
5   http://www.dws.de/DE/showpage.aspx?pageID = 79, Stand Juni 2008
6   http://www.foeeurope.org/agrofuels/financers_report_May08.pdf

The Walt Disney Company

1   http://corporate.disney.go.com/investors/annual_reports/2005/introduction/financial_highlights/fh.html und http://www.evb.ch/cm_data/WaltDisney_en.pdf
2   Bericht in der New York Times, 15. 12. 2001
3   www.nlcnet.org/campaigns/shahmakhdum/alert110502.shtml
4   http://observer.guardian.co.uk/uk_news/story/0,6903,788047,00.html
5   http://www.evb.ch/cm_data/WaltDisney_en.pdf

Dole Food Company Inc.

1 http://www.reuters.com/article/pressRelease/idUS123344+02-Feb-2009+BW20090202
2 http://bananas.agoranet.be/Mitch.htm und http://www.iuf.org/german/bananas/01.htm
3 »Wegweiser durch den Supermarkt«, Broschüre der Arbeitsgemeinschaft Dritte Welt Läden, Darmstadt 1992, S.42
4 »USA: Going Bananas«, AlterNet, 6.2.2001 (http://www.igc.org/trac/headlines/2001/0033.html)
5 Siehe http://www.bananalink.org.uk/companies/companies.htm
6 »Ecuador: Harmful Child Labour and Anti-Union Bias on Banana Plantations«, Presseinformation von Human Rights Watch, 25.4.2002
7 AP-Meldung vom 14.12.2002
8 »Keine Bananen für die Zensur!«, Greenpeace-Magazin, 21.07.2009, http://www.greenpeace-magazin.de/index.php?id = 5131&tx_ttnews[tt_news] = 57015&tx_ttnews[back-Pid] = 5130&cHash = 704047acf8

Donna Karan International Inc.

1 http://www.lvmh.com/comfi/pg_home.asp?rub = 6&srub = 0 und http://www.lvmh.com/comfi/pg_rapports.asp?rub = 10&srub = 2&str_contenu = 18
2 Center for Economic & Social Rights (Hg.): »Treated like Slaves: Donna Karan Inc. Violates Women Workers' Rights«, 12/1999, unter: http://www.cesr.org/dkny.htm
3 http://www.nmass.org/Nmass1/htm/fight/stories.htm (zu finden im Google-Archiv)
4 http://www.nmass.org/Nmass1/htm/fight/girlcott.htm
5 Vgl. Anm. 2
6 http://www.cnn.com/2000/LAW/06/07/rights.dkny.02/

ExxonMobil Corporation

1 http://www.exxonmobil.com/Corporate/Files/news_pub_sar_2008.pdf
2 »Wie Exxon die Welt verdunkelt«, Financial Times Deutschland, 11. 1. 2007
3 http://www.worstlobby.eu/2006/showinfo.php?id = 3&lang = ger
4 www.exxonmobil.de/unternehmen/service/interview_stuewer.html
5 »Indonesia: What did Mobil know?«, Business Week, 28. 12. 1998; »Time for Transparency«, Global Witness April 2004; »Mithilfe bei Folter«, taz, 23. 6. 2001; www.corporatewatch.org.uk/?lid = 295; Afrikanischer Präsidentensohn kauft für 35 Millionen Dollar Luxusvilla«, Spiegel online, 9. 11. 2006
6 Quellen: www.erdoel-tschad.de, »Contracting out of Human Rights: The Chad-Cameroon pipeline project«, Amnesty International, 7. 9. 2005; »Esso zerstört Afrikas Natur für den Bau

der Tschad/Kamerun Pipeline«, Greenpeace 12/2004; »Tschad und Sudan«, Telepolis, 1. 5. 2006; »Der Tschad – die neue Tankstelle Zentralafrikas«, http://www.swr.de/swr2/programm/extra/afrika/laender/printlaendertschad_babila5.html

7 »Öl im Tschad: Ein fragwürdiger Segen«, Le monde diplomatique, 16. 9. 2005
8 http://www.exxonmobil.de/unternehmen/energie/reserven/tschad/index.html, Stand Juni 2006
9 »Ölkonzerne im Irak: Fördern – und fordern«, Süddeutsche Zeitung, 19. 6. 2008
10 »New Yorks unsichtbare Ölpest«, Der Spiegel, 4. 2. 2007
11 »Mega-Ölpest mitten in New York«, Die Welt, 7. 8. 2007

Ford Motor Company

1 http://media.ford.com/article_display.cfm?article_id = 22357
2 »Ford Motor is linked to Argentina's ›Dirty War‹«, New York Times, 27. 11. 2002
3 Ken Silverstein: »Ford and the Führer«, The Nation, 24. 1. 2000, abrufbar unter http://past.thenation.com/cgi-bin/framizer.cgi?url = http://past.thenation.com/issue/000124/0124silverstein.shtml
4 Ebda.
5 http://www.mallenbaker.net/csr/CSRfiles/page.php?Story_ID = 259
6 Multinational Monitor, Juli/August 1998, abrufbar unter http://www.essential.org/monitor/mm1998/98july-aug/names.html
7 Ethical Consumer, April/Mai 2000
8 The Mirror, 28. 3. 2003

Gap Inc.

1 2008 Annual Report
2 http://www.globalexchange.org/campaigns/sweatshops/gap/background.html
3 »Lives Held Cheap in Bangladesh Sweatshops«, New York Times, 15. 4. 2001
4 »Labor Standards Clash With Global Reality«, New York Times, 24. 4. 2001
5 http://www.cleanclothes.org/urgent/02–11–27.htm
6 http://www.cleanclothes.org/companies/pargar03–02–18.htm
7 http://www.evb.ch/p10398.html
8 »Child sweatshop shame threatens Gap's ethical image«, The Observer, 28. 11. 2007

GlaxoSmithKline

1 http://www.gsk.com/investors/reps04/annual-report-2004.pdf
2 http://www.mallenbaker.net/csr/CSRfiles/page.php?Story_ID = 913

3 Siehe deutsche Fassung der Deklaration des Weltärztebundes von Helsinki, Erstvorlage
   1964, revidierte Fassung Edinburgh, Oktober 2000
4 Financial Times, 15. 3. 2002
5 The Guardian, 13. 2. 2003

Hennes & Mauritz AB

1 H&M Annual Report 2008
2 »Made in Cambodia – GewerkschafterInnen unterm Joch: Drei Gewerkschafter in den letzten drei Jahren ermordet«, Clean Clothes Kampagne Österreich, 29. 5. 2007
3 »H&Ms Verhaltenskodex in Kambodscha« lt. Konzernhomepage, Stand Juni 2008
4 http://www.playfair2008.0rg/docs/Die_Hurden_uberwinden.pdf
5 Baumwolle gepflückt von Kinderhand, Stern.de, 30. 11. 2007
6 »Liebesentzug für H&M-Betriebsräte«, Spiegel online, 28. 2. 2008
7 E-Mail Joel Lindefors von Rena Kläder an Klaus Werner, 10. 6. 2003

Kraft Foods International Inc. (Altria Group)

1 http://www.kraftfoodscompany.com/assets/pdf/2008_Kraft_Fact_Sheet.pdf
2 http://www.kraftfoods.de/kraft/page?siteid = kraft-prd&locale = dede1&PagecRef =
   2283&Mid = 2283, Stand Juni 2008
3 »Child cocoa workers still 'exploited'«, BBC 2. 4. 2007; »Schokolade: Rohstoff des Leidens«,
   Süddeutsche Zeitung, 23. 12. 2005
4 »Cocoa Industry Fails to Deliver on July 1, 2008 Child Labor Commitments«, International
   Labour Rights Forum, 30. 6. 2008
5 http://www.kraftfoods.de/kraft/downloads/dede1/Kakaobroschuere_web.pdf, Stand Juni
   2008
6 Kakao ist keine Schokolade, Der Standard, 18. 12. 2006

Levi Strauss & Co.

1 http://www.levistrauss.com/Financials/PressReleaseDetail.aspx?pid = 875
2 »Die Arbeitskosten einer Jeans betragen im Schnitt ein Prozent«, Der Standard, 18. 5. 2000
3 http://www.cleanclothes.org/publications/jeans.htm
4 http://www.cleanclothes.org/companies/adidas.htm
5 http://www.cleanclothes.org/legal/04–01–08.htm

Maisto (May Cheong Toy Products Factory Ltd.)

1 Laut einer Untersuchung des Asia Monitor Resource Center (Hongkong), E-Mail an Hans Weiss, 17. 5. 2001
2 Chronology of Master Toy Campaign, unter http://www.thailabor.org/campaigns/master-toy

Mattel

1 http://www.shareholder.com/mattel/news/20060130–185685.cfm
2 http://www.mattel.com/about_us/Corp_Responsibility/cr_mimco.asp, 2002 Audit Reports, Mattel Jakarta Satu
3 Toys of Misery. A report on the toy industry in China, January 2002, in: www.nlcnet.org

McDonald's Corporation

1 http://64.26.27.40/interactive/mcd2004financialreport/md/page_001.php
2 BBC News, 24. 4. 2002

Microsoft Corporation

1 http://www.microsoft.com/msft/earnings/FY09/earn_rel_q4_09.mspx#financial
2 »Microsoft lässt Doppelklick patentieren«, netzeitung.de, 7. 6. 2004
3 »EU-Gericht lässt Microsoft mit Beschwerde abblitzen«, Spiegel online, 17. 9. 2007
4 siehe z. B. http://www.dw-world.de/dw/article/0,,2058046,00.html?maca = de-rss-de-all-1119-rdf
5 »Unintended victims of Gates Foundation generosity«, Los Angeles Times, 16. 12. 2007; »Gates-Stiftung hilft Medienkonzern«, 21. 8. 2006
6 »Dark cloud over good works of Gates Foundation«, Los Angeles Times, 7. 1. 2007
7 »Dark cloud over good works of Gates Foundation«, Los Angeles Times, 7. 1. 2007; »Tödliches Copyright«, Telepolis, 5. 8. 2007
8 »Dark clouds over good works of Gates Foundation«, Los Angeles Times, 7. 1. 2007
9 »Coverage of the Gates Foundation«, http://www.latimes.com/news/la-na-gatesx7jan07-sg,0,3151382.storygallery; »Unsaubere Geschäfte der Gates-Stiftung: Kinder verseucht, aber gegen Masern geimpft«, Süddeutsche Zeitung, 10. 1. 2007
10 »WIRBEL UM STIFTUNG: Gates tut Gutes mit schlecht gemachtem Geld«, Spiegel online, 13. 1. 2007
11 »Undermining freedom of expression in China: The role of Yahoo!, Microsoft and Google«,

Amnesty International Juli 2006, http://irrepressible.info/static/pdf/FOE-in-china-2006-lo-res.pdf
»Amnesty wirft Suchmaschinen Zensur vor«, focus online, 20. 7. 2006
http://www.focus.de/digital/internet/suchmaschinen_aid_112273.html

12 Ebda.

13 »China: Menschenrechtsverteidiger in Haft auf Grund von Yahoo's Datenweitergabe«, http://www.amnesty.at/gewerkschafterInnen/china/google.htm, Juli 2006; »Amnesty will Blogger befreien«, Spiegel online, 27. 10. 2006

14 »Today, our chance to fight a new hi-tech tyranny«, The Guardian, 28. 5. 2006

15 »Gates' gute Geschäfte«, ManagerMagazin, 19. 4. 2006

Mitsubishi Corporation

1 http://www.mitsubishicorp.com/en/pdf/ir/reports/ar/areport/2005/02.pdf

2 http://www.mitsubishi.co.jp/En/investor/fact.html

3 ethical consumer, April/May 2000, Stichwort Mitsubishi Group/Environment

4 http:/www.euroburma.com/asia/euro-burma/action-alert/ct66d-4.html

5 http://www.abcnews.go.com/sections/science

6 http://www.greenpeace.org/~forests/forests_new/html/content/news/010402.html
   Siehe Rainforst action network: http://www.ran.org/news/newsitem.php?id = 596&area = oldgrowth

7 Europäische Kommission, 20. 12. 2001 http://www.transnationale.org/anglais/forums/finance__concentration/showmessage.asp?messageID = 355

Monsanto

1 http://www.monsanto.com/monsanto/content/investor/sec/ir_sec_HTML.asp?toc = http://ccbn.10kwizard.com/xml/contents.xml?ipage = 3771695@repo = tenk

2 http://www.greenpeace.org/deutschland/?page =/deutschland/fakten/gentechnik/patente/monsanto-und-weizen-diebstahl-per-patent

3 http://www.connectotel.com/gmfood/monsanto.html, 8. August 2002

4 »Monsanto says crops may conatin genetically-modified canola seed«, Wall Street Journal, 15. 4. 2002

5 http://www.connectotel.com/gmfood/monsanto.html, 25. September 2002

6 http://www.corpwatch.org/article.php?id = 11787

Nestlé S.A.

1 http://www.nestle.com/AllAbout/AtGlance/Introduction/Introduction.htm
2 http://www.babymilkaction.org/resources/boycott/nestlefree.html; »Breaking the Rules,
   Stretching the Rules 2007«, International Baby Food Action Network, 27. 11. 2007
3 »Milking it«, Guardian, 15. 5. 2007; http://www.nestle.com/Resource.axd?Id = BBB18D23-
   E029–4981–922A-E58C70970CE1, Stand Juni 2008
4 Erwin Wagenhofer: »We feed the World«, Allegrofilm 2005
5 http://www.humanrights.ch/home/upload/pdf/071018_ASK_nestle.pdf; http://www.hu-
   manrights.ch/home/upload/pdf/040227_rimml_nestle.pdf; http://www.ila-bonn.de/arti-
   kel/268nestle.htm
6 zitiert nach »Profitable Konzerngewalt in Kolumbien«, Telepolis, 9. 4. 2006; siehe auch » Kolumbien: Es braucht viel Mut«, Die Wochenzeitung (WOZ), 15. 2. 2007
7 http://www.humanrights.ch/home/de/Schweiz/Politik/Aussenwirtschaftspolitik/TNC/idart_
   3683-content.html
8 Rotpunktverlag 2005
9 »Securitas: un privé qui vous surveille«, Temps présent, Westschweizer Fernsehen TSR
   12. 6. 2008, »Dubiose Drahtzieher«, Sonntagsblick, 22. 6. 2008; »Jetzt spricht die
   Spionin«, Sonntagsblick, 13. 7. 2008, »Wie die Securitas um sich greift«, Beobachter,
   14/2008
10 »Nestlé soll Attac bespitzelt haben«, Spiegel online, 13. 6. 2008; »Attacke auf Attac«, Spiegel online, 9. 7. 2008

Nike Inc.

1 http://invest.nike.com/phoenix.zhtml?c = 100529&p = irol-newsArticle&ID = 1302030&high-
   light =
2 http://www.nike.com/nikebiz/nikebiz.jhtml?page = 3&item = facts
3 Comprehensive Factory Evaluation Report, 5.–7. 2. 2001
4 E-Mail an Klaus Werner vom 19. 1. 2001
5 »Nike's Indonesian workers ›encouraged to date bosses‹«, Financial Times, und »Nike Factory
   Report Cites Violations«, Wall Street Journal, beide 22. 2. 2001
6 http://www.cleanclothes.org/companies/nike_machines.htm
7 http://www.cleanclothes.org/companies/pargar03–02–18.htm
8 http://www.reclaimdemocracy.org/nike/index.html, http://www.heise.de/tp/deutsch/
   inhalt/te/13957/1.html

Novartis .

1   http://www.novartis.com/downloads/2005_annual_results_G.pdf
2   Gesunde Geschäfte – Die Praktiken der Pharma-Industrie, Kiepenheuer & Witsch, Köln 1981
3   Pressemeldung auf der homepage: http://www.novartis.com
4   Siehe deutsche Fassung der Deklaration des Weltärztebundes von Helsinki, Erstvorlage 1964, revidierte Fassung Edinburgh, Oktober 2000
5   E-Mail von Nadine Schecker, Novartis Media Relations, an Myriam Schöecker, Hessischer Rundfunk, 30. 8. 2001
6   arznei-telegramm 1/2002, S. 2
7   arznei-telegramm 3/2002, S. 25 f.

OMV AG

1   http://www.omv.com/SecurityServlet/secure?cid = 1237537764128&lang = de&swa_id = 1187188741949.1418&swa_site = wps.vp.com
2   Klaus Werner, Hans Weiss: »Das neue Schwarzbuch Markenfirmen«, Deuticke 2003
3   Information von Global 2000 vom 20. 6. 2003

Otto-Group

1   http://www.ottogroup.com/eannual09/online.html
2   Ingeborg Wick u. a.: Das Kreuz mit dem Faden. Indonesierinnen nähen für deutsche Mode-multis. Südwind-Institut, Siegburg 2000
3   http://www.oneworld.at/cck/start.asp?b = 43&sub = 258
4   http://www.ci-romero.de/seiten/kampagnen/ccc/cir_ccc.html

Pfizer Inc.

1   http://www.pfizer.com/pfizer/are/investors_releases/2006pr/mn_2006_0119.jsp
2   arznei-telegramm 9/2001, S. 87–88
3   Joe Stephens: »Where Profits and Lifes Hang in Balance«, The Washington Post, 17. Dezember 2000
4   arznei-telegramm 7/99, S. 77
5   Siehe Anm. 4

Procter & Gamble Company

1   http://annualreport.pg.com/annualreport2009/financials/index.shtml
2   Quelle: http://www.transnationale.org (4,35 Mrd. US-Dollar)
3   »Social report spin attacked«, The Guardian, 9. 11. 2000
4   Quelle: Ethical Consumer Research Supplement 66, 8/2000
5   http://www.ethicalconsumer.org
6   Ebda.
7   Quelle: http://www.truefoodnow.org, zitiert nach Ethical Consumer vom 16. 10. 2002
8   http://www.robinwood.de/tempo

Sanofi-Aventis

1   http://en.sanofi-aventis.com/press/p_press_2006.asp
2   arznei-telegramm 6/2000, S. 49
3   ethical consumer database (01/01/03; Alert)
4   Siehe deutsche Fassung der Deklaration des Weltärztebundes von Helsinki, Erstvorlage
    1964, revidierte Fassung Edinburgh, Oktober 2000
5   Schreiben von Dr. Friedmar Nusch, Head of Corporate Communications Aventis S. A., auf
    eine Anfrage von Franz Begsteiger (16. 10. 2001). Dieses Schreiben wurde uns von Beg-
    steiger zur Verfügung gestellt.

Shell Group/Royal Dutch

1   http://www.shell.com/home/content/aboutshell/at_a_glance/
2   »Shell suffers fifth cut in reserves«, Guardian, 4. 2. 05
3   »Ogoni Oil Spill: Court Upholds N255.8 m Judgement Against Shell«, Vanguard, 15. 4. 03
4   Nigeria: Dirty Oil, Forbes, 10. 4. 03
5   »Nigeria: Hunderte Demonstranten besetzten Öl-Plattformen«, Wikinews, 5. 12. 04
6   »Behind the shine«, Friends of the Earth u. a., 2003
7   Ebda.
8   To the Victors Go the Spoils of War, 8. 8. 03, http://www.corpwatch.org/article.php?id =
    7989

Siemens AG

1   http://w1.siemens.com/investor/de/siemens_konzern.htm
2   http://www.areva-np.com, Stand Juni 2008
3   siehe z. B. http://www.global2000.at/pages/atom_klimaschutz.htm

4   http://www.areva-np.com/scripts/info/publigen/content/templates/show.asp?P = 1541&L
    = DE, Stand Juni 2008

5   »Areva schickt Ingenieure nach Libyen«, Handelsblatt, 31. 7. 2008; »Frankreich gibt Waf-
    fengeschäft mit Libyen zu«, Die Presse, 3. 8. 2007; »Bundesregierung kritisiert Sarkozys
    Atom-Abkommen mit Gaddafi«, Spiegel online, 26. 7. 2007

6   »Total und Areva wollen Atomreaktoren in Nahen Osten liefern«, dpa, 9. 7. 2008; »Frank-
    reich forciert Geschäft mit Atomkraft«, Handelsblatt, 10. 7. 2008

7   Pressemitteilung der Kritischen Aktionäre vom 23. 1. 2008

8   http://www.powergeneration.siemens.de/press/press-releases/renewable-energy/, Stand
    Juni 2006

9   https://www.energy.siemens.com/cms/00000011/de/ueberuns/Documents/brochure
    _e_1384148.pdf

10 »Bis zu vier Millionen Chinesen sollen Wohnungen verlieren«, ARD Tagesschau,
    12. 10. 2007

11 Dachverband der Kritischen Aktionärinnen und Aktionäre anlässlich der Siemens-Hauptver-
    sammlung 2008

12 siehe z. B. »Größe allein ist weder gut noch schlecht«, Die Zeit, 46/1997; http://a1.sie-
    mens.com/innovation/de/publikationen/zeitschriften_pictures_of_the_future/pof_herbst_2
    006/nachhaltige_stadtentwicklung/chongqing.htm

13 »Irak verklagt Daimler und Siemens«, Tagesspiegel, 1. 7. 2008; »Iraks Regierung verklagt
    Daimler und Siemens«, Welt online, 1. 7. 2008

14 »Siemens: Verdächtige Zahlungen an Saddam«, Reuters, 3. 1. 2007

15 »Atommacht Brasilien«, Die Zeit, 9. 1. 1987; »Atomkraft aus der Mottenkiste«, Die Zeit,
    06/2000; »Drei Milliarden Euro für einen 25 Jahre alten Atommeiler«, Berliner Zeitung,
    19. 6. 2007

16 « Sorglos rundum«, Die Zeit, 12. 3. 1993; »Kein gutes Geschäft. Die Schattenseiten der KfW-
    Export- und Projektfinanzierungen«, urgewald, Mai 2004

17 »Der Sumpf ist tiefer als angenommen«, ARD tagesschau, 8. 11. 2007

18 »Siemens erhöht Vorstandsgehälter um 30 Prozent«, Spiegel online, 16. 9. 2006

19 »Stellenabbau bei Siemens«, n-tv, 8. 7. 2008

Tommy Hilfiger Corporation

1   »Die Sklaven der Mode«, Magazin »Stern«, 21. 10. 1999, abrufbar unter http://www.
    stern.de/

2   Ebda.

3   http://www.tommy.com/media/downloads/TH00.pdf

4   http://www.tommy.com/biz/pressDynamic_ind_idx.jhtml?announcementId = 700918&ca-
    tegoryId = 700045&section = statements

5   »Saipan workers get their due«, in: http://www.labourbehindthelabel.org/newsletters/17.htm

6   Eric Wattez: »A líle Maurice«, Capital, April 2003

Total S.A.

1 http://www.total.com/en/group/presentation/key_figures/
2 »Erdöl, Menschenrechte und Geschäftsmoral«, Le Monde Diplomatique 12/2000
3 »All the president's men: The devastating story of oil and banking in Angola's privatised war.«
    Global Witness, 2002
4 Presseinformation von »Urgewald«, WEED, Germanwatch und BUND vom 29. 4. 2003
5 »Subvention de 647 millions d'euros à la raffinerie de Leuna«, AFP, 30. 10. 2002
6 »Elf trial throws spotlight on oil and corruption«, Presseinformation von Global Witness,
    17. 3. 2003
7 »Le Verdict dans l'affaire Elf reconnaît coupable les accusés mais leur héritage laissera
    un goût amer pour encore longtemps.«, Presseinformation von Global Witness, 18. 11. 03

Triumph International

1 http://www.triumph.com/de/de/cw/26.html
2 http://www.cleanclothes.ch/d/triumph.htm
3 http://www.cleanclothes.ch/d/infotriumph.htm
4 »NGOs fordern Rückzug von Triumph aus Burma«, Presseaussendung der Erklärung von
    Bern, 19. 1. 2001
5 Konzern-Presseinformation, 28. 2. 2002
6 Presseinformation der Schweizer Clean-Clothes-Kampagne, 28. 2. 2002
7 http://www.cleanclothes.ch/p25003173.html
8 http://www.cleanclothes.ch/p16373.html

Unilever Group

1 http://www.unilever.com/images/ir-ar08-annual-review-english_tcm13–163122.pdf
2 »Wegweiser durch den Supermarkt«, Broschüre der Arbeitsgemeinschaft Dritte Welt Läden,
    Darmstadt 1992, S. 16
3 http://www.corporatewatch.org.uk/magazine/issue9/cw9cm2.html
4 http://www.wwf.de/imperia/md/content/pdf/kampagnen/tessonilo/Palmoelstudie.pdf
5 »Wegweiser durch den Supermarkt«, S. 16
6 Greenpeace-Pressemeldung vom 7. 3. 2001
7 http://www.indianet.nl/cotseed.html

Wal-Mart Stores Inc.

1   http://library.corporate-ir.net/library/11/112/112761/items/146737/WAL-MART_
    final.pdf
2   http://www.labournet.de/diskussion/gewerkschaft/walmart-gew.html
3   Laut National Labor Committee, siehe http://www.nlcnet.org
4   »Suits say Wal-Mart forces workers to toil off the clock«, New York Times, 25. 6. 2002
5   Siehe Anm. 2
6   www.maquilasolidarity.org/campaigns/wal-mart/lesothodec2002.htm
7   »Wal-Mart Dungeon in China«, in: http://www.nlcnet.org/campaigns/archive/chinare-
    port/walmart.shtml

Lektüreliste

Amann, Marc: go. stop. act! Trotzdem-Verlag, Frankfurt 2004

Anschober, Rudi/Ramsauer, Petra: Die Klimarevolution. So retten wir die Welt. Deuticke, Wien 2007

Attac: ABC der Globalisierung. Von »Ästhetik des Widerstands« bis »Ziviler Ungehorsam«. VSA-Verlag, Hamburg 2005

Attac: Konzern, Kritik, Kampagne! Ideen und Praxis für soziale Bewegungen. VSA-Verlag, Hamburg 2006

Attac (Hrsg.): Die geheimen Spielregeln des Welthandels. WTO-GATS-TRIPS-M. A. I. Promedia, Wien 2003

Bales, Kevin: Die neue Sklaverei. Kunstmann Verlag, München 2001

Brand, Ulrich u. a.: ABC der Alternativen. VSA-Verlag, Hamburg 2007

Busse, Tanja: Die Einkaufsrevolution. Konsumenten entdecken ihre Macht. Karl Blessing Verlag, München 2006

Felber, Christian: 50 Vorschläge für eine gerechtere Welt. Gegen Konzernmacht und Kapitalismus. Deuticke, Wien 2006

Felber, Christian: Neue Werte für die Wirtschaft. Eine Alternative zu Kommunismus und Kapitalismus. Deuticke, Wien 2008

Felber, Christian: Kooperation statt Konkurrenz. 10 Schritte aus der Krise. Deuticke, Wien 2009

Gupfinger, Henriette/Mraz, Gabriele/Werner, Klaus: Prost Mahlzeit! Essen und Trinken mit gutem Gewissen. Deuticke, Wien 2000

Klein, Naomi: No Logo! Der Kampf der Global Players um Marktmacht. Bertelsmann, München 2001

König, Johann-Günther: Alle Macht den Konzernen. Das neue Europa im Griff der Lobbyisten. Rowohlt, Reinbeck bei Hamburg 1999

Langbein, Kurt/Martin, Hans-Peter/Weiss Hans: Bittere Pillen 1999–2001 – Nutzen und Risiken der Arzneimittel, Kiepenheuer & Witsch Verlag, Köln 1999

Le monde diplomatique: Atlas der Globalisierung. taz, Berlin 2009

Milborn, Corinna: Gestürmte Festung Europa. Mauern. Ghettos. Terror. Styria, Graz 2006

Notes from nowhere: Wir sind überall. weltweit. unwiderstehlich. Antikapitalistisch. Edition Nautilus, Hamburg 2007

Pater, Siegfried: Zum Beispiel McDonald's. Lamuv Verlag, Göttingen 2000

Reimon, Michel/Felber, Christian: Schwarzbuch Privatisierung. Ueberreuter, Wien 2003

Seifert, Thomas/Werner, Klaus: Schwarzbuch Öl. Eine Geschichte von Gier, Krieg, Macht und Geld. Ullstein, Berlin 2008

Sen, Amartya: Ökonomie für den Menschen. Wege zu Gerechtigkeit und Solidarität in der Marktwirtschaft. Carl Hanser Verlag, München/Wien 2001

Stiglitz, Joseph E.: Die Chancen der Globalisierung. Pantheon Verlag, München 2008

Südwind e. V. (Hrsg.): Deutsche Großbanken entwicklungspolitisch in der Kreide? Entwicklungsverträglichkeit deutscher Bankgeschäfte am Beispiel Brasiliens und Indonesiens. Eigenverlag, Siegburg 2000

Werner-Lobo, Klaus: Uns gehört die Welt! Macht und Machenschaften der Multis, dtv Reihe Hanser Verlag, München 2010

Weiss, Hans/Schmiederer, Ernst: Asoziale Marktwirtschaft – Insider aus Politik und Wirtschaft enthüllen, wie die Konzerne den Staat ausplündern. KIWI-Taschenbuch, Köln 2005

Ziegler, Jean: Das Imperium der Schande. Der Kampf gegen Armut und Unterdrückung. Pantheon Verlag, München 2007

Firmen- und Produktindex

Bildnachweis